# 북한의 문화 정전,
# 총서 '불멸의 력사'를 읽는다

**강진호** 성신여대
**공임순** 서강대
**김성수** 성균관대
**김원경** 고려대
**김은정** 한국외대
**김한식** 상명대
**남원진** 건국대
**박선영** 성신여대
**신주백** 국민대
**신형기** 연세대
**오태호** 경희대
**유임하** 한국체대
**이승윤** 연세대
**장해성** 'NK지식인연대' 편집주간
**전영선** 단국대
**정창현** '민족21' 편집주간

**총서 '불멸의 력사' 연구 1**

# 북한의 문화 정전, 총서 '불멸의 력사'를 읽는다

**초판 인쇄** 2009년 8월 26일 **초판 발행** 2009년 8월 31일
**지은이** 강진호 외 **펴낸이** 박성모 **펴낸곳** 소명출판 **출판등록** 제13-522호
**주소** 서울시 서초구 서초동 1621-18 란빌딩 1층
**전화** 02-585-7840 **팩스** 02-585-7848 **전자우편** somyong@korea.com **홈페이지** www.somyong.co.kr

값 25,000원

ISBN 978-89-5626-413-4 94810
ISBN 978-89-5626-412-7 (전3권)



이 저서는 2007년도 정부재원(교육인적자원부 학술연구조성사업비)으로 한국연구재단의 연구 지원을 받았음(KRF-2007-322-A00097).

총서 '불멸의 력사' 연구 1

# 북한의 문화 정전, 총서 '불멸의 력사'를 읽는다

*Reading the series of 'The imperishable history', the cultural canon of the North Korea*

강진호 외 지음

소명출판

◆ **일러두기**

1. '불멸의 력사' 시리즈는 '총서'를 앞에 붙여, 총서 '불멸의 력사'로 표기하였다.
2. 각 논문의 인용문을 포함한 북한 측 자료들은 북한식 표기와 부호를 따랐다. 그 외의 자료들은 모두 남한식의 표기와 부호를 따랐다. 단, 독자들의 편의를 위해 띄어쓰기는 모두 남한식으로 통일하였다.
3. 부록으로 삽입된 참고문헌은 북한 측 자료 목록이다.
4. 단행본과 장편소설은 『 』, 단편소설은 「 」, 강조는 ' ', 인용은 " "으로 표기하였다.

## 책을 내면서

### 북한 사회와 총서 '불멸의 력사'

지난 10년간 해빙으로 줄달음쳐 가던 남북관계가 다시 냉각기를 맞고 있는 지금, 북한의 대표적 문화정전인 총서 '불멸의 력사'를 연구해 온 성과를 학계에 보고하는 마음은 그리 간단하지 않다. 해방 직후 이념과 체제를 달리해온 남북한 사회가 오랜 적대관계를 청산하려는 행보를 멈칫하는 순간, 비방과 협박으로 얼룩진 과거의 적대적 모습이 다시 눈앞에 펼쳐지고 있다. 상호 호혜에 바탕을 둔 남북관계의 구축이 얼마나 지난한 일인가를 절감하게 된다.

주지하듯이, 북한 사회의 기본 속성과 대내외적 담론은 늘 국가의 차원에서 발화된다. 이는 북한 사회가 강력한 통제형 사회라는 것을 뜻하지만, 한편으론 남북한의 교류에서 국가라는 정치체는 남북 관계를 제약하는 기본 요소라는 것을 의미하기도 한다. 이는 북한 사회가 갖는 독특한 구성방식에서 비롯된 것이라 할 수 있다. '같은 민족끼리'라는 정치적 레토릭에 비해 '공화국' 운운하는 발언으로 치달으면, 거기에는 상호존중의 마음은 끼어들 여지가 없다. 북한의 국가적 차원의 발언이 어디에서 연원하는가를 보다 분명하게 파악할 필요성이 여기에서 생겨난다. 우리로서는 그에 대한 명료한 답안을 가지고 있지 않지만, 그러한 발언의 이면에는 북한 사회가 선택하고 주조해낸 정치·사상적 전제가 자리 잡고 있다는 것만큼은 미루어 짐작할 수 있다. 또한 북한은 우리와는 전혀 다른 사고방식을 갖고 있다는 사실, 그래서 향후 남북한 상호간의 존중과 신뢰 구축을 위해서는 더 많은 노력이 필요하다는 것을 확인할 수 있다.

우리의 연구는 북한 사회가 만들어낸 집단심성의 기원, 나아가 체제가 추구해온 이념과 가치가 과연 무엇인가라는 의문과 그에 대한 학문적 열정에서 출발하였다. 이 책에서 추구하는 관점은, 한 사회에 대한 오해와 불신을 넘어선 깊은 이해는 그 사회가 만들어낸 이야기(narrative)에 주목함으로써 가능하다는 입장이다. 이 태도는 북한 사회에 대한 소박한 호기심의 수준을 넘어 북한 사회를 작동시키는 정치·사회적 차원의 국가서사인 총서 '불멸의 력사'에 관통하는 문화정책과 주체사상의 특성이 무엇인지, 그리고 북한 사회 전반을 거대한 서사로 장악해온 원리가 무엇인지를 객관적이고 심층적으로 이해하려는 목적에 바탕을 두고 있다.

총서 '불멸의 력사'는 당의 주도로 기획·창작된 일련의 국책문학으로 현재 33권이 공간되었고, 그 분량만 해도 원고지로 대략 10만 매에 이른다. 해방 전편의 경우는 1925년부터 1940년대에 이르는 김일성 중심의 항일무장투쟁이 '혁명전통'으로 기념되는 과정을 담고 있고, 해방 후편은 해방 직후부터 김일성 주석이 사망하는 1994년까지를 다루고 있다. 일종의 영도사(領導史)를 표방하는 서사적 특성을 보여주는 셈이다.

그러나 '총서'는 단순히 국가서사로만 읽혀지는 것을 거부한다. '총서'의 해방 전편은 중국의 동북·남만·북만·백두산 근거지를 중심으로 한 식민지 조선을 망라하고, 해방 후편은 북한은 물론 남한, 일본, 소련(러시아)을 공간적 배경으로 삼는다는 점에서, 지난 60년간 동아시아 전반에 대한 북한식의 정세 인식과 자기 정당성의 근거를 나름대로 제시하고 있기 때문이다. '총서' 안에 서술된 서사의 범주는 대외적인 측면만이 아니라 북한의 정권이 출범하는 시기에서부터 1990년대 초반에 이르는 기간 동안 시행되었던 각종 정책과 구체적인 사회적 단면을 담고 있다는 점에서 또한 주목하지 않으면 안 된다.

이렇게 보면, '총서'는 단순히 김일성 우상화를 위한 정치·사상 교양서에 그치지 않는다. '총서'는 북한 사회의 정치적 멘탈리티(mentality)가 어떻게 작동하는지를 확인해볼 수 있는 문화적 포털(portal)에 해당한다고 볼 수 있을 것이다. 왜냐하면 이 텍스트는 북한 사회가 내세운 공적 권위와 규범을 창출하는 정치·문화적 원본으로 기능하기 때문이다.

'총서'는 북한이 내세우는 독특한 방식의 미디어 정치의 한 복판에 자리잡고 있다. 북한 사회는 1960년대 초반 이후 만주 항일무장투쟁 세력이 전면에 등장하면서 '유격대 국가'로서의 면모를 구비했고, '항일빨치산 참가자'들의 '회상기'와 김일성의 무장투쟁 회고담이 불러일으킨 사회적 관심 속에서 체제의 공공적 기억을 사회 전반에 파급시켜 왔다. 이를 관철시킨 인물이 바로 김정일이고, 그의 지도력이 여전히 작동하는 북한 사회의 현재상을 이해하기 위해서라도 '총서'의 학문적 논의는 필수적이다.

지금까지 '총서'는 방대한 분량 때문에 단편적으로만 고찰되어 왔다. 하지만 '총서'는 북한 사회에서 국가적 차원에서 기념되고 절대적 가치의 영속화를 표방하는 국가 이야기로 정치·사상·역사·사회·문학예술·문화 전반에 걸쳐 있는, 소설화된 역사이자 공산주의적 인간학의 모범을 교양하는 학습서, 소설로 만들어진 '문학예술'이라는 복합성을 가진 문헌이다. '총서'는 기획의도에서나 방대한 분량에서나 국가적 차원에서 조성된 거대한 결과물로서 체제문학의 권위와 속성을 구비하고 있다는 점에서 면밀히 검토되어야 할 텍스트이다.

'총서'를 구성하는 장편소설들은 각각 대략 2년을 시간 단위로 하여 항일무장투쟁에서부터 김일성 주석의 죽음에 이르는 기간을 분절하여 방대한 분량으로 서사화되었고, 개별 작품들은 저마다 그 자체의 완결성을 갖는 독특한 이야기 구조로 되어 있다.

이런 특성들을 고려하여 이 책의 체제는, 1부에서 관련 전문가들의 '서면 질의'의 형식을 빌려서 김정일의 문예정책과 '총서'의 성립 과정, 1930년대 민족해방운동사에서 김일성의 항일무장투쟁의 의의, 총서의 내용 형식적 특질, 주체사상의 형성 과정 등을 중심으로 '총서'에 대한 이해를 돕게 했다. 이 과정에서 정치학, 역사학, 문학 등의 전문가인 여러 선생님들의 귀한 견해를 한 자리에 모을 수 있었다. 책의 2부는 총서를 미시적으로 읽는 작업으로 채웠고, 3부에서는 총서의 이해를 확장시켜 영화, 혁명가요, 북한문학사에서의 위상, 하이퍼링크를 통한 메타텍스트 연구방법을 모색하는 차원까지 망라하고자 했다.

이 자리를 빌려 지난 2년 동안 행복한 연구를 가능하게 해준 한국학술진흥재단에 먼저 감사를 표한다. 본 연구팀이 북한의 문화정전에 해당하는 총서 '불멸의 력사'를 학계 최초로 종합하고 정리할 수 있었던 것은 순전히 학진의 후원이 있었기에 가능한 일이었다.

돌이키자면 지난 2년 동안 우리의 학문적 열정을 북돋아준 것은 분단현실에 대한 안타까움과 그것을 넘어서고자 하는 소박한 소망이었다. 그런 생각이 두 번의 심포지엄과 각종 학술 모임, '총서' 전반에 대한 데이터베이스 구축으로 이어졌고, 마침내 지금의 성과를 내기에 이른 것이다. 이 과정에서 우리의 일천한 지식을 일깨워준 신형기 · 김성수 · 정창현 · 신주백 · 장해성 선생님께 감사드린다. 또한 2년간 한 배를 타고 풍랑을 헤쳐 온 공동연구원, 전임연구원, 연구보조원 등 17명 선생님들의 노고에도 깊은 감사를 드린다. 아울러, 어려운 출판 상황에도 불구하고 흔쾌히 단행본을 만들어준 소명출판의 박성모 사장님과 편집부 선생님들께도 각별한 감사의 마음을 전한다.

2009년 7월

저자들을 대신해서 강진호 씀

## 차례

## 제2부 | '총서'의 미시적 읽기 |

### 총서 '불멸의 력사'의 기획 의도와 독법

유임하(한국체대)



### '총서'의 탈식민적 시각과 메타 담론

공임순(서강대)

## 제3부 | '총서' 읽기의 확장 |

# 총론

'총서'라는 거대서사 혹은 허위의식 | 강진호

# '총서'라는 거대서사 혹은 허위의식

강진호(성신여대)

## 1. '북한'이라는 타자

반세기가 넘는 기간 동안 남한과 북한은 서로의 심장을 향해 총구를 겨눈 불행한 형제와도 같았다. 원수처럼 서로를 사갈시하면서 살아왔기에 상대적으로 거리가 가까워진 최근에도 북한은 친숙하기보다는 두렵고 위험스러운 존재로 먼저 떠오른다. 1990년대 이후 본격화된 '북한 바로알기 운동'과 활발히 전개된 남·북 교류를 통해서 북한에 대한 이해가 한층 넓어지고 심리적 거리감 또한 상당히 좁혀졌지만, 현실을 돌아보면 북한은 여전히 테러와 예측불허의 이미지에서 벗어나지 못하고 있다. 간헐적으로 조성되는 긴장과 갈등, 특히 최근 들어서 급격히 고조된 긴장 국면은 남과 북이 서로를 동질적이기보다는 적대적 타자로 간주하고 있음을 보여주는 사례라 하겠다. 북한을 보는 시각에는 한편으로 거대제국 미국의 입장이 강하게 투사되어 있다. 최근 몇 년간 북한의 미사일과 핵무기를 둘러싸고 야기된 일련의 사태에서 드러난 미국의 강경한 태도에는 자신의 이해에 반하는 어떠한 존재도 용납하지 않겠다는 강자의 오만과 함께 이질적인 체제에 대한 부정과 멸시의 감정이 짙게 배어 있고, 그것이 북한을 보는 우리들의 시각에 깊이 스며들어 있다. 여기에다 북한의 전제적이고 강권적인 국내 정치라든가 공격적인 대외정책은 그런 시각을 정당화시켜주는 알리바이였다고나 할까.

'북한문학'을 보는 시각도 이런 흐름에서 크게 벗어난 것은 아니다. '북한문학'이라고는 하지만 사실은 '북한'을 비판하기 위한 도구로 이해되거나 아니면 남한문학과는 다른 이질성을 검출해서 폄하하고 외면하는 경우가 많았던 것이다. 북한문학에 대한 연구가 상당 정도로 축적되었음에도 불구하고 아쉽게 느껴지는 것은 그런 사실과 무관하지 않을 것이다.

북한문학을 제대로 이해하기 위해서는 무엇보다 북한문학이 처한 특수성을 우선적으로 고려할 필요가 있다. 알려진 대로, 북한문학은 1967년을 기점으로 큰 변화를 겪었다. 1967년 이전까지는 마르크스-레닌주의의 유물론적 문예이론이 당의 공식적 입장이었으나, 주체사상이 확립된 1967년 이후에는 그것을 변형한 '주체문예이론'이 당의 공식 정책이 되었다. 1967년 5월 당중앙위원회 제4기 전원회의에서 북한은 유일사상체제의 수립을 결의했고, 1970년 11월 제5차 당대회에서는 주체사상을 당의 유일한 지도이념으로 선언하였다. 이후 북한은 '우리식 사회주의' 이념을 구현하는 문학을 주체문학으로 규정하고 제도화한 뒤 지금까지 시행하고 있다. "우리 시대는 문학을 시대의 지향과 이념에 맞게 발전시킴으로써 문학이 인민 대중의 자주 위업 수행에 적극 이바지하도록 그 인식 교양적 역할을 더욱 높일 것을 요구하고 있다"[1]는 주장은 국가와 당의 정책을 전파하는 강력한 도구로 문학이 자리매김되고 있음을

1) 김정일, 『김정일 주체문학론』, 조선로동당출판사, 1992, 30면.

보여준다. 이 과정에서 김일성과 김정일의 교시는 문예정책과 창작의 지침으로 강제되고, 그 결과 문학은 미적 가치의 추구라는 본래의 목적보다는 대중을 공산주의적 인간형으로 교양하는 '당의 무기'로 기능하게 된다. 문학의 전범이 사라지고 문학의 역할마저 현저하게 위축된 것이 남한의 현실이라면, 북한문학은 그와는 달리 상대적으로 강력하고 실제적인 힘과 권위를 행사하고 있는 셈이다. 1980년대 이후 북한문학은 크게 두 경향으로 분화되는 모습을 보였다. 하나는 총서 '불멸의 력사'로 대표되는 과거의 역사를 수령의 행적을 중심으로 재구성한 작품들이고, 또 하나는 북한의 사회주의 현실을 다룬 작품들이다. 후자의 경우는 주체문예이론에 입각하여 제작된 작품들이 그 교조성과 고답성으로 인해 대중들로부터 외면된 이후 이념의 수위를 낮추고 인민들의 실제 생활을 적극 소재로 수용하면서 창작된 작품들이다. 이들 작품은 이념보다는 인민들의 실제 생활을 서사의 중심에 놓은 관계로 현 북한 사람들의 생활과 감정이 비교적 섬세하게 드러나는 특징을 보여준다.[2)]

과거 수령의 행적을 소재로 한 전자의 작품들은 이른바 국책문학이라 할 수 있다. 총서 '불멸의 력사'로 대표되는 이 부류 작품에서는 북한의 국책과도 같은 수령의 이념과 가치, 대내외 정책 등을 홍보하고 알리려는 서술자의 의도가 두드러지는데, 여기서 살피고자 하는 총서 '불멸의 력사'(이하 '총서')는 김일성과 항일빨치산들의 유격대 활동을 소재로 해서 그것을 형상화한 작품들이다. 북한소설 40년사에서 최고의 작품으로 평가되는 이 '총서'는 1972년 권정웅의 『1932년』을 필두로, 2007년 김삼

2) 최근의 북한문학에 대해서는 고인환의 「남북문학의 이질성과 문학 교류의 방향」(『문학과경계』, 문학과경계사, 2005년 겨울), 유임하 외의 『북한소설의 역사적 이해』(두남, 2001), 김재용의 『분단구조와 북한문학』(소명출판, 2000), 신형기 · 오성호의 『북한문학사』(평민사, 2000), 김은정의 「수령형상문학론」(북한연구학회 편, 『북한의 언어와 문학』, 경인문화사, 2006), 김성수의 「북한 현대문학연구의 쟁점과 통일문학의 도정」(『어문학』, 2006.3), 남원진의 「이북문학의 정치적 종속화에 관한 연구」(『통일정책연구』, 2008.6) 등을 참조하였다.

복의 『청산벌』에 이르기까지 지속적으로 출간되어 현재 '항일혁명투쟁 시기편'(17권)과 '해방 후편'(16권)을 통틀어 총 33권에 이르는 방대한 규모를 갖추고 있다. '총서'의 전편에 해당하는 '항일혁명투쟁 시기편'은 김일성의 항일투쟁을 중심 줄기로 하면서 그의 가계와 투쟁에 동참했던 차광수·김혁·권영벽·오중흡 등의 빨치산들을 주요 인물로 하고 있고, '해방 후편'은 해방과 함께 김일성의 개선과 당 창건, 토지개혁과 조선인민공화국 건설과 전쟁, 그리고 핵 위기와 김일성 사망까지를 주요 내용으로 하고 있다. 김일성을 중심으로 벌어지는 영웅적인 투쟁, 열악한 환경에 맞서 조선인민공화국을 건설하고 정권의 기반을 다지는 과정 등이 작품의 중심 줄기를 이루면서 33권이 유기적으로 연결된 하나의 거대 서사를 엮어내고 있다. '총서'에는 또한 만주지역에서 실제로 활동했던 30여 개의 독립단체와 학생회, 200여 개의 국내외의 역사적 사건이 다루어지며 또 권당 80명에서 최고 200여 명에 이르는 실존 인물들이 등장한다.[3] 이들 실존 인물과 사건을 중심으로 소설적 상상력을 구사해서 만들어진 역사 허구물이 곧 '총서'인 것이다.

그런 점에서 '총서'는 공적 기억의 보고이자 국가 이야기의 원천으로 북한 사회의 문화 정전(正典)에 해당한다고 할 수 있다. 정전이란 '자'[尺] 또는 '척도', '표준'을 의미하는 말로, 신앙과 행동의 모범이라고 할 수 있는데, '총서'는 북한에서 절대적인 위상을 점하면서 국가 통치의 이데올로기적 근간이 되고 있고 또 김일성 사후 김정일 체제에서는 총서 '불멸의 향도(嚮導)'로 계승되고 있다는 점에서 북한 사회가 공식적으로 인정한 일종의 정전에 해당한다. 말하자면 '총서'는 김일성을 중심으로 한 문학 창작물이고 역사적 사실을 소재로 한 공적 텍스트이자, 북한의 정치·역사·이념·문학예술 등의 정책과 제반 지침을 망라한 자료의 집적물이다.

3) 자세한 것은 『총서 '불멸의 력사' 용어사전』(강진호 외, 소명출판, 2009) 참조.

오늘의 관점에서 볼 때 이런 방대한 양과 규모는 전례를 찾기 힘들 뿐만 아니라 쉽게 이해되지도 않지만, 그럼에도 그것은 북한의 특수한 상황을 반영한 산물이라는 점에서 주목할 필요가 있다. 더구나 '총서'는 김일성을 중심으로 한 투쟁과 건국의 서사라는 점에서, 그가 죽고 김정일에 의해서 정권이 유지되는 현재, 한 시대를 정리하고 조망하기 위해서도 고찰될 필요가 있다. 북한이 오늘날과 같이 '자주'를 앞세우고 '선군(先軍)'과 '강성대국'을 외치는 배경은 무엇이고, 왜 거대제국 미국과 맞서면서 주민들을 압박하고 주권을 사수하려 하는지. 김일성에 대한 과장과 미화로 도배되어 있음에도 불구하고, '총서'를 면밀히 읽고 그 의미를 파악해야 하는 이유는 그런 사실과 관계된다. 본고는 그런 맥락에서 '총서'에 대한 사실적 이해를 도모하고, 궁극적으로 그것을 어떻게 수용해야 하는가를 고민해 보고자 한다.

## 2. '총서'의 창작 배경과 구성적 특성

북한에서 문학의 영향력은 국가와 당의 정책을 전파하는 유력한 도구이자 국민 교육의 수단으로 남한에서는 상상할 수 없을 정도로 강력하다. 인민들은 누구나 교과서처럼 '총서'를 읽어야 하고, 그 속에 구현된 수령의 심오하고 고상한 사상과 감정을 배우고 내면화해야 한다. 개인의 주관적 체험과 상상력을 무엇보다 중시하는 남한의 현실에 비추자면 이런 모습은 쉽게 이해되지 않지만, 그것이 북한의 실상이라는 점에 주목할 필요가 있다. "별이 빛나는 창공"을 보고, "가야만 하는 길의 지도를 읽을 수 있던 시대"[4]의 '별'과도 같이 북한의 문학은 인민들에게 삶의 가치와 좌표를 선명하게 제시해주는 특성을 지니고 있다. 그러러한 사실은 북한이 1인 독재의 전제국가라는 체제의 특성과 함께 문학이 당에 의해 주도되는 전일적 계몽성에 바탕을 두고 있다는 데서도 확인이 된다. 즉, 북한의 문예는 통치자의 문예정책, 당의 문예정책의 산물이라 할 정도로 국가정책에 의해 규정되며, 특히 최고지도자인 김일성과 김정일의 교시에 의해 그 기본 방향이 설정된다. 이들의 지침이 문예정책의 원칙과 방향이 되고, 작품은 그것을 문학적으로 구체화한 것이므로 문학은 당이 원하는 방향으로 인민을 규율하게 되는 것이다. 그렇지만 이런 사실은 루카치 식으로 말하자면, 삶의 내포적 총체성이 불가능한 현실에서 의도적으로 만들어진 '구성된(창조된) 총체성'에 해당한다는 점에서 역설적으로 시대적 균열을 반증하는 것으로 이해할 수도 있다. '총서'가 본격적으로 창작된 시점이 북한 체제가 균열의 조짐을 드러내기 시작한 1970년대 중반 이후라는 것은 이 '총서'가 사회적 균열을 봉합하고 단합을 도모하려는 의도와 무관한 게 아니라는 사실을 단적으로 보여주는 것이다. 게다가 '총서'는 김정일이 정치적으로 지위를 굳히기 위해 고안한 도구와도 같은 역할을 수행하고 있다. 즉, 천리마운동으로 잠시 고조되었던 북한 사회의 활기는 1970년대 중반 이후 점차 체제의 폐쇄성에 따른 한계를 드러내면서 위기를 맞게 되고, 이후 균열이 심화되면서 새롭게 정비될 필요성이 야기되었다. 자연스럽게 후계자 문제가 제기되고 김정일이 부상하면서 권력의 중심을 차지하는데 이를테면, 1972년 2월 당중앙위원회 제8차 전원회의에서 김정일은 '공화국 영웅' 칭호를 받으며 정치위원에 선출되고, 이후 집중지도검열, 조직기구 개편, 강습회 조직 등을 통해서 유일지도체제를 본격적으로 확립해 간다.[5] 이 과정에서 김정일은 후계자로서의 지위를 확고히 하기 위해 김일성의 후광을 이용할 필요가 있었고, 그런 요구에 의해 '수령의 위대성'을 체계적으로 정립하고 교육하기 위해 '총서'를 창작하기에

4) 루카치, 반성완 역, 『소설의 이론』, 심설당, 1985, 29면.
5) 고태우, 『북한현대사 101장면』, 가람기획, 2000, 261~264면.

이른 것이다. 김일성의 55세 생일을 기념해서 만든 '4・15문학창작단'[6]을 진두지휘하면서 김정일은 김일성 일가의 혁명 가계와 영웅적 항일 투쟁을 본격적으로 그려내고, 스스로를 그 적자로 자리매김한 뒤 권력을 장악하는 것이다. 그런 관계로 '총서'에는 김정일의 의지와 견해가 무엇보다 중요하게 반영되어 드러난다.

이런 창작 배경을 갖고 있었던 관계로, '총서'에는 창작 당시의 절박한 시대적 요구가 강하게 투사되고 또한 작품의 진실성을 높이기 위한 제반 장치가 구비되어 있다. 북한은 '총서'의 창작은 "위대한 수령 김일성 동지의 형상 창조 문제가 우리 문학에서 가장 높은 사상・예술적 경지에서 해결되고 로동계급의 수령 형상 창조 문제에서 참다운 본보기가 마련되었다는 것을 알리는 일대 사변"이며, "소설문학에서 새로운 총서 형식을 개척한 문예사적 업적"이라고 주장한다. 말하자면 '총서'는 수령의 위대성을 체계적이고 깊이 있게 형상화하기 위해서 창작되었다고 하는데, 이는 '총서'가 창작될 수밖에 없었던 당대의 이데올로기적 필요성을 시사해주는 대목이다. 또 '총서'의 창작 원칙을 다음과 같이 밝힌 것은 총서의 진실성과 권위를 높이기 위한 장치가 매우 구체적이고 세밀하다는 것을 말해준다. 5가지로 정리될 수 있는 '수령형상의 원칙'은 다음과 같다.

① 충성심을 다하여 최상의 높이에서 형상할 데 대한 원칙
② 밝고 정중하게 형상할 데 대한 원칙
③ 인민들 속에 계시는 수령을 형상할 데 대한 원칙
④ 위대한 인간의 형상을 창조할 데 대한 원칙
⑤ 역사적 사실에 철저히 기초하여 형상을 창조할 데 대한 원칙[7]

---

6) 김정일은 4・15문학창작단에 대해서 "(4・15문학창작단은) 수령님의 혁명력사와 혁명적 가정을 소설로 형상하며 수령님께서 몸소 창작하신 불후의 고전적 명작들을 소설로 옮기는 중요한 창작집단입니다"라고 말한다(『주체문학의 향도성』 3, 조선노동당출판사, 1984).
7) 윤기덕, 『주체적 문예리론 연구(11)―수령형상문학』, 문예출판사, 1991, 제2편 제2장 참조.

이런 원칙을 바탕으로 김정일은 수령 형상 창작에서 무엇보다 중요한 것은 "수령의 위대성을 잘 그리는 것"이라고 하며, 그것이 곧 "주체문학건설의 기본의 기본"이라고 말한다. 말하자면 "수령은 시대와 인민대중을 대표하는 주체형의 공산주의자의 전형"이고, 그 수령의 형상을 잘 창조해야 사람들은 "숭고한 정신세계를 알게 되고 그 위대한 풍모를 크나큰 감동 속에서 따라 배우게 된다"는 것이다.

여기다가 북한은 작품의 형식에까지 일정한 제한을 가해서 곧, '총서'를 이루는 작품들은 서로 연관되면서도 따로 떼어놓고 보아도 손색이 없는 완결된 작품이어야 하며, 특히 수령의 혁명 활동은 일정한 역사적 사건을 중심으로 하는 장편소설의 형태가 되어야 한다고 강조한다. 이를테면 '총서' 전체가 유기성을 갖고 내적으로 연결되어야 하지만, 개별 작품 하나하나는 그 자체로 독립성을 가져야 하고 또 전기(傳記)식의 서술이 되어야 한다는 것이다.

이런 조건들을 바탕으로 '총서'는 권정웅의 『1932년』을 시작으로 해서 총 33권이 출간되었고, 지금도 계속 출간되고 있다.

**〈표 1〉 총서 '불멸의 력사' 항일혁명투쟁 시기편**

| 작 품 명 | 작 가 | 출판 |
|---|---|---|
| 1. 1932년 | 4·15문학창작단(권정웅) | 1972 |
| 2. 혁명의 려명 | 4·15문학창작단(천세봉) | 1973 |
| 3. 고난의 행군 | 4·15문학창작단(석윤기) | 1976 |
| 4. 백두산 기슭 | 4·15문학창작단(현승걸·최학수) | 1978 |
| 5. 두만강 지구 | 4·15문학창작단(석윤기) | 1980 |
| 6. 준엄한 전구 | 4·15문학창작단(김병훈) | 1981 |
| 7. 근거지의 봄 | 4·15문학창작단(리종렬) | 1981 |
| 8. 대지는 푸르다 | 4·15문학창작단(석윤기) | 1981 |
| 9. 닻은 올랐다 | 4·15문학창작단(김 정) | 1982 |
| 10. 은하수 | 4·15문학창작단(천세봉) | 1982 |
| 11. 압록강 | 4·15문학창작단(최학수) | 1983 |

| 12. 잊지 못할 겨울 | 4・15문학창작단(진재환) | 1984 |
|---|---|---|
| 13. 봄우뢰 | 석윤기 | 1985 |
| 14. 위대한 사랑 | 최창학 | 1987 |
| 15. 혈로 | 박유학 | 1988 |
| 16. 붉은 산줄기 | 리종렬 | 2000 |
| 17. 천지 | 허춘식 | 2000 |

**〈표 2〉 총서 '불멸의 력사' 해방 후편**

| 작 품 명 | 작 가 | 출판 |
|---|---|---|
| 1. 빛나는 아침 | 권정웅 | 1988 |
| 2. 50년 여름 | 안동춘 | 1990 |
| 3. 조선의 봄 | 천세봉 | 1991 |
| 4. 조선의 힘 | 정기종 | 1992 |
| 5. 승리 | 김수경 | 1994 |
| 6. 영생 | 백보흠・송상원 | 1997 |
| 7. 대지의 전설 | 김삼복 | 1998 |
| 8. 삼천리 강산 | 김수경 | 2000 |
| 9. 열병광장 | 정기종 | 2001 |
| 10. 번영의 길 | 박룡운 | 2001 |
| 11. 개선 | 최학수 | 2002 |
| 12. 푸른 산악 | 안동춘 | 2002 |
| 13. 인간의 노래 | 김삼복 | 2003 |
| 14. 태양찬가 | 남대현 | 2005 |
| 15. 전선의 아침 | 박 윤 | 2005 |
| 16. 청산벌 | 김삼복 | 2007 |

'철저하게 수령을 주인공으로 중심에 세워야 한다'는 창작의 기준처럼, '총서' 전편에서 목격되는 것은 수령의 위대한 정신과 행적이다. 자상하고 지혜로우며 용맹한 인물의 전형인 수령은 33권 전체를 관통하는 주인공이자 긍정적 가치의 화신이고, 그래서 33권은 마치 김일성의 일대기를 그린 조선시대의 실록(實錄)과도 같은 모습을 보여준다.

'총서'의 형식이 실록의 서술방식인 기전체로 되어 있는 것은 그런 사실과 연결지어 생각해 볼 수 있다. 즉, 기전체(紀傳體)는 단순한 연대순의 서술이 아니라 통치자를 중심으로 각 시대의 주요한 신하와 인물의 전기, 제도와 문물, 경제 실태, 자연 현상 등을 분류·서술하여 시대의 특징과 변동을 유기적이고 전체적으로 파악할 수 있게 하는 서술 특징을 갖고 있다. 기전체는 또한 각 시대에서 활동한 인간의 삶에 대해서도 좀 더 생생하고 다양하게 표현할 수 있는 특징을 갖는다. '총서'에서 목격되는 김일성과 그를 둘러싼 유격대원과 일반 민중, 만주에서의 생활, 일제의 음모와 탄압 등의 서술은 마치 김일성을 중심에 둔 기전체와 흡사하다. 그렇지만 개별 작품 하나하나는 특정 연도에 일어난 일들을 기술하고 있다는 점에서[8] 이와는 달리 편년체(編年體)의 모습을 보여준다. 가령, 김일성이 'ㅌ·ㄷ(타도제국주의동맹)'를 결성하는 과정을 그린 『닻은 올랐다』는 1925~1926년을 배경으로 하고 있고, 김일성의 길림에서의 활동을 다룬 『혁명의 려명』은 1927~1928년을, 인민유격대를 창설하는 일련의 과정을 그린 『1932년』는 1932~1933년 초를 배경으로 하고 있다. 다른 작품들도 동일하게 특정 시기에 일어난 김일성의 일화를 연대별로 서술하고 있다는 점에서 편년체의 형식을 따르고 있다. 따라서 '총서'는 기전체를 기본 형식으로 하면서 개별 작품 하나하나를 연대에 따라 서술하는 편년체의 모습을 갖는다고 하겠다.

그런데, 기전체는 『사기』(사마천)에서 비롯되어 중국과 한국의 역대 왕조에서 정사(正史)를 서술하는 기본 형식으로 채용된 것이라는 점에서 이질적이기보다는 북한이 늘 강조하는 전통적 양식을 수용한 것으로 이해할 수 있다. 수령이라는 제왕적 군주를 중심으로 한 내용과 이 형식에 비추자면 '총서'는 현대판 용비어천가(龍飛御天歌)라 해도 지나친 말은 아닐 것이다. 북한이라는 '위대한 사회주의 국가'를 건설한 영웅의 일대

---

8) 북한에서는 특정 연도가 아니라 '중요한 투쟁 단계'를 근거로 시기를 구획하여 인물들을 형상화했다고 한다. 윤기덕의 『수령형상문학』(문예출판사, 1991), 304면 참조.

기를 기록한 관계로(그것도 최대의 존경심을 가지고) '총서'는 개별 작가의 개성보다는 당이 제시한 이념과 정책이 인물과 서사를 지배하는 것이다. '총서' 33권에서 제시된 수령의 형상이 거의 동일한 모습을 보이는 것이나 긍정적 인물들이 하나같이 주체형 인간의 전형을 보여주는 것은 그런 데 원인이 있다. 하지만 그것은 허구로만 채워진 조작된 신화라기보다는 사실을 근거로 해서 구성된 실록을 지향한 것이라는 점에서 오늘의 북한을 이해하기 위한 중요한 전거로 받아들일 수 있다.

## 3. '총서'의 내용과 원근법

'총서'의 내용은 크게 두 가지로 나누어 볼 수 있다. 하나는 해방 전 김일성의 항일무장투쟁을 소재로 한 것이고, 다른 하나는 해방 후의 건국과 전쟁 등의 현대사를 소재로 한 이야기이다. 해방 전편에는 김일성이 '타도제국주의동맹'을 결성했다는 1926년부터의 일화와 행적들이 시기별로 서술되며, 해방 후편에는 해방과 함께 김일성이 평양에 입성하고 이후 토지개혁을 주도하고 마침내 인민 정권을 세우는 일련의 과정이 그려진다. 물론 이들 작품에서 김일성의 형상은 『주체문학론』(김정일)과 『수령형상문학』(윤기덕)에서 제시된 수령 형상 창조의 원칙에 의해 조율되고 있다.

언급한 대로, 수령의 형상은 역사적인 사건과 사실에 기초해서 '최대의 정중성과 최상의 사상예술적 수준'에서 형상해야 하고, 수령은 인민들과 혈연적 연계를 가져야 하며, 또 위대하고 진실한 형상으로 그려져야 한다. 그런 관계로 작품은 대부분 실제 있었던 일화나 사건을 근간으로 하며, 주인공에 해당하는 김일성 역시 주변의 유격대원이나 인민들 속에서 최대의 존경과 사랑을 받는 지선지고의 존재로 나타난다. 가령, 『닻은 올랐다』는 1925~1926년을 배경으로 '타도제국주의동맹(ㅌ·ㄷ)'을 결성하지 않을 수 없었던 당대의 정황을 서술하며, 『봄우뢰』는 1931~1932년의 김혁의 죽음과 첫 혁명적 무장단체인 반일인민유격대의 창건을 내용으로 하고, 『백두산 기슭』은 1936년의 동강회의와 조국광복회 건설을, 『잊지 못할 겨울』은 1937년 가을에서 1938년 봄을 배경으로 조국광복회 회원들의 활동과 혜산사건을 다루고 있다. 여기에다 특정 시기의 김일성 일가나 그 주변 인사들의 행적이 삽입되기도 하는데, 『1932년』에는 김일성의 활동과 아울러 강반석의 죽음이, 『준엄한 전구』에서는 오중흡의 죽음과 돈화 원정이 중요하게 서술되며, 『천지』에서는 김일성과 김정숙과의 사랑이 그려진다. 또 해방 후를 대상으로 한 작품에서, 『빛나는 아침』에서는 김일성 종합대학을 설립하는 일련의 과정이 묘사되고, 『조선의 봄』에서는 토지개혁의 일화가, 『50년 여름』에서는 서울과 대전에서의 전투가 그려지며, 『태양찬가』에서는 재일동포들이 해외공민으로서 자신들을 기억하는 김일성을 동경하는 내용이 다루어진다. 그리고 『영생』에서는 김일성이 살아 있던 마지막해인 1994년과 그의 죽음이 비감하게 그려지고 있다. 이런 내용들을 일별해 보면 '총서'는 중요한 사건과 일화를 시대별로 배치한 김일성의 일대기이자 거대한 서사적 기획물이라는 것을 알 수 있다.

그런데, 이 일련의 서사가 진행되면서 김일성은 거의 신적인 존재로 제시되어 어떤 비판이나 공격에서 벗어난 압도적이고 우월한 형상으로 그려지는 것을 목도할 수 있다. 그는 뛰어난 능력과 인품을 구비한 존재여서 그의 일거수일투족은 인민들의 꿈과 희망, 나아가 민족의 운명을 표상한다. 말하자면 김일성은 도탄에 빠져 신음하는 민족과 인민을 구원하는 불세출의 영웅이고, '총서'는 그런 김일성의 고난에 찬 일대기를 "최대의 존경심"으로 서술한 기획물인 셈이다. 그래서 '총서'를 구성하는 여러 인물들은 그 자체로 독립된 형태를 취하기보다 김일성의 영웅성을 입증하기 위한 도구적 존재로 배치되고, 김일성은 그들 모두의 삶과 운명을 지배하는 일종의 원근법(perspective)과도 같은 역할을 수행한다. 이를테면, 김일성은 '총서' 전체를 규율하는 서사의 중심이자 동시에 선악과 호오(好惡)를 판단하는 기준인 셈이다.

'총서' 33권 중에서 "주체문학의 찬란한 력사 위에 가장 귀중한 공헌을 하였으며 온 사회의 주체사상화에 힘 있게 이바지하는 참된 생활의 교과서"[9]로 극찬 받는 『백두산 기슭』은 그런 사실을 말해주는 대표적인 사례로 볼 수 있다. 1936년 3월 남호두 회의 직후부터 5월 '조국광복회' 창립을 선포한 동강 회의까지, 백두산 지구로의 진출 과정을 소재로 한 『백두산 기슭』에서 그려진 김일성의 형상은 어느 작품에서보다도 완벽하고 전지전능하다. "장군님께서 의도하시는 것이면 그 어느 것이나 실현되지 않는 것이 없었다. 사람들을 키우는 일도, 새 부대를 편성하는 일도, 새 근거지를 꾸리는 일도, 2천만의 온 겨레를 조국광복의 가치 아래 하나로 묶어세우는 거창한 일도 그이의 의지대로만 되어 왔고 또 되어 가고 있는 것이다"[10]는 진술처럼, 김일성은 삼라만상을 총괄적으로 주재하는 신과도 같은 인물이다.

이 과정에서 특히 시선을 끄는 것은 그의 휴머니즘적 풍모이다. '민생단'으로 몰린 부모를 따라 다니는 아동단원들의 헐벗은 모습을 보고 토로하는 다음과 같은 구절에는 그런 인본주의적 특성이 짙게 배어 있다.

> 장군님께서는 격노하신 심정을 억눌러 가시며 안타깝게, 절절하게 말씀하시였다.
>
> 《생각해 보시오. 저 아이들이 어떤 아이들인가? 그들의 부모는 모두가 일제와 싸우다 희생되였고 그들 자신도 비록 나이는 어리지만 끝까지 부모의 원쑤를 갚고 혁명을 하겠다고 유격근거지가 해산된 후에도 적통치 구역에 내려가지 않고 이곳까지 유격대원들을 따라왔소. 그런데 이런 아이들을 잘 돌봐주

9) 『조선문학』, 1978.11, 10면.
10) 『백두산 기슭』, 451면.

기는 고사하고 아무 근거도 없이 〈민생단〉 련루자로 몬다는 것이 얼마나 어리석은 일이며 커다란 죄악이요? (…하략…)》

점점 더 깊이 머리를 숙인 채 웅크리고 서 있는 정치주임은 버섯들이 다닥다닥 붙어 있는 썩은 나무등걸 같았다.

《(…상략…) 조금이라도 인간다운 데가 있고 혁명가다운 데가 있는 사람이라면 아이들을 저렇게 참혹하게 만들진 않았을 것이요. 조금이라도 혁명가다운 의리를 가진 사람이라면 우리와 한길에서 손잡고 싸우다가 희생된 혁명전우들의 유자녀들을 저렇게 내버려두지 않았을 것이요. 조금이라도 혁명가다운 데가 있는 사람이라면 우리 혁명의 핏줄기를 이어갈 저 아이들을 저렇게 무참히 짓밟아버리지 않았을 것이요. 우리는 우리가 시작한 혁명을 우리 대에 다하지 못하면 저 아이들이 하게 하고 또 저 아이들 대에도 다하지 못하면 그 다음 대에까지라도 이어가면 기어이 혁명을 완성하게 해야 하지 않겠소? 우리가 조선 혁명에 끝까지 충실하기 위해서는 오늘 우리들 자신이 잘 싸울 뿐 아니라 혁명의 장래가 달려 있는 저 아이들을 잘 길러내야 하고, 그렇지 못하면 우리는 혁명가로서의 우리의 책임을 다했다고 말할 수 없는 것이요. (…하략…)》[11]

알려진 대로, '민생단'은 만주사변 직후인 1932년 일제가 친일 한국인을 중심으로 조직한 친일단체였는데, 중국 공산당은 이들을 일제의 밀정으로 몰아 가혹하게 처벌하였다.[12] 김일성은 뚜렷한 혐의도 없는

11) 『백두산 기슭』, 242~243면.

12) 민생단 사건은 1932년부터 시작되었다. 민생단은 1932년 2월 만주에서 친일 조선인 이주민들에 의해 설립되었다. 민생단은 일본이 공산주의자들과 중국 당국으로부터 자신들을 보호해주기를 원했고, 일본의 후견 아래 간도에서 조선인이 자치를 할 수 있도록 일본 정부에 청원했다. 그러나 일본의 재정적·군사적 지원을 얻지 못한 채 1932년 10월에 해체되었다. 그렇지만 그로 인해 조선인은 언제라도 비밀리에 친일·반공적 민생단이 될 수 있다는 편견이 만주의 중국 공산주의자들에게 널리 퍼졌다. 1933~1936년 사이 일련의 숙청에서 1천 명 이상의 조선인들이 민생단 혐의로 체포되어 중국 공산당에서 축출되었다. 거기에는 김일성도 포함되었는데, 그는 1933년 말 체포되어 1934년 초에 사면되었다. 체포된 사람들은 모두 조선인이었고, 약 500명이 죽었다. 민생단 사건은 조선 공산주의자들이 운동 과정에서 자주성을 주장하고 또한 해방 이후 중국과의 밀접한 관계에도 불구하고 민족 자주를 강조하는 근거가 된 것으로 평가된다. 자세한 것은 찰스 암스트롱의 『북조선 탄생』(김연철·이정우 역, 서해문집, 2006, 58~59면)과 브루스 커밍스의 『김정일 코드』(남성욱 역, 따뜻한손, 2005, 33~35면) 참조.

상태에서 어린이를 민생단으로 몰아 방치한 정치주임에 대해 격노하면서 그것은 '혁명에 대한 배신행위'라고 꾸짖는다. 혁명이란 궁극적으로 인간을 위한 행위이고, 특히 어린 아동들은 장차 그 혁명을 이끌어갈 주역들이다. 그런 생각에서 김일성은 그 동안 고이 간직해 왔던 어머니가 남긴 단 하나의 유물인 20원을 주저 없이 내놓으면서 아동단원들의 옷감을 구입하게 하는 인간애를 보여준다.

김일성은 또한 '민생단'으로 몰려 의심받는 인물들의 혐의를 풀어주고 동지로 포용하는 통 큰 인품의 소유자이기도 하다. 김일성은 민생단 혐의자들에 대한 문서를 접한 뒤 그 허위성과 부당성을 지적하면서, 중요한 것은 혁명 전사를 신뢰해야 하며 앞으로의 투쟁은 바로 이들이 수행할 것이라는 사실을 강조한다. 사람을 믿지 못하는 사람이 사람을 옹호해 싸울 수 없다고 하면서 민생단 관련 문서를 과감히 불태우는 것이다. 이에 민생단으로 의심받던 인물들은 감격의 눈물을 흘리면서 김일성의 열렬한 추종자로 변신한다.

이런 인간적 풍모를 갖고 전투에서 한 번도 패배를 몰랐던 까닭에 김일성의 주변에는 늘 그를 흠모하고 따르는 사람들로 들끓게 된다. 박문필 · 강세호 · 리북철 · 리경준 등은 김일성의 '위대한 사랑의 품속'에서 고귀한 정치적 생명을 부여받아 친위 전사로 거듭난 인물들이다. 이들은 온몸을 불태우며 김일성에 대한 충성심을 보여준다. 이들의 관심은 오직 하나 즉, '어떻게 하면 장군님의 안녕을 더 잘 지키고 더 잘 받들어 모실 수 있겠는가'에 있다. 가령, 강세호는 오매에도 그리던 김일성의 소식을 듣고 그를 가까이서 잘 받들어 모시기 위해 회복되지도 않은 몸을 이끌고 수백 리 머나먼 길을 달려왔다. "태양을 따르는 해바라기와 같이 오직 수령님만을 믿고 따르는 이들이기에 그 어떤 시련도 난관도 그들의 철석같은 마음을 굽힐 수는 없"었던 것이다.

이렇듯 작품에는 김일성을 중심으로 그를 둘러싼 여러 인물들이 위계석으로 배치되어 있다. 수령과 그의 가족, 그리고 인민유격대가 수직적으로 위계화되어 김일성의 위대한 풍모를 돋보이게 하며, 심지어 적들마저 김일성의 인본주의에 감화되는 모습을 보여준다. 물론 이 과정에서 김일성은 인민들의 요구와 희망을 수용하기 위해 고심하고, 또 인민들의 행복을 행동의 기준으로 삼는 민중 지향적인 모습을 보여 조선시대의 군주와는 다른 모습이다. 그렇지만 하향식 정책과 인본주의 등은 거의 같은 형태로 드러나서 북한체제가 기반한 유교적 특성과 함께 그에 바탕을 둔 '총서'의 성격을 단적으로 보여주는 것이다.

『백두산 기슭』 이외의 다른 작품에서도 이런 모습은 동일하게 드러난다는 점에서 '총서'는 마치 장엄한 영웅서사시와도 같은 느낌을 주게 된다. 한 연구자의 지적대로, 유일지도체계가 확립된 이후 문학은 수령을 유일하고 궁극적인 주인공으로 하는 이야기만을 되풀이해야 했고, 그 이외의 다른 이야기의 가능성은 철저하게 배제되었던 것이다.[13)]

그런데, 이런 측면은 김일성의 행적을 다룬 한설야의 작품과 비교하자면 상당한 차이를 보여준다는 점에서, '총서'의 특성을 이해하게 하는 중요한 시사점을 제공한다. 즉, 『백두산 기슭』을 비롯한 '총서'에서는 조국광복회를 비롯한 김일성의 행적들이 모두 그의 독자적인 판단에 의한 것으로 서술되지만, 한설야의 「혈로」와 『력사』에서는 김일성의 행적들이 모두 코민테른(Comintern) 국제정책의 일환으로 서술된다. 말하자면 김일성을 서술하는 시각에서 한설야와 '총서'는 판연히 다르다. 단편 「혈로」(1946)는 김일성을 소재로 한 최초의 작품으로 북한에서 '식민치하 최고의 유격전'으로 평가되는 1937년 6월의 '보천보전투'를 다루고 있고, 장편 『력사』(1954)는 전기 『영웅 김일성 장군』(1946) 중에서 항일무장투쟁 부분을 소설화하고 있다. 이 두 작품 모두 김일성에 대한 한설야의 존경과 사랑을 담고 있지만, 한설야는 김일성의 항일유격대활동을 소련 공산당 '인민전선운동'의 일환으로 서술하는 객관적인 시선을 시

13) 신형기 · 오성호, 앞의 책, 263면 참조.

종일관 유지한다. 이런 차이는 한설야가 활동한 해방 후에서 1950년대가 주체사상이 정립되기 이전, 즉 소련의 영향을 강하게 받던 시기였다는 사실로 이해될 수도 있지만, 주목할 점은 마르크스—레닌주의가 김일성의 행동을 평가하고 판단하는 기준으로 시종일관 견지된다는 사실이다. 말하자면 김일성의 행위가 마르크스—레닌주의의 견지에서 서술되어 '총서'에서처럼 신적인 것으로 그려지지는 않고 있다.[14]

> 장군은 지금 만주 땅에 앉았으나 낚시는 국경을 넘어 국내 여러 지점에 떨어져 있었다.
>
> 장군은 일찍이 1936년 초에 조국광복회를 조직하고 동만주에서 장백산, 두만강, 압록강 전 지구에로, 전 만주에로, 또는 조선 국내에로 손을 뻗쳐 혜산, 회령, 종성, 무산, 경흥, 은성, 부령, 갑산, 성진, 길주, 명천, 원산, 흥남 등지에서 줄을 늘이고 있었다.
>
> **이것은 당시의 국제 공산주의 로선인 '인민전선' 운동의 조선에서의 실천이었다.**
>
> 장군은 거사 전 면밀한 정세 조사를 하기 위하여 우선 국내에 정치 공작원을 보낼 것. 국내 각지의 조국 광복회를 확대 강화할 것. 그리하여 인민혁명군의 국내에서의 행동을 용이하게 하는 엄호로 되게 할 것. 필요한 지대를 습격한 다음 그것을 발판으로 싸움을 계속하는 경우 식량과 자금을 국내에서 조달할 것…….
>
> 이런 것이 장군의 머리에서 번개쳤다. (강조—인용자)[15]

---

14) 한설야가 숙청된 것도 그런 사실과 연결해서 이해할 수 있다. 김일성 중심의 전일적 체제가 고착되는 시점에서 한설야는 여전히 코민테른의 일환으로 김일성의 행적을 이해함으로써 김일성의 미움을 샀을 수도 있다. 자세한 것은 강진호의 『한설야』(한길사, 2007) 참조.

15) 한설야, 「혈로」, 『한설야선집 8』(단편집), 조선작가동맹출판사, 1960, 29~30면. 인용한 부분이 전기인 『영웅 김일성 장군』에서는 다음과 같이 서술되어 있다. "김장군은 실로 군사적 무장 전에 이미 사상적 무장을 먼저 한 것이다. (…중략…) 김장군은 1935년에 이르러 운동을 동만지대에 국한시킬 때가 아니라 전만주로, 국경으로, 압록강 안(岸)으로, 장백산 밑으로, 조선 내지로, 무장을 뻐쳐야 할 것을 결의하였다. 때마침 듸미뜨로브가 제기한 인민전선 결성에 대한 모쓰크바 국제당 제7차 대회의 결정에 의하여, 김장군은 만주에서의 반일본제국주의 세력을 총결집하고 조선혁명군의 정치조직으로서 조국광복회를 조직하여 전만(全滿)에 지부를 두고도 국내 즉 함남북의 요지인 혜산,

김일성이 1936년 '조국광복회'를 결성하고 동만주 일대로 이동해 국내의 혜산 등과 연계를 도모했다는 사실, 이 일련의 행위는 모두 국제공산주의 노선인 '인민전선운동'을 구체적으로 실천한 것이었다는 게 한설야의 생각이다. 한설야에게 있어서 코민테른의 국제전략은 김일성의 행위를 거시적으로 이해하고 평가하는 일종의 척도였던 셈이다.

그런데, 한설야의 견해는 스칼라피노와 와다 하루끼 등의 글을 참조할 때 실제 사실과 거의 일치하는 것으로 확인된다. 가령, 1936년을 전후한 시기 김일성의 행적은 작품 속에 언급되거나 암시된 것과 흡사한데 곧, 1936~1937년 당시 김일성의 행적은 크게 두 가지로 정리될 수 있다. 하나는 '조국광복회 결성'이고, 다른 하나는 '보천보전투'이다. 1936년 2월 김일성은 남호두(南湖頭) 회의에 참가했고, 이 회의에서 한인 지도자들과 함께 코민테른 7회 대회에 참가한 후 갓 돌아온 웨이 정민과 회담했다. 웨이 정민은 코민테른 7회 대회에서 채택된 기본 테제에 관해 상세히 설명한 뒤 '조선공산당을 재건설하라'는 코민테른의 지령을 전달했고, 이에 김일성은 코민테른의 새로운 노선을 받아들이고 부대를 국내 침투가 용이한 한만접경지역으로 옮기겠다고 했다. 그래서 다음 달인 3월에 간도접경지대의 미혼진(迷混陣)으로 부대를 옮겼고, 김일성은 공식적으로 제2군 6사의 사장(師長)으로 취임하였다. 이후 남하를 계속한 김일성은 1936년 5월 무송현(撫松縣)에 도착했고, 거기서 보름간의 동강 회의를 가진 뒤 '조국광복회'를 결성하고 10대 강령을 발표하였다. 이 강령은 물론 코민테른의 신전략과 전적으로 일치하는 것이었다. 이후 1936년 10월경부터 30여 명의 공작원을 국내로 잠입시켰고, 이를 계기로 국내와 연계를 맺는데 성공한 만주유격부대는 국내 침공을 본격적으로 감행하는데, 그 결과가 바로 북한이 '조선혁명운동사의 대 이정표'라고 찬양하는 이른바 '혜산진 사건'이다. 1937년 6월 4일, 김

---

갑산, 성진, 길주, 명천, 회령, 온성, 경성, 경흥, 무산, 부령 등지에까지 지하조직의 뿌리를 박게 되었다."(한설야, 『영웅 김일성 장군』, 고려문화사, 1947.5, 21~22면)

일성은 소수의 유격대를 이끌고 혜산진에서 약 24km 떨어진 압록강변의 보전(保田, 普天堡)에 대한 공략을 감행해서 경찰 주재소, 면사무소, 산림 보호구, 농업 시험장, 우체국 등등의 관공서를 공격했다. 이 공격으로 경찰 7명이 살해되고 7명이 중상을 입었으며, 전투가 종료된 뒤 김일성은 마을 주민들을 모아 놓고 연설을 한 뒤 사라졌다고 한다.[16)]

이런 사실을 염두에 두고 「혈로」를 읽자면, 작품의 내용은 보천보로 향해 이동하는 김일성의 유격대를 소재로 하고 있다는 것을 알 수 있다. 보천보 강가에 도달해 잠시 휴식을 취하면서 전투를 구상하는 김일성의 일화를 소재로 한 셈이다. 물론 작중의 김일성에 대한 과도한 의미 부여와 찬사는 작품의 진실성을 의심케 하지만, 서술된 사건은 대체로 역사적 사실에 근거를 두고 있다는 점에서 전혀 터무니없다고는 볼 수 없다. 김일성이 낚시를 즐겼고, 낚시를 하면서 깊은 생각에 잠겨 전투를 구상하고 작전을 짰다는 내용 역시 크게 과장된 것으로 보이지는 않는다. 그렇다면 한설야에게 있어서 김일성이란 단순한 맹신의 대상이기보다는 소련의 후원 속에서 활동한 사회주의 운동의 영웅이자 북한에 사회주의를 건설할 최고의 인물로 의미화되어 있음을 알 수 있다.

그런데, 『백두산 기슭』을 비롯한 '총서'에는 이러한 측면이 완전히 배제되어 있다. 말하자면 김일성의 행동을 거시적으로 규율하고 또 평가의 척도와도 같았던 국제 공산당의 정책이 제거됨으로써 김일성의 행적은 원근법이 배제된 수묵화와 같은 모습으로 드러나게 된다. 배경이 배제된 채 김일성의 형상만이 과도하게 강조된 형국, 그래서 '총서' 속의 김일성은 전지전능하고 초월적 주체일 뿐 시간의 흐름 속에서 성장하고 쇠퇴하는 자연인으로서의 변화를 보여주지 못한다.

그런 사실은 청소년 시절의 김일성을 소재로 한 작품에서 특히 두드러지는데, 가령 연길의 육문 학교에 재학 중이던 1927~1928년을 배경

16) 스칼라피노 · 이정식 공저의 『한국공산주의운동사』 1(돌베개, 1986), 284~293면과 와다 하루끼의 『김일성과 만주항일전쟁』(이종석 역, 창작과비평사, 1992) 3장 참조.

으로 한 『혁명의 려명』과 『은하수』에서 김일성은 한창 성장기의 소년임에도 불구하고 이미 세상의 이치와 공산주의 운동의 본질을 훤하게 꿰뚫는 걸출한 풍모의 인물로 나타난다. 그의 주변에는 세상의 이치를 알고자 하는 또래의 인물들로 붐비고, 김일성은 그들의 무지를 일깨우면서 선지자와도 같이 삶의 길과 방향을 제시해준다. 심지어 학교의 선생님들마저 그의 눈치를 살피고 그의 언행에 순종한다. 1926년 김일성이 15살 때 'ㅌ·ㄷ'를 결성하는 과정을 그린 『닻은 올랐다』에서도 김일성은 세상의 움직임을 꿰뚫고 자신이 무엇을 해야 하는가를 정확히 알고 있다. 앞의 『백두산 기슭』에서도 그런 특성은 동일하게 나타난다. 김일성은 지적으로나 정서적으로 이미 성장이 완결되었고, 또 끊임없이 치러지는 전투에서는 처음부터 승리를 보장받은 인물이다.

이런 모습은 모든 작품에서 일관되게 나타나는 특성으로, 정리하자면 김일성은 작품이 시작되자마자 성장이 완결된 인물이다. 처음부터 월등한 인품과 능력을 구비한 인물이고, 그런 신적(神的) 인물이 벌이는 일련의 행적들이 작품의 내용이다. 그런 점에서 '총서'의 개별 작품 하나하나는 편년체의 모습을 보이지만, 그것은 단지 주체의 성장과는 무관한 자연적 시간의 나열일 뿐 결코 주체의 성장과 변화를 매개하는 유기적 구조로서의 그것은 아니다. '총서'가 소설의 형태를 취하고 있음에도 불구하고 소설로서의 흥미와 개연성이 떨어지는 것은 주인공이 이렇듯 무시간성의 세계를 공간이동 하듯 활보하는 전인(全人)으로 그려진 때문이다.

## 4. '총서'의 상징성과 의미

우리에게 북한은 포용하기에 낯선 대상, 그렇다고 거부하기에는 한 민족이라는 정서와 통일이라는 당위적 원리를 의식하게 하는 양면적 존재라고 할 수 있다. 현재 남북한 사이에서 활발한 교류가 이루어지지만 그 한편에는 1990년대 이후 200만 명 이상의 아사자와 그로 인한 탈북 러시가 일어났던 북한의 참담한 모습이 도사리고 있다. 이러한 모순된 현상들에 대한 우리의 인식은 정교하지도 과학적이지도 못하고 기껏 언론 매체에 의해 제공되는 통제된 정보의 언저리를 맴돌 뿐이다. 그런 의미에서 '총서'의 판독과 분석은 우리가 북한 사회의 내부로 들어가는 통로 만들기, 지도 만들기로서의 의미를 가질 수 있을 것이다. 남과 북이 공존하는 현실에서 미래를 전망하기 위해서는 수령 중심의 세계관으로 구축된 북한 사회의 의식구조를 보다 면밀히 이해할 필요가 있는 것이다.

지금까지 살펴본 것처럼 '총서'가 전혀 터무니없는 내용을 담고 있는 것은 아니다. '총서'에서 목격되는 김일성의 형상이 과장되거나 미화되어 드러나는 것은 사실이지만, 김일성이 만주 항일무장투쟁에서 중요한 역할을 수행한 평범하지 않은 지도자였고, 인민들의 폭넓은 지지와 사랑을 받았다는 사실을 부인하기는 힘들다. 진정성의 정도가 제한되고 또 전근대적 영웅 서사와도 같은 구조와 내용을 갖고 있음에도 불구하고 '총서'가 의미를 갖는 것은 이런 사실과 관계된다. 즉, '총서'는 북한이 만주유격대의 경험을 바탕으로 만들어진 국가라는 사실과 김일성의 유격대 투쟁과 정신이 북한을 지배하는 이념의 중핵을 구성한다는 사실을 보여준다는 점에서 그 자체로 중요하게 음미될 필요가 있다. 오늘날 북한 사회가 김정일을 중심으로 일사불란하게 외세에 대응하는 모습을 보이는 것이라든지, 대외관계에서 유격전술을 구사하듯이 강온(强

穩)의 정책을 펴 나간다든지, 또 사회 구조가 전근대의 유교국가와도 같은 수직적 위계질서를 갖는다든지 하는 것은 모두 이런 사실의 연장에서 이해될 수 있는 항목들이다. 그런 점에서 '총서'는 북한 사회의 역사와 특성을 집약한 서사 기획인 셈이다.

그런데 언급한 대로 '총서'에서 김일성을 바라보는 시선에는 어떤 비판이나 원근법이 존재하지 않는다. 그는 완결된 형상으로 무시간성의 세계를 활보하며 인민들의 삶을 총체적으로 지배하고 규율한다. 와다 하루끼의 말대로, 만주에서의 항일전쟁의 역사적 경험이 절대적 전통으로 되어가는 과정은 역사가 신화화되어 가는 과정이고 그래서 시간이 흐름에 따라 항일유격대투쟁사는 순화되고 이상화되어 갔는데, '총서' 속의 김일성은 바로 그 정점에 서 있는, 마치 김일성의 환갑을 기념해서 1972년에 건립한 거대한 김일성 동상과도 같은 모습이다. 관중을 압도하는 23미터에 달하는 만수대 동상의 포즈와 크기, 백두산을 배경으로 우뚝 서 있는 모습은 과거의 레닌 동상을 떠올리게 한다. 오른손을 치켜들고 높은 곳을 응시하는 모습은 인민들이 추종하고 숭배해야 할 뿐 조금이라도 비판하거나 부정할 수 없는 위압적 형상, 이 동상 앞에 모여 머리를 숙이고 참배하는 북한 주민들의 모습은 거대한 존재에 대한 절대적인 충성을 표상하고, 그런 점에서 그것은 가부장적 위계질서, 복종의 논리를 상징한다고 할 수 있다. 그렇지만 이런 모습은 특정인이 만백성 위에 군림하는 형국이라는 점에서 작위적이고 또 강압적이다. 온 사회가 한 사람의 권위와 위엄으로 물들 때 개별 주체의 존엄은 사라질 수밖에 없고, 대신 특정인의 가치와 이념만이 신화처럼 나부끼게 되는 것이다.

신화는 사실 그것을 산출한 시대의 경험이 사회적 의식형태로 표현된 것이라 할 수 있다. 오늘날 우리가 접하는 신화는 과거의 어떤 특정한 시점에서 완전한 형태로 정착된 것이 아니라 역사 발전과정을 거치는 동안 변천을 거듭해서 내용의 일부가 소멸되거나 첨가되어 오늘에 이른 것이다. 그런 견지에서 보자면, '총서' 속의 김일성은 언급한 대로 그것이 산출될 수밖에 없었던 시대의 특수성을 담은 채 오늘에 이른 것으로 볼 수 있다. 물론 거기에는 그것을 이용하고자 하는 집단(혹은 북한 정권)의 의지가 강하게 작용하여 한층 신비화되기도 하였다. '총서'가 김일성의 죽음을 대상으로 한 『영생』(1997)을 마지막 권으로 해서 종결되지 않고 지금도 계속 창작된다는 것은 아직도 '불멸의 력사'가 지속되어야 한다는 정권의 의지를 표상한다. 그 동안 북한은 위기를 돌파하기 위해서 이념과 정신 무장을 강화해 왔던 사실을 상기하자면, 향후 '총서'의 필요성은 더욱 증대될 지도 모른다.

그렇지만 그것은 근대성이 전세계를 균질화하는 상황에서 오히려 전근대적 권위를 배경으로 하고 있다는 점에 유의할 필요가 있다. 신화를 강화하는 행위는 고도의 정신 무장과 연마를 요구하는 것이라는 점에서 한편으로는 현실에서 점점 멀어지는 과정이고, 종국에는 스스로의 존재를 부정할 가능성을 내재할 수밖에 없다. 신화는 신화를 필요로 하는 사회에서만 생명력을 갖는다. 신화의 생명력은 그것을 향유하는 사람들의 필요성, 즉 생활에 꿈과 희망을 주고 나아가 삶의 방향과 좌표를 제공하는 데 있을 것이다. 그러므로, '총서'를 어떻게 이해해야 할 것인가의 문제는 결국 '총서'를 산출한 북한 사회의 향후 운명에 달려 있는 것이 아닐까. 신화로서의 생명력을 여전히 가지게 될 것인지 아니면 한갓 정권의 기원과 역사를 말해주는 전근대의 유산으로 전락할 것인지, 향후 북한 사회를 주시해 볼 일이다.

# 제1부 | '총서'의 안팎 |

김정일의 문예정책과 총서 '불멸의 력사'의 성립 | 정창현

1930년대 만주지역 항일무장투쟁 되짚어 보기 | 신주백

총서 '불멸의 력사'를 어떻게 읽을 것인가 | 신형기

주체사상과 총서 '불멸의 력사' | 장해성

# 김정일의 문예정책과 총서 '불멸의 력사'의 성립

**정창현('민족21' 편집주간)**

총서 '불멸의 력사'는 김일성 주석의 항일혁명운동과 사회주의 건설활동을 소설화한 것이다. 현재까지 해방 전 17편, 해방 후 14편이 창작된 것으로 확인된다. 이 총서는 1960년대 중반부터 김일성 주석의 항일운동을 소설화해야 한다는 논의를 반영해 1972년부터 발간되기 시작했다.

일반적으로 북한문학 연구자들은 총서 '불멸의 력사'를 분석하면서 북한의 문예정책과 작품의 텍스트 분석에 주력한다. 그러나 이 '총서'를 제대로 분석하려면 '총서'가 창작되기 시작한 시점까지 북한의 정치사, 노동당의 사상정책, 북한역사학계의 항일무장투쟁사 연구동향을 우선 이해할 필요가 있다.

## 1. 총서 '불멸의 력사'는 북한 혁명전통 연구의 연장선상에 있다

1956년 이른바 '8월 종파사건'이 발생해 '연안파'가 숙청되기 전까지 북한에서는 일제시기 항일무장투쟁과 관련해 두 가지 흐름을 모두 인정했다. 1949년 조선역사편찬위원회에서 발간한 『조선민족해방투쟁사』의 서술이 대표적 사례이다. 이 책에서는 김일성의 항일무장투쟁이 실질적으로 일제 대륙침략전쟁 전 기간을 통하여 조선 민족해방운동의 주류가 되었다는 것을 인정하면서도 "김일성의 무장투쟁은 조선 민족해방운동의 정통을 계승, 발전시킨 의미를 가진 동시에 화북지방 조선의용군과 공히 조선인민이 낳은 유일한 항일무장 대오로써 일제에 직접적 타격을 주었고 해방 후 조선인민 군대의 근간이 되었다"라고 하여 독립동맹과 조선의용군의 역할을 높이 평가하였다.

그러나 '8월 종파사건'이 나면서 최창익 등의 연안파가 숙청됨으로써 김일성의 무장투쟁과 조선의용군의 무장투쟁을 병렬적으로 인식하는 정치세력은 북한에서 사라졌다. 1950년대는 북한에서 교조주의와 종파주의를 극복하고 사상정책에서 주체확립이 강조되던 시기였다. 이것은 역사학분야에서도 적용되어 역사학 전반에서 교조주의와 종파주의를 극복하기 위한 비판과 토론이 전개되었다. 특히 항일무장투쟁사 연구에서는 최창익 등 연안파의 역사인식이 전면적으로 비판되고, 김일성 중심의 만주 항일무장투쟁이 민족해방운동의 주류로서 확고하게 정립되었다. 이 과정에서 항일운동에 참가했던 사람들의 회상기, 답사기 등의 자료들이 광범위하게 발간되어 항일무장투쟁사 연구가 본격화되었다.

1958년에 출간된 이나영의 『조선민족해방투쟁사』는 새로운 혁명전통 인식을 잘 보여주는 연구서다. 이나영은 서문에서 "최창익 등 반당분파 분자들이 분파적 목적으로 김일성 동지를 선두로 한 견실한 공산주의자들이 조직 전개한 항일무장투쟁을 통해 형성된 참된 혁명적 전통을 왜곡, 과소평가하고 말살하려한 것"을 지적하면서, 민족해방투쟁사 연구에 끼친 이들의 해독을 비판하기 위해서 썼다는 점을 분명히 밝혔다.

북한은 항일무장투쟁사의 서술 범위를 넓히고 객관성을 확보하기 위해 1958년 4월 당중앙위원회의 결정에 따라 당의 혁명전통에 관한 자료 수집사업과 편집, 출판 사업을 진행하였다. 1952년 6·25전쟁 기간 중에 파견된 제1차 혁명전적지 답사단에 이어 1959년에 파견된 제2차 답사단도 그 일환으로 이루어졌다.

항일무장투쟁에 관한 자료들 중에서 직접 운동에 참가한 투사들의 회상기는 당시의 사료들이 인멸된 조건에서 특별한 의의를 가진다. 북한에서는 1956년 12월 당중앙위원회 직속으로 당역사연구소를 설치하여 빨치산투쟁 참가들이 회상기를 집중적으로 수집하였다. 수집된 회상기 중에서 우선 일부가 1959년과 60년에 걸쳐 『항일빨치산 참가자의 회상기』 1~3이 간행되었다. 이 회상기들은 이후 계속적으로 발간되어 1970년까지 모두 12권이 나왔다. 당의 혁명전통교양을 기본목적으로 출판된 이 책은 여러 번에 걸쳐 재판되었으며, 근로자들이 일터에서 쉽게 학습할 수 있도록 분책으로도 출판되었다.

이외에도 중요한 회상기로 『항일빨치산 참가자들의 전투회상기』와 『인민의 자유와 해방을 위하여』 등이 발행되었다. 개인의 회상기로는 임춘추의 『항일무장투쟁 시기를 회상하여』(1960), 박달의 『조국은 생명보다도 귀중하다』(1960) 등이 나왔고, 답사기로는 『항일무장투쟁 전적지를 찾아서』(1960)가 간행되었다.

김일성은 이 시기에 "왜 우리는 혁명전통을 계승해야 하는가? 혁명전통을 계승해야만 선열들이 과거 혁명투쟁에서 승리한 것처럼 우리가 앞으로도 승리할 수 있다는 신심을 굳게 할 수 있으며 매개 사람들에게 열렬한 애국심과 혁명적 투쟁을 북돋아줄 수 있습니다"라며 혁명전통 연구의 중요성을 강조했다.

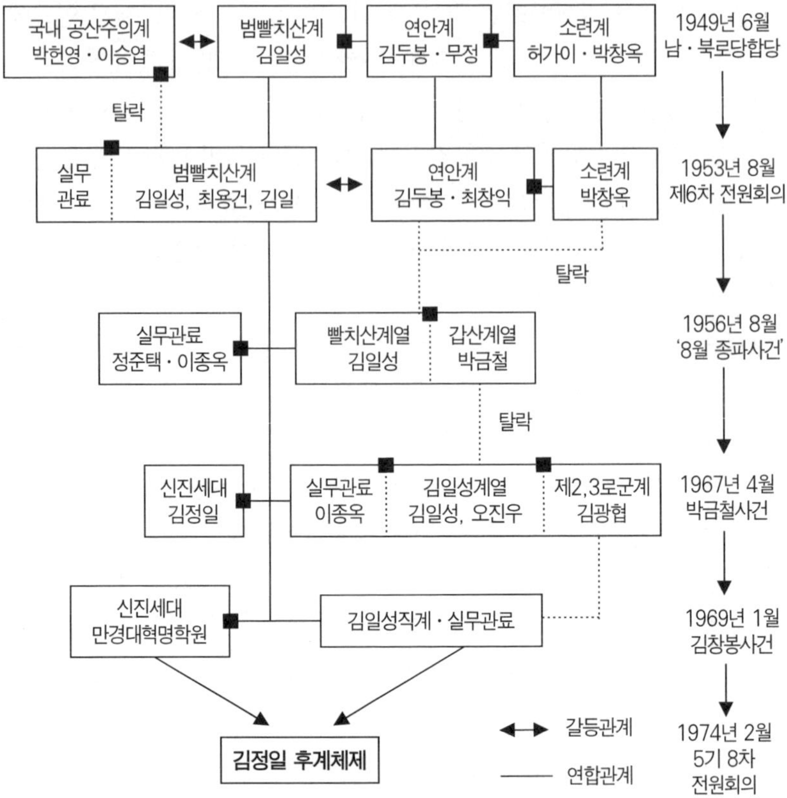


**〈북한 지배엘리트의 역사적 변천〉**

정영철, 「김정일 체제 형성의 사회정치적 기원—1967~1982」에서 재인용

## 2. 1967년이 항일혁명문학 등장의 전환점

1960년대 중반 북한은 또 한 차례 사상과 선전정책에서 일대 변화를 겪게 된다. 이것은 박금철 · 이효순 · 김창만 등의 실각과 김정일의 등장

과 관련되어 있다. 특히 김정일이 노동당 선전선동부 과장으로 부임하면서 1967~1968년 초 출판보도기관에 대한 당중앙위원회의 집중지도가 이루어졌다. 『역사과학』, 『경제연구』 등 북한의 대표적인 사회과학 학술지의 발간이 일시 중단되거나, 『조선문학』의 경우처럼 계속 발간이 된다 해도 편집방침에서 큰 변화가 일어나는 것도 이 집중지도의 여파였다. 집중지도의 목적은 당의 유일사상체계를 확립하기 위한 것이었으며, 그 지도의 방향은 김일성의 유일사상과 혁명역사에 맞추어졌다.

이러한 분위기에서 나온 백봉의 『민족의 태양 김일성 장군』(1968)은 총서 '불멸의 력사' 발간과도 밀접한 연관이 있는 주목할 만한 책이다. 이 책은 김일성의 풍모, 덕성이나 일화를 중심으로 서술되어 있지만 그동안 구체적으로 언급되지 않았던 항일무장투쟁 이전인 1920년대 후반기 김일성의 활동을 체계적으로 제시했다는 점에서 현재 북한의 항일무장투쟁사 서술의 원형을 마련했다.

백봉의 『민족의 태양 김일성 장군』 출간은 항일무장투쟁사 서술에서 처음으로 수령 중심의 주체사관이 적용된 성과로, 북한문학계에서의 '항일혁명문학', '수령형상문학' 등장 시기와도 일치한다.

북한문학사는 ① 항일무장투쟁기(1926~1945) : '항일혁명문학'의 맹아기, ② 국가건설기(1945~1948) : 국제주의와 사실주의, ③ 사회주의건설기(1948~1967) : 주체 문학의 형성기, ④ 수령제 사회주의 형성기(1967~1980) : 수령형상문학의 등장과 발전(총서 '불멸의 력사' 발간), ⑤ 후계체계의 완성기(1980~1994) : 후계자형상문학의 등장(총서 '불멸의 향도' 발간), ⑥ 김정일 시대(1994~현재) : 선군혁명문학, 수령영생문학 등장 등으로 시기구분할 수 있다. 일부 연구자는 1967년을 전후로 북한문학사를 크게 두 시기로 나누고 있는데, 북한의 정치변동과 사상정책의 변화를 반영한 구분이라고 할 수 있다.

1974년에 북한은 '온 사회의 주체사상화'라는 새로운 강령을 제시한다. 이 강령은 북한 사회에서 정치사상적 통일의 범위가 당 차원에 국한되지 않고, 전 사회와 전 주민에까지 확대되었다는 것을 의미한다. 북한은 이를 위해 먼저 사상사업체계를 강화하여 유일사상 학습의 강도를 높였고, 문답식 학습방법 등의 새로운 학습형식과 '김일성 동지 혁명사상연구실', '김일성 동지 혁명사상 학습반' 등 새로운 학습 공간 및 학습 체계를 마련하였다. 또한 새로운 학습 기풍 형성에 이바지할 수 있는 서적들을 대대적으로 출간하였다.

항일무장투쟁사와 관련된 서적으로는 『인민의 자유와 해방을 위하여－연대순』 1~6(1977), 『불멸의 자욱을 따라』 1~4(1978), 『붉은 햇발아래 항일혁명 20년』(1979) 등의 항일빨치산 참가자들의 회상기가 계속적으로 발간되었다. 특히 이 시기에 와서 김일성 주석이 항일무장투쟁 시기에 했다고 하는 연설이나 저작들이 발표된 시기와 내용을 토대로 윤색되어 재간행되었다. 이러한 연구 성과들이 1979년에 『항일무장투쟁사』 1~10으로 집약되었고, 『조선전사』 현대편 서술에 그대로 반영되었다.

북한 노동당의 사상정책이 변화됨에 따라 문예정책도 변화되어 북한 문학계에서도 김일성 주석의 항일혁명을 주류로 하는 혁명전통을 계승·발전시키는 것을 가장 중요한 과제로 내세우게 되었다. 특히 김일성 주석의 혁명활동을 형상화하는 '항일혁명문학'이 중심 흐름으로 자리잡게 된다. 총서 '불멸의 력사'는 바로 이러한 역사적 배경에서 출간되었다. 특히 '불멸의 력사'가 총서로 발간되는 데는 후계자로 부상하고 있던 김정일의 영향력이 크게 작용했다. 그는 "혁명적 력사를 형상한 장편소설들을 기계적으로 시기 구분하여 쓰지 말고 독자성과 특색을 가진 하나의 완결된 작품"으로 만들도록 지시하였다. 또한 김정일은 1966년 2월 7일 조선작가동맹 중앙위원장과 한 담화에서 김일성 주석이 "자신의 전기를 쓰거나 형상하지 말고 어떤 혁명가를 주인공으로 하여 소설을 쓰라고 하지만 우리는 이에 대하여 심중하게 생각하여야 한다"며 이 '총서'를 일반소설이 아닌 전기형식의 '수령형상소설'로 창작할 것을 지시했다.

요약하면 총서 '불멸의 력사'는 첫째, 노동당의 단일한 혁명전통과 유일사상체계 확립이라는 정책 방향에 따라 역사학계의 항일무장투쟁사 연구 성과에 기초해 창작된 대하소설 형식의 문학작품이다. 수령 중심의 역사관이 소설에 투영되어 창작된 대표적 작품이 총서 '불멸의 력사'인 것이다.

둘째, 총서 '불멸의 력사'는 북한에서 사상통일의 수준이 당의 유일사상체계 확립을 넘어서 '온 사회를 주체사상으로 일색화'하는 것이 과업으로 제시된 1970년대에 본격적으로 출간되기 시작했으며, '생산도, 생활도, 학습도 항일유격대식으로!'라는 노동당의 새로운 구호를 관철하기 위해 북한 주민들에게 항일유격대원의 전형을 대중적으로 학습시키기 위해 출간된 작품이다. 총서 '불멸의 력사'는 각권의 초판이 5만~20만 부씩 발간되어 1960년대의 『항일빨치산 참가자들의 회상기』와 함께 북한주민들의 필독서이자 교양서로 자리잡게 된다.

셋째, 총서 '불멸의 력사'는 김정일 위원장의 이름으로 나온 『주체문학론』이 전형적으로 반영된 작품으로, 그의 후계자 부상과정과도 맞물려 있다.

## 3. 전 주민의 필독서로 노동당 정책에 따라 개작

북한은 총서 '불멸의 력사'가 소설이긴 하지만 역사적인 사건과 사실에 철저하게 기초해서 형상화했다고 주장한다. 하지만 역사적 사실에 기초하되 허구를 무시해서는 안 된다는 김정일 위원장의 교시는 '불멸의 력사'가 사실과 허구가 혼재되어 있는 문학작품이라는 사실을 보여준다. 재판을 내면서 내용의 일부가 삭제되거나 바뀌는 개작과정이 이

뤄졌다는 점도 총서 '불멸의 력사'가 '허구'와 '신화'를 담고 있다는 비판의 근거이다. 즉 실존인물에 대해서는 철저한 고증을 통해 인물이 실제의 삶과 다르게 표현이 되었을 때 개작을 통해 바로잡는 반면 수령형상은 개작과정에서 허구를 더욱 강화하여 역사적 사실을 미화하고 있다는 것이다.

그러나 '불멸의 력사'를 "신화로 퇴행한 역사"(신형기)로만 보기는 어렵다. 개작의 문제는 '불멸의 력사'에만 해당되는 것이 아니라 북한문헌 전반에 나타나는 현상이다. 특히 북한은 사상정책의 핵심을 보여주는 전 인민의 필독서이자 교양서인 김일성 연설문, 선집류 등도 시대와 정책의 변화에 따라 개작을 하고 있다.

북한문헌의 개작에 대해 우리 학계에서는 '역사의 날조'와 '현재적 관점에 입각한 역사의 재해석'이라는 평가가 대립하고 있다. 그러나 날조로 보는 견해는 존재했던 역사적 사실 자체를 모두 부정한다는 점에서, 재해석으로 보는 견해는 '과도한 재해석과 윤색'에 정확한 비판을 못하고 있다는 점에서 모두 한계를 갖고 있다. '불멸의 력사'의 경우 역사적 사실에 기초한 세부 사건이나 결과를 목적의식적으로 미화함으로 왜곡의 소지를 낳고 있는 것은 사실이다.

다만 북한의 문헌이나 '불멸의 력사'를 읽을 때 북한의 특수성은 일부 고려되어야 한다. 북한 사회에서 김일성·김정일 문헌과 두 사람을 형상화한 문학작품은 단순히 개인의 연설문, 발언록이나 역사적 기록에 그치는 것이 아니라 북한 사회가 나가야 할 '지침서'이자 끊임없이 학습해야 할 '성경'과도 같은 것이다. 따라서 김일성·김정일 문헌과 수령형상문학작품은 시대적 과제와 정치 상황의 변화에 따라 계속적으로 부분 삭제, 개작 등 수정이 이뤄질 수밖에 없는 구조를 내포하고 있다. 또한 북한현대사를 연구하는 연구자의 관점에서 보면 "김일성 선집류가 대폭 수정되기는 했어도 기본내용 전체가 완전히 손질된 예는 그렇게 많지 않다"는 주장도 나오고 있다. 개작의 내용을 들춰내고 비교하는 것은 어렵지 않은 단순작업이다. 연구자의 더 중요한 몫은 개작이 갖는 정치적 의미를 파악하고 문헌이 보여주는 역사적 사실을 검토하는 것이다.

1990년대에 김일성 주석의 회고록 『세기와 더불어』가 출간된 후 북한의 역사학계는 '항일혁명문학'의 기초가 되는 항일무장투쟁사를 새로 쓰기 시작했다. 2000년대에 완간된 『항일무장투쟁사』(1~11권)가 대표적인 성과이다. 이 연구에는 그 동안 북한역사학계가 언급하지 않았던 1940년대 초 김일성 주석이 연해주로 넘어가 활동한 사실을 구체적으로 서술하고 있다.

총서 '불멸의 력사'가 다시 부분적으로 개작되거나 아직까지 출간되지 않고 있는 1940년대 초반을 배경으로 하는 작품이 나올 수 있는 변수가 생긴 것이다.

# 1930년대 만주지역 항일무장투쟁 되짚어 보기*

신주백(국민대)

## 1. 1931년의 전사(前史)—1929년 이후 각자의 길을 간 민족운동 세력

### 1) 민족주의운동의 새로운 활동방식—이당치국(以黨治國)

민족유일당 결성운동은 촉성회파와 협의회파로 나뉘어 대립하다 협의회파에 가담한 민족주의자들은 1929년 4월 국민부를 결성했습니다. 본부는 신빈현 왕청문에 두었습니다. 참의부의 심용준파, 신민부의 민정파가 정의부 다수파와 함께 남만지방을 배경으로 활동하는 새로운 자치조직을 결성한 것입니다.

* 이 글은 '불멸의 력사'를 분석한 논문들의 이해를 돕기 위해 기획된 것입니다. 상당 부분의 내용은 전국역사교사모임의 잡지인 『역사교육』에 연재한 것으로 대폭 수정 · 보완작업 하였습니다.

그런데 국민부는 이전의 정의부 등과 달랐습니다. 민족유일당 결성운동의 영향이기도 하겠지만, 1929년 9월 국민부 제1회 중앙의회에서 군정과 민정을 분리하였습니다. 즉 국민부는 만주지역 한인의 자치와 산업만 담당하고, 조선의 독립과 관련된 모든 활동과 군사문제는 민족유일당 결성운동을 준비하는 조직으로 결성된 민족유일당조직동맹에서 담당하기로 했습니다. 이 동맹은 나중에 조선혁명당이란 조직으로 전환되었는데, 결성날짜는 정확하지 않지만 1929년인 것만은 분명합니다. 중국국민당처럼 '이당치국'의 조직운영원리를 실현하려 했던 것으로 보아야 할 것입니다.

조선혁명당은 무장부대로 조선혁명군을 지휘하고 있었습니다. 한마디로 당군(黨軍)이었던 것이지요. 1929년 9월 제1회 국민부 중앙의회에서 결정하기 이전까지만 해도 국민부에서 5개월 동안 지휘했지만, 이때부터 민족유일당조직동맹, 조선혁명당으로 지휘권이 넘어간 것입니다. 이 점 또한 정의부 시절과 확연히 다른 조직운영방식인 것입니다. 1929년 당시 조선혁명군은 7개 중대에 300여 명의 대원이 있었습니다. 조선혁명군은 청장년의 군사훈련, 친일파 숙청, 자신들이 활동하는 구역 내에서의 질서 유지를 담당하였습니다.

국민부와 또 다른 단체가 촉성회파에서 빠져 나온 혁신의회가 되겠습니다. 혁신의회는 1928년 12월 촉성회파 내부세력 가운데 정의부 소수파가 주도하여 ML파를 제외하고 만든 조직입니다. 하지만 이조차 오래 가지 못했습니다. 김좌진이 이끄는 신민부 군정파와 다른 세력 사이에 갈등이 있는 데다 중심세력이 있는 것도 아니어서 고만고만했기 때문입니다.

1929년 7월 신민부 군정파는 아나키즘 세력과 연합하여 한족총연합회라는 조직을 만들었습니다. 한족총연합회는 한인의 자치에 활동의 비중을 두는 단체였습니다. 김좌진과 사촌동생 김종진의 혈연적인 연결, 그리고 반공과 자치라는 공통분모가 서로를 결합시킨 요인이었다고 볼 수 있습니다. 그러나 1930년 1월 화요파 사회주의운동자에 의해 김좌진이 암살당하면서 조직이 흔들렸습니다. 당시 한족총연합회 내부에서는 이념 갈등, 지연에 의한 갈등이 일어나는 등 복잡한 구도를 형성하고 있었습니다. 때문에 한족총연합회는 김좌진 암살을 계기로 활동력을 급속히 상실하였습니다. 김좌진이란 상징적인 지도자로 묶여 있던 내부 결속이 와해된 것이라고 볼 수 있습니다.

이를 수습하려는 움직임은 크게 두 갈래가 있었습니다. 하나는 1930년 4월 한족농무연합회라는 조직으로 나타나고, 다른 하나는 1930년 8월 한족자치연합회라는 조직으로 이어집니다. 남만지방의 민족주의운동 조직이 정의부 다수파—국민부로 이어지는 단일한 중심을 형성했다면, 북만지방은 좀 복잡한 이합집산을 되풀이했던 것으로 볼 수 있습니다. 1931년 일본이 만주를 침략할 때까지 북만지방의 두 조직은 각자 활동했습니다.

이 책의 기획과 연관지어 말하자면, 김일성이 본격적으로 항일운동에 뛰어든 시기가 바로 이즈음인데, 그는 국민부·조선혁명당에서 활동한 사람들과 밀접한 관계에 있었습니다.

### 2) 사회주의운동의 전환—조선으로! 중공당으로!

1920년 말~1930년대 초 사이에 민족주의운동자들보다 더 큰 변화가 있었던 세력이 사회주의운동자 계열이었습니다. 1928년 12월 국제공산주의운동 조직인 코민테른은 조선공산당의 지부 승인을 취소하고 새로운 당을 결성하도록 지시하였습니다. 그때 두 가지 원칙이 새삼 강조되었다고 볼 수 있습니다. 제가 여기서 새삼이라고 하는 것은 원래부터 있었던 원칙인데, 조선인 사회주의운동자들에게 특별히 다시 강조되었다는 점 때문입니다. 하나는 인텔리 중심이었던 조선공산당의 한계를 넘어 노동자와 농민을 중심으로 한 전위조직으로 거듭나라는 지시였습니다. 1930년대 국내에서 혁명적 노동운동과 농민운동이 활발했던 이유 가운데 하나가 여기에 있습니다. 다른 하나는 한 나라에는 한 개의 공산당만 있다는 원칙, 곧 '1국1당원칙'에 입각해 활동하라는 것이었습니다.

후자의 원칙은 만주에 거주하는 조선인 사회주의운동자들의 행보에 큰 영향을 끼칩니다. 일본에 거주하면 일본공산당에 입당해야 하는 것처럼, 만주에 거주하고 있으니 중국공산당에 입당해야 했으니까요. 그렇지 않은 조선인 사회주의운동자들은 국내로 들어가라는 것이었습니다. 그래서 만주지역에 거주하는 운동가들 가운데 당재건운동에 뛰어들기 위해 조선으로 들어왔던 사람들이 많습니다. 대표적인 조직이 조선공산당재건준비회라는 조직을 만주에서 결성했지만, 지도부 자체를 국내로 이전한 재건설파를 들 수 있습니다. 흔히 학계에서 재건설파는 서울상해파 당재건운동 세력이라고도 합니다만, 저는 그 개념이 적절하지 않다고 보아 재건설파라 하고 있습니다.[1)]

그렇다고 해서 중공당 가입문제가 곧 바로 해결된 것은 아니었습니다. 화요파는 1929년 6월, ML파는 1929년 9월에 자파의 만주총국에서 중공당에 가입하기로 결정했습니다만, 재건설파는 1930년 6월에서야 같은 결정을 내렸습니다.

정파를 불문하고 전체적인 흐름을 보면, 1929년까지만 해도 중공당은 개별가입원칙을 고수했고, 중앙에서 파견된 파견원을 통해 극히 소수의 인원만을 받아들이는 방식이었습니다. 더구나 조선인 사회주의운동자들은 각 정파별로 집단가입을 원하기도 했습니다. 하지만 중공당으로서는 집단가입원칙을 도저히 받아들일 수 없었습니다. 어느 나라 공산당의 입당과정에서도 있을 수 없는 조직원칙이었거든요. 결국 1929년에 중공당에 입당한 조선인은 그렇게 많지 않았다고 볼 수 있습니다.

1) 자세한 것은 신주백, 『만주지역 한인의 민족운동사(1920~1945)』(아세아문화사, 1996), 238~239면 참조.

중공당 가입문제가 새로운 전화점이 된 것은 1930년 3월에 열린 '동북성 중한 공산당 연합 집행위원회' 회의였습니다. 이 회의의 실체가 아직 중공당 문헌에서는 확인되지 않고, 일제의 경찰자료에서만 확인되고 있는 것이 현실입니다만, 이후부터 각 정파원들은 실천과정에서 검증을 거친 사람들이 개별적으로 중공당에 가입하는 과정을 대세로 받아들였습니다. 중국공산당도 개별가입원칙으로 하되 이전과 달리 문을 크게 개방하였습니다. 1930년 5월 '간도 5·30봉기'가 일어난 것도 이러한 전환과 무관하지 않습니다. 조선인 사회주의운동자들이 가장 많이 활동했던 동만지방의 경우 이 사건이 마무리 된 이후부터, 그러니까 7월경부터 중공당 가입이 대규모로 이루어졌기 때문입니다.

1930년 11월 중공당 스스로가 조선인들의 중공당 가입이 일단 성공적이었다고 평가하였습니다. 10월 현재 중공당 만주성위원회에서 활동하는 당원의 90% 이상인 3천여 명이 조선인 당원이라는 통계가 있을 정도였으니까요.

이들 조선인 당원의 대부분은 농촌 일대에 거주했지 하얼빈, 심양과 같은 대도시에 거주하지 않았습니다. 반대로 당시 중국인 당원들은 대부분 도시에 거주하는 인텔리 중심이었습니다. 중공당의 농촌 조직은 사실상 없는 것이나 마찬가지였지요. 중공당이 조선인 당원을 필요로 했던 이유가 바로 이것 때문이었습니다. 반제반봉건혁명을 농촌에서 실천하기 위해서는 조선인들의 도움이 꼭 필요했던 것이지요. 반면에 조선인 당원들은 만주에 거주하는 조선인들의 문제를 우선 해결하면서 한반도의 현실에도 주목해야 했으므로 '우선 중국혁명을 위해 활동하고', '이어 조선혁명을 위해 활동'한다는 전략적 전망을 갖고 있었습니다. 저는 이를 '이중의 임무'라고 부르고 있습니다. 1931년 9월 일본이 만주를 침략한 이후 중공당 유격대가 농촌지역을 중심으로 신속하게 결성될 수 있었던 결정적인 힘도 이들 조선인 당원들 때문이었습니다.

이처럼 1920년대 말경 만주지역 민족운동은 큰 전환기였습니다. 내부의 분위기도 1920년대 중반 때와 확연히 달랐습니다. 한 마디로 말해 서로를 '적'으로 보았습니다. 박멸의 대상이었습니다. 1920년대 중반경까지는 각자 활동하며 비판적인 태도를 취하기는 했지만, 대결적인 방향에서 충돌한 경우는 없었습니다. 오죽했으면 살상사건까지 일어났겠습니까. 1930년의 김좌진 암살사건은 사회주의운동자가 민족주의운동자를 공격한 경우였다면, 1929년 10월 신빈현 왕청문에서 조선혁명군 소속인데 좌파 성향의 청년 7명이 살해당한 '남만참변'은 반대의 경우라고 볼 수 있습니다. 민족주의운동자들은 친일세력과 좌익을 같이 취급했고, 사회주의운동자들은 계급의 적으로서 민족주의운동자와 친일파를 같은 급으로 다루었던 것입니다.

그러니 입으로는 민족을 외치지만 실제로는 민족이 없었던 것이지요. 자기가 생각하는 민족만 있었던 것이지요. 특히 두 세력은 각자 뒤 배경이 있었습니다. 민족주의운동자는 중국국민당에, 사회주의운동자는 중국공산당과 코민테른에 이념적으로 의지하고 있었으니까요. 1929년부터 시작된 극렬한 대립의 시기는 요즈음의 한국 현실과 빗대어 보면 상당히 많은 시사점을 받을 수 있는 사건들이라고 봅니다. 아무튼 대결이 격화되면 민족은 없습니다. 우리는 비슷한 경험을 1945년 12월 말부터 한반도를 들끓게 했던 신탁통치문제를 둘러싼 갈등에서도 확인할 수 있습니다. 그렇다고 해서 제가 대동단결론을 역사의 교훈으로 삼자고 주장하는 것은 아닙니다. 상대편이 인정하고 받아들일 수 있는 최소한의 무엇, 그리고 서로 경쟁하고 대결하면서도 함께 어떤 파이를 키울 수 있는 태도, 이런 것을 말하고 싶은 것입니다. 민족문제를 고민하면서 자기입장을 생각하는 교훈적 태도를 강조하고 싶을 뿐입니다.

## 2. 過程 1－일본의 만주침략(1931.9)과 무장투쟁의 일상화

여기서는 1931년 일본이 만주를 침략한 이후 만주지역 한인의 민족운동이 어떻게 바뀌었는가를 간략히 짚어 보겠습니다.

### 1) 민족주의운동 계열의 무장조직과 활동

북만지방에서 활동하던 민족주의자들은 1930년 7월 민족운동의 지도기관으로 한국독립당을 결성하고, 같은 시기에 표면기관으로 한국자치연합회를 조직하였습니다. 한국독립당은 만주사변이 일어나자 11월에 이청천을 사령관으로 하는 한국독립군이란 당군(黨軍)을 조직하고 쌍성보전투(1931년 9・11월), 경박호전투(1932년 1월), 동경성전투(3월), 동녕현성전투(9월) 등을 지도하였습니다.

한편, 남만지방의 국민부와 조선혁명당에서는 일부 좌경화된 청년들이 지도부에 대결적인 자세를 취하며 조직을 이탈하기도 했지만, 한국독립당과 한족자치연합회에 비하면 안정된 조직체계와 더불어 한인사회로부터의 지지기반도 더 강력했다고 볼 수 있습니다.

국민부와 조선혁명당은 만주사변이 일어나자 1932년 1월 만주에서 싸울 것인가, 아니면 중국의 관내로 이동할 것인가를 놓고 회의를 열었습니다. 도중에 일본 경찰 등에 일부 지도자가 체포되는 어려움을 겪기도 했지만 대다수는 남아서 싸우기로 결정했습니다. 이때 떠 오른 인물이 김일성도 자신의 회고록에서 밝힌 조선혁명군 총사령의 양세봉입니다.

만주지역 민족주의운동의 동향을 기본적으로 이해하는데 필요한 사항을 하나 더 들자면, 일본이 만주를 침략했다는 새로운 정세가 출현했음에도 불구하고 민족주의자들의 반사회주의적인 태도는 여전히 선명했다는 점입니다. 이들은 중국공산당 유격대와 공동으로 작전을 벌인 적이 없었을 뿐만 아니라 여전히 적대적인 태도를 취하였습니다. 반면에 중국국민당을 지지하는 정치 성향의 중국인 무장부대와는 함께 활동합니다. 특히 조선혁명군은 한때 요녕민중자위군이라는 중국인 무장부대와 협정을 체결하고 이들의 지원을 받으며 공동 작전을 벌이기도 하였습니다.

민족주의자들이 반사회주의 태도를 지속한 데는 사회주의자들의 운동방침에도 원인이 있었습니다. 사회주의자들도 민족주의자들을 항일운동을 같이 할 수 있는 세력으로 보지 않고 타도해야 할 계급의 적으로 간주했기 때문입니다. 그러다보니 민족주의자들의 영향력이 강했던 동네에 사는 보통의 조선인이 사회주의자들이 지배하는 조선인 마을을 통과할 때 생명의 위협까지 느꼈을 정도였다고 합니다. 그만큼 이념 대결이 첨예했던 것이지요. 일본이 만주를 완전히 지배하기 위해 침략하여 지배하고 있던 그 순간에 과연 이념 대결이 그렇게 중요했을까요. 중국공산당 유격대 사이에서 이러한 태도가 완전히 극복된 것은 1936년 들어서입니다.

한국독립군과 조선혁명군은 각각 1933·1938년경 자신의 이름을 내건 무장투쟁을 접었습니다. 조직이 사실상 해체된 것이지요. 일본의 만주침략 이후부터는 이당치국의 원리로 조직이 운영되었다기보다 군 지휘부가 조직을 이끌었다고 보는 것이 좋겠습니다. 만주사변은 그 전환점이었던 것이지요. 이점이 당에서 군대를 지휘한 중국공산당 유격대와 비교된다고 할 수 있습니다. 민족주의운동의 대중적 지지기반과 연결망이 상대적으로 취약했다고 볼 수 있는 반증인 것이지요. 같은 민족주의운동 단체인, 한국독립군과 조선혁명군을 비교해 보면 조선혁명군 쪽이 더 강력했습니다. 사람들과의 연계와 지지기반도 그랬습니다. 북만지방에서 남만지방의 조선인들이 더 모여 살았고, 많이 거주했던 것도 중요한 요인이었습니다. 그러니 5년 정도 더 활동할 수 있었던 것이었겠지요.

### 2) 사회주의운동 계열의 무장조직과 활동

만주 침략 이후 조선인 사회주의자들의 게릴라 활동을 이해하려면 그들의 중국공산당 가입에 대한 입장을 먼저 확인해야 합니다. 이들은 '이중의 임무' 즉, '우선 중국혁명을 위해 활동하고', '이어 조선혁명을 위해 활동'한다는 전략적 전망을 갖고 중공당에 가입했습니다. 앞서도 언급했지만, 중공당이 조선인의 가입을 필요로 했던 이유 가운데 하나는 만주지역 농촌에서 아주 취약한 조직기반을 갖고 있었기 때문입니다. 그런데 당시 조선인 사회주의자들은 도시보다는 각지의 농촌에 거주하는 조선인들에 기반을 두고 있었습니다. 한 마디로 말해 중공당은 만주지역에서 농촌혁명의 기반을 조선인 사회주의자들에게서 찾았던 것이지요. 그러니 일본이 만주를 침략했을 때 총을 들고 싸울 수 있는 게릴라들이 농촌지역, 그것도 조선인을 중심으로 결집할 수밖에 없었던 것입니다.

가령 오늘날 연변조선족자치주와 비슷한 공간인 동만지방에서는 조선인과 중국인의 비율이 8:2 정도였습니다. 조선인 사회나 마찬가지였던 것이지요. 이 지방에서 항일유격대 활동은 당연히 조선인 중심으로 이루어질 수밖에 없었던 것입니다. 실제 1933년 동만지방에 4개의 현(縣, 우리로 치면 郡 정도 됩니다) 유격대가 결성되었는데, 300여 명의 대원 가운데 90% 이상이 조선인이었습니다.

중공당이 이끄는 유격대는 확대되어 1934년경에 이르면 동북인민혁명군 또는 동북반일연합군이란 이름을 붙인 유격대가 제1군부터 제7군까지 있었습니다. 이들 유격대는 각 현의 유격대를 통합하여 만든 조직입니다. 그런데 일곱 개 유격대의 생성 및 확대과정을 보면 모두 조선인 대원들의 활동이 중요한 발판이었다는 공통점을 발견할 수 있습니다. 유격대의 씨앗뿌리기는 조선인들이 했던 것이지요.

그렇다면 조선인들은 왜 그랬을까요. 가장 큰 이유는 독립을 위해서였습니다. 당원이 아닌 사람조차 만주에서 일본과 싸워 이기지 못하면 독립할 수 없다는 사실을 알고 있었던 것입니다. 다른 이유는 그들의 사회경제적 처지에서 찾을 수 있을 것 같습니다. 조선인이기에 받는 민족 차별과 더불어 이로 인해 농촌에 거주하는 대다수 조선인이 소작인이었다는 경제적 처지가 이들을 전투현장으로 내몰았다고 볼 수 있습니다.

아무튼 일곱 개의 유격대는 점차 발전하여 중국국민당과 같은 성향의 유격대보다 더 큰 무장대로 성장하였습니다. 사실 1930년대 전반기까지만 해도 중국국민당 계통의 유격대가 양적으로는 훨씬 많았습니다. 처음에는 대략 30만명 정도 되었다는 말도 있습니다. 그럼에도 불구하고 이들 부대는 정치적 규율이 엄격하지 못했고, 항일투쟁에 대한 사상이 견고하지 못했으며, 비적(匪賊)의 성향까지 농후했는데, 1933~1934년경부터 일본의 군사작전이 본격화하면서 급격히 와해되었습니다. 중공당 유격대가 성장할 수 있는 또 다른 이유는 계급의 적으로 규정했던 중국국민당 성향의 유격대까지도 일본과 싸울 의사가 있다면 함께 활동하기로 방침을 바꾼데 있었습니다. 당연히 조선혁명군도 계급의 적에서 연대의 대상으로 바뀌었지요. 참, 한국독립군은 1933년 10월경 조직적인 저항을 포기했기 때문에 이러한 분위기 전환과 관계가 없었습니다.

성장하던 중공당의 유격대는 1936년경부터 1938년까지 중국국민당 성향의 항일부대까지 포괄하는 항일연합부대인 동북항일연군으로 확대, 재편됩니다. 동북항일연군은 제1군부터 제11군까지 있었는데, 인원이 가장 많을 때가 3만명 정도였습니다. 조선인 대원들이 가장 많았던 부대는 제2군이었고, 동만지방에서 활동하던 동북인민혁명군 제2군이 확대・재편된 조직입니다. 김일성도 제2군의 제1~3사까지 편제된 부대 가운데 제3사의 책임자인 사장(師長)이었습니다.

1930년대 중반경 만주지역 항일무장투쟁 세력의 변화로 인해 일본과 만주국 지배자들은 긴장할 수밖에 없었습니다. 만주에서의 통치 불안은 조선통치의 불안요인이며, 더 나아가서는 제국의 전체 지배질서를 흔드는 사건으로 바뀔 수 있기 때문에 일본으로서는 신경이 날카로울 수밖에 없었던 것이지요. 실제 1932년부터 1940년 사이에 모두 15만 4천여 차례 유격대가 출현한 것으로 일본의 통계자료에 나옵니다만, 그 가운데 약 40%인 6만 2천여 건이 1936~1937년 사이에 집중되었을 정도였습니다. 그래서 일본 스스로도 항일유격대의 성향이 양에서 질로 바뀌었다고 평가하였습니다.

일본과 만주국은 대책을 세워야 했습니다. 그들은 지구별로 치안을 안정화시킬 방안을 강구하고 1936년부터 1939년까지 지속적으로 탄압작전을 벌였습니다. 또 경찰과 군대를 동원해 탄압하는 데만 열중한 것이 아니라 다양한 귀순공작도 벌이고, 유격대가 주민과 접촉할 수 있는 기회 자체를 차단하기 위한 정책도 실시하였습니다. 이전에는 이러한 작전 가운데 어떤 것은 계절에 따라 실시하기도 했지만, 이번에는 1년 내내 실시하였고 군사작전 이외에도 회유·포섭·분열책 등을 종합적으로 벌였습니다. 흔히 진드기 작전을 벌였다고 말하지요.

일본과 만주국의 치안공작은 중공당의 지휘를 받는 유격대를 진압하는데 성공했습니다. 1940년에 접어들면 3만여 명의 무장대가 1,400여 명으로 줄어들 정도로 급속히 위축되었으니까요. 더구나 이들은 서로 연락이 닿지 않아 부대별로 고립된 상태였습니다. 싸워서 일본과 만주국의 지배 질서를 흔들기보다 자신들의 세력을 보존하는 일이 더 급선무가 된 것이지요. 사실 일본의 진압정책은 1960·1970년대 미군이 베트남전쟁을 수행할 때 연구대상으로 되기도 했습니다. 이때까지 게릴라 운동을 진압하는데 성공한 거의 유일한 사례가 일본이 만주에서 행한 치안대책이었으니까요. 첨언하자면, 남한에서 한국 공산주의운동사에 관한 본격적인 연구도 미국의 연구 동향과 깊은 연관이 있습니다.

만주에 생존해 있던 유격대원들은 1940~1941년경 소련으로 넘어갑니다. 만주에서 무장투쟁이 사실상 종결된 것이지요. 이후 유격대원들의 동향에 대해서는 다음 '제4장 운동의 맥락짚기'의 맨 마지막 부분인 '5) 소련으로 월경한 유격대는 무엇을 했을까요'에서 다루겠습니다.

### 3. 過程 2–'이중의 임무' 재개와 재만조선인조국광복회

앞서도 말씀드렸지만, 만주지역에서 활동하던 사회주의자들은 이중의 임무를 받아들이고 중공당에 가입했습니다. 그들은 조선혁명을 포기한 적이 없었습니다. 하지만 1930년대 전반기 항일유격대 활동에서는 다른 현실이 있었습니다. 궁극적으로는 조선의 독립과 사회주의혁명을 성공시키기 위해 뛰어들었다지만, 당장 조선의 독립을 외칠 수 없었기 때문입니다. 조선의 독립을 말하거나 행동을 하면, 동만지방에서는 '민생단 혐의자'로 체포되어 생명을 위협받았으니까요. 남만지방과 북만지방에서도 계급의 적인 부르주아를 이롭게 하는 언행으로 낙인찍혔습니다.

원래 중공당은 이중의 임무를 인정하면서 동만지방 등지에 조선혁명을 지원하는 기구를 두려고 했습니다. 조선(국내)공작위원회가 그러한 경우에 해당됩니다. 일본이 만주를 침략한 이후에는 이조차 흐지부지 되었습니다. 물론 코민테른이란 국제공산당 관련 조직에서 파견한 조직원들과의 혼선도 원인이었습니다. 한때 서로가 정통이라고 내세우며 경쟁했던 적도 있었거든요.

조직 내에 스파이를 찾아내기 위한 반민생단투쟁이 일어난 1932년 10월경부터 그것이 사실상 종결되었던 1936년 3월경까지 동만지방의 유격대에서 조선독립을 말한다는 것은 상당히 위험한 결과를 초래하였습니다. 그래서 이 기간 동안 이중의 임무 가운데 하나인 조선혁명을 지원하는 과제는 사실상 실종되었다고 보아도 좋겠습니다.

그러나 1936년 들어 반일민족통일전선이 강조되는 새로운 방침이 만주에 전달됩니다. 물론 그 직전부터 약간 변화의 조짐이 있었지만 확실히 바뀐 것은 1936년 2,3월경이지요. 조선인의 항일운동과 관련하여 새롭게 바뀐 핵심 방침은 두 가지였습니다.

하나는 반민생단투쟁을 신중하게 전개하라는 것이었습니다. '중지하라'는 지시는 없었지만, 지난 날의 좌경적인 투쟁을 반성하는 과정에서 이 투쟁은 사실상 종결되었습니다. 민생단과 빈민생단투쟁에 대해서는 제4장의 ③항에서 더 자세히 언급하겠습니다만, 사실 민생단 관련자라고 자백한 사람 가운데 확실한 증거가 나온 경우는 없습니다. 그러다보니 여러 혐의자들의 진술에 모순이 있고, 일관되지 않는 경우가 허다했을 정도였습니다. 이로써 동만지방에서 한인 사회주의운동자가 만주지역 조선인의 자치를 외칠 수 있었고 조선의 독립을 주장해도 민생단 혐의자로 몰리지 않게 되었습니다. 한인과 중국인 대원 사이에 민족적 연대가 다시 강고해지는 계기도 이때부터였습니다. 동북항일연군 제2군 대원 가운데 민생단 혐의를 받아 감옥에 갇혀 있던 사람들을 석방한 사람은 자신도 혐의를 받고 있던 김일성입니다. 그는 이들을 받아들여 제3사의 대원으로 편입시켰습니다.

다른 하나는 조선의 독립을 위해 활동할 수 있는 조선인만의 무장대인 '한국민족혁명군'을 편성하라는 지시였습니다. 그러면서 항일에 동조하는 모든 한인을 망라할 수 있는 '한국민족혁명당'을 결성하라는 지시도 곁들였습니다.[2)]

아무래도 두 가지 새로운 방침은 이주한인이 가장 많은 모여 사는 동만지방의 동향 특히, 한인 대원들의 의사에 의해 좌우될 성격이었습니다.

두 가지 가운데 민족별로 유격대를 편성하는 문제는 동북항일연군 지도자들 내부에서조차 다른 의견이 많아 실현되지 못했습니다. 대신에 1936년 3월 안도현 미혼진(迷魂陣)에서 열린 중공당 '동만특별위원회 및 동북인민혁명군 제2군 영도간부회의' 즉, 미혼진회의에서는 동북항일연군 제2군에 제3사(사장-김일성)를 편성하기로 결정하고, 이 부대로 하여금 백두산 일대의 조선과 중국의 국경지대에서 활동하도록 했습니다.

또 하나의 대안이었던 한국민족혁명당을 결성하는 문제를 보면, 중공

---

2) 이하에 대해서는 신주백, 「1930년대 항일무장투쟁사-과거 기억과 현재의 相存」(『1920~1930년대 중국지역 민족운동사』, 선인, 2005)을 인용, 보강한 것입니다.

당 동만특별위원회는 1936년 3월부터 5월 사이에 '당' 대신에 '재만조선인조국광복회'를 독자적으로 결성하려고 했지만 그렇게 할 수 없었습니다. 일본의 탄압으로 동만지방의 당조직과 대중조직이 와해된 상태였기 때문입니다. 동만특별위원회의 책임자인 위증민은 1936년 7월 하리 회의에서 남만지방의 항일역량과 합쳐 재만조선인조국광복회를 조직하기로 결정했습니다(이하 '조광'). 회의에서는 동북항일연군 제1,2군을 합쳐 제1로군을 편성하고, 제2군 제3사를 제2군 제6사로 개편했으며, 제6사에서 '조광'을 결성하기 위한 구체적인 활동을 책임지는 임무를 맡겼습니다. 이중의 임무가 재개된 것이지요.

제6사에서는 1936년 8월부터 백두산 바로 밑에 있으면서 함경남도 갑산군과 압록강을 사이에 두고 인접해 있던 장백현으로 진출하기 시작했습니다. 우리가 흔히 알고 있는 '조광'은 동만과 남만지방 한인 유격대원들의 역량이 모여 결성된 조직이지 동만지방의 항일역량만이 결집된 조직은 아니며, 만주 전역을 관장하는 조직은 더더욱 아니었습니다. 다만, 동북항일연군 제2군 제6사가 그 구체적인 집행을 맡아 하부조직을 확대한 것만은 분명합니다.

'조광'은 계급 · 성별 · 지위 · 당파 · 연령 · 종교 등을 구별하지 않고 항일에 동조하는 모든 한인을 단결시켜 만주지역에 새로운 민주정부를 수립하고 조선인의 자치를 실현하며 조선의 독립을 위해 활동하는 것이 목표였습니다. 천도교 도정(道正)을 맡고 있던 박인진(朴寅鎭)을 포섭하고, 그를 통해 함경남도 갑산군 · 삼수군 · 풍산군의 천도교인을 끌어들이려고 한 것도 그 활동의 하나였습니다. 1936년 이전에는 상상할 수 없는 정치방침인 것이지요. 또한 '조광'은 1937년 7월 중일전쟁이 일어나자 전쟁의 후방이나 마찬가지인 조선에서 항일투쟁을 격화시켜 전선(戰線)의 후방을 교란하며 국내의 무장봉기를 준비하기 위해 생산유격대를 결성하려고 노력하였습니다. 이를 위해 조직원을 공업지대인 흥남 · 함흥 · 원산 등지에 파견하기도 했습니다. 중국과 일본의 대립이 격화되면서 항일운동가들에게 있어 조선의 위상과 의미가 조금 바뀐 것이지요.

'조광'의 활동에서 특히 주목되는 사실은 1937년 6월 초 동북항일연군 제2군 제4, 6사에서 함경남도 갑산군 갑산면의 소재지인 보천보를 공격한 사건입니다. 오늘날 중국 집안현의 현 소재지인 집안(緝安)의 바로 앞에 압록강이 흐릅니다. 그 강만 건너면 보천보입니다. 저는 2002년 현장에 가서 유격대가 건넜다는 현장을 확인했습니다만, 보천보전투를 위해 유격대가 건넌 압록강의 최상류는 집안에서도 더 북쪽으로 가야 하는데 6월 초라면 그냥 걸어서 건널 수 있는 곳으로 보였습니다. 당시 국내의 '조광' 조직원들은 제4, 6사의 공격과 퇴각에서 결정적인 역할을 수행했습니다. 보천보전투는 조선총독부가 이제 조선의 치안은 안정되었다고 공공연하게 자신감을 피력하던 때였고, 이미 국내에서 조직적인 저항이 사라져가고 있을 때 일어난 사건이어서 조선총독부나 대중에게 많은 충격을 주었습니다.

그래서 조선총독부는 집요하게 탐색작업을 벌였습니다. 1937년 10월과 이듬해 10월 등 두 차례에 걸쳐 739명의 관련자를 검거했습니다. 일제강점기 항일운동사에서 단일 조직사건으로는 최대의 검거인원입니다. 사형 6명 및 무기 15명의 판결도 가장 가혹한 판결이었습니다. 그만큼 일본이 긴장한 조직사건이었다는 반증이겠지요. '조광'은 1938년 10월경까지 장백현에 구회 3, 지회 11, 분조 41, 반 10, 생산유격대 6개(미조직 2개)를 결성했으며, 국내의 경우 한인민족해방동맹 1, 지회 3, 분조 3, 정우회 1, 반일회 1, 반일그룹 14, 미조직된 생산유격대 2개를 조직했습니다.

두 차례의 탄압으로 조광의 조직은 회복 불능의 사태에 빠졌습니다. 또 하나의 정치적 실험이 끝난 것이지요. 하나의 사건으로 조직 전체가 와해되는 빌미를 제공했다는 점에서 보천보전투는 비판적으로 재검토해야 할 사건입니다. 북한의 연구처럼 큰일을 해냈다고 그냥 긍정적으로만 보아서는 안 된다는 말입니다.

그럼에도 불구하고 1927년 2월에 결성된 신간회나 1935년 5월 중국 관내에서 조직된 민족혁명당에서도 항일투쟁을 통해 조광만큼 자기 모습을 확실하게 보여준 경우는 없었습니다. '조광'은 만주지역에 거주하는 조선인이 원했던 정치·경제적인 권리가 보장된 자치와, 조선의 독립문제를 어떻게 해결해야만 조선인들의 항일역량을 최대한 끌어올릴 수 있겠는가를 선명하게 보여준 사례였습니다. '조광'은 1920년대 중후반경 국내의 신간회지회 결성운동과 중국에서 전개된 민족유일당 결성운동이 내걸었던 정신을 1930년대 중후반경 만주지역의 상황에 맞게 정신적으로 계승했다고 볼 수 있습니다.

하지만 제6사와 '조광'은 북한의 주장처럼 전국적 범위에서 조선인 사회주의자들의 단결을 보장하지는 못했습니다. 당시의 전체 민족운동을 중심적인 위치에서 지도할 만한 위상도 갖고 있지 않았습니다. 북한의 평가가 과대한 것이지요. 반면에 한국에서는 일절 언급하지 않았던 것도 문제지요. 물론 제7차 교육과정의 『한국근현대사』 교과서에서 '조광' 등에 대해 언급하고 있는 경우도 있지만, 역사적 평가를 제대로 받고 있다고는 볼 수 없습니다. 모두 분단체제로 인해 초래된 우월경쟁의 결과입니다. 절름발이 역사인식의 한 사례라고 할 수 있지요.

이와 관련하여 한마디만 덧붙이자면, 신간회에 관한 서술을 분명히 하는 것처럼, 재만조선인조국광복회에 관한 언급도 뚜렷이 할 필요가 있다는 점입니다. 반대의 경우를 북한에도 요구할 수 있어야 합니다. 이것이 분단시대의 분열적인 역사인식을 극복하고 통일지향적인 역사교육을 하는 진정한 태도이기 때문입니다.

## 4. 운동의 맥락 짚기

제4절에서는 민족주의운동 계통보다는 사회주의운동 세력의 동향과 관련된 의미를 해석하는데 치중하겠습니다. 그것이 이번 공동연구를 보조하는 이 글의 취지에 부합되기 때문입니다.

### 1) 만주지역 민족주의운동의 정치사상적 특징과 시사점

항일운동에 뛰어든 김일성의 초기 언행을 이해하는데도 만주지역 민족주의운동이 어떤 특징을 갖고 있는지를 아는 것이 도움이 됩니다.[3)]

1920년대 중반경, 그러니까 참의부, 정의부, 신민부가 확립된 시기에 각 민족주의 단체 내부에서는 새로운 변화의 싹이 움트고 있었습니다. 세 조직이 관할하던 구역에서 정당 형태의 조직이 결성되었던 것이지요. 정의부 관할 구역인 남만지방에서는 다물당(1923), 한족노동당(1923), 고려혁명당(1926), 신민부가 관할하던 구역인 북만지방에서는 한국귀일당(1926), 고려국민당(1927년경)이 바로 그것입니다. 이들 조직 가운데 지향점을 알 수 있는 강령 등이 남아 있는 조직이 다물당 · 한족노동당 · 고려혁명당입니다. 또한 한족노동당은 1926년을 고비 ML파라는 사회주의 정파에 장악되었으므로 논외로 하면, 다물당과 고려혁명당의 주장에서는 특이한 점을 발견할 수 있습니다.

다물당과 고려혁명당은 민족 구성원 모두가 평균적으로 평등한 사회주의국가를 건설하자고 주장했습니다. 두 단체는 이러한 국가를 '사회주의' 국가라고 명백히 밝히고 있습니다.

---

3) 자세한 사항은 신주백, 『만주지역 한인의 민족운동사(1920~1945)』, 110~128면을 보시기 바랍니다.

그렇다면 이들이 말하는 평등이란 무엇일까요. 분명한 것은, 노동계급의 헤게모니 아래 개인의 사적인 소유가 인정되지 않는 사회주의국가의 평등과 분명히 다르다는 점입니다. 그들이 말하는 평등이란 하나의 민족이라는 입장에서 '균산(均産)'의 원리가 관철되는 반자본주의적이고 반제국주의적인 국가의 평균주의였습니다. 때문에 민족이 일제로부터 독립한 이후에 건설될 국가에서는 일제나 친일파가 소유했던 대자본의 공장 등은 모두 국가의 소유로 상정되었을 것입니다. 이렇게 되면 국가가 대자본의 소유주로서 경제를 주도하는 것이 되지요. 마찬가지로 그들은 토지문제도 국유화의 원칙에서 출발하였습니다. 예를 들어 고려혁명당의 중앙간부인 고활신은 1927년 4월 제1회 남만 각 단체 대표회의에서 민족유일당의 강령(초안)에서 토지국유화를 제기했습니다.

이처럼 다물당과 고려혁명당은 민족 구성원 모두의 행복을 지향한다는 대원칙에서 노동자계급의 독재만이 아니라 자본가계급만의 지배도 인정하지 않았습니다. 결국 두 정당이 건설하려는 민족국가는 사회주의적 민족주의국가였다고 볼 수 있습니다. 이를 당시 국제사회의 사상적 지형도 곧, 자본주의사상, 사회민주주의사상, 사회주의사상으로 구분한다면, 다물당과 고려혁명당은 사회민주주의 국가를 수립하려 했다고 말할 수 있습니다.

평균적으로 평등한 사회주의국가라는 이념은 한국의 전통적 이념 가운데 하나인 대동사상과도 연관이 있을 것입니다. 아직 논문으로 규명된 적이 없어 뭐라 말하기 곤란하고, 두 단체 지도자들의 입장을 알 수 있는 자료가 워낙 빈약하여 명명백백하게 주장할 수 없지만, 사회 구성원 모두가 편안하고 사람으로서 대우받으며 각자의 쓰임새에 따라 살아가는 대동세계(大同世界)라는 이상사회와 연관이 있을 것으로 보입니다.

또한 다물당과 고려혁명당의 정치사상은 중국 관내에서 활동하고 있던 안창호의 1927년경 주장에서도 발견됩니다. 안창호도 일본으로부터 독립한 조선은 자본가계급의 국가도 아니고, 노동자와 농민만의 국가도 아닌 국가여야 한다고 주장했던 것입니다.[4] 국내에서 같은 시기에 이와 같은 주장을 내세우는 정치조직이 없었다는 점에서 보면, 두 단체의 주장은 독특한 정치사상이었으며, 중국지역에서는 새로운 흐름이었다고 말할 수 있겠습니다. 임시정부의 여당인 한국독립당의 사상적 기저를 이루었던 조소앙의 삼균주의(三均主義)도 이 바탕 위에서 제기된 주장입니다. 그것을 제대로 드러낸 것이 1940년 대한민국임시정부의 「건국강령」이지요.[5] 그렇다면 일제강점하 한국 민족주의의 가장 중요한 정치사상적 특징을 이 지점에서 찾아야하지 않을까요?

### 2) 조선인 사회주의운동자들의 중국공산당 입당이 갖는 현재적 의미는?

앞서 제1장에서 만주지역에 거주하는 조선인 사회주의운동자들이 중국공산당에 가입하는 과정과 국내에 들어가 조선공산당 재건운동에 뛰어드는 계기를 언급했습니다. 그 핵심은 이중의 임무를 받아들이며 만주에 거주하는 사람들은 '중국공산당으로'라는 정치방침을 따랐고, 이를 받아들이지 않은 사람은 '1국1당원칙'에 따라 국내에 들어가 노동자와 농민에 기초를 둔 새로운 성분의 당원으로 구성된 조선공산당을 만들고자 '조선으로' 들어갔다는 점입니다.

여기에서 우리가 시사받을 수 있는 점은 중공당에 들어간 조선인 사회주의운동자들이 조선의 독립을 포기하지 않았다는 점입니다. 1930년대 만주지역에서 활동한 조선인 사회주의운동자들을 이해하는 가장 기본적인 출발점은 바로 여기서부터 입니다. 그들에게 중공당 가입은 돌

4) 이에 대해서는 신주백, 「1920년대 관내지역 민족운동과 안창호」, 『1920~30년대 중국지역 민족운동사』 참조.

5) 「건국강령」이 갖는 역사적 의미에 대해서는 최근의 역사인식 논란과 관련하여 분석한 신주백, 「정부수립과 한국근현대 속에서 광복·건국의 연속과 단절」(『한국근대사연구』 48, 2009) 참조.

아가는 길이 곧 지름길이었던 이치와 같은 선택이었던 것이지요.

제가 이점을 강조하는 이유가 여러 가지 있지만 두 가지만 들어보겠습니다.

하나는, 한때 우리나라에서는 항일유격대의 활동, 특히 김일성의 활동이 조선의 독립을 위한 것이 아니라 중공당과 소련을 위한 행동이었다는 주장이 있었습니다. 그들을 깎아 내리기 위해 횡행했던 역사적 근거 가운데 하나로 이용한 것이었지요. 그래서 그들의 활동을 사대주의적인 태도라고 비판하는 사람까지 있었습니다. 남북한 체제경쟁의 와중에서 상대를 비판함으로써 자신의 우월성을 상대적으로 부각시킬 수 있는 좋은 소재거리였던 것이지요. 학문적으로 이를 말하면 '경쟁과 배제의 (비)대칭적 남북관계인식'이라고 말할 수 있습니다.[6)]

다른 하나는, 북한과 일본의 1991~1992년의 수교협상과정에서 제기된 역사인식의 차이와 밀접한 연관이 있습니다. 당시 북한은 역사적이고 법률적인 견지에서 그리고 국제법적인 측면에서 보아도 과거의 조일관계는 '교전관계(交戰關係)'이며, "김일성 장군의 지도하에 조선인민군은 항일전을 정식으로 선포하고 15년간 일본군과 싸워서 승리했다"고 주장하였습니다. 이에 대해 일본은 한반도에 주권국가는 존재하지 않았으며 빨치산은 독립부대로서가 아니라 중공당 소속인 동북인민혁명군의 일부로 만주에서 활동했다고 반박하였습니다. 북한 측의 주장에 사실적인 오류와 인식에 한계가 있기는 하지만, 쟁점과 관련해서만 말하면 중공당에 들어간 조선인 사회주의자들의 선택은 일본을 몰아내고 독립을 획득하기 위한 하나의 과정이었습니다. 앞서도 말씀드렸지만 그들에게는 이것이 지름길이었습니다. 그래서 동북항일연군(東北抗日聯軍)인 것이지요. 독립부대인가 아닌가는 그다지 중요하지 않습니다.

이렇게 해석하면, 다음 '제4항 민족주의운동 계열의 무장투쟁을 어떻

6) 이에 관한 자세한 사례분석과 소개는 김승렬 · 신주백 편, 『분단의 두 얼굴』(역사비평사, 2005) 참조.

게 보아야 하는가'라는 문제와도 연관시켜 볼 수도 있습니다. 예를 들어 만주지역에서 조선인만의 독자적인 무장투쟁을 하는 것이 정당했을까, 아니면 중국인과 함께 항일운동을 하는 것이 올바른 노선이었을까에 대해 우리는 합리적인 검토를 해야 합니다.

아무튼 중공당 가입을 사실적으로 어떻게 인식하고 해석하느냐는 북일수교의 성격과 내용을 바꿔놓을 수 있습니다. 왜냐하면 북한은 수교협상을 승전국인 조선민주주의인민공화국과 패전국인 대일본국 사이에 국교를 수립하는 문제로 간주하였기 때문입니다. 그것은 국교협상과정에서 북한이 받을 돈의 성격과 액수를 규정하는 문제입니다. 동시에 북한은 주체사상의 역사적 시원을 1926년의 '타도제국주의동맹'에 두고 있고 주민들에게 이를 교양하고 있으므로 수교협상의 결과는 바로 이러한 북한 내부의 현실에도 영향을 미칠 것입니다. 더 나아가서 북일수교협상은 1965년에 체결된 한일협정과도 연관이 있습니다. 왜냐하면 일본은 한일협정에 준해서 북일수교협상을 진행하고 있으니까요. 역사인식이 갖는 현실의 정치성을 확실히 확인할 수 있는 대목이지요.

### 3) 반민생단투쟁의 가해자는? 이것이 역사에 끼친 영향은?

본론을 이야기하기에 앞서 민생단과 반민생단투쟁에 대해 잠깐 언급하겠습니다.[7] 민생단은 1932년 2월 동만지방에서 결성된 친일조직입니다. 간도지역에 거주하는 조선인의 자치를 지향했던 조직입니다. 중공당의 동만조직에서는 민생단을 반대하기 위한 대중투쟁을 조직하여 큰 호응을 얻었습니다. 결국 간도총영사관과 조선총독부에서도 민생단을 적극 후원하지 않는 등 고립무원의 상태에 빠지자, 결성된 지 5개월 만

7) 신주백, 『만주지역 한인의 민족운동사(1920~1945)』, 아세아문화사, 1996, 368~411면 참조.

인 7월에 지도부 스스로 사무실을 폐쇄하였습니다. 저는 이때의 반대투쟁을 제1차 반민생단투쟁이라고 설명하고 있습니다.

오늘 제가 설명하고자 하는 것은 1932년 10월경부터 중공당 동만조직 내부에서 진행된 민생단원 축출운동입니다. 이 내부투쟁은 1936년 3월경까지 지속되었는데, 저는 이를 제2차 반민생단투쟁이라 말하고 있습니다(약칭 반민투).

반민투를 집행한 사람들은 민생단을 한국 민족주의와 일제가 조직한 단체 가운데 하나로 간주하였고, 조선인 지주와 부농, 고리대금업자, 상업자본가를 기본 대중으로 하는 한국 민족주의의 일개 파벌조직이라고 보았습니다. 이들은 민족주의운동 단체인 국민부조차 이렇게 보았을 정도로 좌경적인 인식에 사로잡혀 있었습니다. 그런데 반민투 집행자들은 이미 스스로 해산한 민생단이 단원을 중공당과 유격대에 파견하여 간첩행위를 하고 있다고 판단하고 있었습니다. 따라서 민생단에 반대하는 투쟁은 곧 반일투쟁이자 파벌과 주구(走狗)를 반대하는 투쟁이었으며, 부농과 지주를 반대하는 계급투쟁이기도 했습니다.

반민투의 결과 최소한 560여 명의 조선인이 체포되어 400여 명 이상이 동료들에게 죽임을 당했습니다. 1980년대 연변조선족자치주에서 조사한 바에 따르면 체포된 사람들 가운데 친일행위를 했거나 민생단원이었던 사람은 한 명도 없었습니다. 얼마나 어처구니없는 반간첩투쟁이었는지 아시겠지요.

그런데 여기에서 주목해야 하는 것은 체포된 사람과 처형된 사람은 모두 조선인이었다는 사실입니다. 그렇다면 이들을 죽인 사람은 누구일까요. 중공당 동만 조직의 지도부에 있던 중국인과 조선인들이었습니다. 아니 더 엄밀히 말하자면, 중국인은 동만 조직의 지도부 등에 조금만 있었다는 점을 고려했을 때 실상 조선인이 조선인을 체포하고 죽였다고 말할 수 있습니다. 김일성도 한때 혐의자로 체포되어 감옥에 있었지만, 북만지방에서 활동하던 중국인 지도자 주보중의 도움으로 목숨을 구할 수 있었습니다.

그래서 어떤 연구자는 조선인의 '민족적 취약성'에서 반민투가 일어나게 된 원인과 격화된 배경을 설명하고 있습니다. 어쩌면 맞을 수도 있지만, 엄밀히 따져 봐야 한다고 봅니다. 왜냐하면 같은 시기 중공당 중앙이 있던 지역에서는 최고 5,000여 명 내지는 1개 부대가 몰살당하는 숙청투쟁이 진행된 경우도 있었으니까요. 우리의 민족성 때문이라고 한다면, 왜 남만과 북만지방에서는 반민투가 일어나지 않았는지도 해명되어야 하지 않을까요. 분명히 말씀드리지만 동북인민혁명군 제2군을 제외한 유격대에서 반민투는 일어나지 않았습니다. 따라서 반민투는 조선인의 민족성보다 당시 중공당의 극좌노선에 원인이 있었던 것으로 보아야 합니다.

반민투는 동만지역 사회주의운동에 치명적인 영향을 끼쳤습니다. 예를 들어 중공당 동만 조직의 당원은 1931년 하반기에 1,100명 가량되었는데, 1933년 9월 중순경에 이르면 965명, 1935년 5월 현재 181명으로 급격히 줄어들었습니다. 이렇게 급감한 주된 원인은 중공당 스스로도 고백하고 있듯이 전투에서 사망한 사람보다 반민투 와중에 죽임을 당한 사람이 더 많았던 데 있었습니다. 특히 죽임을 당한 사람들 가운데 상당수는 1920년대 초중반부터 항일운동에 뛰어든 노련한 운동가들이 많았습니다. 항일운동의 지도역량이 크게 손실을 입은 것이지요. 동시에 중공당의 동만 조직 내에서 세대교체가 강제된 계기이기도 했습니다. 1935~1936년을 거치며 김일성이 주요 보직을 맡게 되고, 눈에 띄는 활약을 할 수 있는 기회를 잡은 것도 이와 같은 내적 조건의 변화와 무관하지 않습니다.

### 4) 민족주의운동 계열의 무장투쟁을 어떻게 보아야 하는가

일본이 만주를 침략했을 때 만주지역에서 활동하던 민족주의운동 계열의 무장부대는 남만지역의 조선혁명군과 북만지역의 한국독립군이 있었습니다. 이들 부대는 사회주의운동자들과 달리 중국인 부대 들어가 함께 활동하지 않았습니다. 조선혁명군이 1932~1933년경 잠시 요녕민중자위군의 일부로 활동한 적이 있지만, 조직의 독자성은 유지하였습니다.

그렇다면 이러한 활동방식을 우리는 어떻게 보아야 할까요. 어떤 방식으로 접근한 것이 당시 정황을 올바로 반영한 것일까요.

저는 비슷한 정치 성향인 중국국민당의 무장부대와 함께 활동했어야 한다고 봅니다. 그렇다고 사회주의운동자들처럼 중공당과 유격대에 들어가 중국인들과 한데 섞여 활동하는 것만이 옳다고 보는 것은 아닙니다. 관건은 굳건한 연대를 유지하며 함께 활동하는 것이었습니다.

그 이유는 간단합니다. 1934년 일본이 작성한 통계에 따르면, 중국인 인구가 약 3,400만 명이었고, 조선인은 70만 명가량이었습니다. 조선인 인구는 2% 정도에 불과했던 것이지요. 더구나 조선인은 한반도보다 약 6배가량 넓은 만주에 흩어져 살았습니다. 조선인 마을은 만주 전체를 놓고 보면 '외로운 섬(孤島)'과 같은 존재였지요. 이렇게 되면 적에게도 노출되기 쉬웠습니다. 그런데 유격운동은 기본적으로 대중의 지지가 없으면 오래 버틸 수 없는 저항투쟁방식입니다. 대중의 보호 없이 분산되어 있는 조선인을 기반으로 무장투쟁을 하는 것 자체가 상당히 어려웠던 것입니다. 한국독립군이 1933년 10월경에 저항을 중단하고 조직을 해체한 것도 이 때문이었습니다. 조선혁명군이 한국독립군보다 오래 버티며 강력히 저항할 수 있었던 것도 남만지방의 조선인들이 더 많이 거주하고 있었고 조직적으로 연계되어 있었기 때문이었습니다. 뿐만 아니라 조선혁명군은 일부 중국인 무장대로부터 특별한 지지를 받았으며, 심지어 1935년 들어서는 동북인민혁명군 제1군과도 공동 투쟁을 벌일

정도로 중국인 무장부대와의 연합작전을 계속 추진하였습니다.

해산한 한국독립군의 일부 사람은 중국의 관내로 이동하였습니다. 이청천이 대표적인 인물이지요. 하지만 그는 중국의 관내로 이동해서 곧바로 임시정부를 지지하는 측에 가담하지 않았습니다. 당시 진행되고 있던 정당통일운동에 합류하여 조선민족혁명당의 결성에도 참여하였습니다.[8] 한때 『국사』 교과서에서는 한국독립군의 일부가 중국의 관내로 이동한 것을 놓고, 임시정부의 '요청'으로, 그리고 임시정부에 합류하기 위해 그랬다고 기술한 적이 있습니다. 정통성의 계보를 명확히 하겠다는 정치적 계산이 깔린 역사해석이라고 생각하지만, 이는 명백히 사실과 다른 언급입니다.

### 5) 소련으로 월경한 유격대는 무엇을 했을까요?

만주지역에서 활동하던 유격대는 소련으로 넘어가야 했습니다. 그렇지 않으면 존립 자체가 위험스러울 정도로 위축되어 있었습니다. 조직을 정돈하고 미래를 대비할 필요가 있었던 것이지요.

유격대는 1941년 말경이 되면 대부분 소련으로 이동하여 A야영과 B야영에 머물렀습니다. 이들은 1942년 7월 동북항일연군교도려라는 조직을 결성하여 흩어져 활동하던 유격대를 통일하였습니다. 군사지도자는 주보중이었지만, 당조직의 책임자는 조선인 최용건이었고, 김일성은 당조직의 위원이자 제1영(대대)의 책임자였습니다. 교도려 내에서는 상당한 지위였던 것이지요.

유격대는 소련군으로부터 정식 군사훈련을 받는 한편, 최대 인원 15명 정도로 구성된 몇 개의 소부대로 나뉘어 다시 만주에 돌아가 흩어진

8) 정당통일운동에 대해서는 신주백, 「1930년대 정당통일운동사」, 『1920~30년대 중국지역 민족운동사』 참조.

동지들을 찾고 일본군의 동향에 관한 정보를 수집하는 활동을 벌였습니다. 조선인 대원들도 이와 같은 활동에 참여했는데, 야영 생활에서도 독립을 포기한 적이 없었습니다. 당시 유격대원으로 활동하며 받았던 교육을 노트에 기록한 김선(金善)의 수첩에는 다음과 같은 기록이 있습니다.

> 고려인은 왜 중국혁명에 참가하는가
>
> ① 고려민족혁명은 단독으로 승리를 획득할 수 없고, 중국 원조 아래 승리를 획득할 수 있다.
> ② 중국혁명 민족자결권에 근거하여 중국혁명 성공 이후 먼저 중국에 있는 고려인이 민족자결권을 획득할 수 있다.
> ③ 일본제국주의가 中·高(중국과 고려－인용자) 민중의 공동의 적이며, 중국과 고려는 특수관계, 지리 접경, 중국혁명 성공 이후 가능한 한 직접 간접으로 고려혁명에 마땅히 원조를 주어 신속하게 최후의 승리를 획득하게 한다.

그런데 1945년 2월 미국·영국·소련의 지도자들이 만난 얄타회담에서는, 독일이 항복한 날로부터 2~3개월 이내에 소련군이 아시아태평양전쟁에 개입한다고 합의하였습니다. 소련이 아시아의 전쟁에 개입하는 것을 기정사실화한 것입니다. 5월 8일 독일이 항복을 선언했습니다. 소련으로서는 늦어도 8월 9일까지는 전쟁에 개입해야 했습니다. 물론 소련으로서는 전쟁이 끝난 후 동아시아에서의 정치적 영향력을 확보하기 위해 어떤 명분을 내세워서라도 전쟁에 개입하려 했겠지요. 아무튼 독일이 항복했으니 소련은 전쟁을 준비해야 했고, 이때 유격대의 활용가치를 당연히 고려했을 것입니다.

1945년 7월 말, 소련이 동북항일연군교도려 조직을 민족별로 구분하여 조선인 대원만으로 조선공작단위원회를 결성한 일도 이와 관련된 조치인 것입니다. 위원회의 책임자는 최용건이었고 군사담당 책임자가 김일성이었습니다. 위원회는 새로운 조선을 건국하는데 대비한 조직으로서 항일해방전쟁에 직접 참가하는 것을 전제로 구성되었습니다. 실제 일부 대원은 만주로, 그리고 또 다른 소수의 대원은 함경도에서 소련군의 작전을 도왔습니다.

# 총서 '불멸의 력사'를 어떻게 읽을 것인가

신형기(연세대)

## 1. '불멸의 력사'란

'불멸의 력사'란 1972년에 출간된 『1932년』(권정웅) 이래 현재까지 씌어진, 김일성의 혁명 역사를 형상화한 30여 권의 장편소설 총서를 가리킨다. 소설들은 김일성의 소년시절부터 시작하여 그가 항일무장투쟁을 벌이는 과정과, 북한을 '건국'하고 통치하는 전 생애를 다루고 있다. 해방 직후부터 김일성이 이끌었다는 항일무장투쟁은 민족적 의기를 드높인 '위대한 과거'로 간주되었다. 이 위대한 과거를 형상화하는 것은 북한문학의 중요한 과제가 될 수밖에 없었다. 북한에서 문학은 체제의 선전, 선동 수단이었고 그런 만큼 위대한 과거에 대해 이미 내려진 규정을 넘어설 수 없는 것이었다. 위대한 과거는 계획된 해석의 대상으로서 궁극적으로는 하나의 이야기로 재현되어야 했다. 이렇게 쓰인 이야기들은 일정한 역사상(歷史像)을 고착시키는 데 기여했으며, 그럼으로써 세계를 규정하고 집단적인 정체성을 주조하는 수단이 된다. '불멸의 력사'는 이러한 역사 쓰기의 '결정판'이라고 할 수 있을 것이다.

북한체제의 입장에서 식민지 시대 김일성이 벌인 항일무장투쟁의 역사는 특별하고도 심대한 의미와 의의를 갖는 것이 아닐 수 없었다. 그것은 김일성이 북한의 지도자여야 하는 합법성과 정당성, 필연성을 설명하는 것이었기 때문이다. 북한에서 김일성의 권력이 강화될수록 항일무장투쟁사를 그리는 일은 일층 심각한 과제가 되었다고 말할 수 있다. '불멸의 력사'가 이른바 주체시대(1967~)의 시작과 더불어 계획되었다는 사실 역시 이런 맥락에서 보아야 할 것이다. 애당초 항일무장투쟁사는 김일성이 주도하고 이끈 혁명역사로 그려져 왔다. 이 역사 안에서 김일성은 유일무이한 영도자였으므로 항일혁명역사 쓰기는 영도사의 형태를 취하게 마련이었다. '불멸의 력사'는 영도사를 더욱 부연하고 심화시킨 것이라고 할 수 있다. 총서의 소설들은 하나같이 김일성이라는 주인공을 둘러싸고 그가 지도하고 이끈 동지와 전사들의 이야기가 얽히는 구조를 취하고 있다. 즉 주인공 선(線)이 모든 소설의 뼈대를 이루며 그에 이끌리는 인물들의 위계 또한 엄격하게 구별된다. 그런데 김일성을 정점으로 혁명을 수행한다는 거대한 이야기는 그가 혁명의 사상(주체사상으로 명명된)을 세우고 실현하는 과정으로 그려진 점에서 주체사상의 창도사이자 공산주의 운동사이기도 했으며, 그의 무장투쟁이 민족적 역량을 모으고 대표한 것이었다는 점에서 민족투쟁사가 되었고, 마침내 '개선'하여 국가를 세우게 된다는 점에서는 건국사로 읽힐 수 있는 것이었다. 영도사가 민족투쟁사이자 건국사로 씌어진 '불멸의 력사'는 북한 체제의 성격을 한마디로 대변한다고 보인다.

'불멸의 력사'를 쓰는 원칙에 관해서는 4·15문학창작단이 조직되는 과정에서 많은 준비가 있었던 듯하다. 수령의 혁명역사—영도사란 작가가 함부로 재단해서는 안 되는 심오한 의미를 갖는 것이므로 항상 진지하게 탐구하는 자세로 임해야 한다는 것은 그 원칙 가운데 하나였다. 물론 한두 작가가 혁명역사의 전 과정을 다룰 수 없는 것이므로 총서의 형식이 불가피했다. 각각의 소설들은 전체 이야기의 한 부분씩을 나누어 맡는 형식을 취했다. 각각의 소설은 상대적으로 독자성을 갖게 마련이어서 소설들 간에 등장인물이 통일되지 않고 내용이 연결되지 않는 등의 문제가 있다는 점이 지적되기도 했지만, 전체적으로 총서는 하나의 이야기를 이룬다. 대체로 그 내용은 소년 김일성이 혁명투쟁에 나서 혁명군 사령관으로 무장유격대를 이끌고 투쟁을 벌이다 해방을 맞아 조국건설을 영도하고 미제의 북침을 분쇄하여 나간다는 내용이다. 2000년 무렵까지 출간된 총서의 내용을 거칠게 간추려 보면 다음과 같다.

총서 '불멸의 력사'의 소설들을 출간 순서가 아니라 이야기의 순서로 놓을 때 가장 첫머리가 되는 것은 『닻은 올랐다』(김정, 1982)와 『혁명의 려명』(천세봉, 1973)이다. 전자는 1925년 10대 초반의 소년인 김일성이 「타도제국주의동맹」이라는 단체를 조직하기까지의 과정을, 그리고 후자는 혁명이란 인민들이 그것을 자주적으로 책임감 있게 수행하려는 자각을 할 때 성취될 수 있다는 주체의 원리를 깨달은 그가 만주의 길림에서 「공산주의청년동맹」을 비롯한 각종 혁명조직을 꾸려 인민대중을 반일투쟁으로 불러일으키는 모습을 그리고 있다. 『은하수』(천세봉, 1982)와 『대지는 푸르다』(석윤기, 1981)의 내용은 1930년 조선혁명을 무장투쟁으로 발전시키기 위한 혁명노선을 선포한 이른바 '카륜회의'를 전후한 이야기로, 김일성이 이를 관철하기 위한 전략과 전술적 방침들을 제시하고 혁명의 터전을 마련한다는 줄거리이다. 그는 '조선인민혁명군'을 창건하여 첫 원정을 승리로 이끌고(권정웅, 『1932년』, 1972), 유격 근거지를 마련하며(리종렬, 『근거지의 봄』, 1981), 이윽고 백두산 지구로 진출(현승걸 · 최학수, 『백두산 기슭』, 1978)하여 보천보의 횃불을 올린다(최학수, 『압록강』, 1983). 『잊지 못할 겨울』(진재환, 1984)에 이르면 중일전쟁을 도발한 일제에 맞서 가혹한 시련을 헤쳐 나가는 과정이, 『고난의 행군』(석윤기, 1976)에서는 일본군 토벌대의 집요한 추적을 따돌리는 이야기가 그려진다. 김일성의 항일유격대는 함경도 무산 일대에 진출하여 일제에 심대한 타격을 입히며(석윤기, 『두만강 지구』, 1980), 신출귀몰한 작전으로 토벌대를 격파한다(김병훈, 『준엄한 전구』, 1981). 『빛나는 아침』(권정웅, 1988)과 『조선의 봄』(천세봉, 1991)에서는 해방을 맞아 토지개혁을 위시한 제반 민주개혁을 이루어 나가는 한편, 조만식 등의 반동세력이 꾸미는 음모를 물리치는 '건국'의 과정이 서술된다. 그러던 가운데 미제는 '북침'을 해 오며, 그는 최고사령관으로서 이를 분쇄하여 '괴뢰군'과 미제 세력을 낙동강 이남으로 밀어낸다(안동춘, 『50년 여름』, 1990). '전략적 후퇴'를 감행해 적의 통천 상륙작전을 파탄시킨(정기종, 『조선의 힘』, 1992) 그는 미군의 신공세를 물거품으로 만들고 정전 담판장에서 항복서를 받아낸다(김수경, 『승리』, 1994).

그 밖에도 1993~1994년의 핵 위기에서 수령의 사망에 이르는 기간을 대상으로 한 『영생』(백보흠 · 송상원, 1997)과 전후 농촌협동화 과정에서의 영도를 그린 『대지의 전설』(김삼복, 1998) 등이 출간되었다. 2000년 들어서도 해방 직후의 정부 수립 과정을 다룬 『삼천리 강산』(김수경, 2000), 1939년부터 1940년대 전반기에 이르는 간고한 시기를 대상으로 한 『붉은 산줄기』(리종렬, 2000), 2차대전 종결 후 북한군을 건설하는 수령의 모습을 조명한 정기종의 『열병광장』(2001) 등이 씌어졌다.

## 2. '불멸의 력사'가 쓰인 과정

북한문학에서 항일무장투쟁을 그리는 혁명전통주제의 형상화가 본격적으로 요구되는 것은 한국전쟁 이후 이른바 '종파투쟁'을 겪으면서이다. 김일성의 권력을 공고히 하고 천리마운동으로 전면적인 대중동원을 벌이려는 상황에서 항일무장투쟁사의 '복원'이 요구되었던 것이다. 신심과 의지로 온갖 난관을 헤쳐 나가는 항일무장투사들을 대중적 영웅주의의 본보기로 삼는다는 생각이었다. 이내 그들의 정신세계를 이해하는 것은 '공산주의'라는 전망을 구체화하는 길로 여겨지게 된다. 1959년부터 출간되어 대중 필독서가 된 『빨치산 참가자들의 회상기』 시리즈라든가, 『서광』(박달, 1959)과 『청년전위』(림춘추, 1962)와 같이 수기 형태로 쓰인 소설들은 항일무장투쟁사를 보다 구체화(동시에 대중화)해낸 텍스트의 대표적 예이다.

항일무장투쟁사의 이야기들이 '복원'되면서 그것을 형상화하는 방법에 대한 논의도 시작되었다. 이른바 '혁명적 대작' 논의가 그것인데, 혁명역사는 대작으로 그려져야 한다는 것이 그 전제였다. 대작이란 이야기의 서사적 화폭을 크게 잡는 것이다. 즉 대작은 많은 인물들과 여러 이야기가 이어지는 대하소설과 같은 것을 가리킨다고 말할 수 있다. 하지만 대작은 입체성과 집중화를 기해야 한다는 것이 창작의 중요한 원칙으로 강조되었다. 입체성이란 인물과 이야기들이 유기적인 관련을 맺으며 생성되어야 한다는 것이었고, 집중화는 확대된 서사적 화폭이 중심인물과 이야기의 중심선에 의해 장악되어야 한다는 것이었다. 물론 중심인물은 김일성이었다. 모든 인물들은 김일성과의 관계 속에서 의미를 얻으며 마땅히 그를 중심으로 배치되어야 했으며, 모든 사건과 삽화들은 김일성의 행적을 통해 그려지거나 그 중심 줄기에 연결되어야 했던 것이다. 김일성의 영도사는 김일성이 전체를 장악하는 역사였다. 이러한 대작 창작의 원칙은 '불멸의 력사'를 쓰는 원칙이 되었다.

'불멸의 력사'를 쓰기 위한 준비는 1967년 4·15문학창작단이 결성되면서 구체화된다. 수령의 혁명역사를 그려내기 위해서는 총서 형식이 불가피하다는 판단이 이 과정에서 이루어지지 않았나 생각된다. 수령의 형상과 행적은 아무리 재능이 있는 작가라도 다 그려낼 수 없는 심오하고 풍부한 정치성과 인간성을 갖는 것이고, 그의 혁명역사는 그대로 시대의 본질과 역사의 합법칙성을 체현한 것이기 때문에 한 순간도 빠짐없이 체계적으로 그려내야 한다는 것이었다. 이는 한두 작가가 감당할 일이 아니었으므로 영도사를 잘게 구획하여 탐구하고 복원해야 한다는 원칙이 세워졌을 것이다. 소설의 형식을 취했지만 수령의 영도사는 허구가 아닌 심각한 사실이어야 했다. 이렇듯 창작의 방법과 원칙이 지정된 이른바 혁명적 대작이라는 형식을 통해 숭엄한 역사를 전한다는 다소 모순된 입장에서 '불멸의 력사'는 쓰였던 것이다.

'불멸의 력사'가 쓰이는 과정에서는 김정일의 역할이 컸다고 한다. 4·15문학창작단 역시 그의 주도로 결성되었다고 한다. 김정일의 관여는 김일성뿐 아니라 그의 가계가 우상화되는 현상과 관련이 없지 않을 것이다. '불멸의 력사'가 쓰이기 시작하면서 4·15문학창작단에 의해 김일성의 아버지 김형직을 주인공으로 하는 장편소설 『력사의 새벽길』(1972)이 나왔고, 김정일의 생모인 김정숙의 투쟁과정을 그린 장편소설 『충성의 한길에서』 5부작이 출간되기도 했다. 그리고 1990년대에 들어서면서는 김정일을 그린 총서 '불멸의 향도'가 나오기 시작한다. 『푸른 하늘』(권정웅, 1992), 『동해천리』(백남룡, 1996), 『평양은 선언한다』(리종렬, 1997), 『력사의 대하』(정기종, 1997), 『전환의 년대』(리신현, 1998) 등이 그것이다.

## 3. 내용 형식적 특징

'불멸의 력사'의 목적은 김일성을 완성된 혁명가로 그려내는 것이라고 말할 수 있다. 물론 소년 시절의 김일성이 형상화되기도 하지만 그 소년은 이미 모든 이의 지도자인 것이다. 그는 성장하지만 이는 몰랐던 것을 배우는 과정이 아니라 알게 되어 있는 것을 알아가는 과정으로 나타난다. 김일성의 유일한 선생은 아버지 김형직뿐이다. 김일성을 앞지르는 혁명가나 또 다른 혁명 전통이란 있을 수 없다. 다른 독립운동가들은 파벌을 지어 싸우는 우매한 무리, 혹은 개인적인 이익을 도모하는 사기꾼으로 묘사되었다. 사회주의를 표방하는 경우에도 대개는 입으로만 떠드는 혁명가이거나, 모험주의적 투쟁관을 앞세우지 않으면 교조적 이론에 빠져 있는 '류행식 맑스주의자'로 간주된다.

'불멸의 력사'는 '창조'와 '추구'라는 신화의 근본 범주를 벗어나지 않는다. 여기서 김일성은 한 때의 지도자가 아니라 모든 것을 정초(定礎)하고 이룩한 창조자이며 장래를 담보하는 역사의 궁극적 주재자이다. 그의 승리는 이 이야기의 필연적 결말일 수밖에 없다. '불멸의 력사'는 이런 '메시아적' 시간에 입각해 서술되었다. '불멸의 력사'가 갖는 이러한 신화적 성격은 그것의 내용과 형식을 근본적으로 규정한다고 말할 수 있다.

인간중심주의는 주체시대에 들어 북한체제가 일층 강조한 통치의 원칙이다. 인간이 모든 것의 중심이라는 이 소박한 원칙은 인격적 지도를 통치의 방법으로 삼는다는 뜻을 갖는 것이었다. 물론 인격적 정점의 역할은 오직 김일성만이 할 수 있는 것이었다. '불멸의 력사'에서 김일성은 빨치산을 이끈 탁월한 군사지도자일 뿐 아니라 사상이론의 창시자이고, 무엇보다 최고의 도덕을 구현하는 인격적 중심으로 그려졌다. 그는 모든 이를 감화시켜 응하게 하는 태양과 같은 존재로 형상화된다. '불멸의 력사'는 그의 인격에 감화된 인물들이 이를 계기로 광명을 찾고 새롭게 바뀌어 가는 수없는 에피소드들로 이루어져 있다. 인간중심주의의 신화는 '불멸의 력사'의 내용이자 형식이라고 해야 할 것이다.

인격적 감화의 이야기들은 덕치(德治)의 이상을 실천해 보인 것으로 볼 수도 있다. 이런 점에서 김일성의 모습은 전통적 의미의 지도자상과 겹쳐진다. 덕치의 이상은 근대사의 수난들을 초월하려는 의지를 투사하고 있는 것이기도 하다. 그러나 덕치의 이상이란 지도자의 덕성을 기대할 뿐 그것을 실현하는 다른 방법을 찾으려 들지 않는 것이다. 따라서 지도자와는 다른 의견을 낸다든가 그에 반대하는 선택을 하기는 힘들다. 이 신화에서 다른 사람의 역할이 극히 제한될 수밖에 없는 이유는 여기에 있다고 여겨진다. 인간중심주의의 신화는 지도자를 우상화했고 이러한 내용은 대작 형식을 통해 구체화되었다.

## 4. '불멸의 력사'가 한 역할

'불멸의 력사'에서 김일성은 승리의 담보로 그려진다. 이 승리의 신화는 집단적 나르시시즘을 충족시킬 수 있었으리라고 짐작되는데, 동시에 모든 문제는 오직 지도자에 의해 해결된다는 믿음을 공고히 하는 것이었다. 승리를 보장하는 지도자의 위대한 면모는 자부심을 필요로 했던 상황에 답한 것일 수 있다. 그러나 김일성만이 궁극적으로 문제를 해결할 수 있고 그에 의해서 긍정적인 것과 부정적인 것, 동정해야 할 것과 증오해야 할 것이 나뉘는 상황은 정치적 지배를 정당화할 뿐 아니라 나아가서는 존재론적인 구속을 획책하는 것이다. '불멸의 력사'는 이런 역할을 한 것이다.

다시 말해 '불멸의 력사'는 지도자이자 구원자로서의 김일성의 형상을 고정하고 그의 존재를 절대화함으로써 권력의 물질적 기반을 제공했다고 말할 수 있다. 그 방식은 신화를 역사로 만드는 것이었다. '불멸의 력사'의 모든 이야기는 세밀하고 구체적인 부분까지 역사로 간주되었다. 그러나 신화에 의해 장악된 역사는 구체적일 수 없는 것이다. 김일성과 그의 충직한 부하들 이외엔 다른 인물들이 부각될 수 없었던 역사란 사실상 단조로운 것이다. 역사적 상상력이란 것 역시 정해진 이야기 방식에 의해 제한될 수밖에 없었다. 모두가 사실(史實)로 간주된 세밀하고 구체적인 이야기들은 결국 김일성을 따라야 한다는 하나의 이야기를 반복함으로써 그 효과를 극대화하려 했다고 보인다. '위대한 과거'는 어떤 재고도 허용하지 않는 것이었으니, 비판적 분석이나 재평가가 불가능한 과거는 계속해서 반복되고 부연, 첨가될 뿐 다르게 쓰일 수 없었다. 이런 방식으로 완결된 과거는 미래의 선택 가능성을 역시 남겨두지 않는 것이다. 메시아적 시간이란 위대하고 성스러운 기원에서 영광스런 종결에 이르는 선조적 시간이다. 누구도 이 시간을 벗어날 수는 없었던 것이다. 완결된 과거와 약속된 미래에 갇힌 가운데서 메시아—절대적인 주재자는 모든 것을 지배하는 존재가 된다. '불멸의 력사'는 이러한 지배의 기획을 수행했다.

# 주체사상과 총서 '불멸의 력사'

**장해성('NK지식인연대' 편집주간)**

## 1. 북한 주체사상 성립 과정에 대하여

북한 당 역사에서 '주체'라는 말이 처음으로 나온 것은 1956년인 것으로 알고 있다. 이때 김일성은 당 사상 부문 간부들 앞에서 한 연설에서 처음으로 "당 사상부문에서 사대주의와 형식주의를 철저히 없애고 주체를 세울 데 대하여"라는 교시를 하였다. 하지만 이것이 곧 주체 성립을 의미하지는 않는다. 이것은 말 그대로 일회성이었으며 이 전에도 후에도 지속적인 지도 사상은 역시 마르크스-레닌주의였을 것이다.

북한에서 실제적으로 주체사상이 성립되기 시작한 것은 1960년대 중·후반이다. 즉 북한 조선노동당 중앙위원회 제4기 15차 전원회의를 계기로 주체사상이 성립되기 시작한 것이다. 북한에서 주체사상이 성립되게 된 역사적 배경은 북한 노동당 새로운 전환의 계기가 된 당중앙위원회 제4기 15차 전원회의(1967.5)였다.

### 1) 북한의 국제 정세

당시 북한은 국제적으로나 국내적으로 실로 엄청난 위기를 맞고 있었다. 1956년 소련 공산당 제20차 당 대회를 계기로 국제 공산주의 운동 안에서는 심각한 분열현상이 나타났다. 소련과 중국 두 축을 중심으로 분열된 것이다. 이것이 1960년대 중반에 들어서면서 소련은 세브(사회주의국가경제협동체)를 조직하여 자기 추종 국가들을 결집시키었고 중국은 이에 결사반대하면서 사회주의권은 완전히 둘로 갈라지게 된 것이다. 그에 따라 북한의 국제적 입지는 매우 어렵게 되었다. 북한은 소련과 중국 그 어느 쪽에도 일방적으로 기울어질 수 없는 처지였기 때문이다.

### 2) 당시 국내 정세

1960년 북한 노동당 제4차 대회에서는 제1차 7개년 경제발전 계획을 내놓으면서 1967년까지 이 목표를 달성할 것을 선포하였다. 하지만 이 경제발전 계획 자체가 김일성의 주관적 욕망을 기본으로 하여 수립된 데다 소·중간의 분열 심화로 1960년대 중반에 들어섰지만 집행 가능성은 전혀 보이지 않게 되었다. 자연스럽게 당 지도부 안에서는 심각한 의견대립이 나타났다.

김일성을 중심으로 한 만주파 세력은 그렇더라도 기존 사회주의 경제건설 이론을 지속해 나갈 것을 주장하였고 박금철을 중심으로 한 혜산파, 해외유학파들은 과감한 경제개혁을 주장하였다. 김일성을 중심으로 한 만주파들로서는 자신들의 정치적 입지에 대한 위기감을 느끼지 않을 수 없게 되었다.

이로부터 김일성을 중심으로 한 북한 노동당은 1967년 5월 당중앙위원회 제4기 15차 전원회의를 개최하게 되었다. 전원회의 기본내용은 무엇보다 먼저 박금철·이효순을 비롯한 마지막 국내파들과 김도만·고혁·박용국 등 해외유학파들을 당에서 철저히 숙청하는 것이었다. 다음으로 이 회의에서 김일성은 '당의 유일사상체계를 세울 데 대한 것'을 중심적인 사업으로 진행할 것을 심각하게 강조하였다. 이를 계기로 북한에서 본격적인 주체사상 확립이 시작되었다고 볼 수 있다.

### 3) 주체사상의 확립 과정

초기 단계의 주체사상은 앞에서도 이야기되었지만 그때까지 북한에서의 지도사상은 철저하게 마르크스-레닌주의에 기초한 사회주의 공산주의 이론이었다. 하지만 1960년대 말 1970년대 초 주체사상 확립이 심화되면서 달라지기 시작했다. 마르크스-레닌주의에 주체사상을 병합시킨 것이다.

1973년 6월 김일성은 일본의 마이니치신문 기자의 질문에 대한 대답에서 다음과 같이 말했다.

> 주체사상이란 한마디로 말하여 혁명과 건설의 주인은 인민대중이고 혁명과 건설을 추동하는 힘도 인민대중에게 있다는 사상입니다. 다시 말하여 자기 운명의 주인은 자기 자신이고 자기 운명을 개척할 힘도 자기 자신에게 있다는 사상입니다.

또 주체사상의 사상적 기초에 대하여서는 다음과 같이 말했다.

사람이 모든 것의 주인이고 모든 것을 결정한다는 것이 주체사상의 기초입니다.

또 같은 해 9월 일본의 『세까이(世界)』 편집국장이 제기한 질문에 대한 대답에서 김일성은 주체사상을 창시하게 된 경위에 대해 다음 같은 내용으로 말했다.

> 지난 날 우리 조상들은 큰 나라들 속에 있다 보니 사대주의가 매우 심했다. 그래서 어떤 사람들은 청나라를 등에 업고 또 어떤 사람들은 러시아를 등에 업고 저마다 나라를 구하려 했지만 결국 우리는 나라를 잃고 말았다. 그래서 우리는 그로부터 믿을 건 역시 우리 인민들밖에 없다는 결론을 찾게 되었는데 이것이 바로 주체사상을 창시하게 된 경위라고 말할 수 있을 것이다.

하지만 이때에도 주체사상을 감히 그 어떤 독자적인 사상으로 정립한 것은 아니었다. 다만 마르크스-레닌주의를 북한의 현실에 창조적으로 적용한 사상이 주체사상이다 정도로 말했을 뿐이다.

### 4) 주체사상의 심화 발전

주체사상이 심화 발전된 것은 전적으로 김정일에 의한 것으로 봐야 할 것이다. 1974년 북한 노동당 중앙위에서 김정일은 정식으로 후계자로 공포되었다.

이후의 모든 당 사업, 구체적으로 말한다면 김정일이 당 조직비서로 됨으로써 종전까지는 당 선전사업에만 국한되었던 그의 권한이 당 조직사업까지 정식으로 확대되었기 때문이다.

김정일은 무엇보다 먼저 종전의 마르크스-레닌주의에서 주체사상을 분리하였다. 그는 주체사상을 김일성이 창시한 독자적인 철학사상으로 승화시키었다. 여기서 기본은 종전 마르크스-레닌주의는 그 철학적 기초부터 물질 중심에 의거하였지만 주체사상은 사람 중심에 기초한 철학이라는 것이다.

다음으로, 김정일은 인민대중이 혁명과 건설의 주인인 것은 맞지만 이런 인민대중도 탁월한 수령의 영도를 받을 때에만 자기의 지위를 차지하고 자기의 역할을 다할 수 있다는 새로운 이론을 정립한 것이다. 즉, 초기 주체사상은 인민대중의 지위와 역할만을 강조했다. 하지만, 김정일은 여기서 한 발 더 나아가서 이런 인민대중도 탁월한 수령의 영도를 받을 때에만 자기의 제대로 된 지위를 차지하고 역할을 할 수 있다고 밝힘으로써 혁명과 건설에서 수령의 결정적 역할을 새롭게 부각시킨 것이다. 그리하여 김정일은 주체사상을 왜 당과 노동계급과 인민대중까지 수령의 혁명수단과 도구의 역할을 하여야 하는가에 대한 필요성을 논증하는 이론으로 전환시킨 것이다.

이후 김정일이 선군사상이라는 새로운 사상을 내놓았지만 그것은 철저하게 주체사상에 기초한 선군사상이지 선군사상 자체가 또 다른 그 어떤 새로운 사상을 의미하는 것은 아니다.

## 2. 총서 '불멸의 력사'를 어떻게 볼 것인가

북한 현대문학의 대표적인 총서 '불멸의 력사'를 어떻게 볼 것인가 한다면, 먼저 북한 문학예술이 어떻게 오늘까지 걸어왔는지 간단한 역사부터 알아야 할 것이다.

연구자들에 따라 북한 문학예술에 대해 서로 다르게 분류할 수도 있겠지만 북한에서는 적어도 다음과 같이 분류한다.

▪ 북한 문학예술의 시대적 분류

① 카프문학(1920~1928)

② 항일문학예술(1930~1945)

③ 평화적 건설시기 문학예술(1945~1950)

④ 전시문학예술(1950~1953)

⑤ 복구건설시기 문학예술(1953~1956)

⑥ 천리마 대진군시기 문학예술(1956~1967.5.25)

⑦ 우상화 문학예술(1967~현재)

–김일성 가족 우상화(1967~1973)

–김일성 김정숙 우상화(1973~1980)

–김일성 김정일 우상화(1980~현재)

여기에서 초반 부문에는 김일성 우상화가 주였으나 후반 부문에 들어가면 김정일 우상화가 주를 이룬다.

### 1) 총서 '불멸의 력사'가 나오게 된 역사적 배경(1970년대 후반~1990년대 중반)은 무엇인가

1974년 김정일은 정식으로 후계자로 되었다. 특별한 공이 없었던 그로서는 김일성 우상화에 전력을 기울이지 않을 수 없었다. 하여 그는 전국 도처에 김일성 사적관, 동상, 사적비를 세우고 김일성 우상화 열풍으로 온 나라가 끓게 하였다.

본격적으로 김일성 중심으로 혁명역사를 왜곡하기 시작하였다. 김일성 항일유격대 창건설 조작이나 김일성에 의한 조국광복 실현 조작이 그런 예이다.

온 나라를 거대한 하나의 조직에 묶어 세웠다. 당 조직선을 정비하여 일일보고체계를 확립하였다. 간부들 속에 정규화 생활체계를 확립하였다. 당 조직선, 보위부선, 사회안전부선, 3대혁명소조선 등 4중 보고체계를 수립하였다.

### 2) 김일성 중심의 역사를 문학예술로 분식함

그는 김일성 중심의 역사를 문학예술로 분식시키는 작업을 시작했다. 5대 혁명가극을 직접 창작 지도하였다. '피바다', '한 자위단원의 운명', '밀림이 설레인다', '꽃 파는 처녀', '당의 참된 딸' 등이 그런 예이다.

또한, 김정일은 영화분야에서도 항일전쟁시기 유격대 근거지들에서 공연된 단막극들을 김일성이 직접 창작지도 한 것으로 하여 재창작하도록 하였다. '성황당', '피바다', '한 자위단원의 운명' 등이 있다.

김정일은 직접 김일성의 혁명역사를 예찬하는 영화들도 수십 편을 제작하도록 하였다. '조선의 별' 10부작, '민족의 태양' 10부작. 이외 '근거지의 봄' 등이 그러하다.

또한, 김정일은 소설 분야에서 김일성의 혁명역사를 극구 미화 분식하여 총서 '불멸의 력사'를 창작하도록 하였다. 이를 위해 김정일은 조선 작가동맹 평양시 창작실에서 제일 유능한 작가들로 '4・15창작실'을 따로 분리하여 전문 김일성 혁명역사 왜곡 소설 '불멸의 력사'를 창작하도록 하였다.

이렇게 하여 총서 '불멸의 력사'가 나오게 된 것이다.

### 3) 북한 문학작품 총서 '불멸의 력사'를 어떻게 볼 것인가

북한 현실 문학예술의 발전 역사를 알기 위해서는 연구가 필요하다고 본다. 하지만 이 작품들이 곧 북한 작가들의 개인적 욕망이나 흥분에 의해 썼다고 생각하면 그건 크게 잘못된 생각일 것이다. 실례로 1970

년 말 '4·15문학창작단' 단장이었던 현승걸, 박유학 등의 작가들은 사석에서 "정말이지 작가 자신이 쓰고 싶은 글을 쓰는 세상이 되었으면 좋겠다."는 말을 했다고 하여 그대로 체포되어 요덕수용소로 끌려갔고 거기서 결국 생을 마치고 말았다.

'총서'에 나오는 모든 역사적 사건들과 사실들은 실제 있었던 사실들일 수 있으나 여기서 김형직·김일성·김정숙의 지위와 역할 등은 엄청나게 부풀려진 것들이다. 또한, '총서'에 나오는 인물들 중 실제 인물도 없지는 않지만 그들도 일제를 쳐부수고 조국을 광복하기 위해 싸웠지 김일성을 위해서 싸운 사람은 한 사람도 없다는 것이다. '총서'에서는 김일성을 제갈량이나 그에 버금가는 사람으로 형상화했는데 항일투쟁시기 김일성은 실제로 전혀 그렇지 않은 인간 김일성이 전부였다는 것이다.

여러분의 연구에 이런 견해가 조금이나마 참조가 되기를 바란다.

# 제2부 | '총서'의 미시적 읽기 |

# 총서 '불멸의 력사'의 기획 의도와 독법

## '평화적 민주건설기' 소재 텍스트를 중심으로

유임하(한국체대)

## 1. 서론

북한 사회가 생산한 총서 '불멸의 력사'(이하 표기는 '총서')는 체제문학이 낳은 국가서사(nation-narrative)이다. 지금도 계속 간행되고 있는 총서는 2005년 현재 32편으로 그 분량만 해도 엄청나다. 김일성의 항일무장투쟁 활동을 시작하는 기점을 다룬 『닻은 올랐다』(1982)로부터 그의 죽음 전후를 다룬 『영생』(1997)에 이르기까지 '총서'는 항일무장투쟁과 그의 국가 영도사를 김일성 중심으로 한 거대한 국가서사이다. '불멸의 력사'라는 표현에 걸맞게, 총서는 '잊혀지지 않는/잊어서는 안 되는 혁명 역사의 전통'으로서 '기억의 영속화된 가치'를 지향하는 서사의 공적 기억이다.

'총서'의 이같은 실체와 지향은 어떤 문화적 위치에서 '총서'를 바라

보아야 할지, 이 이야기를 체제의 문학으로서 어떻게 규정해야 할지를 고심하게 만든다. 이 고민은, '총서'가 당의 공식 역사에 기초한 텍스트라는 점에서는 역사에 가깝고, 수많은 허구적 개인들이 함께 등장한다는 점에서 근대소설에 가깝다는 문제의 복합성 때문만은 아니다. 북한 문학사에서 규정하고 있는 찬양 일변도의 서술과는 달리, '총서'를 어떻게 규정해야 할 것인가는 온전히 우리 자신의 몫이기 때문이다. 여기에는 북한의 정치사회적 조건과 긴밀하게 연계된 문학예술의 제도적 차원을 고려하는 균형감각과, '총서'가 차지하는 정치 · 사회 · 문학예술의 장에서의 비중과 역할을 함께 감안해야 하는 적지않은 부담도 있다.

이러한 문제의식을 바탕으로 이 글은 '총서'의 기획 의도와 정치적 배경을 1960년대 북한의 '항일혁명문학의 전통화'와 문학예술 정책의 흐름 안에서 찾아보고자 한다. 그런 다음, 제한적이기는 하지만 해방 직후부터 북한정권 수립에 이르는 '평화적 민주건설기'를 다룬 '총서' 텍스트를 어떻게 읽을 것인지를 논의해보고자 한다.[1] 특히, 이들 '평화적 민주건설기'를 소재로 삼은 텍스트는 1970년대 초반에 창작된 '총서'의 정치적 조건과는 다른 배경 위에서 쓰여졌다. 이들 텍스트는 1980년대 후반 이후 동구권 사회주의 정권의 몰락, 소 연방 해체로 인해 나타난 충격 속에 쓰여진 점에 특히 주목해볼 필요가 있는 것이다.

1) 『개선』(최학수, 문학예술출판사, 2002), 『빛나는 아침』(권정웅, 문예출판사, 1988), 『조선의 봄』(천세봉, 문예출판사, 1991), 『열병광장』(정기종, 문학예술종합출판사, 2001), 『삼천리 강산』(김수경, 문학예술종합출판사, 2000) 등이 바로 그 사례들이다.

## 2. '총서'의 기획 의도와 정치적 배경

'총서'는 국가의 기획에 따른 산물이다. 사전에 따르면, '4·15문학창작단'은 "위대한 수령 김일성 동지의 영광 찬란한 혁명 력사를 기본으로 하면서 경애하는 수령님의 혁명적 가정과 당의 위대성을 문학작품으로 형상하는 사업을 진행하는 창작기관"으로서, "친애하는 지도자 김정일 동지의 현명한 령도와 따뜻한 보살피심에 의하여 1968년에 조직"[2] 되었다고 기술되어 있다. 이같은 공식적인 기술에서 볼 수 있듯이, 4·15문학창작단의 발기와 '총서'의 의의와 형식성 부여에 이르는 과정은 '거의' 김정일의 구상과 지도에 따른 것이었다고 말해도 크게 틀리지 않는다.[3] 이 점은 '창작단'이 조직된 목적조차 "사회주의 건설과 조국통일을 위한 투쟁이 그 어느 때보다 힘 있게 벌어지던 위대한 혁명적 전환의 시기"를 맞아, "문학작품 창작에서 당의 유일사상체계를 세우는 문제를 해결하지 못하고" 있는 시점에서, "혁명력사와 혁명적 가정을 주제로 한 소설 창작을 위한 창작조를 따로 내와야 하겠다"라는 김정일의 "혁명적 조치"에 따른 것임을 밝히고 있는 대목에서도 충분히 확인된다.[4] 1967년 6월 20일, 당시 조선로동당중앙위원회 선전선동부 책임비서였던 김정일이 해당 부서의 책임일꾼들과 나눈 담화인 「4·15문학창작단을 내올 데 대하여」의 정황이 바로 그러했다.

4·15문학창작단은 "위대한 수령님의 혁명 활동 전 로정을 시기별로 보여주는 혁명적 대작"을 창작하고, "불멸의 혁명업적을 전면적으로 깊이 있게 형상하고 수령님의 위대한 사상과 리론, 령도 풍모와 공산주의적 덕성을 감동 깊은 예술적 형상"을 구현하는 창작 방향과 함께 "당의

---

2) 사회과학원, 『문학대사전』 3권, 평양 : 사회과학원출판사, 2000, 38면.
3) 「4·15문학창작단 창립」, 『조선문학』, 1992.2, 40면.
4) 위의 글.

혁명문학 건설의 전위대"라는 역할을 부여받았다.[5] 창작단 소속 작가들은 김일성의 항일무장투쟁을 소설화하기 위해 당역사연구소의 자료를 비롯하여 항일혁명 참가자들을 직접 만나보고 혁명 전적지를 답사하면서 작품 구상을 한다. 그러나 작가들은 그 선례가 없다는 점에서 그리고 '혁명적 전통'의 소설화에 대한 다양한 요구에 따른 정치적 부담감 때문에 방향 모색이 난관에 부딪친다. 그 난관은 '불멸의 력사'라는 명칭과 형상화의 세부묘사까지 김정일의 세밀한 지도를 받으면서 해결되었으며 1973년 김일성의 생일에 맞추어 『1932년』(권정웅)을 발간할 수 있었다는 것이 북한의 공식 기록이다.[6]

문학사적으로 보면, 4·15문학창작단은 이전까지 통용되어온 사회주의사실주의 미학을 넘어서 김일성 유일체제에 걸맞게 문학 전통을 '김일성 중심 혁명투쟁'으로 재배치하는 과정에서 출현했다고 보는 것이 온당하다. 북한 정치사에서 소련계와 연안계, 갑산계로 이어진 숙청과정은 집단지도체제에서 김일성 중심의 절대유일체제로 이행하는 과정이었다. 1950년대 북한 사회는 스탈린 사망(1953) 이후, 후르시초프 정권

5) 사회과학원, 앞의 책, 38~39면 참조. 4·15문학창작단이 대작 장편으로 된 '총서'만 창작한 것만은 아니었다. 항일무장투쟁 시기에 김일성이 창작한 것으로 선전하는 소위 3대 혁명가극의 소설화, 김일성의 유소년 시절을 다룬 작품들[『만경대』(황민), 『동트는 압록강』(문희준), 『배움의 천리길』(강효순) 등], 김정일 위원장의 생모 김정숙의 '충성의 한길에서' 시리즈[제1부 『유격구의 기수』(천세봉), 제2부 『사령부로 가는길』(천세봉), 제3부 『광복의 해발』(박유학), 제4부 『그리운 조국산천』(박유학), 제5부 『진달래』(리종렬), 제6부 『설령의 붉은기』(최창학)], 김일성의 아버지인 김형직의 업적을 다룬 장편소설 『력사의 새벽길』(상-리기영, 하-김정민), 숙부 김형권의 혁명투쟁을 다룬 장편소설 『누리에 붙는 불』, 김정일의 영도사를 다룬 총서 '불멸의 향도' 중 장편소설 『아침해』(현승걸), 『예지』(리종렬), 『푸른 하늘』(권정웅), 『동해천리』(백남룡), 『력사의 대하』(정기종), 『평양은 선언한다』(리종렬) 등을 비롯해서 김정일의 유년시절을 형상한 『불구름』(박현) 등도 창작하였다. 요컨대, 4·15문학창작단은 '사회주의 혁명과업'과 '혁명가계'까지도 형상화하는 임무를 담당하고 있다.

6) 「총서 형식으로 하는 것이 좋을 것 같다 하시며」(『조선문학』, 1992.3, 12~13면) 및 「첫 총서 작품 '1932년'」(『조선문학』, 1992.4, 63~64면) 참조. 1992년에는 '총서'와 관련된 김정일의 지도를 두고 '위대한 업적' 특집으로 연재하고 있는데 이는 1992년 1월에 발간된 『주체문학론』(조선로동당출판사)과 관련해서 김정일의 업적을 부각시킨 것이다.

이 들어서면서 스탈린을 교조주의자로 비판하는 소련의 변화에 직면하게 되었다. 그 결과 스탈린주의에 기초한 김일성 개인숭배의 흐름은 잠시 위축되었고 이 과정에서 1956년 종파사건이 발생했다. 종파사건을 계기로 김일성 세력은 소련파와 연안파를 숙청하고 정치의 주도권을 잡는 호기를 마련했다. '주체사상'은 이같은 외교적 자립노선에 대한 필요성에서 제기된 것이었다. 1955년 처음으로 천명된 주체사상은, '마르크스・레닌주의의 조선혁명에의 창조적 적용', '국가의 대외적 자주성과 공동체의 자주적 삶의 실현사상', "김일성 동지의 사상이자 우리 당의 주체사상"으로 인식되면서 이론적 측면보다 당 정책이나 방침, 지도적 원칙 수준에서 거론되어 왔다. 그러나 주체사상이 일단 확립되자 그 외연은 경제적 자립, 곧 '자력갱생'이라는 정치경제적 함의로 더욱 확장되어 갔다.[7)]

1960년대에 오면 북한문학은 해방 직후부터 카프문학의 전통과 사회주의적 사실주의를 미학적 원리로 내세웠던 방식을 벗어나 김일성 유일체제에 걸맞게 새로운 변화를 추구한다. 변화의 시점은 1950년대 후반부터 대두하기 시작한 항일혁명문학의 전통이 강조되면서부터였다. 1953년 8월부터 12월까지 1차로 항일무장투쟁 전적지 조사단이 만주에 파견되어 역사 자료를 수집하고, 1959년 '항일혁명 전적지 답사단'이 2차로 조사활동을 벌이는 일련의 과정도 이러한 변화와 연계되어 있다.[8)] 또한 항일무장투쟁 참가자들의 회상기가 발간되면서 전사회적으로 항일혁명문학의 교양과 학습을 통한 분위기가 고조되어 갔다.[9)] 1964년에

7) 이종석, 『새로 쓴 현대북한의 이해』, 역사비평사, 2000, 160면.

8) 그 결과물이 바로 송영의 『백두산은 어데서나 보인다』(민주청년사, 1956)이다. 이에 대한 상세한 설명은 김재용, 『북한문학의 역사적 이해』(문학과지성사, 1994), 200~204면 참조.

9) 정치적으로는 1961년 개최된 조선로동당 제4차 대회(일명 '승리자대회')에서 만주파가 당정을 장악하면서 만주항일무장투쟁 중심의 혁명전통이 자리잡아 나갔다. 박달의 『서광』(1960, 1961), 임춘추의 『청년전위』(1・2부, 1962), 최현을 비롯한 항일투쟁 경력자들의 『항일빨치산 참가자들의 회상기』(12권, 1959~1969; 13~14권, 2007), 백봉(白峯)

이루어진 백두산 지구 혁명전적지 답사도 그 연장선에 있다.

주체사상이 강조되고 항일혁명문학의 존재가 더욱 강조되면서 북한 문학사에서 항일혁명문학 전통은 그 위상 변화가 불가피해졌다. 항일혁명문학을 유일한 혁명전통으로 규정하려는 흐름이 문학계에 불러일으킨 여파는 한설야·박팔양·안함광의 숙청으로 이어졌다. 1961년 개최된 '조선문학예술총동맹 제5차 대회'에서 당시 위원장이었던 한설야가 숙청되었고,[10] 1967년 개최된 조선로동당중앙위원회 제4기 15차 전원회의에서 카프문학 전통의 계승을 주장해온 박팔양, 안함광 등이 수정주의자, 반당반혁명분자로 낙인찍히며 숙청되었다.[11] 이들의 숙청은 "봉건유교사상, 자본주의사상, 사대주의, 교조주의"를 타파하고 문학예술 부문에서 당의 유일사상체계를 정립하려는 움직임과 긴밀하게 연관되어 있었다.[12] 1967년 12월에 개최된 최고인민회의 제4기 1차 회의에서 발표된 「공화국 정부 10대정강」에서, 김일성은 항일혁명문학이 모든 문예창작의 중심에 있어야 한다고 천명했다.[13]

---

의 이름으로 집체창작된 『민족의 태양 김일성 장군』(전3권, 1968) 등이 그 산물이다.

10) 유감스럽게도 한설야를 비롯한 구카프 문인들의 숙청에 대한 북한 문건은 접할 수 없었다. 김재용은 1950년대 후반부터 항일무장투쟁을 혁명전통의 유일한 것으로 규정하려는 정치적 흐름에 맞선 한설야가 자신의 태도를 고수함으로써 정치적 생명이 끝난 것으로 기술하고 있다. 이에 관해서는 김재용, 『북한문학의 역사적 이해』(1994), 203~209면 및 김재용, 「염상섭과 한설야」(『남과 북을 만든 라이벌-인물로 보는 남북현대사』, 역사비평사, 2008), 105~106면 참조. 다소 맥락은 다르지만, 강진호 또한 이 같은 견해와 동일한 주장을 펼치고 있다. 강진호는 김일성의 항일무장투쟁을 일관되게 국제공산주의운동의 관점에서 바라본 한설야의 비타협적 태도가 반영된 『역사』가 숙청의 계기라고 보았다. 강진호, 『한설야』, 한길사, 2008, 124~207면 참조.

11) 김재용, 『북한문학의 역사적 이해』, 문학과지성사, 203~219면 참조.

12) 김정일, 「반당반혁명분자들의 사상여독을 뿌리빼고 당의 유일사상체계를 세울 데 대하여(1967.6.25)」, 『김정일선집』 1, 230~231면.

13) "우리는 당의 문예정책을 받들고 사회주의적 문학과 예술을 발전시키기 위하여 계속 노력하여야 할 것입니다. 문학예술 부문 일군들은 우리 인민의 영광스러운 항일무장투쟁과 그것을 계승한 현시기 우리 인민의 장엄한 투쟁 모습과 약동하는 현실을 형상한 혁명적인 작품들을 많이 창작하여 전사회의 로동계급화, 혁명화에 더 잘 이바지하여야 하겠습니다." 김일성, 「공화국 정부 10대 정강」, 『조선전사』 31(사회과학원 력사연구소), 평양 : 과학백과사전출판사, 1982, 267면.

한편, 항일무장투쟁 참가자들의 회상기가 불러일으킨 사회 전반의 관심은 불가피하게도 김일성과 직접적으로 연계되지 않는 부분을 노출시켰다. 김일성 유일체제의 등장과 함께, 항일무장투쟁 참가자들의 회상기는 김일성과의 연계가 긴밀하지 않거나 적어도 결핍된 이야기의 잉여 지점들을 노출시켰고, 김일성 유일지도체제의 맥락 안에서 다시 봉합해야 할 필요성을 제기하게 되었다고 추론해볼 수 있다. 이런 맥락에서 보면, 1966년 집중적으로 이루어진 김일성의 항일무장투쟁에 대한 회고는 매우 의미심장하다. 그가 처음 항일무장투쟁을 거론한 것은 1946년 9월 작가들과 만난 자리에서였다. 그 내용은 만주 항일무장투쟁에 대한 의의를 간략하게 담화하는 수준에 그쳤다.[14] 하지만, 1966년 온천휴양소에서 당일꾼들과 작가들이 한데 모인 자리에서 10여 일간 이루어진 김일성의 회고는[15] 이후 전기인 『세기와 더불어』의 기초자료가 되었을 뿐만 아니라 조선로동당의 공식 사료로 채택되었다. 그의 회고는 항일무장투쟁 참가자들의 회상기와 김일성의 전기 사이에 놓인 서사의 간극을 김일성 중심으로 재구성하는 기폭제가 되었다.

김일성 중심의 이야기로 접합하고 서사 층위를 재배치하는 주도적이고 중심적인 역할은 김정일이 담당했다. 그리고 그 임무를 실행하여 작품으로 구현하는 중추기관이 4·15문학창작단이었다. 김정일은 이 과정에서 문학예술 부문을 전담하게 된다. 그는 김일성 개인숭배와 항일무장투쟁의 역사화에 집중하며 정치사상투쟁의 역량을 효율적으로 통제 관리함으로써 후계자의 입지까지도 구축할 수 있었다. 1969년 김정일은 당중앙위원회 선전선동부 부부장에 올라 문학예술정책을 담당하는 실무자로서 주체사상에 입각한 수령형상문학과 항일무장투쟁의 혁명전통화를 주도해 나갔다. 그는 이미 1967년 2월 '백두산 가극단'을 창

14) 한재덕, 『김일성 장군 개선기』(민주조선사, 1947)에서 수록된 「김일성 장군 유격대 전사초」가 바로 대담 내용을 요약한 것이다. 위의 책, 17~33면 참조.
15) 「4·15문학창작단 창립」, 『조선문학』, 1992.2, 40면.

설하여 「피바다」, 「한 자위단원의 운명」, 「꽃 파는 처녀」 등 소위 '북한의 3대 혁명가극' 창작을 지도해오고 있었다. 4·15문학창작단을 주도한 그는, 작가들의 창작－검열－작품생산에 이르는 제도적 절차 전반을 장악하기에 이른다.[16] 그가 정비한 창작제도에서도 김일성의 제안과 김정일의 실천으로 이어진 이른바 '삼위일체 원칙(방침)'[17]은, 수령을 정점으로 당이 문학예술행정을 관장하고, 사회단체가 문학예술사업을 공동으로 추진하게 함으로써 작가들을 당의 정책 아래 귀속시키는 효율적이고 정교한 규율장치였다. '삼위일체 원칙(방침)'은 문예총이나 작가동맹에 소속된 작가들이 창작하고, 당은 작품내용이나 작가의 활동을 감독하며, 문화성은 창작 여건을 조성한다는 명목하에 실질적으로 작가들의 창작－심의과정을 장악함으로써 문학에 대한 당의 실질적인 지배와 감시를 가능하게 만들었다.[18] 김일성과 김정일이라는 북한의 지도자는 문학예술을 무기로 삼아 정치의 중요한 선전선동의 도구로 활용했다. 김일성의 경우 빨치산 영내에서 창작되고 공연된 단막극에서 얻은 경험을 바탕으로 정치와 사상, 교양에 훌륭한 도구가 된다는 점을 일찌감치 터득했다. 그 경험은 아들이자 정치의 후계자인 김정일에게 계승되었다.[19] 문학예술에 대한 김일성·김정일 부자의 관심에 따라 '총서'는

---

16) 이우영, 「김정일 문예정책의 지속과 변화」, 통일연구원, 1998, 17면. 정치사상투쟁을 문학예술 부문에서 주도해온 김정일은 작가들의 창작조건을 마련하는 제도 정비와 함께 새로운 문예관을 구현하는 데 자신의 역량을 발휘함으로써 혁명1세대이기도 했던 만주파와의 정치적 결속이 가능해졌다.

17) 이 용어는 김정일의 『영화예술론』(조선로동당출판사, 1987)에 등장한다. "우리 당은 일찌기 당, 문화예술부, 문예총이 한마음 한뜻이 되여 문화예술사업에 대한 지도와 방조를 강화할 데 대한 3위1체의 방침을 내놓았다."(위의 책, 386면)

18) 작품 심의제도는 '심의성원'들의 개별작품 심사, 심사 결과에 대한 작가들의 전면적인 수용을 원칙으로 하고, 심의성원이 작품 완성의 전 과정을 책임지게 하여 작품에 반영된 '수령의 혁명사상과 당의 정책, 김일성의 교시'를 심의, 검열하는 효율적인 통제장치였다. 이우영, 앞의 논문, 17~19면 및 윤기덕, 『수령형상문학』(문예출판사, 1991), 272~281면 참조.

19) 김일성이 직접 지도한 경우, 이기영과 같은 노작가만이 아니라 천세봉과 같은 신진작가도 포함되었다. 최길상의 『주체문학의 새 경지』(문예출판사, 1991)에는 김정일이

국가 정체성에 대한 공적 기억을 필요로 하는 정치사상적 조건과 맞물려 기획되었고 김정일의 지도하에 거대한 국가이야기의 성채를 쌓아 올릴 수 있었다.

하지만 '총서'의 기획은 작가들의 창작 재능을 철저하게 국가의 이데올로기 장치 안에서만 호명해낼 뿐이었다. 작가들은 당력사연구소에 보관된 방대한 분량의 자료를 조사하고 항일무장투쟁 참가자들과 대담하는 한편, 전적지를 답사하며 창작을 구상해나가는 '호명된 주체'에 가깝다. 이들의 모든 창작공정은 정교한 심의과정을 거치면서 상상과 허구의 이야기 창조를 봉쇄한다. '총서'라는 텍스트는 창작의 공정에서 쉽게 잊혀지지 않는 '수령의 감화'와 '수령에의 무한한 충성'을 담은 장면들의 구축을 통해 사상적으로 교양할 수 있는 "철학적 깊이"[20]와 "기록주의적 경향을 없애고 참다운 인간학을 창작"[21]하기 위한 요건으로 '종자'를 요구받는다. 그 요구는 "혁명적 문학예술의 일반적 요구", 즉 전통으로부터 도출된 것이 아니라 "수령형상 창조의 고유한 특징"[22]으로부터 제기된 것이다. '총서'는 "영생 찬란한 불멸의 혁명력사를 그리며 그것으로 사람들을 수령님의 위대성으로 교양해야 할 (…중략…) 특성과 근본사명"[23]을 수행하는 텍스트이다. '총서'의 이같은 지향은 철저하게 김일성 개인숭배와 유일체제의 가치를 근본적 형식으로 삼고 있으며, 정치적으로나 사상투쟁을 위한 무기로서의 문학 개념에 바탕을 두고 정교하게 고안된 국가이야기인 셈이다.

---

지도한 작품만 해도 그 목록이 엄청나다. "친애하는 지도자 동지의 현명한 령도와 탁월하고 세심한 지도에 의하여 수행된"(위의 책, 121면) 중장편의 소설목록만 해도 '혁명전통 소재', '조국해방전쟁 주제', '사회주의 건설 주제', '조국통일 주제', '력사 및 계급교양 주제' 등으로 나누어 수많은 작품의 목록을 열거하고 있다(121~124면 참조).

20) 윤기덕, 앞의 책, 238면.

21) 위의 책, 267면.

22) 위의 책, 238면, 239면.

23) 위의 책, 271면.

### 3. '총서'의 독법－'평화적 민주건설기' 소재 텍스트를 중심으로

앞 장에서 보았듯이, '4·15문학창작단'의 출범과 '총서'의 기획 의도는 주체사상을 문학예술 부문에서 관철시키려는 당 정책 그 자체이다. '총서' 텍스트의 특성은 김일성의 유일사상체계를 문학적으로 구현하는 데 목적을 두고 있다. 따라서 '총서'는 북한문학의 개별 현상과는 다소 구별해서 당의 정책과 관련된 '국가이야기'라는 차원에서 복합적으로 읽을 필요가 있다. '총서'에서도 '해방 전편'이 김일성 중심의 항일무장투쟁을 항일혁명전통으로 승격시킨 국가서사라면, '해방 후편'은 해방 이후 김일성의 영도사에 관한 국가서사라고 일단 정의해볼 수 있다. 하지만, 이 역시 단편적인 언급에 지나지 않는다. '총서'라는 텍스트의 독법이 북한의 공식 역사, 국제정치와 국내 정치와 같은 정세, 이와 결부된 당 정책, 창작시기 등과 같은 텍스트의 외적 조건을 고려해야 한다는 점에서 그러하다. 또한 '총서'라는 텍스트의 독해에는 외적 조건과 함께 수령형상, 인물과 사건 같은 텍스트의 내적 조건을 함께 고려하는 중층적이며 복합적인 독법이 필요하다.

'평화적 민주건설기' 소재 '총서' 텍스트가 창작, 발간된 것은 1988년부터 2002년까지이다. 이 기간은 북한의 국제관계에서나 대남 관계에서 많은 변화와 굴곡을 보인 시기였다. 서울 국제올림픽 개최(1988), 문익환 목사의 평양 방문과 임수경의 세계청년학생축전 참가(1989), 동구몰락과 베를린 장벽 해체(1989년 가을), 한·소 국교체결(1990), 소연방 해체(1991)에 따른 현실사회주의의 퇴조, 북한의 '국제 핵확산 금지조약(NPT)' 탈퇴(1993), 영변 핵발전소 문제로 야기된 조미간의 군사적 긴장 고조, 김일성 주석의 사망(1994)과 유훈통치, '고난의 행군'(1995~1997), 김정일 체제의 등장(1998), 김대중 대통령과 김정일 위원장의 남북정상회담 개최(2001)와 남북간의 화해 무드 조성 등 국내외적으로 크고 작은 변화와 많은 굴곡을 보인 시기였다. 북한 사회에 가해진 내적 충격은 상상외로 큰 것이었다. 북한 사회는 대외적으로 1980년대 후반에 몰아닥친 현실사회주의의 몰락과 함께 국제 교역시장 대부분을 상실하였고, 대내적으로는 거듭된 자연재해로 인해 경제난이 가중되었다. 하지만, 북한 사회는 1989년 루마니아의 차우체스코 공산정권이 민중봉기로 붕괴하였고 차우체스코 부부가 처형되면서 북한 정권의 위기감은 고조되었다.

이같은 국제정세의 변화, 체제 내부의 경제난 등으로 인해 정권의 위기감이 심화되는 상황에서 북한 사회는 1980년대 후반부터 체제 결속을 강화하며 혁명전통을 다시 강조하기에 이른다.[24] 1986년 3월에 개최된 조선문학예술총동맹 제6차대회는, 1961년 당시 문예총 위원장이었던 한설야의 숙청을 위해서 개최된 이후, 25년만에 열린 만큼 사회정치적으로도 각별한 의의가 있다. 제6차 문예총대회는 그동안 유연했던 문학의 여러 성향을 추스르는 한편, 체제 결속과 이념성을 강화하는 분위기를 조성하였다. 이 대회에서는 당의 유일사상 교양을 위한 혁명적 문학예술작품의 생산을 독려하였고, 주체성, 당성, 로동계급성, 인민성 원칙을 고수하며 "주체의 혁명적 세계관, 혁명적 수령관을 똑바로 세우는 것"을 결의하였다.[25] 이 대회에서는 기존의 문학예술 경향에서 "자연주의·복고주의·수정주의를 비롯한 이색적인 경향을 극복하지 못하고" 있다는 비판과 함께, 김정일은 "반세기가 넘는 수령님의 영광 찬란한 혁명 력사를 체계적으로, 전면적으로 깊이 있게 더 잘 형상화"[26]하도록

24) 정치체제의 속성상 내부이든 외부로부터의 위기이든 '위기의 상시화'를 통해서 사상성의 강화-유화국면이 반복되고 사상성이 강조되는 때마다 '혁명전통의 강조'는 늘 필수적인 요건으로 호명되었다. 이런 특징은 1970년대 초반 미중간의 화해 무드에서 주체사상에서 한층 강화된 '김일성주의'와 함께 불어닥친 사상통제의 분위기가 북한문학에 반영되는 정치적 맥락과 거의 일치한다.

25) 이우영, 앞의 논문, 30면 참조.

26) 김정일, 「혁명적 문학예술작품 창작에서 새로운 앙양을 일으키자」, 1986.5.17; 『주체혁명위업의 완성을 위하여』 5, 조선로동당출판사, 1988, 356~396면; 이우영, 앞의 논문, 31면 재인용.

주문하였다. '수령형상의 새로운 창조'야말로 체제 결속과 어려운 경제 여건을 돌파하는 정치사상투쟁의 한 방편으로 설정된 방책이었던 셈이다. 이런 점을 고려하면, '건국 소재 총서'의 개별 텍스트들은 문자적으로 읽기보다 국내외적 조건들을 감안하여 징후적으로 읽는 것이 온당해 보인다.

권정웅의 『빛나는 아침』(1988)은 해방 직후 일본인이 파괴한 철도, 산업시설을 복구하기 위한 엘리트 인재들의 초치, 종합대학 창설에 이르는 내용을 중심 틀로 삼고 있다. 작품의 서두는 해방 직후 평양의 심각한 식량난에서 시작되고 있다. 작품의 중심인물들은 강병철 · 양춘만 · 박인국 등과 같은 산업분야의 인재들이다. 이들은 친일 경력 때문에 극좌원리주의자들에게 고초를 겪으며 반동세력으로 휘둘린다. 이들은 각고만난의 고난을 겪으며 절망하다가 김일성의 관심과 손길로 마침내 구원받아 건국의 대열에 합류하게 되고, 산업 재건에 앞장서는 유능한 일꾼으로 성장한다. 또한 작품의 또 다른 중심 사건은 종합대학의 설립과정이다. 여기에는 인테리의 강한 자존심을 가진 과학계 원로인 안동권의 협조를 얻어내기 위해 삼고초려하는 김일성의 지도자적 덕성과 그의 분신과도 같은 김책의 노력이 부각된다. 산업 · 교육 분야의 인재들을 등용하여 산업계에 배치하고 이들을 독려하는 김일성의 모습은 오기섭과 같이 좌익소아병에 걸린 편협한 이론가나 관료주의에 물든 부정적인 존재들과 크게 대비된다. 그런 점에서 텍스트는 해방 직후 정권수립을 맥락화한 것이라는 점을 넘어선다. 텍스트는 1980년대 후반 이후 붕괴되는 산업 인프라의 재구축을 위해 부패하고 정실주의에 치우친 관료주의적 발상 같은 낡은 사회적 관행을 혁파하는 정치사상투쟁의 알레고리로 읽을 수 있게 해준다.

한편, 천세봉의 『조선의 봄』(1991)은 "수백만 농군들에게 다 땅을 준다!"는 토지개혁의 의의를 "전고에 없는 천지개벽"으로 설정하고 있다. "오직 너(김일성—인용자)만은 할 수 있다고 생각되누나"(14면)라는 조부의 말은 김일성만이 농민들을 구원할 영웅임을 말해준다. 김일성의 이같은 형상은 새로운 국가 건설이 수탈당해온 계층들의 미래에 대한 소망을 현실로 바꾸는 '구원자'임을 천명하는 수령형상의 전형적인 면모이기도 하다. 텍스트에는 토지개혁을 중심으로 북한 정권의 지지계층으로 등장하는 농민들의 감격과 우익 정파와의 갈등이 대비되어 전개되고 있다.

조만식을 필두로 한 우익정파는 지주의 계급적 이익에 충실하기 위해 김일성을 중심으로 한 토지개혁의 발본적 조치를 무화시키려는 정치적 책동을 벌인다. 김일성은 이러한 점을 미리 예견하고 사전에 분열책동을 분쇄함으로써 비범한 지도자의 면모를 보여줄 뿐만 아니라 농민들을 땅의 주인으로 내세우는 민족 영웅으로 그려진다. 조만식을 비롯한 우익 정파는 재령벌 지주 서만호의 지원을 받고 미군정청 고문 엘리오트 목사와 연계되어 남루하게도 기득권을 지키려는 정파에 지나지 않는다. 텍스트에서 지주계급에 대한 반감은 단순히 계급적 차원으로만 머물러 있지 않다. 이들 우파 정치인들은 일제 협력자로서 법적으로나 도덕적으로 용서하기 힘든 반민족적인 존재들로 그려지기 때문이다.

재령벌의 농사군 조순근은 지주 서만호를 일제 법정에 고발했다가 보호를 받기는커녕 일제에 고문을 당하고 벌금형을 받고 절망끝에 재령강물에 몸을 던진 아버지를 떠올린다. 조순근은 지주계급에 수탈당했던 식민지의 기억을 간직하고 김일성의 감화를 받아 토지개혁의 선두에 서는 인물이다. 그는 잠시 조만식의 정치적 회유에 빠지기도 하지만 정치적 흑심을 알고 나서, 누구보다도 열성적으로 토지개혁의 전면에 나선다. 그는 김일성에게 혈서를 쓰고 충성을 서약하며 사상적으로 성장하는 한편, 토지개혁을 위해서 앞장선다. 재령벌 소작농민들이 대지주 서만호와 대결하고 그를 축출하는 과정은 '토지개혁이 사상개혁이며 인간개혁'(404면)이라는 김일성장군의 말을 받아들여 이룩하는 사회주의 혁명의 정점에 해당한다. 소작농민들은 김일성이라는 뇌수를 통해서 자신들에게 부여된 시대적 과업을 이해하는 존재들이다.

텍스트에서는, 김일성이 마지막으로 조만식에게 “민족의 운명을 미국에 맡길 수 없”(442면)다고 훈계하며 ‘민족 자주’를 은연중에 내비친다. 이러한 장면과 함께 김일성이 토지개혁을 이끄는 대목을 1990년대 초반 상황과 중첩시켜보면 그 안에는 김일성의 신성화와 함께 ‘민족 자주’를 놓고 남한사회와 벌이는 정치적 헤게모니 투쟁이 선명하게 드러난다. 텍스트는 “수천 년 세월을 두고 사람들이 공상으로만 생각해온 토지혁명을 우리 대에 실현했다”(624면)는 자부심과 함께, 북한 사회의 지지기반 계층이 ‘땅의 주인’이 된 노동자 농민임을 강조하고 있다. 이 맥락은 체제의 자부심만이 아니라 체제의 정통성을 다시 쓰는 작업이기도 하며, 한반도의 평화가 강대국의 역학에서 벗어나 ‘민족 자주’의 원칙을 뿌리내리는 데 있다는 북한식 언명이기도 하다. 이는 1980년대 후반 국내외의 혼돈스러운 정세와 관련하여 북한의 사회주의 대의를 재천명하며 사회 성원들을 유일사상의 맥락 안에 포섭하여, 정치사상적으로 교양을 강화하며 체제 결속을 도모하는 텍스트임을 여실히 일러준다.

김수경의 『삼천리 강산』(2000)은 해방 직후 좌우합작에 대한 김일성의 영도와 미국의 대조선 분열책동을 분쇄하며 민족 자주 정신에 기초한 통일 정책을 부각시킨 텍스트이다. 작품이 생산된 시점이 남북 정상회담이 개최되고 남북간의 화해무드가 조성되는 시기였다는 것을 감안하면, 텍스트에서 끊임없이 강조되는 해방 직후 정치적 현실에서 남한의 중간파, 좌우익을 망라한 정치의 연합전선 구축에 대한 메시지는 그리 단선적이지 않다. 좌우 연합전선을 이끄는 힘은 ‘민족 자주’라는 대의이며 그 중심은 물론 김일성이다. ‘민족 자주 역량’ 강화와 ‘통일정부 수립’이라는 모티프는 텍스트의 외적 조건과 겹쳐놓고 읽을 때 ‘건국’의 텍스트가 가진 정치적 의미는 ‘민족 자주에 기초한 정치연합’, 곧 ‘남북 연방제’로 확대 가능하다. 텍스트에 관류하는 ‘미국의 분열책동’에 대응한 ‘민족 자주’와 ‘남북정파의 연합’은 그러니까 남북간에 조성된 화해

무드에 대한 북한식 메시지인 셈이다. 하지만 여기에서 간과하지 말아야 할 것은 이 정교한 메시지가 북한 사회 내부로 향하는, 정치사상교양을 위한 무기로서의 문학이 가진 역할이다. 텍스트에는 소련군의 산업시설 반출에 항의하며 일어난 '반쏘소요'에 가담했던 기사 서종현이 기독교인이자 반소주의자로 지탄받으나 김일성에게서 '민족 자주 노선'에 합당한 애국심을 인정받는 대목도 등장한다. 이는 '대의만 같다면 종교와 출신성분을 막론하고 건국의 대열에 합류할 수 있다'는 전제로서, 임수경의 방북을 계기로 진보적인 남한 인사들에 대한 북한 사회의 의도를 읽어내는 것이 가능하다.

2001년에 나온 정기종의 『열병광장』은 건군의 과정을 그린 텍스트이다. 이 텍스트는 아무르강에서 귀국선에 올라탄 빨치산 대원들의 입국 장면에서 시작된다. 해방 직전 이들의 모습은 정치 강습을 통해 모종의 임무를 부여받는 것으로 그려진다. '해방된 조국에서의 당, 국가 및 무력건설에 대하여'라는 연설을 통해 건당·건국·건군의 3개 과업수행을 위한 강습을 받았다는 점이 서장으로 배치되고, 인적 요인과 경제적 밑천도 없는 북한의 실정 속에 '우리식'의 '혁명적 무장역량'을 구축해 나가는 것이 주된 서사이다. 이는 텍스트가 김정일 체제의 등장과 함께 표방한 '선군정치'의 역사적 기원을 환기하는 모습으로도 읽혀진다.

주인공의 한 사람인 한종삼은 약혼녀 월순이를 찾아 나선 농사꾼이다. 그는 일제에 부역하고 남한의 첩자로 암약하고 있던 곡마단장 암파에게 월순이를 잃은 뒤 군대에 입대하기까지 김일성장군에게 감화되는 사상의 성장을 보여주는 인물이다. 빨치산 대원들이 각 부문에서 활약하며 정규적 무력을 건설해나가는 과정은 건국의 힘겨운 행로이다. 소련 외무성은 군대 건설을 시기상조로 시비하는 가운데 "그에 편승한 사대주의, 교조주의자들"(65면)의 책동도 만만치 않았던 것이다. 끝없는 논쟁 속에 '맑스—레닌주의 대가'들이나 '사대주의자들'이 당의 조직화를 사사건건 훼방하는 것도 엄연한 현실이었다.

또한 텍스트에서는 중국 만주 일대에서 미국이 지원하는 국민당 군대와 결전을 벌이는 팔로군을 지원하다가 전사한 박락권을 부각시킨다. 이것은 중국공산당과의 혈맹으로서의 기억을 제고하려는 외교적 함의이기도 하다. 동북 전장에 식량과 피복, 10만 정의 무기를 보장해달라는 중국 특사에게 김일성은 물자난에 시달리면서도 과감한 인적·물적 지원을 결행한다. 무기와 물자 지원은 김일성과 모택동간의 군사적 지원을 통해서 조·중간의 결속에 대한 역사적 기억을 환기하는 국제정치의 동력학을 반영한 것에 가깝다.

텍스트에서 또 다른 중심 서사는 박락권의 죽음만큼이나 참모장 안길이 남기는 유언은 김일성에 대한 뜨거운 충성심이다.[27] 그 충성심의 실체는 김정일 위원장으로 계승되는 혁명무력의 정통성이다.[28] 그 의미는 작품의 대미가 김정일 최고사령관의 열병식 장면에서도 잘 확인된다. 1948년 2월의 열병식에서는 '항일투사들의 대오'로 표현된다. 앞서간 영웅전사들의 모습을 떠올리며, 낙동강 도하전투에 임무를 완수하며 전사한 '한종삼'의 경우처럼, 군대 행렬이 항일무장투쟁의 전통을 이어받았다는 것을 명시하는 셈이다. 작품의 말미에는 열병식에서 최고사령관이

---

27) "장군님, 제 말을 막지 말아 주십시오. 전…… 말하고 싶습니다. 꼭…… 말씀 드리고 싶었습니다. 전…… 제 한생을 자랑합니다. 장군님을 모시고 싸워 온 한생이여서…… 행복합니다. 제 생명은…… 장군님께서 주신 것입니다."/그는 한동안 숨을 돌리느라고 가쁘게 허덕이였다. 그이께서는 자신도 모르게 사이에 말고삐를 더 힘껏 감으시였다. 그가 하고 싶었던 말이, 지금 하고 있는 그 말이 자신께 남기는 마지막 말임을 너무도 잘 알고 계시였던 것이다./"이제 세월이 흘러"하고 그는 또 말을 이었다. "우리의 후대들이 오늘을 돌이켜 볼 때 뭐라고 하겠는지…… 생각해 보았습니다. 그들은 나를…… 일찍이 눈을 감은 나를…… 불쌍히 여기진 않을 거라고…… 생각했습니다. 오히려…… 부러워 할 겁니다. 장군님을 모시고 싸워 온 한생이였다고…… 장군님 총대가 되여 싸워왔다고…… 부러워 할 겝니다. 저는 그렇게 믿습니다. 장군님!……"/총대!…… 그렇다. 안길은 우리 혁명의 자랑스러운 총대였다. 뜨겁게 사랑하고 무섭게 증오하며 온몸을 불덩이처럼 달구어 온 총대!……(『열병광장』, 536~537면).

28) 조선인민군 최고사령관으로 취임하는 김정일이 김일성 주석에게 열병식에 참여해달라는 부탁에 "김일성이자 김정일이고 김정일이자 김일성이요. 최고사령관이 사열하고 축복을 주시오"(544면)라고 답변하는 장면이 바로 그것이다.

된 김정일이 "영광이 있으라, 충성의 대오여"(551면)라고 축사하는 장면을 배치하여 건군의 의미와 김정일에게 충성을 맹약하는 장면을 겹쳐놓는다. 김정일 위원장이 온당한 권력 승계자임을 부각시키고 있다.

2002년에 나온 최학수의 『개선』은 '해방 후편 제1권'으로서 김일성의 귀국과 함께 시작된 건당의 과정을 그리고 있다. 텍스트는 건국사업 일체를 포함한 조선의 사회주의혁명을 위한 모든 사업의 중심이 당 창건으로 집중되고 있다. 김일성의 입을 빌려 천명되는 당 창건의 의의는 다음과 같이 설명된다. "한 집안의 살림살이를 펴나가는 데도 반드시 가장이 있어야 하는 것처럼 나라 살림살이를 새로이 펴나가는 데도 역시 그것을 주관해 나가야 할 정권이 있어야 한다는 것은 자명한 리치입니다."(43면) 귀국과 함께 항일빨치산 대원들은 각도의 인민위원회로 파견되어 그곳에서 당을 조직해 나간다. 각 지역의 건당 행보는 사회주의혁명의 대오에서 절대유일의 권위가 북로당일 수밖에 없다는 명제를 다시 한 번 보여준다. 텍스트에서는 박헌영이 자신의 목적을 위해 미친 짓도 마다하지 않는 인물로 폄하된다. 그에 따라 텍스트는 김일성만이 '민족의 태양'과도 같은 존재로 부각시키고 있다. 김일성의 모습은 수령형상의 원칙[29]에 따라 완결된 존재로 반복해서 등장한다. 이 형상은 '총서' 텍스트에 관통하는 수령 형상이 철저하게 성문율에 가까운 원리를 준용해서 그려진다는 것을 잘 보여준다. 하지만, '건국' 소재의 총서 텍스트에서 수령형상이 갖는 의미는 복합적이다. 김일성 사후 그의 형

29) '수령형상'은 김정일의 지도에 따라 확립된 이론으로서 "수령과 보통 혁명가, 보통 지도자와 엄격히 구별되는 예술적 반영"(윤기덕, 『수령형상문학』, 문예출판사, 1991, 157면)이다. 그 원칙은 다음과 같다. "수령형상은 참된 인간, 위대한 혁명가의 형상인 동시에, 그 누구도 비길 수도 대신할 수도 없는 인민의 최고 뇌수, 혁명의 최고 령도자, 단결의 유일 중심의 형상이며 오직 한분밖에 없는 로동계급의 정치적 수령"(160면)이다. 그렇기 때문에 수령을 형상하기 위해서는 "충성심을 다하여 최상의 높이에서"(178면), "밝고 정중하게"(184면), "인민들 속에 계시는"(194면) 모습을 형상화하고, "위대한 인간의 형상을 창조"(203면)해야 하며, "력사적 사실에 철저히 기초하여 형상을 창조"(224면)해야 한다.

상은 체제 결속과 유훈통치의 의미로 전환되는 한편 혁명1세대를 넘어 체제를 수호하는 혁명2세대, 기술관료들에게는 정통성을 계승한 김정일 이미지로 치환 가능한 충성을 요구하는 정치적 상징으로 작용하기 때문이다.

'평화적 민주건설기' 소재 국가서사는 다른 '총서' 텍스트와 마찬가지로, 수령의 지고한 가치를 전면화하면서 간고한 항일투쟁과 국가 영도에 대한 절대유일의 권력체계를 증빙하는 하나의 유일한 방향성을 가지고 있다. 이들 텍스트는 '항일무장투쟁의 혁명전통화'라는 틀을 그대로 답습하고 있다. 항일빨치산 요원들의 자기헌신과 희생적 죽음은 김일성을 매개로 삼는 한에서만 인간으로서의 존재 가치를 확보하는 특징을 가지고 있다. 등장인물들의 이러한 면면은 방대한 역사적 기억을 형성한다.[30] '총서' 텍스트는 수많은 등장인물들은 김일성이라는 '태양'과도 같은 비범한 개인에게 그들의 과거와 현재, 현재와 미래를 종횡으로 연계되어 있다. 등장인물들은 자신들이 처한 각고만난(刻苦萬難)의 현실에서조차 죽음을 무릅쓴 실천으로 김일성을 향하여 존재가치를 확인하는 충성스러움을 반복해서 현현하는 수많은 인자들로 기능하고 있는 것이다.

## 4. 결론

'평화적 민주건설기 소재' '총서' 텍스트는 1970년대 초반에 간행된 다른 '총서' 텍스트와는 다른 시대적 조건과 정치적 문화적 맥락을 가

30) 신형기는 이를 가리켜 '용해와 귀속을 요구하는 서사적 구속'이라는 표현으로 북한 사회 성원들을 용해시켜 하나로 결속하는 서사의 위력을 지적한 바 있다. 신형기, 『이야기된 역사』, 삼인, 2005, 234면.

지고 있다. 해방 후편이 창작되었던 것은 '건국'의 재규정이 필요해진 국내외 정세 때문이었다.

대외적으로 북한 사회는 동구 몰락과 소연방 해체에 따른 무역시장의 소멸, 사회주의 이념의 퇴조, 남북간의 평화 무드 조성 등으로 이어지는 격변을 치르고 있었다. 소연방 해체나 중국의 자본주의 실험과 개혁에 따른 부담을 안은 북한 사회가 더욱 견고하게 사회주의 이념을 지키는 방식의 하나로서 유일한 사회주의 대국이라는 전제를 내거는 한편, 민족자주의 노선을 취하면서 현저하게 민족주의적 경향을 띄기 시작한 것도 이런 이유에서였다. 김일성 주석 사망과 김정일 체제의 등장과 함께 주체사상은 현실정치를 관장하는 강력한 헤게모니에서 하나의 사상으로 바뀌어갔다.

김정일 체제는 강성대국을 표방하며 '조선민족제일주의'를 내거는 한편, 남한에 유화적인 태도를 표명했다. 이는 체제의 위기를 극복하기 위한 고육책이기도 했다. '고난의 행군'으로 표현되는 1990년대 중반 체제위기의 극복 과정에서 북한문학이 항일빨치산의 정신을 호명한 것도 빨치산의 정신처럼 후발세대의 사상적 결속과 인민들의 충성스러운 호응을 필요로 했기 때문이다. 선군정치를 내건 상황에서 '평화적 민주건설기'를 다시 쓰는 과정은 국가의 기원과 정체성을 재구성하는 일이기도 했다. 이 국가이야기는 이전처럼 식민제국과의 대결을 부각시키면서 작동시켰던 선악의 대결구도로만 얼개를 짜기로만 그치지 않는다. 해방 직후 지주계급에 대한 반감과 적대의 서사 안에는 현실사회주의를 몰락시킨 자본주의의 제국주의적 욕망까지도 환유할 만큼 유연해져야 했고, 정체된 정치사회에 만연한 관료주의와 정실주의에 맞서는 국면까지도 담아내야 했다. 그런 까닭에 이들 텍스트에는 좌익원리주의나 관료주의의 행태에서 배제된 양심적 지식인에 대한 관용과 포섭이 두드러진다. 이것이야말로 '총서'의 독법이 단순히 텍스트의 내적 맥락만이 아니라 텍스트의 외부적 조건들과 겹쳐서 읽어야 하는 온전한 이유이다.

그러나 '평화적 민주건설기' 소재 '총서' 텍스트에 관류하는 특성은, 수령형상의 경우, 인민과의 유대와 신심, 온화한 지도력으로 반복되지만 그것이 곧바로 김정일의 정치적 이미지로 호환될 수밖에 없는 운명을 가지고 있다는 사실이다. '수령형상'의 강조는 김일성과 공유'하는/하려는' 김정일의 정치적 위상과 연계되어 있다. '총서'라는 텍스트는 단순히 작가에 의해 구상되고 창작된 개인의 저작물이 아니다. 총서는, 기획 의도와 탄생과정에서도 살펴보았듯이, 국제정세와 국내 정치경제적 상황 같은 텍스트 외적 조건과 사상적 예술적 성취를 심의하는 등 텍스트의 내적 외적 조건을 모두 충족시키기를 지향하는 국가서사이다. '총서'는 국가의 기원과 정체성을 주조하고 이를 동원정치에 활용하기 위해 고안된 국가의 공공 텍스트인 것이다. 그러나 '총서' 속 이야기에 구축된 전일성과 통일성은 역설적으로 그 방대한 분량에 비해서 '역사'의 원본을 북한의 '우리식'으로 해석된 김일성 중심의 국가서사임을 보여준다. 요컨대 '총서'의 이야기는 역사의 다양한 해석 가능성을 봉쇄하고 역사의 '불편한 진실과는 무관하게 김일성을 정점에 배치하고 매끄럽고 웅장한 국가 영웅들의 신화로 만들어낸 또 하나의 허구인 셈이다.

# ‘총서’의 탈식민적 시각과 메타 담론

## 항일무장투쟁과 역사적 기억의 기념비화

공임순(서강대)

> 20세기는 유사 이래 가장 피비린내 나는 시기였다. 전쟁의 직접적인 희생자이거나 간접적으로 목숨을 잃은 사람이 1억 8700만 명에 이른다. 특히 20세기가 1914년부터 시작되었다고 가정한다면, 20세기는 거의 전쟁이 끊이지 않았던 세기였다. 조직화된 무장 세력 간의 싸움이 어디선가 일어나지 않았던 기간은 얼마 되지도 않았거니와 오래 가지도 못했다.
>
> —에릭 홉스봄, 『폭력의 시대』[1)]

### 1. 전지구적 냉전 체제와 지역화(토착화)의 역학

북한 사회를 어떻게 이해해야 할까.[2)] 이것은 여전히 어려운 질문이다. 사회주의권의 붕괴와 구소련의 해체, 그리고 기밀(극비) 문서의 연이은

1) 에릭 홉스봄, 김동택·이원기 역, 『폭력의 시대』, 민음사, 2008, 21면.

2) 북한이라는 명칭을 여기서 쓰는 것은 어쩔 수 없는 고육지책의 산물이다. 사실 북한은 현재 정식 국가 명칭으로 조선민주주의인민공화국을 쓰고 있다. 하지만 휴전 중인 한반도의 현실을 감안하여 현재 한국에서 널리 통용되는 북한이라는 명칭으로 통일했다. 단 2장의 해방 직후 38선 이남과 이북을 각각 가리킬 때는 38선 이북을 겸용해 쓴다. 해외 연구자들은 North Korea라 하여 중립적인 의미를 담지한 용어를 주로 쓰고 있는데, 이를 북한이라고 번역해도 좋을지 필자로서는 확신하기 어렵다.

해제는 북한 체제뿐만 아니라 북한 사회의 일상과 문화에 이르는 다방면의 접근과 해석의 여지를 제공한다. 1990년대 무렵부터 활성화된 대내외의 괄목할 만한 연구 성과와 업적이 이를 잘 보여준다.[3] 하지만 북한 사회에 덧씌워진 이념과 사상의 더께는 이러한 진척된 연구 성과의 뒤편에서 연구자들을 옭죄는 한계지점으로 작용하기도 한다. 북한 사회에 대한 축적된 연구 결과물들을 비웃기나 하듯 북한 사회는 소문과 뒷공론의 진원지로 자주 등장한다.[4] 북한 사회가 바라보는 주체의 입장과 시각에 따라 키메라적 변신을 거듭하는 것도 이 때문이다.[5] 정치적 위기의 매국면마다 등장하는 북한 사회는 늘 과소와 과대의 어느 지점에서 포용과 기피(부정)의 대상을 오간다.[6] 이는 북한이라는 지리적 실체를

3) 필자의 짧은 식견으로 현재 이루어진 논의를 다 포괄할 수 없음을 전제해 둔다. 기밀해제된 자료들을 통해 북한 사회를 재조명한 최근의 저서들 중 필자가 도움을 받은 해외 연구로는 스즈키 마사유키, 유영구 역, 『김일성과 수령제 사회주의』(중앙일보사, 1994), 와다 하루키, 서동만·남기정 역, 『북조선—유격대 국가에서 정규군 국가로』(창비, 2002), 브루스 커밍스, 남성욱 역, 『김정일 코드』(따뜻한손, 2005), 찰스 암스트롱, 김연철·이정우 역, 『북조선 탄생』(서해문집, 2006) 등과 가장 최근의 연구 성과를 반영한 국내 연구서로는 김광운, 『북한 정치사 연구』 1(선인, 2003)과 서동만, 『북조선 사회주의 체제 성립사 1945~1961』(선인, 2005) 등이 있다. 이외에도 다양한 국내외 연구 성과들이 속속 제출되고 있어서 앞으로 북한 연구는 더욱 활성화될 것으로 기대된다.

4) 대내외 언론의 추측성 기사와 가십이야말로 북한 사회를 스캔들화하는 중심 기제이다. 이는 물론 북한 사회의 폐쇄성에서 기인된 바 크지만, 일부 불량국가 내지 적성국가로 묶인 국가들을 비하와 경멸을 뒤섞은 선정적 기사로 공중에게 내보내는 것은 소문과 뒷공론의 장으로 이들 국가들을 동질화하는 젠더화의 전략이다. 소문과 스캔들, 그리고 젠더화된 육체의 지형학에 대해서는 공임순, 「쇄국과 양이의 이중주—김동인의 『젊은 그들』과 『운현궁의 봄』」(『식민지의 적자들』, 푸른역사, 2005)와 「스캔들과 반공—여류명사 모윤숙의 친일과 반공의 이중주」(『한국근대문학연구』, 2008)에서도 지적했다.

5) 이의 한 예로서는 최근작이라고 할 수 있는 김국후의 『(비록) 평양의 소련군정』(한울, 2008)을 들 수 있다. 이 저서는 북한의 소련군정을 탐구하려는 저자의 일정한 의도 아래 소련 측의 숨겨진 자료와 증언들을 광범위하게 발굴·수집한다. 그러나 이 저서는 북한 체제의 성립을 소군정(이 용어는 북한 연구자들 사이에 이견이 존재한다)의 일방적인 주도와 계획 아래 세워진 다시 말해 소군정의 괴뢰국 내지 위성국이라는 기존의 시각과 관념을 답습하고 있다. 따라서 이러한 통제된 시각 아래서 수집·발굴된 자료의 배분과 편성은 북한 체제의 수동적이고 종속적인 위치와 자유세계와의 적대적 관계를 재확인하는 지리와 표상 체계와의 긴밀한 상관성을 재확인시켜준다.

압도하는 심리적이고 도덕적인 지리의 한 예증으로서, 이를테면 북한은 한반도의 북쪽이라는 좌표상의 지리를 가로지르는 사회정치적인 담론 생성과 의미구축의 시공간적 지정학을 정향짓게 되는 것이다.[7)]

이러한 시공간적 지정학에서 북한 사회가 당면한 현실의 긴급한 요구와 무시간적인 가치가 공존하는 기묘한 형상의 복합체로 굴절되는 것은 일견 당연하다. 북한 사회는 당장이라도 세계의 평화와 안전에 위협적인 적대국가로 역사적 위기의 매순간을 장식하지만, 이 위기의 국면마다 등장하는 용어들은 언제나 탈(脫)역사적인 유사 오리엔탈리즘의 재판이기 때문이다. 이러한 동어반복적 표상과 재현 방식은 시간성과 무시간성, 역사성과 탈(脫)역사성이 교차하는 매개지점에서 북한 사회를 이질적이고 낯선 타자로 낙인찍어 그 위협을 경감하고 순치하려는 지극히 동시대적인 욕망의 발현이면서 브루스 커밍스가 말한 이른바 "그 위에 어떤 말이 씌어있든 그 말이 부정적인 내용이라면 다 진실로 통용되는", "공산주의적 · 동양적 · 불량국가적 형상이라는 3중의 저주"[8)]를 새겨 넣게 된다. 이렇게 다른 듯 같은 북한 사회의 복제된 이미지와 관념은 북한 사회를 현재 속의 과거, 변화 속의 정체, 근대 국가 속의 고대 왕조가 합성된 제어하기 힘든 외래의 타자이자 제어해야 할 감시와 통제의 체제 내적 대상으로 북한 사회의 이중적이고 모순적인 형상을 주조하는데 일조하고 있다.

이것은 물론 북한 사회의 공적 수사와 담론에 힘입은 바 크다. 2008년 10월 12일자 『민주조선』은 조선민주주의인민공화국 창건 60돌을 맞아

---

6) 한국 정치권에서 햇볕정책과 북한의 경제적 지원을 두고 포용과 기피(부정)가 재연되는 현상은 현재진행형이다. 매 이슈마다 등장하는 포용과 기피의 편가르기는 우파의 전형적인 정치공세이자 한국 정치계의 지분을 둘러싼 치열한 헤게모니 투쟁의 양상을 띤다.

7) 심리적이고 도덕적인 지리에 대해서는 에드워드 사이드, 박홍규 역, 『오리엔탈리즘』 제2장(교보문고, 1999)와 에드워드 사이드, 박홍규 역, 『문화와 제국주의』(문예출판사, 2005) 서문을 참조했다.

8) 브루스 커밍스, 앞의 책, 156~157면.

예의 미제국주의와 반동세력들의 침투와 위협을 강도 높게 비판한다. "제국주의들과 반동들은 세계 여러 나라들에서 사회주의가 붕괴된 것을 기화로 하여 사회주의의 종말에 대하여 떠벌이면서 사회주의 기치를 변함없이 높이 들고 나아가는 우리 공화국에 공격의 화살을 집중하였습니다. 제국주의자들과 반동들의 반공화국, 반사회주의 책동으로 하여 나라와 민족의 자주권과 생존권이 엄중한 위험에 처하게 되었으며 우리나라는 사회주의와 제국주의의 가장 치렬한 대결장으로 되고 우리 인민은 자주적 인민으로 사느냐 또다시 식민지 노예가 되느냐 하는 운명의 갈림길에 놓이게 되었습니다"[9]라는 외견상 냉전의 레퍼토리를 되풀이하며, 제국주의와 사회주의간의 체제 대결적 구도와 사회주의와 조국통일의 보루로서 북한의 세계사적 위상과 사명을 재천명하고 있다. 이는 결국 북한 사회가 구시대적 냉전 체제의 도식을 고수하고 있다는 확실한 방증이 되고, 이를 통해 북한 사회의 존립 토대와 체제 안정을 꾀하고 있다는 외부의 시선을 확증해준다. 전후 냉전 체제가 봉쇄(containment)와 통합(integration)의 상호 적대적이고 의존적인 전지구적 상상력에 기초해 세계 질서를 재편하고 재구조화했음을 떠올린다면,[10] 북한의 이러한 자본주의(북한의 용법대로라면 제국주의적) 세계 / 사회주의 블록간의 배타적 봉쇄주의와 "자주성을 지향하는 모든 나라, 모든 진보적 인민들과 함께 세계평화를 수호하며 인류의 자주위업을 실현하기 위하여 적극 투쟁해야 한다"[11]는 통합의 국제주의는 아직도 북한 사회를 지탱하는 두 축이 되

9) 김일, 「조선민주주의인민공화국은 불패의 위력을 지닌 주체의 사회주의 국가이다-당보 『로동신문』과 정부기관지 『민주조선』에 준 담화」, 『민주조선』, 2008.10.12.

10) Christina Klein, *Cold War Orientalism*, University Of California Press, 2003, pp.19~32에서 Christina Klein은 전후의 냉전 체제를 봉쇄의 측면만이 아닌 통합의 국제주의에 초점을 맞추어 논의를 전개한다. 통합의 국제주의는 경제적 이해관계를 반영한 것으로, 이 경제적 이해관계가 이른바 동맹이라는 이념적 색채를 띠는 것은 미국이 기존의 제국주의 국가들과 달리 상호 공존과 호혜성에 바탕한 자유민주주의적 이상을 동맹국간의 자유 교역의 이념적 지주로 삼았기 때문이다. 이를 Christina Klein은 통합의 국제주의라고 부른다.

11) 김일, 앞의 기사.

고 있음을 말해주는 것이다. 이는 커밍스가 전후 미국의 대한 정책을 분석하면서, 남한을 "소련에서 밀려오는 영향하의 조류와 국내적인 혁명의 조류를 막는 방파제"로 규정하여 봉쇄 정책을 수행하는 한편으로 국제주의 노선을 동시에 가동했음을 지적한 논의와 일맥상통하는 부분이다.[12] 이러한 미국의 대외 정책은 곧바로 소련의 대외 정책과 연동하여 전후 세계 질서를 재구조화했고, 북한 사회는 이러한 전후 냉전 체제의 봉쇄와 통합의 철 지난 유산을 붙잡고 전세계를 대상으로 위험한 도박을 하고 있는 셈이다.

이러한 점에서 해방 직후에 북한이 적극적으로 수행한 일련의 기획을 '주변의 중심화'로 바라본 신형기의 논의는 주목을 요한다. 그는 사회주의라는 '내용'을 민족적인 것으로 만들려는 프로젝트는 중심을 지방화(민족화)함으로써 지방을 중심으로 만들려는 기획의 일환이며, 이에 따라 실제적인 위계를 부정하거나 거부하는 세계적 위계질서의 (재)코드화를 초래했다고 본다.[13] 이것은 한국전쟁을 거치면서 보다 가시화되는데, 한국전쟁은 국제전의 성격을 띠면서 미제국주의와 대결하는 사회주의의 성전으로, 약소민족을 대표하는 해방전쟁으로 북한에게 인식되었기 때문이다. 한국전쟁은 전후 냉전 체제의 분열과 통합 그리고 대립과 결속, 이념적 명분과 경제적 이해관계를 복합적으로 반영한 전후의 첫 국제전이었다. 그러나 이 냉전이 아시아의 변방인 한반도에서 열전으로 화했던 것은 단지 전지구적 냉전 체제의 시공간적 도래만은 아니었다. 그것은 전후 구식민지 해방 국가들의 탈식민화에 대한 열망과 좌절이 빚어낸 또 다른 시공간적 지평의 개시였기 때문이다. 이를 지역화(토착화)로 부를 수 있다면, 전지구적이고 지역적인 현실의 변증법적 역학이 냉전을 열전으로 전화시킨 근본적인 동력이었다는 뜻이다. 전후라

---

12) 브루스 커밍스, 김자동 역, 『한국전쟁의 기원』, 일조각, 1986, 186면.

13) 신형기, 「지방에서 중심으로－북한문학을 통해 본 중심화 프로젝트의 전망」, 『사이』(2008)를 참조했다.

는 시간대가 중심과 주변의 공간적 차이와 위계화에 따라 서로 다른 시공간을 전개하는 비동시성의 동시성을 체현하듯이, 전지구적 냉전 체제의 지역적 (재)코드화와 변환은 북한 사회의 전후적 시공간을 틀짓는 또 하나의 중요한 요소였다는 점에서, 현재의 북한 사회를 이해하는 통로로서 해방 직후의 남북한 사회를 규명하는 일은 그 의의가 적지 않다. 이 논문이 2장을 "해방기 김일성의 청년상에 대한 남북한의 상징 투쟁과 좌절된 '(재)민족화'의 기획들" 아래 해방 직후의 남북한 사회의 움직임을 다루고자 했던 이유가 여기에 있다.

애초 이 논문은 총서 '불멸의 력사' 해제 및 DB 구축에 관한 기초연구과제를 수행하던 중, 이를 분석하고 해명할 연구방법과 시각을 확립해보려는 개인적인 관심사에서 출발했다. 북한 정권과 관련된 외교정치사는 앞에서도 말했듯이 이미 상당량의 연구 성과물들이 나와 있다. 하지만 이 논문은 한 개인이나 집단의 외교사·정치사 못지않게 이 기존 연구의 성과 위에서 북한 사회의 형성 과정을 글로컬(글로벌+로컬) 스터디즈의 차원에서 보완하고 재조명했으면 했다. 글로컬 스터디즈는 지구화와 지역화의 동시 병행적인 관여와 역학을 규명하는 탈식민주의의 흐름과 그 맥을 같이 하며,[14] 제국 중심부에서 탈각된 지역권의 역동적 움직임을 포착하려는 세계화 이후의 전망과 시각을 내포한다. 2장과 더불어 3장의 "총서 '불멸의 력사'를 통해서 본 항일무장투쟁의 역사적 기념비화/물질화"는 이 글로컬 스터디즈를 기본적인 문제인식의 틀로 삼는다. 2장과 3장의 본격적인 논의를 거쳐 이 논문은 4장에서 현재 북한 사회가 안고 있는 딜레마를 간략하게 개진하는 것으로 글을 마무리

14) 글로컬 스터디즈는 글로벌과 로컬의 이항대립을 극복하고 이것의 균열과 통합, 분절과 교섭의 복수적인 시공간적 차원을 포착하기 위해 탈식민주의의 경계 해체에 대한 관점을 이어받으면서 지역성을 재고찰하려는 일련의 경향을 총칭하는 개념이다. 이에 대해서는 아르준 아파두라이, 채호석·차원현·배개화 역, 『고삐풀린 현대성』(현실문화연구, 2000)과 권명아, 「기념의 정치와 지역의 문화 정체성—저항과 글로벌 마케팅의 사이」, 『인문연구』(2007)가 시사점을 준다.

지을 예정이다. 북한이 유지·존속하고자 하는 탈식민 해방 투쟁의 유산이 역으로 북한 사회를 구속하고 결박하는 덫이 되고 만 지금의 현실을 찬사와 비난이 아닌 좀 더 열린 토론의 장으로 이끌어내고 싶다는 개인적인 바람이 여기에 깔려 있다. 이는 4장이 결론이라기보다 또 다른 시작임을 의미한다. 북한 사회를 한 마디로 재단하기는 쉬워도 북한 사회의 구성원들을 동시대를 함께 살아가는 이웃으로 받아들이는 방법은 아직 요원하기만 한 한국 사회에서 감정의 파토스를 이겨내고 공감의 일체화와 비난의 타자화를 벗어나는 길을 모색하는 일은 국민국가 해체 이후의 급변하는 세계 질서를 진단하고 규명하려는 현재의 학문적 흐름과도 잇닿아 있는 지점일 것이다.

## 2. 해방기 김일성의 청년상에 대한 남북한의 상징 투쟁과 좌절된 '(재)민족화'의 기획들

해방 직후 38선 이남과 이북의 두 지역에서 이북을 지지하는 이남의 소련 지식인 파냐 이사악꼬브나 샤브쉬나와 월남을 결심한 이북의 지식인 오영진은 강제적으로 분할·점령된 해방 한국의 기이한 열기와 흥분을 후일담으로 남긴다. 38선 이남과 이북에서 그들이 처해 있는 지역적 질서의 재편 움직임과는 분리되어 있었다는 점이 이들 두 사람의 공통된 특징을 이룬다. 이들은 둘 다 38선 이남의 미군 진주와 38선 이북의 소련군 진주를 불안에 찬 시선으로 응시한다.[15] 파냐 이사악꼬브나 샤브쉬나는 9월 7일 아침부터 서울과 지방 상공에 대규모로 뿌려진

15) 파냐 이사악꼬브나 샤브쉬나, 김명호 역, 『1945년 남한에서』(한울, 1996)과 오영진, 『소군정 하의 북한—하나의 證言』(중앙문화사, 1983)이다. 오영진의 글은 1952년 국토통일원 조사연구실에서 낸 글을 다시 편한 것이다. 이 두 글은 모두 8·15의 기쁨과 열광이 곧 실망과 좌절로 바뀌는 과정을 각기 다른 체제에서 비판적으로 바라보고 있다.

미군의 전단이 협박으로 가득 차 있었음을 고발한 후, "북위 38선 이남 지역과 그 지역의 주민들에 대한 군사통제가 실제 확립되었다"[16)]는 미군 전단의 내용 일부를 들려준다. 그 위압적인 내용만큼이나 38선 이남의 미군 진주는 그녀의 말대로 미군 통수부, 일본 식민지 당국, 인민 위원회라는 세 개의 정권을 38선 이남에 세우게 되는 파괴적인 결과를 초래했다. 이는 38선 이남의 주민들이 미군을 해방군과 점령군의 분열된 이미지 속에 환영도 반대도 아닌 어정쩡한 상황에 놓이게 만든 가장 큰 이유 중의 하나일 터였다.

미군이 해방군이 아니라 점령군으로 38선 이남에 진주했음은 잘 알려진 사실이다. 해방군으로 환영받았던 미군이 한국을 식민지의 해방국가가 아니라 적대 국가로 취급하여 남한 내에서 배타적인 우위를 확보하고 공산국가 소련의 남하를 막는 반공의 제일선으로 남한을 규정하게 되면서, 38선 이남의 주민들은 그들의 기대와는 전혀 다른 예상외의 사태에 맞닥뜨리게 된다. 반공이 다른 모든 것을 압도하는 최우선 고려사항이 되면서 남한은, 이차대전의 패전국인 일본과 독일이 나치즘과 군국주의의 배제라는 확고한 방침 아래 군사 이외에 문화와 교육 및 제 방면의 개혁과 미국식 민주주의의 '재교육'이 전사회적으로 시행되었던 것과 달리, 구체제(일제 식민지 체제)의 억압적 국가기구를 존속한 채 반공 이외의 다른 제반 분야는 명확한 정책 방침도 세워지지 않는 일방향적 사회로 치달아갔기 때문이다.

찰스 암스트롱은 이를 동아시아의 냉전 양극화로 규정하고, 이는 유럽과 동아시아간의 차이뿐만 아니라 패전국 독일과 일본의 경우와도 다른 한국의 지역적 특수성을 보여주는 사례라고 설명한다. 탈식민화된 한반도에 두 강대국이 분할·점령한 유일한 지역으로서 한반도는 미군정 당국의 한국에 대한 무지와 무관심 그리고 불분명한 정책 태도가 맞

16) 파냐 이사악꼬브나 샤브쉬나, 앞의 책, 97면.

물려 38선 이남의 상황을 극도로 불안정하게 만들었던 것이다. 이는 그가 38선 이북의 소련이 체계적이고 효과적인 '재교육' 방침을 통해 38선 이북의 상황을 일찌감치 안정시킨 것과는 반대로 남한의 불안정한 정세가 1950년 한국전쟁까지 지속되었음을 언급하는 대목에서도 잘 드러난다. 남한의 많은 문화인들과 지식인들이 1945년 8월에서 1946년 말까지 반감과 환멸의 단계를 거쳐 소련이 점령한 북쪽으로 넘어가는 이화(이탈)의 1946년 초에서 1947년 중반까지 미군정의 문화 정책을 토대로 38선 이남의 시간대를 재설정함으로써 그는 미국의 전후 냉전 체제가 지역에 따른 차이를 낳고 있음을 시사하는 한편으로 인민의 '마음을 얻는' 데 실패한 이 시기가 미국의 '상실된 시간'임을 구체적으로 적시한다.[17)]

특히 전후 냉전 체제가 봉쇄의 강력한 군사적·정치적 권력 행사와 더불어 '인민의 마음을 얻는' 미국의 매혹적인 시장경제와 미국식 민주주의 문화를 통해 냉전의 차가움을 온정의 따뜻함으로 전환시킨다는 미국의 강온 양대 전략이 적어도 한반도의 남쪽에서는 한국전쟁까지 제대로 실현되지 못했음을 알려주는 것이기도 하다. 1945년에서 한국전쟁까지 38선 이남의 중도파 지식인과 좌파 지식인들이 대거 월북하는 미국의 '상실된 시간'은 그러나 한반도의 지역적 시공간에서는 구식민지 사회의 '탈식민화와 (재)민족화의 기획'을 영구적인 미완의 과제로 만드는 혁명의 '좌절된 시간'이었다. 제국간의 전쟁이었던 제2차 세계대전의 종결이 구식민지 사회의 전쟁 종결은 아니었다는 점에 보다 근본적인 문제 인식의 틀이 놓여 있는 이것은 전후가 구식민지 사회에서는 본격적인 탈식민화와의 내전이 개시되는 시작점이었다는 지역적 현실의 격차와 어긋남으로 이 시차를 더욱 두드러지게 한다.

멤미와 파농은 이를 두고 식민주의의 전 세계적인 영향력과 파괴적 결과가 식민주의자에 의해 희화화되는 과정을 다음과 같이 묘사하고

17) Charles K. Armstrong, "The Cultural Cold War in Korea, 1945~1950", *The Journal of Asian Studies*, Vol.62, No.1, 2003, pp.72~74에서 인용했다.

있다. "국제적이지 않은 배타적 민족주의자, 분노에 찬 야만적 쇼비니스트들, 국가적 연대에 대항하는 인종적 연대마저 불가능한 협소한 국민주의자"[18]라는 식민주의자의 야유에 찬 언명은 식민지인들의 근대성과 그 반발로서의 (반)근대성에 대한 민족주의적 희구가 식민주의자들의 식민화 시스템이 낳은 뒤틀린 산물이자 식민지인들의 채워지지 않은 욕구의 분출임을 의도적 혹은 무의식적으로 회피·망각한다. 파농과 멤미는 이를 전도된 현실의 도래라고 명명하며 주변부 식민지(구식민지)의 이러한 탈식민화 투쟁을 '식민-탈식민-신식민 및 재식민-내부 식민지'의 네 가지 이행 단계로 나누어 설명했는데,[19] 여기서 이들은 식민지인의 민족의식이 저절로 찾아오는 것이 아니라 탈식민화의 저항 투쟁의 과정에서 가장 최후에 획득되는 것이라는 점을 분명히 한다.[20]

38선 이남의 지식인들이 미군정에 대한 반감과 환멸, 이에 따른 이화(이반)의 단계로 찰스 암스트롱이 분절한 1946년 후반부와 1947년 초에 쓰여진 오기영의 글은 이러한 탈식민화의 좌절된 현실과 그럼에도 버릴 수 없었던 (재)민족화와 자주국가의 열망을 아래와 같이 호소했다.

> 오늘날 우리가 해방은 되었다고 하지마는 이것이 자력에 의하여 전취되지 못하였다는 것은 다만 무력적 견지에서만이 아니라 우리의 인격 혁명 자아 해방의 선결 조건을 뒤로 미룬 채 세계의 판국이 고정되는 덕에 이루어진 것이기 때문에 우리는 이 해방을 진정한 해방이라 보기 어려우며 그래서 우리의 진정한 해방은 이제부터 완수해야만 할 숙제로서 그대로 남아 있습니다.[21]

---

18) Albert Memmi, *The Colonizer & the Colonized*, Boston : Beacon Press, 1967, p.136.

19) 프란츠 파농, 남경태 역, 『대지의 저주받은 자들』(그린비, 2004)과 프란츠 파농, 성찬성 역, 『혁명(革命)의 사회학(社會學)-알제리 민족해방운동 연구』(한마당, 1981)에서 재구했다.

20) 여기에 대해서는 공임순, 「'탈'식민 해방 투쟁과 제국의 문화 정치-주변부 식민지인의 '식민지성'과 혁명의 유산을 딛고」(『상허학보』, 2008)에서 구체적으로 다룬 바 있다.

21) 오기영, 「속(續)민족의 비원-경애하는 지도자와 인민에게 호소함」, 『신천지』, 1946.11, 62면.

> 우리는 새 나라를 세우는 도정에 있다. 이 새 나라는 결코 파렴치한 背族者의 참여를 허할 수는 없는 것이며 아울러서 어느 특수계급의 이익을 위하여 대다수의 이익을 무시하는 사회제도도 용납할 수 없는 것이다. (…중략…) 슬픈 목소리로 민족의 통일을 기도하는 것도 좋으나 먼저 ① 자체의 자주를 꾀하고 ② 자체의 참회가 더욱 간절히 필요하다.[22]

오기영의 '제2의 해방론'과 '자체의 자주와 참회'는 미군정이 자신들의 38선 이남의 상륙을 구질서의 해체와 해방의 시점으로 구획한 것과는 판이하게 갈라지는 구식민지 한국의 지역적 현실이었다. 38선 이남의 '(재)해방과 (재)민족화의 기획'이 38선 이북 지역과의 동시적인 역학 속에서 진행되면서 이러한 움직임은 더욱 첨예화된다. 미소의 분할이라는 한반도의 지정학적 현실은 남북한 공통의 탈식민화와 (재)민족화의 기획과 맞물려 재현/대표성을 둘러싼 헤게모니 투쟁의 각축장으로 변모했기 때문이다. 누가 진정한 민족국가의 일원으로서 자격이 있는지를 둘러싼 이른바 인정 투쟁은 식민주의에 의해 문화적으로 오염된, 혹은 오염되었다고 느꼈던 식민지인들이 반식민화의 해방과 저항 투쟁에서 식민화의 흔적들을 제거하고 청산하려는 열망을 가속화시켰고, 이러한 해방독립국가를 위한 선결조건으로서 사회 제도와 국가 기구뿐만 아니라 인적 청산까지 식민화 시스템과 절연하여 새로운 민족국가건설을 위한 '(재)민족화'의 기획을 촉발시켰다. 새로운 국가건설에 합당한 '(재)민족화'의 범주와 구성에 대한 이견이 생겨나는 것은 당연할 터, 제도와 기구뿐 아니라 인적 청산이 구성원 내부의 합의에 의해 해소되기보다 내전으로 비화되는 일이 많았던 이유도 이러한 식민주의의 청산/척결에 대한 식민지인들의 사회정치적인 욕망과 갈구의 한 표현이자 (재)민족화의 구성과 범주에 대한 인식의 차이가 제반 사회역사적 상황과 결부되어 진행된 물리적 충돌 때문이었다. 식민지 독립 이후 신생국가

22) 오기영, 「예수와 조선－혁명정신의 반동화(反動化)를 계(戒)하여」, 『신천지』 3·4월 합병호, 1947, 109·111면.

들 대부분이 하나의 독립된 근대민족국가를 염원했지만 예외 없이 근대민족국가의 수립을 보지 못한 것은 식민주의의 해소되지 않은 내적 긴장과 냉전 체제의 전지구적인 현실의 복합적이고 중층적인 지역화의 한 단면을 여실히 드러내준다.

조만식의 조선민주당 창립 멤버 중 한 사람이었던 오영진의 수기는 해방 이후 38선 이북의 시시각각 변해가는 정세에서 지식인들이 느꼈던 복잡한 심경을 이와 연관해서 해석할 단서를 제공한다. 서울의 정황을 알아보기 위해 조만식의 만류에도 불구하고 평양을 떠나온 오영진에게 38선 이남은 "일인과의 모든 관계를 일도양단적(一刀兩斷的)으로 규정지어주리라고 믿었던 것은 우리의 어리석은 기대"에 지나지 않으며, "특히 일인관리를 당분간 그대로 등용한다는 사령부의 성명으로 말미암아" 해방 전의 상황으로 되돌리려는 반동과 역행의 장소였다. "함흥에 진주하는 즉시로 시민을 모아놓고 조선과 조선에 있는 모든 시설과 재산은 이 순간부터 모두가 당신네들의 것이라"[23]고 선언한 38선 이북의 소련군 사령관의 감동적 설명과 교차되는 이 장면을 일제시대에 민족주의자로 자유주의자로 또는 사회주의자로 자처하며 반일적인 행동과 언사를 사용하는 것을 인테리겐챠의 긍지로 여겼던 그의 "일본적인 독소가 30년 동안에 이미 전신을 침윤했을 지"[24]도 모른다는 해방 직후의 불안한 자기 고백의 첫 장면과 겹쳐 읽는 것은 여러모로 흥미로운 일이다. 38선 이남의 탈식민화의 지체와 이에 따르는 미소의 상반된 대응은 식민화의 유제를 그 누구보다 예민하게 감지하던 지식인들의 심리적 죄의식을 동반하며 혼란된 자기 분열상을 가중시켰다. 그렇다면 이 탈식민화의 지체에도 불구하고 오영진이 38선 이남행을 선택했다면, 이는 탈식민화의 지체를 상쇄할 또 다른 심리적 대체물이 있었다는 뜻이다. 그것이 바로 38선 이북에 진주한 소련의 야만성이다. 38선 이북에

23) 오영진, 앞의 책, 51면.
24) 위의 책, 12면.

진주한 소련인의 야만적이고 무절제한 본능의 발로에서 소련은 흔히 알려져 있듯 선진적인 문명국가가 아니었다. 이들의 소박하고 무흠한 본원적 욕망의 표출은 소련이 한반도보다 훨씬 뒤처진 야만의 국가임을 증명하고 있었기 때문이다. 소련에 대한 기존의 사상적 낭만과 환상이 깨어지는 자리에 또 하나의 심리적 방패막이 되어준 것은 김일성의 거짓 논란이다. "술이 취하면 공산주의자가 되고 술이 깨면 반공산주의자"[25]가 된다는 그의 불안정한 심리를 지탱해준 버팀목으로서 김일성의 이러한 거짓 논란은 오영진의 38선 이남행이 38선 이남의 긍정적 변화가 아니라 38선 이북의 부정적 표지들에 기댄 것임을 암시한다. 소련의 야만성만큼이나 김일성의 거짓 논란은 그의 탈식민화의 심리적 죄의식을 상쇄하고 38선 이남의 선택을 정당화해주는 반공 애국주의의 핵심 기제였다.

김일성의 거짓 논란은 38선 이북의 소련 예찬과 김일성 찬양의 대대적인 공적 흐름의 저변을 흐르던 이반의 가시적인 예증이다. 김일성이 처음으로 군중들 앞에 모습을 나타낸 순간을 오영진은 군중의 회의적인 반응으로 기억한다. 김일성은 적어도 40세 이상의 중장년층이어야 함에도 현재 연단에 선 김일성은 너무 앳된 젊은이다. "해방 후 최초의 대규모의 군중대회이며 더구나 오늘은 민중의 영웅이며 위대한 반일투쟁의 노(老)전사 김일성 장군을 맞는"[26] 감격스런 날에 김일성은 진위조차 불분명한 의혹의 중심인물이 되고 만 것이다. 기실 김일성이 노전사일 것이라고 예단한 사람은 오영진과 오영진에 의해 묘사된 군중들 자신이지만,[27] 김일성의 진위 여부가 38선 이북의 탈식민화의 선점과 정

25) 위의 책, 102면.
26) 위의 책, 90면.
27) 흥미로운 사실은 김일성의 가짜 논란과 관련하여 오영진의 이 서술이 이후 남한 사회에서 1945년 10월 14일 평양공설운동장의 「김일성 장군 환영 평양시 군중대회」의 원형을 이루었다는 점일 것이다. 한재덕은 오영진의 글을 첨언하며 "시나리오 작가다운 수법으로 묘사한 것"이 있어서 "이것을 그대로 차용한다"는 말로 자신의 목격담이

당성을 훼손하는 반격의 무기였음은 분명하다. 이는 1949년 『대조』에 최태응이 "실상 김일성 장군이라면 그 이름이 떨친 바 무용담보다도 오래된 역사성이 노상 우리의 인식 속에 없던 것은 아니지만 그것은 물론 소련의 한 개 주졸(走卒)인 동시에 먼저 나이에 있어서 삼십(三十)을 갓 넘은 애송이 김일성이인 당신일 수는 없는 것입니다"[28]라며 논박했던 지점과도 그 맥을 같이 한다. 38선 이북은 거짓 김일성을 진짜 김일성으로 만들고 혁명의 선도자인 양 자처하는 소련의 일개 꼭두각시, 한재덕의 표현을 빌리자면 "쏘련 공민이면서 북괴 수상이 된" 천하에 없는 국제적 협잡의 연극배우에 불과하다.[29] 따라서 이북의 김일성 역시 소련의 일개 주졸일 뿐 진짜 김일성이 아니라는 믿음 체계가 이렇게 형성된다. 해방독립국가의 민족과 그 민족을 지도할 자격이 누구에게 있는지를 둘러싼 재현/대표성의 경쟁은 소련의 저락한 위상과 김일성의 거짓 음모론을 통해 38선 이북을 38선 이남의 외부 내지 타자로 구획하는 전후 냉전 체제의 흐름과 조응해가고 있었던 것이다.

38선 이북의 탈식민화의 우월적 입지를 축소하려는 38선 이남의 대응적 행보에서 이는 재확인된다. 임정의 해외독립투사를 기념하는 상징자원의 활용으로 구체화되는 이것은 윤봉길・이준・안중근・이봉창 등 식민지 시기 동안 민족 해방을 위해 목숨을 버린 임정의 희생된 독립투사들이 1945년에서 1946년 말까지 끊임없이 등장했던 이유였다. 38선 이남의 공산주의 계열뿐 아니라 38선 이북의 만주・연안계열 항일독립투사들의 명성에 필적할 만한 대안적인 인물상을 구성하기 위해 소환

---

아닌 오영진의 서술을 통째로 옮겨놓고 있다. 한재덕, 『김일성을 고발한다 – 조선노동당 치하의 북한 회상록』, 내외문화사, 1965, 66면.

28) 최태응, 「김일성씨(金日成氏)에게 – 국민(國民)이 호소(呼訴)하는 서한(書翰)」, 『대조』, 1949.4, 37~38면.

29) 김일성의 영웅화를 최초로 시도한 사람이 자신임을 주장하는 한재덕은 이 거짓 논란의 연장선상에서 지근거리에서 김일성을 겪어본 자신의 경험담을 토대로 이야기의 진실성을 강력하게 주장한다. 한재덕, 앞의 책, 140면.

된 이들 지도자상은 상해 임정 계열의 독립투사에 대한 환영과 추모를 동반하는 한편 항일무장투쟁의 대명사격인 김일성을 불신하는 비난의 클리셰를 작동시킨다.[30] 왜냐하면 김일성은 항일무장투쟁의 상징적 가치를 집약하는 대표자/재현자이기 때문이다. 더구나 김일성의 이러한 항일무장투쟁 경력에 손상을 가하는 것은 그를 내세운 소련의 부도덕성을 선전할 좋은 재료이다. 소련을 "세계 역사상 가장 진보적인 민주주의적 국가이며 세계에서 가장 강한 나라", "세계에서 가장 평화를 애호하고 전쟁을 반대하고 인류의 행복과 진보된 문화"를 가져온 "인민 안전의 방벽"[31]으로 추앙하며 소련과의 일체화를 통해 탈식민화를 추진했던 38선 이북의 소련=김일성의 도식이 이로 인해 적어도 38선 이남에서 문제시될 것은 자명한 사실이기 때문이다. 1946년 이후로 김일성의 상징적 정당성을 고취하려는 38선 이북의 상징 정치가 38선 이남과의 본격적인 대결 구도로 들어섰음을, 말하자면 의제 생산의 거점을 확보하기 위한 담론 투쟁의 단계로 진입했음을 여기서 읽어내기란 그리 어렵지 않다.

38선 이북의 사회정치적 지형에서 탈식민화의 공통된 열망과 이에 근거한 체제 정당화의 자기 규정적 서사와 담론은 이처럼 38선 이남의 사회정치적 동향과 밀접한 영향 관계를 주고받으면서, 체제 구축과 국가 건립의 근간을 이루었다. 1945년 11월 신의주 사건을 비롯한 평안도 지역의 집단적인 반발과 1945년 12월 탁치 문제로 불거진 38선 이북의 반소·반공 투쟁은 "광휘 있는 역사의 길은 민족해방을 위한 피와 투쟁

30) 38선 이남의 장안파가 박헌영의 재건파와 대립하는 가운데 우익으로 경도되어 1945년 10월 24일 장안파의 대표 5인이 송진우의 한민당, 안재홍의 국민당 대표들과 함께 중경임시정부 지지를 서약하고 임시정부의 조속한 환국을 추구한다는 공동성명을 발표한 데서 당시의 복잡한 정치 상황을 엿볼 수 있다. 스칼라피노·이정식, 『한국공산주의 운동사』 2, 돌베개, 1986, 333면.

31) 「10월 혁명 기념 전쟁총결산 보고—평양시 당원회의에서」, 『정로』, 1945.11.14·21, 12.14.

의 길이오, 무산 계급당의 정확한 노선을 위한 볼세비키적 투쟁의 생활이었다"[32]는 김일성의 항일무장투사로서의 면모를 더욱 공고히 하는 한편 38선 이남에서 반일독립투사의 자리를 분점하던 이승만과 김구 등에 대한 비난의 강도를 높여간 사실에서 달라진 정치 지형의 변화는 뚜렷이 예증된다. 김구와 이승만은 새로 자라나는 '파시스트적 매국노'라는 새로운 이름을 얻게 되고, "반탁이란 엉뚱한 간판을 내걸고 조선 민족의 이익을 대표할 수 있는 민주주의적 정부의 수립을 반대하는 이승만, 김구, 한국민주당" 등의 "민족파시스트들을 건국전선으로부터 매장"하자는 1946년 1월의 공식 문건은 이승만과 김구를 '민족파시스트'[33]로 규정하여 배제와 분리의 선을 명확하게 긋고 있다. 민족통일전선(민전) 결성과 제시를 주장하는 글에서도 "친일파, 민족파시스트를 숙청하는 반파시스트 투쟁에 직접 참가해야" 한다는 공식 요강이 제출된 것도 이에 따른 것이다.[34]

1946년 3・1절 기념식을 좌파가 중심이 된 3・1절 기념 전국준비위원회가 남산공원에서, 반면 우파가 중심이 된 기미독립선언기념 전국대회 준비위원회가 서울운동장에서 따로 개최하는 공적 기념일의 분화와 양극화가 38선 이남에서 진행되는 것[35]과 발맞추어 38선 이북은 과거 3・1 운동 당시 이름난 명사들이 많이 반탁을 주장하여 인민을 호도할 위험성을 경계하고 차단하는 차원에서 3・1절 기념행사를 김구, 이승만 등을 친일파와 나란히 민족의 반역자로서 규정하는 공적 낙인찍기와 더불어 평양을 서울과 함께 3・1 운동의 중심지로 만드는 민족지적 표상학이 대대적으로 펼쳐진다. 평양을 민족의 기념비적 현장으로 재배치하는 평양과 서울의 등가화 전략이라고 부를 만한 이것은 애초 한반도의 분할・점

32) 「김일성 동지의 빛나는 투쟁사」, 위의 책, 1945.12.21.
33) 「반탁 운동의 이면」, 위의 책, 1946.1.29.
34) 오기섭, 「인테리에 대한 제언」, 위의 책, 1946.1.29.
35) 김민환, 「한국의 국가기념일 성립에 관한 연구」, 서울대 석사논문, 1999, 31면.

령 속에서 서울의 전통적인 중심성이 38선 이북에 더 이상 관철되지 않는 현실적 조건을 반영하는 것이지만, 이제 평양은 (재)민족화의 중심지로서 새롭게 구획되는 민족지적 표상성을 획득하게 된 것이다. 이는 한국전쟁을 거치면서 서울과 평양의 비대칭적 위계구조를 강화하며, 평양은 서울과 다른 38선 이북의 민족지적 표상성을 전방위적으로 구축하는 양극화의 새로운 지도그리기가 전후 냉전 체제 속에서 출현하게 될 것이었다. 평양이 이른바 극장 국가로서 정치적 예식과 제전의 규범적 공간으로 조형되는 것은 이러한 사회정치적 실천의 헤게모니 투쟁과 상징 정치의 담론적 수행의 결과였다. (재)민족화의 기획에서 정전화되어야 할 것과 배제되어야 할 것이 평양이라는 민족지적 편성을 중심으로 새롭게 재구획되면서, 탈식민화의 역동이 그만큼 소진되는 것은 이의 필연적인 귀결이다.

"조만식은 가애국자, 민족반역자에만 끝나는 것이 아니라 그보다 그는 일본 파시스트 전쟁을 충실히 협력한 전쟁죄범으로 인민의 재판을 받아야 한다. 그는 일본 파시스트 '황군'의 혁혁한 전과를 입에 츰이 말르도록 찬미하였고 동시에 파시스트를 격멸하기 위하여 쏘련과 중국, 미국, 영국 및 기타 국가가 반파시스트 통일 전선을 결성하여 세계인류를 파시스트의 야만적 도살"에서 구해내는 동안 일제의 전쟁참여를 독려한 "일본 천황의 가장 충실한 '황국신민'"일 뿐만 아니라 "특등 민족반역자이며 또 중요한 파시스트 전쟁죄범자"[36]라는 조만식에 대한 격렬한 비판은 38선 이북의 한 축을 형성하던 대항 세력에 대한 봉쇄였다. 봉쇄와 통합의 전후 냉전 체제가 민족적 규정력과 결합되어 지역적 현실을 재구축하는 양상은 이제 바야흐로 한국전쟁으로 치달아가고 있었다. 한국전쟁은 38선이라는 물리적 현존만큼이나 내외의 분계선을 심리적 현실로 자리 잡게 했다. 무엇보다 한국전쟁은 (재)민족화의 추상적

36) 「조만식은 전쟁 범죄자, 인민재판을 받음이 당연－백일하에 폭로된 이 사실을 보라」, 『정로』, 1946.4.10.

이념성을 감각적 실체성을 띤 자기 회귀적 동일성의 회로에 폐쇄시켰다는 점에 그 중요한 의미가 있다. 이는 한국전쟁 이후 사후적으로 진행된 역사의 공적 기념비화와 물질화로 구체화될 터였다. 다음 장에서 이어질 내용은 이것이다.

## 3. 총서 '불멸의 력사'를 통해서 본 항일무장투쟁의 역사적 기념비화 / 물질화

한국전쟁(북한의 용어에 따르면 조선전쟁)은 전후의 전지구적이고 지역적인 현실을 보여주는 극적인 사태였다. 소련의 대외 팽창과 확산을 저지한다는 미국의 봉쇄주의가 실제 물리력으로 시연된 곳이 한반도였기 때문이다. 한국전쟁이 38선 이남과 이북의 대결에서 두 지도자의 지도력을 시험하는 무대였음은 분명하다. 항일무장투쟁의 전사로서 자신의 과거 경력을 입증하고 그 지도력을 공인받는 일은 전쟁의 위기적 국면에서 더욱 그 빛을 발한다. 위기가 기회라는 역설은 바로 전쟁을 두고 하는 말일 수 있다. 한국전쟁이 (재)민족화의 추상적 기획을 감각적 실체성을 띤 자기 회귀적 동일성의 계기가 된 것은 사실이지만 이를 구심력으로 수렴할 수 있는 지도력의 재건 역시 필수적이었다. 1953년 박헌영 일파의 숙청과 1956년 8월 종파사건에서도 드러나듯 이 과정은 순탄하게만은 진행되지 않았다. 1953년 전쟁이 끝난 직후 "김일성 원수 항일 빨찌산투쟁 전적지 조사단"을 현지로 파견했다는 『로동신문』의 보도는 이 위기의 국면에서 북한 사회가 역사와 전설이 혼용되는 공적 역사의 기념비적 현장으로 변모했음을 보여준다.[37] 보통 근대 역사학에서

37) 「김일성 원수 항일빨찌산투쟁 전적지 조사단 현지로 출발」, 『로동신문』, 1953.5.3.

역사와 전설을 대립적인 관계로 파악하곤 하지만, 역사와 전설은 이를 받아들이는 일반 대중의 '진실성의 효과'에 기대어 그 경계가 달라지는 유동적인 개념이다. 역사가 신화 내지 전설이 되는 것은 그것을 더 이상 사실이나 진실로 받아들이지 않는 공동체 사람들의 믿음 체계에 달려 있다.[38] 이를 합의된 리얼리티의 진실성 여부와도 관련지을 수 있을 텐데, 북한 사회는 전설이 역사를 부연하고 보충하는 과잉된 역사 담론을 전사회적으로 공유하는 지역적 현실을 갖추어나가게 된다.

이러한 변화를 매시기마다 살펴보는 것이 타당하겠지만, 이 논문은 논의의 효율성을 기한다는 측면에서 총서 '불멸의 력사'에 초점을 맞추고자 한다.[39] 총서 '불멸의 력사'는 한국전쟁 이후의 달라진 담론 배치와 구성 형식을 김일성의 청년상에 대한 새로운 관계망으로 독파할 여지를 제공한다. 해방 직후와 한국 전쟁 이전까지 김일성의 청년상이 김구와 이승만과 같은 노전사의 이미지와 비교되면서, 의심과 불신의 대상이 되었음은 2장에서 지적했다. 이는 다시 말해 기존의 관념과 의식이 젊음을 미래에, 노년을 과거와 연결시켜 사고하는 공동체 사람들의 오랜 관습에서 비롯되었음을 말해주는 것이다. 따라서 항일무장투쟁의 입지를 먼저 선점하려는 남북 지도자들에게 과거는 미래만큼, 아니 미래보다 더한 의미를 띠게 된다. 특히 그 과거가 일제와 타협하지 않은 불굴의 정신과 용기를 육화하고 체현하는 민족적 표상이라면 더 말할 나위가 없다. 과거가 미래와 결부되어 현재화되는 삼중의 시간성이 탈

38) 이와 관련해서 공임순, 『우리 역사소설은 이론과 논쟁이 필요하다』(책세상, 2000)에서는 '진실성의 계약'을 사실-효과의 측면에서 파악하고, 리얼리티란 원래부터 선재하는 물질적 현실이 아니라 발화의 맥락에서 재창출되는 담론의 효과임을 밝혔다.

39) 이 글은 북한의 정치적 변화와 연관된 시기별 정황들을 자세히 다루는 것을 목표로 삼지 않는다. 북한의 정치 변화와 연관된 논의들은 역사학과 정치외교사 및 사회학 연구에서 이루어지고 있다. 이 글은 이러한 북한의 정치 변화에 따른 북한 사회의 지도력과 외교력 그리고 문화 정치의 양상과 형태들이 새롭게 고안되고 재구축된다는 점을 충분히 인식하고 있지만, 이와는 별개로 북한 사회의 '교화의 전면화 / 국가화'와 김일성의 청년상에 대한 서사구조와 담론 구축은 일관되게 북한 사회를 관통하고 강화되어왔음을 총서 '불멸의 력사'를 통해 살펴보는데 그 목적이 있다.

식민 사회에서 갖는 중요성은 필자가 다른 지면에서 지적한 바이지만,[40] 어쨌든 한국전쟁 이전까지 김일성이 결여/결핍의 부정적 대상으로 회자된 이유가 그의 젊음에 있었음을 상기해보면 그의 과거는 여전히 비밀의 판도라 상자였다. 그의 거짓 논란은 이러한 비밀의 판도라 상자의 모호성에서 연유했고, 이의 마침표를 찍는 일은 역사적 사실의 축적과 그 공동체 구성원들의 믿음 체계를 변화시키는 데서 가능했다. 한국전쟁의 와중에 발간된 『김일성 장군의 략전』[41]은 김일성의 항일무장투쟁의 과거사를 역사적 진실성으로 부연하는 한편 그의 일대기를 압축적으로 편한 '략전'이 함의하듯이 그의 과거를 현재적 의미망으로 새롭게 재구축하는 지역적 코드 변환과 담론 구성의 국가적 기획이 한국전쟁을 계기로 본궤도에 올랐음을 방증하고 있다.

이는 김일성의 청년상이 기존의 부정적 관념을 벗겨내고 새로운 차원의 긍정성을 띤 공식 문법과 서사로 재창출될 것임을 의미한다. 그렇다면 연륜과 나이를 동격화하는 공동체 구성원들의 믿음과 신념 체계에 변화를 꾀하는 일이 시급하다. 연륜은 나이의 많고 적음에 결정되는 것이 아니라 식민지기 항일무장투쟁의 간고한 역사에서 좌절되지 않은 불굴의 정신력과 인내력을 보여준 사람에게 돌아가야 할 명예였다. 이런 점에서 김일성의 청년상은 오랜 싸움에 단련된 노전사의 원숙함을

40) 이는 앞에서 인용했던 필자의 「'탈'식민 해방 투쟁과 제국의 문화 정치-주변부 식민지인의 '식민지성'과 혁명의 유산을 딛고」에서 서술했다. 식민주의의 과거 '이전'을 응시하는 식민지인들의 시선은 현재의 좌절과 결핍, 미래의 불안과 희망을 응축하는 삼중의 시간성을 담고 있는데, 그것은 식민지인들이 이미 상실하여 돌이킬 수 없게 된 식민주의 '이전'의 한때를 반식민지 해방과 투쟁을 위한 무기로 삼는 데서 연유하는 것이다.

41) 조선 로동당 중앙위원회 선전선동부, 『김일성 장군의 략전』, 조선로동당출판사, 1952. 앞에서도 말했듯이 김일성에 대한 찬양과 숭배가 이때에 비로소 시작된 것은 아니다. 다만 필자가 『략전』에 주목하는 것은 『략전』이 사회주의 사회에서 갖는 의미 때문이다. 『략전』은 공산주의 『략사』와 마찬가지로 전 사회에 대한 일종의 교본이나 지침으로 기능한다. 따라서 1952년에 간행된 『김일성 장군의 략전』은 국가의 주도 아래 김일성의 공적 형상이 주조되는 전형적인 사례로서 다루어져야 한다는 생각이다.

뛰어넘는 강인한 의지와 일제에 대한 적의의 대명사로 소환되고 재구성되어야 했다. 더구나 그가 14살이라는 어린 나이에 집을 떠나 홀로 일제에 맞서 험난한 죽음의 고비를 넘긴 불멸의 영웅이자 전사라면, 그는 어린 나이에 이미 비범한 자질을 타고난 불세출의 영웅인 것이다. 여기서 역사는 전설과 결합되어 하나의 사실(reality)이 된다. 김일성이 일제 말기부터 사람들의 입에 오르내리던 전설적 인물상이었음은 익히 알려져 있다. '축지법'이니 '신인(神人)'이니 '위인'이니 하는 말들이 특히 조선 북부의 국경 지대에서 광범위하게 회자되었기 때문이다.[42] 따라서 김일성의 항일무장투쟁은 식민지기 고난과 역경을 담보하는, 조선 국내에 일찍이 없었던 엄혹한 투쟁의 결정체/상징체로 자리매김한다.

식민지기 고난과 역경은 해방 후 항일독립투사들의 자질과 대표성을 판단하는 준거이자 시금석이었다. 누가 더 일제의 강압 하에서 고통을 많이 겪었느냐의 여부가 해방 후의 식민지기를 회고하는 지배 서사로 한동안 자리 잡았던 것은 구식민지 사회의 탈식민화 과정에서 제출된 애도와 재건의 대표성 여부와 직결되어 있었던 것이다. 하지만 김일성의 『략사』는 이런 고통과 역경을 뛰어넘는 새로운 서사를 정립하고 재구축했다. 그것이 바로 승리의 서사이다. 고통과 역경은 최종적인 승리를 위한 요건은 될지언정 그것이 전부가 될 수는 없다. 잠시 유예된 하지만 언젠가 도래할 미래의 승리가 이 고난의 서사를 통어하고 관철한다. 이른바 로망스의 서사 형식이라고 부를 낙관과 기대의 시적 비전이 구체적인 역사적 시공간의 고난과 시련을 조준하고 정향짓는 것이다. 여기서 중요한 서사의 지배소가 또한 꺾이지 않는 의지의 발현이다. 최종적 승리를 보장하는 예정조화적인 서사에서 적에 대한 투항이나 좌절은 있을 수 없다. 김일성의 『략전』뿐만 아니라 모든 북한의 역사와 문화 생산물들이 예외 없이 이러한 고통과 꺾이지 않는 의지 그리고 도

42) 변은진, 「일제 전시 파시즘기(1937~1945) 조선민중의 현실인식과 저항」, 고려대 박사논문, 1998, 262~265면.

래할 승리의 환희와 기쁨이 교직된 동일 계열체의 이형과 판본들을 반복·재생산하는 이유가 여기에 있다.

한 공동체의 집단/공유 기억은 국가 주도의 공적 서사와 다양한 미디어의 이차 매개물을 통해 증식되고 확산된다. 이는 교화의 한 과정이며, 공동체 구성원들의 지역적 신념 체계와 기대 지평을 구성하는 지역화의 구체적인 움직임이다. 북한 사회에서 교화의 프로파간다가 갖는 역할은 이러한 점에서 주목을 요한다. 교화는 이 집단/공유 기억의 창출과 재생산에 중심적인 기능을 수행하며, 교화의 바깥에 있는 이질적인 요소들을 국가적 체계와 관리 아래로 포섭·제어하는 역할을 담당하기 때문이다. 해방 직후 북한 사회는 토지 개혁을 필두로 공동체 구성원들의 자발적 동의와 호응을 이끌어내는 교화의 시스템 구축에 총력을 쏟는다. 이는 달라진 전후 냉전 체제의 동학과 탈식민화의 과제, 그리고 체제 정당성의 확보와 밀접한 연관을 맺으면서, 교화의 바깥을 없애는 국가의 일원적인 통제와 관리망을 구축하는 일이었다. 물론 이 과정에서 교화의 바깥이나 외부가 담론적·제도적 실천 과정에서 또다시 생성되는 것은 당연할 터이지만, 아무튼 1947년 5월 29일 북조선로동당 중앙상무위원회 제36차 회의 결정서는 라디오 방송 체제의 개편을 알리고 있다. 방송의 당적 장악과 지도의 부족을 비판하며 프로파간다의 무기로서 라디오를 적극 활용하는 개선안이다. "민주독립국가 건설의 토대를 축조하는 북조선의 민주건설 행정에서 인민들을 민주주의적 사상으로 교육하고 고무하고 선전하며 고상한 문화적 오락을 주로 하는 가장 중요한 수단"[43]으로서 라디오는 '소리의 공동체/국민화'를 지향하는 것으로, 이 '소리의 공동체/국민화'는 언어-국가의 일원화된 시스템의 확립을 뒷받침하는 교육·문화·사상의 교화와 동화의 기제로서 공동체 구성원의 동일성과 심리적 귀속감을 형성하게 된다.

---

43) 「북조선 라디오 방송사업 강화에 대하여-북조선 로동당 중앙상무위원회 제36차 회의 결정서」, 1947.5.29.

북한 사회가 이러한 '소리의 공동체/국민화', 이를테면 구연의 사회라는 점은 문자해독을 통한 문맹의 100% 탈피라는 정책 목표와 실현의 여부와 상관없이 강습과 강연, 자아비판과 사상 선도가 육체와 소리를 통한 감각적 교화로 이루어져 있다는 사실에서 연유한다. "포쓰타·비라·라디오·낭곡(浪曲)·창가·표어·연극·영화"[44] 등을 총동원하여 사상 선전의 도구로 삼음은 물론 이보다 더 중요하게 자아비판을 통한 죄상의 고백과 자기반성은 구연의 집단성과 직접성을 접목한 사적 고백의 공공화·국가화였다. 가령 다음과 같은 일화에서 엿볼 수 있는 것도 이러한 맥락이다. '남북 제정당사회단체 연석회의'를 취재하고자 38선 이북에 당도한 38선 이남의 기자가 창작의 자유에 대해 묻자 38선 이북의 한 문화계 중진은 "맨 처음에는 창작하는 데도 부자유스러웠지만 이곳 사람들이 정신생활의 강령으로 삼고 있는 소위 철저한 자기비판으로 상호토론을 맹렬히 계속하노라면 '필경에는 이 노선이 절대 올바르다'라는 결론에 누구나 도달함으로써 그 다음부터는 우에서 지시하는 명령에 하등 부자유를 느끼지 않게 된다"고 토로한다.[45] 38선 이북의 자아비판과 자기검열이 한 개인을 집단적 주체로 규율하고 훈육하는 일상적 의례의 장으로 기능하고 있음을 명확하게 인지시키는 이 진술에서 언어가 물화되어 개인을 담론적 규제의 망으로 주조해가는 38선 이북의 정황이 보다 잘 드러난다. 이러한 북한 사회의 의례적이고 집단적인 신체적 규율의 장으로서 구연=문자의 상상적 일체성이 갖는 의미는 따라서 전근대적인 낙후성의 표지가 아니다. 오히려 교화의 전면화와 세속화/국가화라는 견지에서 지역적으로 (재)코드화된 변환의 산물로 이해하는 것이 타당하다. 구연=문자의 집단적 신체 규율과 상상적 일체성은 조지 모스가 말한 바대로 대중의 국민화/집단화에 기여하는 바가 적지 않기 때문이다.

44) 「선전선동에 대한 당원의 활동방침」, 『정로』, 1945.11.21.

45) 최성복, 「평양 남북협상의 인상」, 『신천지』 1948년 4·5월 합병호, 69면.

대중과 인민의 집단적인 참여를 유도하고 여론을 창출하며 해야 될 것과 하지 말아야 할 것을 규정하는 집단 의례/공유 기억은 조지 모스가 명명한 전후 근대국가의 새로운 정치에 해당한다. 조지 모스는 근대의 다양한 집단들이 새로운 정치와 관계맺는 방식에서 성화, 깃발(깃발은 국기로), 노래(노래는 국가로)뿐만 아니라 돌과 몰타르로 만들어진 국민적 기념비·기념물 등의 특유한 축제적·제의적 양식이 대중과 인민을 국민으로 전환시키는데 일익을 담당했다고 본다.[46] 이는 전후의 다른 시각차, 즉 유럽이 제1차 세계대전 이후 모스가 의미한 새로운 정치가 꽃을 피운데 반해 구식민지 사회는 전후의 지속성으로 지역에 따른 편차를 드러냄을 반영하며, 북한 사회는 아직까지 이 대중의 국민화를 현재진행형으로 추동하고 있다고 말할 수 있다. 이 일련의 과정에 총서 '불멸의 력사'가 자리한다.

총서 '불멸의 력사'는 1973년 권정웅의 『1932년』을 시작으로 2007년 김삼복의 『청산벌』에 이르기까지 총 33권이 발간된 집체적 성격의 창작물이다. '4·15문학창작단'이 주축이 되어 실제 김일성의 항일무장투쟁의 유적지를 탐방하고 이를 소설화한 방대한 분량의 시리즈물이기도 하다. 하지만 총서 '불멸의 력사'는 개개의 작품이 또한 자체의 완결성을 지니고 있다는 점에서 개별 창작물이기도 하다. 이른바 '총서'라는 이름에 값하는 개별화된 전체인 셈이다. 무엇보다 총서 '불멸의 력사'가 여기서 갖는 의미는 이제까지 전술해왔던 김일성의 청년상과 교화의 전면화와 세속화/국가화 그리고 집단 의례/공유 기억의 총체적인 상이 온축되어 있는 종합판본이라는 점이다. 총서 '불멸의 력사'는 역사와 전설의 경계를 오가는 시적 비전의 로망스적 서사 형식과 김일성의 청년상을 전범으로 하는 항일투사들을 방사형 구조로 배치하는 응축과 확산의 국가적 축도이다. 김일성을 정점으로 하는 김일성의 교시와 그를 따르는 충직한 전사들의 복종과 충성의 위계질서가 이 '총서' 시리즈를 관통

46) 조지 모스, 임지현·김지혜 역, 『대중의 국민화』(소나무, 2008)을 참조했다.

한다. 하지만 김은정도 지적한 바 있듯이, 이것이 반드시 김일성과의 물리적 거리의 문제로만 국한되지는 않는다. 그녀가 분석한 인물 유형에 따르면, 절대자인 김일성과 지척의 거리에 있지만 그와 적대자의 위치를 점하는 인물이 있는가 하면, 한 번도 마주치지 않은 인물이 김일성의 헌신적 조력자, 협력자가 되기도 한다.[47] 따라서 김일성과의 친분이나 앎의 여부가 추종과 적대의 선을 가르는 것은 아님을 알 수 있다. 이것이 갖는 의미는 다른 측면에서 접근하는 것이 더 온당할 듯싶다.

이를 위한 단서로서 먼저 김정일이 주체형상문학에서 언급했듯 김일성은 "시대와 인민 대중을 대표하는 주체형의 공산주의 혁명가의 최고 전형"[48]이며 "사회정치적 집단의 생명체의 중심으로서 근로인민대중의 최고 뇌수"[49]로서 존재한다. 시대와 인민 대중을 대표하는 최고의 전형이자 유기적 생명체인 한 집단을 영도하고 통수하는 중심이며 뇌수, 그리고 "삼위일체"의 메시아적 존재가 바로 김일성이다. 이 모든 것을 충족시킬 수 있는 지도자의 형상이란 인간관계에 필수적으로 따르기 마련인 매개와 거리화를 없앤 현존의 직접성을 지니고 있을 때만이 가능하다. 그는 어디나 편재하며 모든 곳에서 현현한다. 그가 대단히 추상적인 면모를 띠고 있음에도 불구하고 구체적인 물질성을 담지할 수 있는 이유는 이러한 그의 현존의 직접성과 거리의 무화에 있다. 그는 스스로 진리를 표현하며 명시한다. 그의 현존 자체가 교화와 계도의 성스러운 장소가 되는 이유이다. 이에 따라 그가 묵고 걷고 싸웠던 모든 행로와 행적지는 감화와 모범의 장소 이른바 성소가 된다. 그는 북한 사회의 전일적인 시스템의 정점에서 그와 관련된 모든 것을 항일 혁명의 유적지, 민족지적 경관으로 출현시키고 재맥락화한다. 북한 사회는 평양을 중심으로 하여 모든 공간과 장소가 그의 항일혁명전통을 기억하고 추

47) 김은정, 「총서와 인물 유형」(『상허학보』, 2008, 66~67면)을 참조했다.
48) 김정일, 『주체문학론』, 조선로동당출판사, 1992, 126면.
49) 위의 책, 63면.

모하는 교화와 감명의 국가적 터전이 된다. 김일성의 청년상과 공간의 성화가 떼려야 뗄 수 없는 관계를 지니면서 북한 사회를 기념비적 현장으로 만드는 이유가 여기에 있다.

그는 또한 "전사들에게 고귀한 정치적 생명을 알려주고 그들이 혁명의 한길에서 영생하도록 보살펴주시면서 그들의 운명을 책임진 수령으로서의 본분과 의리를 다하시는"[50] 가족적 유대의 가부장이기도 하다. 그는 국제당 파견원 류현민의 말처럼 "탁월한 혁명가・정치가・군사가이며 천재적인 예술가", "인간에 대한 사랑, 인민 대중에 대한 헌신적 복무 정신을 중추로 하여 탁월한 리성과 다감한 감성, 철저한 원칙성과 적에 대한 비타협성, 대해 같은 포용력, 강철의 의지와 비범한 예지(…중략…)이 모든 훌륭한 자질들이 결합되어 령도자로서의 그의 인격의 총체를 이루고 있는", "만민이 흠모하여 따르는 김일성 동지는 올해 22살의 청년 장군"[51]인 것이다. 감탄과 공명이 저절로 발화되고 전시되는 이 비범한 예지력과 판단력의 소유자인 김일성은 감화의 최정점에서 육화된 전범과 표준의 절대화된 형상으로 기념비화/물질화된다. 그는 지도와 복종의 위계화된 방사형 구조에서 모든 전사들이 추종하고 숭모하는 전사들의 지도자/아버지이다. 그의 이러한 모델화/전범화는 그 자체가 숭고한 이념의 전서/바이블이 되는 지시와 참조틀을 생성한다. 그의 말・몸짓・행위 하나하나가 교화의 전달체가 되는 인간 미디어가 곧 김일성이다. 이러한 인간 교화의 미디어이자 투명한 진리의 담지체인 김일성을 위해 죽는 일은 그가 숭고한 이념의 구현자인 한, 영예로운 일이 아닐 수 없다. 이를테면 개별 전사의 죽음은 성스러운 희생 제의가 되는 것이다. 값없는 죽음이 아닌 이러한 고귀한 죽음은 김일성이 인간미를 갖춘 자애의 아버지로 등장하면 할수록 그리고 그의 충직한 협력자들이 극한의 고통과 시련을 감내할수록 더욱 증폭되는

50) 장희숙, 『주체문학의 재보』, 문학예술종합출판사, 1995, 100면.
51) 리종렬, 『근거지의 봄』, 문예출판사, 1981, 401면.

감정의 순환 구조를 이루게 된다.

"함께 하는 고통은 기쁨보다 훨씬 더 사람들을 묶어주는"[52] 역할을 한다는 르낭의 말처럼, 이들의 끈끈한 동지애적 의식, 더 정확히는 부자애적 유대는 김일성과 희생된 전사가 하나의 생명체를 이루고 있다는 주장에서 그 정당화의 단초를 이끌어낸다. 죽은 전사는 설령 목숨을 잃었지만, 더구나 김일성은 그의 아까운 전우(동지)를 상실했지만 실지의 회복과 민족 재생의 고귀한 대의의 길에 바쳐진 그의 희생은 상실이 아닌 승리의 밑거름이며 영광의 발자취이다. 전쟁 체험의 현실이 전쟁 체험의 신화와 교직되는 이 장면에서 영령 추모와 국가의 공적 서사/공유 기억의 의례화가 이루어지고, 이런 일련의 과정을 거쳐 '총서'와 역사적 기억의 공공화는 서로를 보완하며 북한 사회를 통어하게 된다. 이들 희생된 전사들이 혁명 수령의 혁명 전사이며 그들의 남은 가족들이 혁명 유가족이 되는 이유도 여기서 찾을 수 있다. 세대를 이어 혁명을 이양하며 지속하는 혁명 가계와 계보가 존재하는 한 북한 사회는 영구적인 혁명의 '젊은' 사회로 자리 잡는다. 이는 북한 사회의 탈식민화와 김일성의 청년상, 그리고 교화의 세속화/국가화의 지역적 (재)코드화와 변환이 도달할 수 있는 최종점이다. 김정일의 선군정치는 이의 경화된(혹은 속화된) 표현으로 보는 것이 이 글의 논지에 따르면 합당한 결론일 터, 앞으로 북한 사회가 이러한 경화된 지역적 현실을 얼마나 탈피할 수 있는지의 여부는 아직 미지수이다. 하지만 한 가지 분명한 사실은 북한 사회가 현재의 모습을 갖추게 된 것은 북한 사회 독자의 움직임만은 아니었다는 사실이다. 오히려 전지구화와 지역화의 유동적인 역학이 빚어낸 구체적인 사회역사적 소산이라는 점에서, 북한 사회의 현재 모습은 우리 자신의 자화상이기도 하다는 점을 되새겨볼 필요가 있지 않을까 한다.

52) 에른스트 르낭, 『민족이란 무엇인가』, 책세상, 2002, 81면.

## 4. 결론을 대신하며—혁명의 '유산' 아래 갇힌 북한 사회의 딜레마

이 글은 전후의 지역적 시간차에 착목해 글로컬 스터디즈의 관점으로 북한 사회를 재해명하고자 했다. 제2차 세계대전의 종결과 전 지구적인 냉전 체제의 도래는 막 식민지를 벗어난 세계 85%에 이르는 구식민지 지역들의 사회역사적 움직임과 역동적으로 교섭하며 충돌과 어긋남을 산출했다. 조지 모스가 말한 대중의 '국민화'와 '국가화'를 위한 새로운 정치는 유럽이나 미국과 달리 구식민지 지역에서는 제2차 세계대전이 종결되고 탈식민화가 본격화된 1945년을 전후한 시기에 가장 활발하게 전개되었다. 하지만 세계를 분점한 패권국 미소 양국은 구식민지 지역의 새로운 정치를 언제나 환영하지만은 않았다. 자신의 경제적·정치적 이익에 따라 이 두 국가는 구식민지 지역의 새로운 정치를 선택적으로 수용하거나 거부하는 모순적인 행보를 거듭했기 때문이다. 프랑스령 인도차이나의 반식민화 투쟁과 그리스(당시 희랍)의 반식민지 투쟁을 협소한 내셔널리즘의 발현으로 미소가 비판한 것은 한반도의 분단을 가속화하여 냉전의 전초기지로 만든 것만큼이나 이러한 전후의 새 정치에 대한 구식민지 지역들의 희망과 좌절의 역사였다. 남북한 사회는 이러한 탈식민화의 과제와 전후 냉전 체제의 도래 속에서 현재의 지역적 현실을 구축해왔다. 전후의 다른 시간대는 한국전쟁 이후 휴전선의 현실이 암시하듯 한반도를 전쟁과 전후의 어중간한 상태에 놓여 있게 했다. 하지만 이는 비단 한반도의 현실만은 아니었다. 구식민지의 모든 지역들이 공히 어떤 식으로든 끝나지 않는 탈식민화의 내전과 미소의 개입으로 몸살을 겪어야 했기 때문이다. 이러한 탈식민화와 계속되는 전쟁 그리고 전후의 불분명한 시점에서 북한 사회가 혁명의 '유산'을 부여안고 혁명의 '유산'의 딜레마에 처해 있는 것은 구식민지 사회의 비극적 아이러니가 아닐 수 없다. 혁명의 '유산'이 역으로 북한 사회의 변화를 가로막는 덫이 되고 있는 지금, 북한 사회는 아직도 탈식민화의 도정에 서 있다. 마치 식민지인의 민족의식은 가장 먼저 찾아오는 것이 아니라 가장 최후에 도달되어야 할 화제라고 했던 멤미의 말을 증명이나 하듯이 말이다.

이 글이 미완의 한 지점에서 과거를 되돌아보며 미래를 응시하는 현재진행형의 개입과 반성의 실천 행위가 되는 것은 이러한 구식민지 분단국가의 전후를 확정지을 수 없는 현실의 또 다른 반영으로 볼 수 있다. 키메라와 야누스처럼 과소하게 때로 과도하게 명명되어 전체주의의 모든 악을 대변하는 절대악으로 무대화된 북한 사회와 그 정치 지도자의 형상은 탈정치화된 '인도주의'와 '인권'의 이름으로 실제의 정치를 대체하거나 은폐하게 된다. 이들이 인권과 인도주의의 관용성 바깥에 존재하는 치유할 수 없는 절대악으로 동질화될 때 그 등가물로서 출현하게 되는 것은 신종 오리엔탈리즘이다. 이들에게 덧씌워진 '공산주의적 · 동양적 · 불량국가적'인 삼중의 저주는 그래서 '악은 대상을 악으로 규정하는 지각 그 자체에 있다'는 진부하지만 현재적인 진리를 떠오르게 한다. 이들의 현재를 있게 한 지역화의 현실을 균형감 있게 조명하는 것은 이 때문에 반드시 필요하다. 타자를 규정하는 타자화의 전략이 곧 우리 자신을 정립하는 자기 구성의 일환이라는 점을 상기한다면, 이 점은 재차 강조되어야 한다. 지금 우리가 이곳에서 자문하고 곱씹어야 할 것은 우리는 그들이며, 그들은 우리의 구성된 외부라는 사실이다. 구성된 외부로서 그들의 형상은 우리 자신이 배제하고 누락해온 우리 자신의 모습이며, 남북한 사회의 다른 듯 닮은 역사적 반복의 이중주와 적대적 공존의 불안한 동거가 이로부터 유래한다는 불쾌하지만 외면할 수 없는 상호성에 대한 인식일 것이다. 이를 시작점으로 삼을 수 있을 때, 우리는 긴장과 모순에도 불구하고 아니 그 긴장과 모순으로 인해 비로소 그들에게 다가갈 수 있는 작은 발걸음을 뗄 수 있다. 이 글이 서 있는 출발점은 다름 아닌 여기이다.

# 총서와 인물 유형

김은정(한국외대)

## 1. 서론

총서 '불멸의 력사'는 해방 전편 17권, 해방 후편 15권을 합하여 총 32권[1]에 원고지 분량만 약 10만 장에 이르는 방대한 작품이다. 총서 32권에서 추출된 인물은 총 3,356명으로 중복되는 인물을 제외하면 2,296여 명이다.[2] 작품에 직접 등장하거나 거명되는 실존인물은 1,000여 명으로 조·중·일을 비롯하여 유럽의 문학·예술가, 사상가, 경제학자, 정치인들까지 망라되어 있다. 실존인물들은 총서에 기술되는 사건이 실제 사건이라는 점과 함께 총서가 김일성 전기에만 국한되지 않는다는

1) 총서는 2007년 해방 후편 『청산벌』이 출간되어 현재 33권으로 구성되어 있다.
2) 이 연구에서 추출한 인명수는 32권에 국한된 것으로 33권에 해당하는 『청산벌』은 분석 대상에서 제외했다. 따라서 분석 권수에 따라 인명수는 변할 수 있다.

점, 총서가 문학 창작이자 역사적 사실을 공식화한 텍스트라는 점을 뒷받침 해준다.

총서는 실존 인물과 가상 인물을 통해 다양한 계층과 계급을 그리고 있는데 여기에 등장하는 다양한 유형은 일반소설에 나타나는 유형을 포괄한다는 점에서 특징적이라 할 수 있다. 하지만 북한은 소설에 등장하는 인물군을 단편적으로 분류하고 있다. 예를 들어 북한이 이상적 인간형으로 꼽고 있는 '당적 인간형'은 '집단적 노동 속에 직접 참가하며, 노동을 통해 당의 사상과 의지를 구현하는 인간, 날카로운 계급투쟁의 최선두에 서 있는 조직적 투사로, 혁명적 성격과 낭만적 인간'[3]이다. 따라서 이들은 1950~1960년대 초반 소설에서 수령인 김일성 대신해서 무오류적 인물로 등장한다.[4]

반면 '공산주의적 인간형'은 근로인민을 포괄하는 용어로 당적 인간으로 가기 위한 과정을 보여주는 대중영웅에 가깝다. '공산주의적 인간형'은 당의 사상과 의지를 체현하는 '당적 인간형'과 사상적 측면과 심리적 거리에서 차이를 지닌다.[5] '공산주의적 새 인간'은 노동계급으로 공산주의적 도덕을 보여주는 인물에 한정된 계층 중심의 용어이다.[6] 북한은 이들에 대한 하위 층위를 명확하게 구분하지 않고 상위개념만으로 인물을 규정하고 있어 인물의 특성을 분석하는 데 한계가 있다.

남한 역시 북한의 용어를 그대로 받아들여 '공산주의적 인간형'과 '공산주의적 새 인간형' 그리고 '당적 인간형'에 차이를 염두에 두지 않고 혼재하여 사용하는 경우가 많다. 인물유형의 한정성과 용어의 혼재는 인물에 대한 명확한 규정을 어렵게 한다. 따라서 북한 소설을 밀도

3) 김명수, 「사회주의적 애국주의와 당적 인간, 긍정적 빠포스」, 『문학신문』, 1958.4.3, 2면.
4) '당적 인간형'으로는 천세봉의 『석개울의 새 봄』의 당원으로 등장하는 강영환, 조경수 등을 들 수 있다.
5) 『석개울의 새 봄』의 창혁을 '공산주의적 인간형'으로 볼 수 있다.
6) 1961년 『조선문학』에 연재되어 『조선중앙년감』에서 우수작으로 꼽힌 권정웅의 「백일홍」과 김북향의 「당원」(동지애)은 '공산주의적 새 인간'의 모습을 잘 보여주고 있다.

있게 분석하기 위해서는 유형화한 인물들의 경우 세분화가 필요하며, 유형화되지 않은 인물들에 대한 유형의 규정도 필요하다.

인간이란 복잡한 실체이기 때문에 같은 유형이라도 사건에 대한 반응이 동일하지 않으며, 아예 다른 성격을 지닐 수도 있다. 총서에는 등장하는 다양한 계급·계층은 같은 계급·계층이라 할지라도 그 층위가 다양하기 때문에 유형만으로 설명될 수 없으며, 명확하게 구분될 수도 없다. 따라서 유형의 분류가 인물유형을 오히려 도식 속에 가두고, 층위의 경계를 해칠 위험도 있다. 그럼에도 인물유형을 선택한 까닭은 유형분석이 총서의 체계에 쉽게 접근할 수 있는 방법론 중의 하나이기 때문이다. 물론 몇몇 유형들은 일반소설에서는 묘사방식이 달라지며, 인물의 가감도 있지만 총서에는 일반소설에서 나타나는 대부분의 인물유형들이 등장하고 있어 총서의 인물유형 분석은 북한 소설을 연구하는 데 도움이 될 것이다.

인물유형은 대분류와 중분류로 인물유형을 분류한 후 인물유형에 '인물선' 배치하여 소분류 하는 방식을 취했다. 이 분류의 1차적 목적은 인물유형의 위치, 인물유형 간의 차이와 관계 그리고 유형의 특징을 추출해내는 것에 있다. 인물유형 분석을 통해 확인하고자 하는 것은 북한에서 요구하는 인간형과 수용되는 인간형의 범위이다. 또한 총서는 인물관계가 절대자와의 거리에 따라 긍정적 인물과 부정적 인물로 나뉘며, 인물관계가 형성되는 것처럼 비춰지고 있는데 거리 문제가 인물의 성향을 결정하는 데 규칙성을 보이는지에 대한 검토가 2차적 목적이다.

이 연구의 최종 목적은 인물유형을 통해 총서의 구조와 창작방법을 확인하는 데 있다. 인물유형을 통해 『주체문학론』과 『수령형상문학』에는 기술되지 않는 총서의 구조 및 창작방법을 드러낼 수 있다는 판단 때문이다.

'인물선'에 따른 인물유형 분류는 '불멸의 력사' 해방 전편의 초·중·후기에 나타난 인물유형을 고루 다루고 있으며, 작품 간의 인물들이 연결성을 보이는 석윤기의 『대지는 푸르다』, 『봄우뢰』, 『고난의 행군』, 『두만강 지구』를 텍스트로 선정하였다. 초기 인물유형인 '주체형 공산주의자'는 총서 5권에 해당하는 석윤기의 『봄우뢰』에서 소멸하며, 지주와 자본가, 민중을 착취하는 중간계급, '이중감정의 소유자'는 총서 4권에 해당하는 『대지는 푸르다』에서 본격적으로 등장한다. 총서 4권이 『대지는 푸르다』와 총서 13권인 『고난의 행군』 사이의 시간적 간격은 소멸과 생성된 인물유형을 아우르고 있으며 총서에 나타나는 인물유형의 거의 대부분을 포괄하고 있어 석윤기의 작품이 적합하다고 판단하였다.

인물유형 분석은 해방 전에 해당하는 석윤기의 작품과 천세봉의 해방 전・후 작품인 『혁명의 려명』, 『은하수』, 『조선의 봄』을 텍스트로 선정하였으며 나머지 권은 참고하였다. 이 두 작가의 작품을 텍스트로 선정한 이유는 인물유형 분류에 나타난 기본적인 인물유형들이 이들 작품에서 대부분 생성되고 있기 때문이다.

## 2. 인물유형과 분류 방법

북한에서 인물유형의 문제는 1950년대부터 꾸준히 논의되어 왔다. '항일혁명문학'이 등장하기 이전까지 인물에 대한 고민은 '영웅' 즉 '혁명적 주인공'과 '새로운 공산주의자'의 전형에 창조에 집중되어 있었다. '항일혁명문학'기를 거치며 북한문단은 시대에 맞는 전형 창조에 관심을 갖는다. 그리고 수령형상문학에 등장하는 인물들의 전형은 『주체문학론』과 『수령형상문학』에서 유형화되어 나타난다.

두 이론서는 수령형상문학에 나타나는 인물유형을 ① 조선혁명 여명기 청년공산주의자의 전형, ② 항일혁명투사의 전형으로, ③ 선진적인 독립군 우국지사의 전형, ④수령의 육친적 사랑과 보살핌 속에서 성장하고 발전하는 인민의 전형, ⑤소박하고 굳센 조선 인민의 전형[7] 등으로 유형화하고 있다. 이 두 이론서가 1990년 초에 출간되었음을 상기할 때 총서의 인물유형 및 수령형상에 대한 지침이 총서 기획 당시 확정되었던 것이 아니라 총서 간행 작업 속에서 작가들 간의 논의와 이에 대한 김정일의 교시가 두 이론서에 반영된 것임을 알 수 있다.[8]

그럼에도 두 이론서에는 인물유형론이 정교한 논리로 구체화되어 있지 않다. 뿐만 아니라 유형화가 '저항자(the Resister)와 동조자(the Sympathizer)'[9]에 국한되어 총서에 등장하는 수많은 인물들을 이 유형으로 포괄하기 힘들다. 작품에는 저항자와 동조자만이 등장하는 것이 아니므로 잉여로 남아있는 인물들의 유형화가 필요하다.

작중인물을 세분화하기 좋은 것이 바로 '인물선'이다. '인물선'이란 문학예술작품에서 등장인물의 성격과 운명 발전의 흐름을 의미한다.[10] 김정일은 1973년 4월 11일 발표한 「영화예술론」에서 '인물선'에 대해 다음과 같이 설명하고 있다.

---

7) 윤기덕, 『수령형상문학』, 평양: 문예출판사, 1991, 326면.

8) 총서 집필 초기 창작단 내에서는 총서를 창작하는 방법에 있어 전기식과 일반소설로 크게 양분되어 초기에는 의견을 총화하지 못한 채 작가들이 쓰고 싶은 대로 작품을 창작하였다. 그리고 1966년 2월 7일 김정일이 조선작가동맹 중앙위원회 위원장 천세봉과 한 담화에서 '수령은 자신의 전기를 쓰거나 형상하지 말고 어떤 혁명가를 주인공으로 하여 소설을 쓰라고 하지만 우리는 이에 대하여 심중하게 생각하여야 한다'고 말하며 자신이 김일성과 4·15문학창작단에 대한 견해가 다름을 밝히고 있는 것에서 당시 총서 창작방법론에 대한 논의가 진행 중이었음을 알 수 있다. 「총서 형식으로 하는 것이 좋을 것 같다 하시며」, 『조선문학』, 평양: 조선작가동맹출판사, 1992.2, 12~13면; 김정일, 『김정일 선집』 1, 평양: 조선로동당출판사, 1992, 117~118면.

9) 그로스는 유럽의 경험에 비추어 외국지배나 국내 독재 하에서 저항자, 거짓협조자, 동조자, 실증주의자, 충실한 추종자, 기회주의자, 이중감정 소유자, 생존자 등의 8가지의 인물유형을 뽑아 낼 수 있다고 서술하고 있다. Gross. Feliks, 신석호 역, 『당 조직론』, 녹두, 1984, 174~178면.

10) 『조선말 대사전』 2, 평양: 사회과학출판사, 1992, 1,699면. 이 용어를 처음 사용한 사람은 김정일이다. 김정일에 의해 처음 '감정선'이라는 용어가 『영화예술론』에서 사용된 이후 '인물선', '애정선', '운명선', '행동선' 등으로 보편화되어 사용되고 있는 듯하다.

> 인물선 문제는 구성에서 인물 배치를 어떻게 하는가 하는 것과 직접 관련되여 있다. 인물 배치에서는 빈 구석이 있어도 안 되지만 비슷한 성격들을 겹놓아도 안 된다. 인물들은 제구실을 할 수 있게 제자리에 서 있어야 한다. 작품의 내용에 따라 이러저러한 계급과 계층에 속하는 전형적인 인물들을 골라서 그들의 관계를 정치적으로 의의 있게 풀 수 있도록 잘 맺어 놓아야 그것이 주제와 사상을 밝혀내는 생활적 기초로 될 수 있다.[11]

위의 인용문에서 알 수 있듯이 '인물선'은 인물 배치와 관련이 있다. '인물선'은 인물의 성격을 규정한다. '인물선'을 잘 드러내는 것은 계급과 계층에 속하는 전형적인 인물을 작품 속에서 잘 보여주는 것이다. 그러므로 '인물선'은 인물을 계급·계층과 성격별로 인물유형을 세분화할 수 있게 한다. 따라서 같은 계급과 계층일지라도 그 성격이 다양하게 드러나는 총서의 인물유형을 세분화하는 데 '인물선'은 분석도구로 유용하게 쓰일 것이다.

물론 북한에서는 '인물선'으로 인물유형을 분류하지 않는다. 그러나 이 연구에서는 편의를 위해 기본적으로 등장하는 인물유형에 번호를 부여한 '인물선'을 배치하는 방법을 택했다. 인물들의 '인물선'은 그들이 지니는 계급과 성격, 행동에 따라 세분화하였으며 이를 토대로 사건을 해결하는 핵심계층, 핵심계층에 동조하는 동조계층, 사건을 추동하는 적대계층으로 분류하였다.

인물의 유형화는 『주체문학론』과 『수령형상문학』에서 중요 인물유형으로 거론하고 있는 5개의 인물형과 그로스(Feliks, Gross)가 제시한 8개의 인물유형에 기대어 작성하였다. 북한의 두 이론서를 참고한 이유는 첫째, 북한문학에만 존재하는 특징적인 인물유형을 찾아 특성에 맞게 재분류하기 위해서이다. 둘째, 북한에서 요구하는 인물형과 창조된 인물형의 차이를 확인하기 위해서이다. 셋째, 북한문학가들의 창작 지침서로 기능

11) 김정일, 「영화예술론」, 『김정일 선집』 3, 평양: 조선로동당출판사, 1992, 98면.

을 하는 『주체문학론』이 4·15문학창작단 작가들의 창작 방식 중 특징적인 것들을 반영하고 있다는 점에서 참고할 만하기 때문이다.

그로스는 식민지배나 독재하에 있던 유럽의 사례를 바탕으로 사회계층화와 지하운동 속에서 형성된 인물유형을 추출하고 있다.[12] '불멸의 력사' 전편의 배경은 일제 강점기이다. 그리고 작품 속의 중심인물들의 목표는 외세로부터의 '독립'과 봉건주의로부터의 '해방'에 있다. 그런 점에서 그로스가 제시한 상황과 인물유형은 '불멸의 력사' 전편에 등장하는 인물들의 유형과 조건에서 크게 벗어나지 않아 일제 강점하의 인물유형을 분류하는데 도움을 받을 수 있다.

그러나 그로스는 분류에서 대결세력인 지도자와 적대자는 누락시킨 채 민중과 지하운동원만 다루고 있다. 그의 분류만으로는 총서에 등장하는 인물군을 포괄 할 수 없어 사건의 추동과 해결하는 세력인 적대자와 지도자 그룹을 인물군에 추가하였다. 그리고 영웅군 중 '노력영웅'[13]은 현재까지 출간된 '불멸의 력사'에는 등장하지 않음으로 유형화에서 제외하였다. 이에 맞게 인물유형을 분류하면 아래와 같다.

**〈표 1〉 총서 '불멸의 력사'에 나타난 '인물선'과 유형[16]**

| 총서에 나타난 인물유형 | | | 작품 속 인물 | 인물선 |
|---|---|---|---|---|
| 대분류 | 중분류 | 소분류 | | |
| 핵심계층 | 지도자 (the Leader) | 선지자 | 김형직 | 인물선1 |
| | | 절대자 | 김일성 | 인물선2-1 |
| | | 계승자 | 김정일 | 인물선2-2 |
| | 저항자 (the Resister) | 혁명영웅 | 김형권 | 인물선3 |
| | | 전쟁영웅 | 『고난의 행군』 최성택(최춘국) | 인물선4 |

12) Gross, Feliks, 신석호 역, 앞의 책, 163~178면.

13) 현승걸의 『아침해』를 '불멸의 향도'에 포함한다면 총서가 1970년대 중반까지 묘사되고 있는 것으로 볼 수 있으나 '불멸의 력사'만 놓고 보았을 때 1967~1993년까지 시기상으로 공백상태이다. '불멸의 력사'가 1960년까지 창작되어 1970년대 나타나는 '노력영웅'과 같은 인물유형은 포함하지 않았다.

<table>
<tr><td rowspan="5"></td><td rowspan="5"></td><td>대중적 영웅</td><td colspan="2">『고난의 행군』 한태혁, 박후남(장철구)<br>『두만강 지구』 리성림</td><td>인물선5</td></tr>
<tr><td>숨은 영웅</td><td colspan="2">『고난의 행군』 곽병철, 허정학, 조복순, 고만녀</td><td>인물선6</td></tr>
<tr><td>주체형 공산주의자</td><td colspan="2">『대지는 푸르다』, 『봄우뢰』, 차광수, 현욱(김혁), 최창걸, 기영동(계영춘), 박영숙(한영숙), 한지강, 유선아, 허재률, 최봉, 리상진(리동광), 리광, 최효성</td><td>인물선7</td></tr>
<tr><td>공산주의적 인간</td><td colspan="2">『대지는 푸르다』 오석하(오중하), 『봄우뢰』 김책, 홍혜순</td><td>인물선8</td></tr>
<tr><td>항일혁명투사</td><td colspan="2">『대지는 푸르다』 강재수(공영), 차광수<br>『고난의 행군』 안충렬(오중흡), 배정식(오백룡), 김정순(김정숙), 최성택(최춘국), 리철범(박덕산 · 김일), 주영찬</td><td>인물선9</td></tr>
<tr><td rowspan="13">동조계층</td><td rowspan="13">동조자[14)]<br>(the Sympathizer)</td><td>생존자에서 동조자로 변모하는 인물</td><td colspan="2">『대지는 푸르다』 최만득, 순이, 옥섬, 리수천, 박상욱, 금실 『봄우뢰』 리상범, 송남칠<br>『고난의 행군』 류석진, 류진옥, 정귀하<br>『두만강 지구』 한필네, 정섭, 손영백</td><td>인물선10</td></tr>
<tr><td>좌익 민족주의 운동을 대표하는 인물</td><td colspan="2">『봄우뢰』 이동휘</td><td>인물선11</td></tr>
<tr><td rowspan="4">동조자로 변모하는 자산계급(중간계층)&독립군, 민족주의자</td><td>자산계급</td><td>『대지는 푸르다』 림계산, 박창세<br>『봄우뢰』 신익찬</td><td>인물선12-1</td></tr>
<tr><td>독립군</td><td></td><td>인물선12-2</td></tr>
<tr><td>민족주의자</td><td>『대지는 푸르다』 현태정</td><td>인물선12-3</td></tr>
<tr><td>종교인</td><td></td><td>인물선12-4</td></tr>
<tr><td>김일성이나 김정숙 등의 교양 설복 속에 혁명가로 각성하는 인물</td><td colspan="2">『봄우뢰』 오정혁, 문청룡<br>『고난의 행군』, 『두만강 지구』 리성림</td><td>인물선13</td></tr>
<tr><td rowspan="3">진보적 인물</td><td>유격대</td><td>『고난의 행군』 정지성</td><td>인물선14-1</td></tr>
<tr><td>독립군</td><td>『대지는 푸르다』 변태익, 리관린, 오동진, 박종학<br>『고난의 행군』 주종섭</td><td>인물선14-2</td></tr>
<tr><td>종교인</td><td></td><td>인물선14-3</td></tr>
<tr><td>조력자</td><td>외국인</td><td>『대지는 푸르다』 진한정, 주서향<br>『봄우뢰』 동자경, 류충제<br>『두만강 지구』 수련</td><td>인물선15-1</td></tr>
</table>

| | | | | |
|---|---|---|---|---|
| | | | 내국인 / 『대지는 푸르다』 서인걸, 장울화, 주사인, | 인물선15-2 |
| | 거짓협조자 (the Wallenrod) | 거짓 협조자 | 『대지는 푸르다』 최효성<br>『두만강 지구』 리성림, 정지성 | 인물선16 |
| | 생존자 (the Survivor) | 대중적 인물 | 『대지는 푸르다』 박태갑, 서상근, 『봄우뢰』 김상갑, 안부금<br>『두만강 지구』 강노인, 정섭어머니, 봉식 | 인물선17 |
| 적대계층 | 실증주의자[15] (the Positivist) | 우익 민족주의 운동의 상층부를 대표하는 인물 | 『대지는 푸르다』 조청산, 김찬, 신일룡, 최태현(최창익), 조병준 | 인물선18 |
| | 기회주의자 (the Opportunist) | 종파사대분자 | 『고난의 행군』 렴정호(엄광호) | 인물선19 |
| | 이중감정소유자 (the Ambivalent) | 이중감정을 가진 인물 | 『봄우뢰』, 『대지는 푸르다』 신재림(장철하)<br>『봄우뢰』 안영호<br>『고난의 행군』 기꾸찌 고사무로 | 인물선20 |
| | | 변절자 | 『고난의 행군』 박종학(리종락)<br>『고난의 행군』 류충제 | 인물선21 |
| | 적대자 (the Enemy) | 일본군 및 구국군 | 『대지는 푸르다』, 『봄우뢰』 후꾸다(하야시)<br>『봄우뢰』 우사령, 오의성<br>『고난의 행군』 하시모도 간지, 이다가끼 | 인물선22 |
| | 충실한 추종자 (the Believer) | 밀정 · 첩자 | 『대지는 푸르다』 최용필, 니시자와, 지대현<br>『봄우뢰』 소홍, 니지자와, 장경혜<br>『고난의 행군』 김덕팔, 장기덕, 당나귀, 진백란(요시에) | 인물선23 |
| | | 친일 · 친미주의자 | 『봄우뢰』 장상민, 안윤재<br>『고난의 행군』 진가, 최형사, 최용수<br>『두만강 지구』 주경문 | 인물선24 |
| | | 지주 자본가 계급 | 『대지는 푸르다』 사후겸<br>『봄우뢰』 쌍병준<br>『고난의 행군』 변주사 | 인물선25 |
| | | 민중들을 착취하는 중간계급 | 『두만강 지구』 리호철, 주통사, 리덕선 | 인물선26 |
| | | 종교인 | 『두만강 지구』 김장로 | 인물선27 |

14) 그로스는 동조자를 지하운동에 참가하지는 않으나 정신적 · 물질적으로 운동을 지원하는 소극적 유형으로 규정하고 있다. 본고에서 동조자의 개념을 확대시켜 지하조직 운동에 참여하는 인물은 물론 유격대에 가담하지만 오류를 범하고 정신적 갈등 인물까지 포함시켰다. 이 유형을 동조자 그룹에 포함시킨 것은 오류를 거의 범하지 않는 핵심계층과 구분하기 위해서이다.

위의 유형에 의거해 다음 장에서는 사건을 추동하는 중심 인물군인 핵심계층과 적대계층을 중심으로 인물관계를 분석하고자 한다. 분석 대상은 핵심계층 중 지도자와 총서에만 나타나는 '주체형 공산주의자'와 적대계층의 실증주의자와 '기회주의자', '이중감정의 소유자', '인물선' 22~26에 속하는 '인물선'이다. '인물선' 22~26은 교양할 수 없는 인물, 교양에 실패한 인물, 교양이 불가능한 인물군으로 나눠 인물관계를 중심으로 분석할 것이다. 이 연구는 사건을 추동하는 인물군이 분석대상임으로 사건 해결에 협조하는 동조계층은 분석대상에서 제외하였다.[17)]

---

15) '실증주의자'는 외국이나 권위주의적 지배에 추종하지는 않으나 정복자나 강탈자들이 동포들보다 강해서 공개적인 반란은 성공할 수 없다고 생각하는 부류로 그래서 그들은 피정복자들을 위해서 가능한 좋은 조건을 만들 수 있는 타협안을 제시한다. 실증주의는 공산주의 하에서 문화적 생존과 경제발전이라는 정책으로 재생된다. Gross, Feliks, 신석호 역, 앞의 책, 176면.

16) 이 도표는 졸고, 『천세봉 장편소설연구』에서 인물유형의 분석 도구로 사용했던 것을 발전시킨 것이다. 대분류의 경우 그로스가 제시한 8개의 인물형 외에 지도자와 적대자항을 추가하였다. 지도자와 적대자항을 추가한 것은 졸고에서 총서는 분석 대상 중의 일부였으며, 동조계층의 인물의 변화과정에 초점을 두고 있었기 때문에 지도자와 적대계층은 분석대상이 아니었다. 따라서 대분류를 하지 않고 그로스의 인물유형 속에서 인물들을 분석하였으나 이 연구에서는 많은 인물선을 간명하게 보여주기 위해 크게 세 그룹으로 대분류를 하였다. 김은정, 『천세봉 장편소설연구』, 한국외국어대, 2006, 212~214면. 이 유형들에 대한 인물의 배치는 총서 전권과 각권에 따라 달라질 수 있으며, 일반소설의 경우 인물군이 추가된다. 굵은 글씨는 실존인물들이며 괄호 속의 인명은 실명이다.

17) 동조계층에 사건을 추동하는 인물군이 없는 것은 아니다. 동조계층은 총서 해방 후편에서부터는 성격이 강화되면서 사건을 추동하기도 하며 '불멸의 향도'에서는 다주인공 중 한 사람으로 등장하기도 한다. 이들 대부분은 의식의 변화를 겪어 인물군을 이동하고 있으며, 저항 또는 협조만 하면서 주변부로 남아 있는 경우가 많다. 이 연구에서 분류한 인물군은 의식 변화를 거친 최종 상황을 중심으로 작성한 것으로 여기에서 분류된 동조계층의 대부분은 주변부로 남아 있다. 그리고 동조계층은 이미 앞의 졸고에서 다룬 바 있음으로 분석대상에서 제외한다.

## 3. 절대자와 '주체형 공산주의자'의 관계

### 1) 선지자와 절대자와의 관계

'인물선' 1~2에 속하는 지도자군은 다시 '선지자'와 '절대자', '계승자'로 나뉜다. 선지자인 김형직은 『닻은 올랐다』 이후 계승자를 지배하며, 김일성을 통해 절대자의 모습을 보여준다. 김형직은 김일성의 아버지이다. 총서에서 아버지는 인물들을 조율하는 힘으로 작용한다. 이것은 지도자인 김일성이나 계승자인 김정일에게도 마찬가지다.

김일성은 온화한 인간성과 강건하고도 섬세한 성격을 가진 인물로 사람들로부터 경외감을 불러일으키는 존재이다. 김일성은 16세 때부터 사상가들과 이론투쟁을 벌여 자신의 존재를 길림 내에 각인시킨다. 그러나 그의 어린 나이는 김일성에 대한 경외감을 불식시키며 욕망의 장애로 작용한다. 그는 닥쳐온 장애를 아버지의 후광을 통해 타개해 나간다.

그의 조력자나 동조자로 나서는 최초의 인물들은 독립군과 민족주의자들로 김형직과 직접적인 관계를 맺거나 그의 명성을 들었던 인물들이다. 그들은 당시 길림 내에서 사회 지도층이라는 권위를 지니고 있었다. 공산주의에 강한 거부감을 느끼며 경계하던 그들이 공산주의자임을 밝히는 김일성을 적대세력으로 규정하지 않고 수용하는 것은 아버지 김형직 때문이다.

이미 세상에 없는 아버지는 그를 외부로부터 보호하는 동시에 입지를 굳힐 수 있는 토대가 된다. 때문에 김일성은 끊임없이 아버지를 호출하며 아버지와 같이 되고자 자신을 다그친다. 사회 지도층으로부터 '인정받음'은 자신에게 그들과 동등한 '권위'와 성장 가능성을 부여하기 때문이다. 그러므로 김일성에게 권위 부여의 중개자 역할을 하는 아버지는 그가 대주체(Subject)로 갈 수 있는 토대가 된다. 김일성은 『혁명의 려명』에서 그들의 인정을 통해 확보한 권위로 앞으로 발휘하게 될 힘의 원동력인 '주체형 공산주의자'들을 포섭하여 소주체(subject)에서 대주체로 나가려한다.

인물들의 기억 속에서 호명되는 김형직은 '불멸의 력사' 전편에서 김일성을 지배하며, 아들을 통해 아버지를 욕망하게 한다. 김일성의 행위가 외부 환경에 의한 심적 변화와 그 자신의 욕망에 의해 진행되는 것처럼 보이지만 실질적으로 영향을 미치는 것은 욕망의 근원이 되는 아버지이다. 김일성은 자신의 욕망을 유지(遺旨)로 교체하지만 그의 본질적인 욕망은 선지자인 아버지 김형직을 뛰어 넘어 절대자가 되는 데 있다. 따라서 그의 회상과 인물들의 기억 속에서 호출되는 김형직은 그의 욕망을 자극하는 중개자가 된다.

이것을 지라르의 욕망의 삼각형18)으로 모형화하면 다음과 같다. 아래 모형에서 볼 수 있듯 김형직의 위치는 '불멸의 향도'에서는 김일성으로 교체된다.

위의 모형처럼 그는 증손・금성・한별・김성주・김일성・장군님・수상・수령 등으로 호칭을 바꿔가며 선지자의 유지를 펼치는 자에서

18) 지라르는 간접화한 욕망을 '삼각형의 욕망'이라 부른다. 작품 속의 인물들이 중개자의 모방을 통해 욕망하는 대상에 다가가려 한다는 점에서 지라르의 '삼각형'의 욕망은 인물들의 변화과정을 잘 보여주는 도구이다, René Girard, 김치수・송의경 역, 『낭만적 거짓과 소설적 진실』, 한길사, 2001, 24・42면.

모방을 통해 절대자가 된다. 총서는 그에게 대주체의 위치를 부여하기 위해 무오류적 지도를 펼칠 줄 아는 인물로 묘사한다.

무오류성은 김일성이 다른 인물군과 구분되는 점이다. 김일성은 무오류적 인간으로 인물들의 오류를 감시하며 교정한다는 점에서 초자아적 존재이다. 이러한 초자아로서 완성된 수령의 이미지는 오히려 그의 성장을 방해함으로서 그의 인간미와 개성을 희석시키고 있다. 또한 총서에 드러난 김일성의 이미지는 이후 수령형상문학 창작의 원칙이 되며, 제시된 원칙들은 강박적으로 그를 미화하게 함으로써 인간미를 제거하며 시간을 초월하는 존재로 머물게 한다. 그런데 절대자에게 나타는 무시간성은 오히려 소설 속의 역동적 시간을 평면화 시킴으로써 원근감을 희석시키는 장애요소로 작용한다는 점에서 그는 총서가 지닌 역동성을 감소시키는 역할을 한다.

### 2) '주체형 공산주의자'와 절대자의 영향관계

핵심계층인 '주체형 공산주의자'들은 절대자의 대변자 역할을 하는 인물군이다. 비교적 엘리트 집단에 속하는 이들은 중학을 졸업한 중·상류층의 자제이거나, 가족의 희생으로 어렵게 공부를 하다 중학이나 대학을 중퇴를 한 인물들이다. 대부분의 인물들이 중·상류층에 속해 있음에도 그들이 북한이 내세우는 모범적 공산주의자라는 점에서 지식인[19]을 교화 또는 청산의 대상으로 인식하거나, 계량주의자로 묘사하는

19) 북한 소설에서 지식인의 유형은 재화의 획득 수준에 따라 세 가지 유형으로 구분된다. 첫째, '주체형 공산주의자'의 모습. 둘째, 교양이 가능한 악으로 '이중감정의 소유자'로 많이 묘사되고 있다. 이들은 일본이나 조선에서 중학을 다니거나 대학 중퇴한 인물들 중 부정적 인물에서 긍정적인 인물로 변모하는 인물들로 중류층에 속한다. 셋째, 청산 대상으로 대학을 마친 인물이나 재학 중인 인물들로 이들은 대체적으로 학력이 높은 부유층의 자제나 지주계급의 자제들이 여기에 속한다. 김은정, 『천세봉 장편소설연구』, 한국외국어대, 2006, 171면.

일반소설과는 차이를 보인다. 이들은 절대자의 모방을 통해 민중의 힘을 추동해 내는데 김일성은 자신에게 근접한 '주체형 공산주의자'를 복제해냄으로서 아래의 모형과 같이 조력자들을 재생산한다.

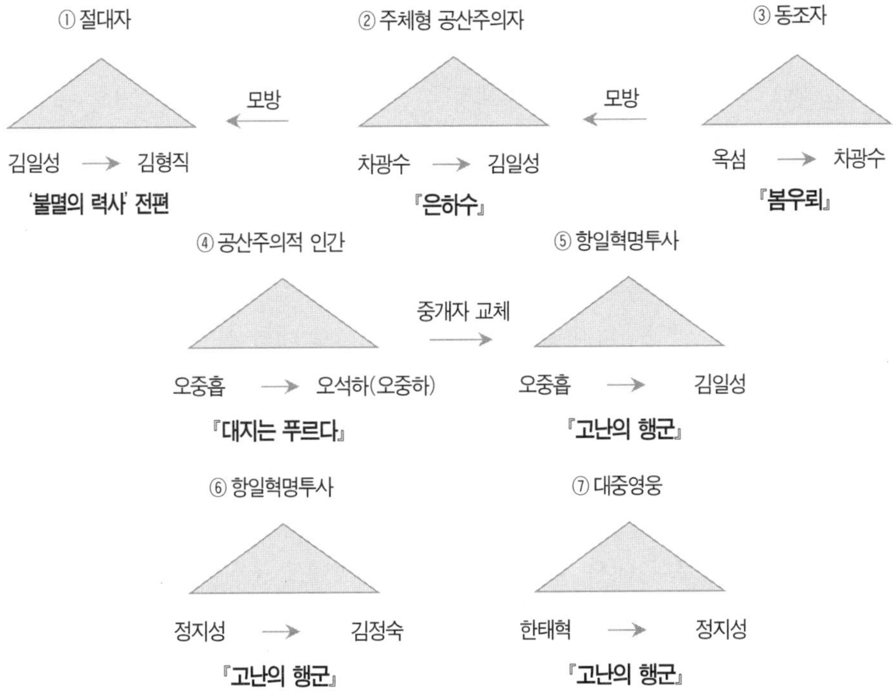


위의 모형에서 알 수 있듯 김일성이 아버지를 모방하여 절대자에 위치하듯이 핵심계층들 역시 중개자를 통해 자신의 위치를 찾는다. 그들은 자신의 위치를 찾기 위해 모형 ④~⑤처럼 중개자를 교체하기도 한다. 그리고 도달하고자하는 지위에 위치한 그들은 자신이 중개자의 자리에서 하위계층을 의식화·조직화한다.

'주체형 공산주의자'군은 마르크시즘의 수혜자로서 김일성과 마주치는 인물군과 동조자에서 '주체형 공산주의자'군으로 변모하는 인물군으로 나눌 수 있다. 먼저 마르크시즘 수혜자로서 김일성과 마주치는 '주체형 공산주의자'군은 핵심계층의 다른 인물군들의 비해 비교적 절대자와 수평관계에 놓인다. 그들은 사상적 측면에서 비슷한 수준을 보이기 때문에 이들의 대한 사상적 교양은 보이지 않는다. 비슷한 사상 수준은 그들이 절대자와 수평관계를 유지하는 힘으로 작용한다.

그들에게 대한 절대자의 교양은 사상적 측면이 아닌 도덕적 품성에 관련된 부분이다. 절대자가 '주체형 공산주의자'에게 요구하는 것은 냉철함이 아닌 동지애와 도덕성, 가족과 인민에 대한 사랑, 지적 능력이다. 그들은 그것을 요구하는 절대자의 온화한 품성과 세심한 배려, 조국을 향한 열정을 모방하여 민중들을 의식화·조직화시켜 힘을 끌어낸다.

핵심계층 내 그룹들이 한 사건에 대해 비교적 일치된 견해를 보이는 반면 '주체형 공산주의자'들은 그룹 내에서 서로 대립하며, 심지어 절대자를 질책하며 의지를 꺾으려는 시도를 한다. 이들 역시 '항일혁명투사형'과 마찬가지로 대주체인 절대자의 목소리를 동일시하고 내면화한다는 점과 대주체의 기획에 복종한다는 점은 동일하지만 행동에서 독자성을 지닌다.

『대지는 푸르다』에서 차광수는 신변의 위협에도 조심성 없이 행동하는 김성주(김일성)를 비판하고 질책하는가 하면, 낭만성을 지닌 김혁의 연인 유선아가 활동가로 적합하지 않다는 점을 들어 그녀를 하얼빈으로 보내려는 계획을 반대한다. 유선아 역시 김혁이 체포된 후 신변의 안전을 위해 하얼빈으로부터 자신을 소환하고자 하는 김성주의 요구를 완강하게 거부 한 채 독자적으로 활동하는 것을 볼 때 절대 복종이라는 수직적 관계에 놓인 '항일혁명투사형'들과는 달리 수직적 관계보다 수평적 관계에 더 가깝다는 것을 알 수 있다. 그것은 아래의 모형에서 선명하게 드러난다.

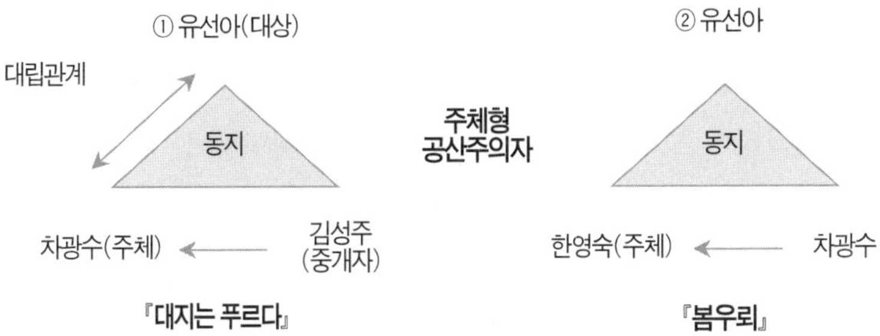


모형 ①의 절대자는 '주체형 공산주의자'의 관계를 조율하는 중개자 역할을 하는 것에 머물러 있다. ②의 모형은 차광수가 중개자의 위치에서 활동하고 있음을 보여준다. 모형 ②의 차광수는 절대자인 김성주의 대리자로 위치하며 한영숙과 유선아를 지휘 감독한다. 이때의 차광수의 지휘는 독자적 판단에 의한 것이다. 유선아의 활동사항을 취합하는 한영숙은 차광수의 지시를 수렴하여 유선아에게 전달하는 역할을 하지만 자신의 활동범위를 계획하고 사건에 대한 판단을 독자적으로 한다는 점에서 절대자와 그들의 관계는 유기적 관계에 더 가깝다고 할 수 있다. 그리고 총서 3권 천세봉의 『은하수』에서 김일성의 권위를 이미 절대자의 위치에 올려놓았음에도 불구하고 이들의 행동에서 야기되는 김일성의 위치에 대한 혼란은 그가 심정적 절대자이지 조직적 절대자는 아니었음을 보여준다.

반면 동조자에서 '주체형 공산주의자'로 변모하는 인물군은 마르크시즘의 수혜를 받은 인물들과는 달리 절대자와의 관계에서 수직적 관계에 놓여 있다. 이들은 절대자가 보인 품성에 반해 의심 없이 맹목적으로 그를 향도자라고 믿고 동경하며, 품성 속에서 그의 권위를 찾는다.

천세봉의 『혁명의 려명』과 『은하수』에 등장하는 채경과 백순기는 '주체형 공산주의자'로 포섭되기 이전 금성(김일성)과 관계 맺기를 거부한다.

그들은 유학을 고민하고 있었다는 점과 여동생에 의해 의식화되어 금성과 관계를 맺는다는 점에서 동일선상에 있다. 경주와 순희는 학교의 독서조에서 활동하면서 오빠에게 영향을 미친다. 경주와 순희는 그를 향도자로 인식하며 그와의 관계 맺음을 통해 '주체형 공산주의자'로 발전해 나간다는 점에서는 비슷하지만 두 인물의 욕망의 근원은 전혀 다른 형태로 나타난다.

'정의부'의 거두인 아버지 백락천(오동진)의 영향 하에 있던 순희가 공산주의 이론을 접한 후 민족주자들의 권력 다툼과 투쟁의 방식에 염증을 느껴 금성을 선택한다면 경주는 금성을 혈육 또는 구원자로 인식한다.

경주는 인력거군을 도와준 금성에 대한 기억을 통해 그를 자신을 이끌어 줄 아버지와 같은 존재, 조선에서 없어서는 안 될 민족의 운명을 책임질 인물로 받아들인다. 그리고 그의 보위에 민족의 사활이 걸려 있다고 인식하며 자신의 생각을 채경에게 이식한다. 경주의 이러한 사유의 바탕에는 '입양의식'이 깔려 있다. 경주는 일가친척 하나 없는 상태에서 채경이 유학을 준비하자 그것을 이산으로 규정하며 오빠와 헤어져 천애고아로 살아야 한다는 사실에 부담을 느낀다.

그런 때 채경을 만나기 위해 자신의 집을 찾은 금성이 망가진 부엌을 고쳐 주는 모습에서 경주는 아버지와 같은 존재감을 느끼게 되는 것이다. "오빠, 왜 손잡고 혁명을 하시자는데 말씀이 없으세요? 네가 그이의 지도밑에서 혁명을 하게 된다면 우리의 앞날도 눈부실 것 같애요. 눈부실 것 같애요!"[20]라는 경주의 심리 속에는 입양의식이 베여있다. 오빠 채경이 유학을 포기하고 금성의 조직에 들어가게 됨으로써 경주는 가족을 유지하게 되고, 오빠의 체포 후에는 강반석이라는 어머니를 얻게 된다.[21]

---

20) 천세봉, 총서 '불멸의 력사' 2 『혁명의 려명』, 평양: 문예출판사, 1973, 147면.
21) 『봄우뢰』에서 최효성의 동생 옥섬도 오빠의 사망 뒤 강반석에게 보내진다. 강반석의 집은 혈육을 잃은 인물들의 정신적 충격을 완화시키고 극복하는 장소로 이용된다.

경주에게 금성은 가족을 유지시켜 주는 자이며, 새로운 가족을 만들어주는 인물인 동시에 가장이기 때문에 동조자에서 변모하는 경주와 같은 인물들은 봉건적 가족윤리관에 따라 복종을 우선하게 된다. 그리고 가족체계에 흡수되는 순간 경주가 지녔던 동경은 순종성과 충실성으로 전환된다. 동조자에서 '주체형 공산주의자'로 변모하는 인물군 행위는 유격대 창설 이후 아래의 모형과 같이 '항일혁명투사'나 '대중적 영웅'들에게 계승된다.

**『혁명의 려명』·『은하수』**

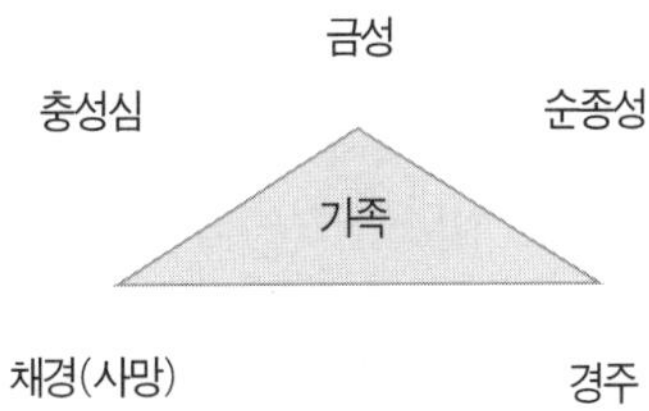


**주체형 공산주의자**

**『고난의 행군』·『두만강 지구』**

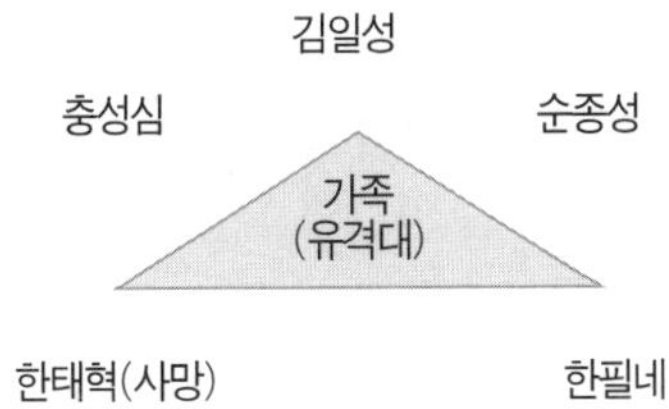


**대중적 영웅**

'항일혁명투사'와 동조자에서 '주체형 공산주의자'로 변모하는 인물군의 차이는 시기상의 문제도 있지만 주로 노동력에 의해 구분된다. 해방 전편에서 '항일혁명투사' 그룹에 속하는 김정순(김정숙)은 전투력에서 우위를 보임은 물론이고, 뛰어난 노동력을 보인다. 그녀는 작품에서 고상함과 유순함을 대표하는 인물이다. 『주체문학론』에서 김정일은 긍정적인 인물 창조에 있어 고상함과 유순함을 강조하는데 유순함은 절대자에게 절대복종 즉 순종성으로 드러나며 고상함은 노동 강도로 나타나고 있다. 김정순에게 보이는 노동력은 충성심 및 희생정신과 결부되

유격대 창설 이후에는 유격대가 입양의 역할을 대신한다. 어머니의 위치는 강반석의 사망 후 김정숙이 그 위치를 물려받는다.

어 고상함으로 표출되고 있는데 노동력을 강조하는 것은 북한의 동원 체제와 깊은 연관이 있는 것으로 보인다.

## 4. 절대자와 적대계층의 관계

절대자인 김일성은 적대계층 중 '인물선' 20, 22~27을 제외하고 모든 '인물선'과 관계를 맺는다는 점에서 김정일이 『주체문학론』에서 요구하는 "문학작품에서 수령의 형상은 일정한 사회정치적 계층의 지향과 요구를 대변하는 전형적 인물과 관계를 맺을 때에만 사회적 집단을 통솔하고 인도해나가는 최고의 뇌수로서의 수령의 지위와 역할을 원만히 보여줄 수 있다"[22]는 총서의 특징이 투영되어 있다. 이를 모형화하면 다음과 같다.

**절대자와 인물의 관계**

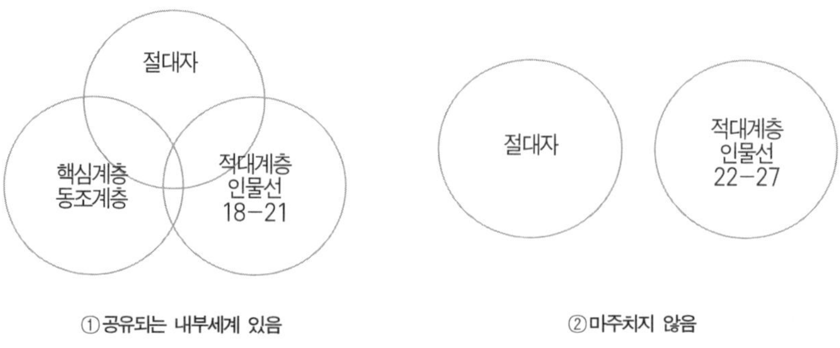


위의 모형에서 볼 수 있듯 절대자는 핵심계층과 동조계층 그리고 적대계층의 일부와 관계를 맺는다. 절대자는 적대계층 중 '인물선' 18~21

22) 김정일, 『주체문학론』, 평양 : 조선로동당출판사, 1992, 145면.

에 해당되는 '실증주의자', '기회주의자', '이중감정의 소유자'와는 연계를 맺거나 마주치지만 그 외 인물들과는 핵심계층이나 동조계층을 통해 간접적으로 만날 뿐 마주침이 없다. 이런 구조는 부정인물과 긍정인물의 탄생이 절대자와의 거리의 문제에서 파생되지 않음을 보여준다. 이 장에서는 마주치는 인물과 마주침이 없는 인물을 통해 거리의 문제를 살펴보고, 절대자와 가까이 있음에도 부정인물이 되는 원인을 규명해보고자 한다.

### 1) 교양되는 인물과 교양할 수 없는 인물–'실증주의자'와 '기회주의자'

강창수(차광수)의 배재고보 동창으로 '남만청총' 책임자인 한윤[23)]은 『은하수』에서 중도적 태도로 인해 국민부 내에서 고인호[24)]와 '남만청총' 내에서는 '주체형 공산주의자'인 장덕순(최봉)과 대립한다. 그는 동지인 장덕순이 남만참변[25)]을 일으킨 고인호에게 참살되는 것을 묵인함으로써 강창수에게 배척당한다. 그럼에도 그가 절대자와 관계를 맺을 수 있었던 것은 '인물선' 18에 속하는 '실증주의자'였던 한윤이 일제를 반대하고 그들의 지배를 추종하지 않는다는 점에서 공유되는 내부세계

23) 남만청총을 이끌던 인물로 등장하는 한윤은 차광수 · 김혁 · 계영춘과 같이 국민계의 남만한인청년총동맹 출신 현균(玄均)을 모델로 한 것으로 보인다. 이재화는 자신의 책에서 '현균은 아마도 ML파쪽으로 경사되어 간 것으로 보인다고 적고 있다.' 이재화, 『한국근현대 민족해방운동사』, 항일무장투쟁사 편, 백산서당, 1988, 41면.

24) 고인호는 국민부 교육위원장이었던 고이허(高而虛)로 추정된다. 류병호, 「남만지구 반일통일단체－국민부창립」, 중국조선민족역사족적 편찬위원회, 『불씨』, 연변 : 민족출판사, 1995, 357면.

25) 삼부의 통합 이후 군중지반을 상실한 국민부 우익들은 중국의 국민당의 군경과 결탁한다. 그리고 공산당 토벌이라는 명목 아래 1929년 10월 국민부의 중앙집행위원장인 현익철은 고이허 등을 사주하여 국민부 산하 남한청총에 속한 청년 단체 일부가 재중청맹(ML파)에 가맹하려 하자 청년 활동가들을 체포하여 최봉(崔鳳) · 지운산 · 윤평 · 리태희 · 이몽렬 · 고아선 · 조희연 등 6인을 왕청문의 괴모산 골짜기에서 총살한다.

를 가지고 있기 때문이다.

'주체형 공산주의자'가 '실증주의자'들을 배척한다면 절대자는 포용하는 역할을 한다. 절대자에게 구조된 '실증주의자'들의 구원에 대한 은혜갚음의 욕망은 조직관으로 확대되면서 조직과 영수(領首)를 지키기 위해서 자신이 희생되어도 좋다는 신념화된 충실성으로 그 모습을 드러낸다. '실증주의자'였던 한윤에게 공산주의적 품성을 갖게 한 것은 절대자의 어버이와 같은 사랑과 관대함이다.

해방 전편에서 '실증주의자' 일부가 '주체형 공산주의자'로 흡수된다면 해방 후편에서는 '기회주의자'로 탈락된다. 천세봉의 『조선의 봄』에 등장하는 최태현(최창익)[26]과 주사인(오기섭)은 '기회주의자'로 탈락되는 인물이다. 총서에서 '기회주의자'들은 대부분 종파분자로 묘사된다. 최창익은 해방 전편에서는 주변 인물들과 관계를 맺지만 해방 후편에서 김일성과 조우한 후 그에게 끊임없이 도전하며, 오기섭 역시 해방 후 김일성의 정책 수행에 걸림돌로 등장한다.

최창익은 『봄우뢰』에서 안영호의 애인을 빼앗아 도피한 후 그녀를 버려 죽음에 이르게 함으로써 초반부터 부도덕한 인물로 그려지고 있지만, 오기섭은 『대지는 푸르다』에서 주사인으로 등장해 김일성 그룹의 사정을 국제당에 알리는 동조자로 묘사된다. 그런 그가 해방 후편 『조선의 봄』에서 농림부장으로 등장해 토지 국유화를 주장하며 김일성과 충돌한다.

오기섭은 토지개혁 당시 『토지개혁 법령의 정당성』을 발간하는 등 토지개혁에 깊게 관여한 인물로 박헌영과 결탁한 북한의 강자[27]였다.

26) 최창익은 ML당에 관련된 간부급 인물로 서울계인 최익한과 함께 8월 종파투쟁 속에서 김일성으로부터 공개적 비판을 받고 숙청된다. 해방 전편 『대지는 푸르다』에서부터 등장하며 해방 후편 『대지의 전설』, 『인간의 노래』에서 농업협동화와 1차 5개년 계획을 방해하는 교조적 종파분자로 등장한다. 그는 『대지의 전설』과 『인간의 노래』에서 숙청된다.

27) 『해방후10년일지』, 평양: 조선중앙통신사, 1956, 44~45면.

그는 박헌영의 숙청 이후 권력투쟁에서 비주류가 패배하기 이전까지 남로당을 포괄한 비주류에게 가장 큰 영향을 미쳤다.[28] 따라서 김일성을 옹립하려던 갑산파에게 비주류의 강자인 오기섭은 달가운 존재가 아니었다.

> 농촌의 국유화가 우리 농촌의 현실에서 당장 실현될 수 없다는 데 있습니다. 농촌의 기본 계급들이 준비되여 있지 못할 뿐 아니라 남조선에 적대계급이 지배세력을 이루고 있는 조건에서 북한에서 단독 토지개혁을 하면 남북의 혁명발전의 공동보조를 어렵게 하고 반동계급들의 결탁을 쉽게 하여 그 반항을 크게 만들 위험이 있습니다. 이것은 에, 우리 조선공산주의자들이 그 탄생을 그토록 갈망하여온 우리 공산당, 청소한 조선프롤레타리아트의 전위대를 전체적으로 위태롭게 한다.[29]

위의 인용문을 볼 때 오기섭이 주장하는 것은 농업협동화 당시 비주류였던 연안파와 국내파 계열의 주장과 일치한다. 비주류는 시급한 현실 문제를 먼저 해결함으로써 민족문제를 봉합하려 했던 주류와는 달리 좀 더 거시적인 안목에서 사회주의의 실현을 바라보고 있었다. 그들의 주장은 북한만의 단독정부에 대한 만족과 사회주의의 기초를 마련이 우

---

28) 오기섭(吳淇燮, 1903~?) 이명은 오일(吳逸)·이용준(李龍俊)이다. 1903년 함경남도 함흥에서 태어났다. 1920년 함흥의 영생고등보통학교 재학 중 동맹휴학에 참가하여 퇴학당한 이후 1925년 적기시위사건으로 체포, 같은 해 7월 고려공산청년회에 가입, 10월에는 홍원청년연맹 집행위원에 선임, 1926년 3월 조선공산당에 입당, 1926년 4월 정우회에서 활동하였으나 8월에 제2차 조선공산당 검거 때 체포되어 징역 1년을 선고받고 서대문형무소에 수감되었다. 출감 후 1929년에 발생한 원산총파업 후원회 위원장으로 활동하다가 모스크바로 망명하여 동방노력자공산대학에 입학하였다. 1932년 3월에 귀국하여 9월에 부산을 중심으로 고려공산청년회 재건활동을 하다가 검거되어 징역 6년을 선고받았다. 1945년 9월 조선공산당 함경북도 창설위원장, 1946년 2월 북한임시인민위원회 선전부장에 선임, 1947년 2월 북한인민위원회 노동국장, 1948년 3월 북한노동당 중앙위원에 선임, 8월 최고인민회의 대의원에 선출, 1956년 5월 수매량정상(收買量政相)에 임명되었으나 1957년 8월 해임, 같은 해 9월 종파·반당분자로 낙인찍혀 숙청되었다. 강만길·성대경, 앞의 책, 282면.

29) 천세봉, 『조선의 봄』, 평양: 문예출판사, 1991, 167면.

선이고, 통일문제는 차선이라는 주류의 논리와 첨예하게 대립했다.[30)]

이 당시는 인민정부를 건설하는 데 있어서 난관에 부딪혀 있던 무렵으로, 비주류의 주장을 김일성은 좌경적 경향으로 받아들이고 있다. 총서 해방 후편에서 '실증주의자'들과 대립은 단순한 종파주의자들의 폐해나 당시 토지개혁을 반대했던 세력에 대한 비판보다도 김일성으로 대표되는 갑산파와 오기섭으로 대표되는 비주류의 권력투쟁 과정을 그리고 있는 것이라 할 수 있다.

따라서 절대자가 '실증주의자'들을 좌경적 종파분자[31)]로 매도하는 것은 권위에 도전하는 그들의 추방에 정당성을 확보하기 위함이다. 일제하의 사상범이었던 그들의 경력(권위)는 절대자라도 쉽게 훼손하거나 지울 수 없는 부분이다. 그들은 사상적으로 교양할 수 있는 존재도 아니어서 합의 할 수 없다면 제거할 수밖에 없는 존재들이었다. 총서에서 절대자가 '기회주의자'로 규정한 '실증주의자'를 교양하려고 시도 하지 않는 점, 시도할 수 있는 권위를 지니지 못했다는 점은 일반소설과는 대비되는 점이다.

총서에서 '기회주의자'(종파분자)들은 절대자와 견해 충돌을 통해 탄생되며 '실증주의자'는 '기회주의자'가 되는 순간 절대자로부터 추방된다. 절대자는 '실증주의자'와 대립하면서도 그들을 포섭하기 위해 노력을 멈추지 않지만 '기회주의자'와는 타협하지 않는다. 절대자의 권위에 도전하는 인물들은 교양 대상이 아닌 제거 대상이기 때문이다.

30) 졸고, 앞의 책, 208~209면.

31) 종파분자의 문제는 총서에서 1970년대가 그려지면 다른 양상으로 묘사될 수도 있다. 일반소설에서 1970년을 배경으로 한 소설은 종파분자와 기회주의자를 구분하여 묘사하고 있다. 1970년대 소설에서 종파분자는 간첩으로 묘사된다.

### 2) 교양에 실패한 인물–'이중감정의 소유자'

'실증주의자'는 '기회주의자'와 더불어 서사를 추동하는 그룹이다. 이들은 절대 악과는 달리 다양한 감정을 보이며, 양심에 의해 내적 갈등을 하지만 상황에 따라 그룹을 바꾼다. 이들 대부분은 자신을 합리화하며 절대자의 교양에도 설복되지 않는 인물들이다.

'이중감정의 소유자'로 '정의부' 간부 출신인 신재림(장철하)는 적대계층으로 분류되지만 『혁명의 려명』에서는 김일성의 노선을 못마땅하게 여기면서도 김형직과의 친분 때문에 그에게 권위를 부여해주는 역할을 하며, 『대지는 푸르다』에서는 저항운동을 동정하며 최소한의 협조를 하지만 생존을 위하여 위험에 처한 김성주(김일성)를 외면하는 인물이다. 『봄우뢰』에서는 양심 때문에 머슴으로 위장한 김일성의 뒤를 캐는 안영호로부터 얻은 정보를 '주체형 공산주의자'들에게 흘려 위험에서 그를 구하기도 한다. 그러나 저항자들로부터 신뢰를 잃은 신재림은 동조자 계층에서 멀어져 생존자로 남는다. 이처럼 '이중감정의 소유자'는 '생존과 반역, 협조와 저항 사이의 딜레마'[32]에서 헤어나지 못한다. 생존의 충동이 이들로 하여금 이중감정에 빠지게 하는 것이다.

『봄우뢰』에 등장하는 안영호는 일제에게 동조하지 않으면서도 마르크스주의자에 대한 원한 때문에 '실증주의자'에서 반마르크스주의자가 되어 공산주의자를 탄압하는 일제의 협조자로 전락한다. 공산주의자도 동족이라는 생각으로 끊임없이 갈등하지만 김일성의 직접적인 충고와 교양에도 개조되지 않는다.

안영호처럼 절대자가 교양에 실패한 인물들은 양심의 가책 때문에 자살하거나 일본군의 손에 살해되는 것으로 생을 마감하며, 신재림처럼 생존자로 남기도 한다. '이중감정의 소유자' 중 절대 악에 가까운 인물

---

32) Gross, Feliks, 신석호 역, 앞의 책, 179면.

들을 자살이나 살해로 처리하는 것은 도덕성을 중시하는 북한 소설의 권선징악적 성격 때문도 있지만 기회주의적 측면이 진실한 가치를 위한 투쟁에는 유해하다는 사실을 냉혹하게 보여주기 위함으로 볼 수 있다. 신재림을 생존자로 남기는 것은 역사적 실재성 문제와도 연관이 있다. 그리고 김형직과 관계를 맺었던 인물들에 대해서는 제재를 가하지 않는 총서의 특징과 절대자가 그를 교양할 수 없는 위치에 있기 때문이다.

『대지는 푸르다』와 『봄우뢰』에서 독립군 출신으로 충실한 유격대원이었던 박경학(리종락)은 『고난의 행군』에서는 변절자가 되는 인물이다. 그는 절대자가 마주치지 않는 적대자 그룹에 속하게 되는 순간 교양개조의 기회를 박탈당하며 타도의 대상이 된다. 따라서 그는 절대자에 의해 총살된다.

절대자와 가까이 있음에도 교양이 불가능한 위치와 파벌을 지닌 최창익과 오기섭 같은 '기회주의자'들은 숙청의 수순을 밟는다. 이들을 볼 때 긍정적 인물과 부정적 인물이 꼭 절대자와의 거리에서 탄생되는 것이 아님을 알 수 있다.

### 3) 교양이 불가능한 인물—절대 악으로써의 적대계층

절대자와 마주치지 않는 적대계층은 반민족적 인물군으로 타도의 대상인 '원쑤'로 '충실한 추종자'인 간첩 · 기독교인 · 지주 · 자본가와 적대자인 일본인 · 미국인 등이 여기에 속한다. 그들은 민족적 · 사회적 위험의 상징으로 교양이 불가능한 그룹인 동시에 민족해방과 사회주의적 과제수행을 지연시키는 장애물이다.

절대 악으로 '충실한 추종자'인 그들은 민중들의 자유와 행복에 대한 지향을 꺾고 고통에 빠뜨리며, 사회보다 자신을 더 중요하게 여긴다. 동정심이나 연민, 사랑의 감정은 그들의 관심 영역이 아니며, 목적이나 수단의 도덕적 가치도 고려 사항이 아니다. 그들의 사회적 관심도 자신의 부를 통한 권력축적에 집중되어 있어 탐욕스럽고, 무자비하다. 그들은 자신들의 재산을 지키기 위해 일제국주의나 미제국주의의 지속과 공산주의의 멸망을 원하며, 사람을 포함하여 모든 것을 재화로 바꾸기를 원한다는 점에서 초자본가에 접근해 있다.

이처럼 교환가치를 중시하는 지주나 자본가들은 안락한 삶과 재화획득을 유지하기 위해서 행동하고, 간첩은 자신의 소신에 따라 움직이며, 밀정은 일제로부터 안전한 삶을 보장 받기 위해 일제에 협조한다. 그들은 정복자나 지배 권력에 저항을 해도 소용이 없다고 인식하는 점에서 생존자와 비슷한 사유방식을 보이나 상황에 절망하는 생존자들과는 달리 그들은 상황을 적극적으로 이용한다.

'충실한 추종자'들의 삶은 권력과 재화에 대한 맹목적인 추구밖에 없기 때문에 총서에서 그들은 민족해방과 사회를 개조하기 위해 계급투쟁이 불가결하다는 것을 확인시키는 인물군이다. '충실한 추종자'와 적대자들은 동조계층과 밀접하게 관련을 맺지만 절대자와는 마주치지 않는다. 그들이 절대자와 마주치지 않는 것은 교양이 불가능하며 절대자의 노선과 대립되는 악의 상징으로 타도·섬멸해야 할 적대적 모순의 대상이기 때문이다.

위의 분석을 바탕으로 인물들의 관계를 구체적으로 드러낼 수 있는 것이 그룹 관계도이다. 유형화 도표와 인물유형의 분석결과를 반영한 '불멸의 력사'에 나타난 그룹의 관계를 도식화하면 다음과 같다.

〈표 2〉 '불멸의 력사'에 나타난 그룹 관계도

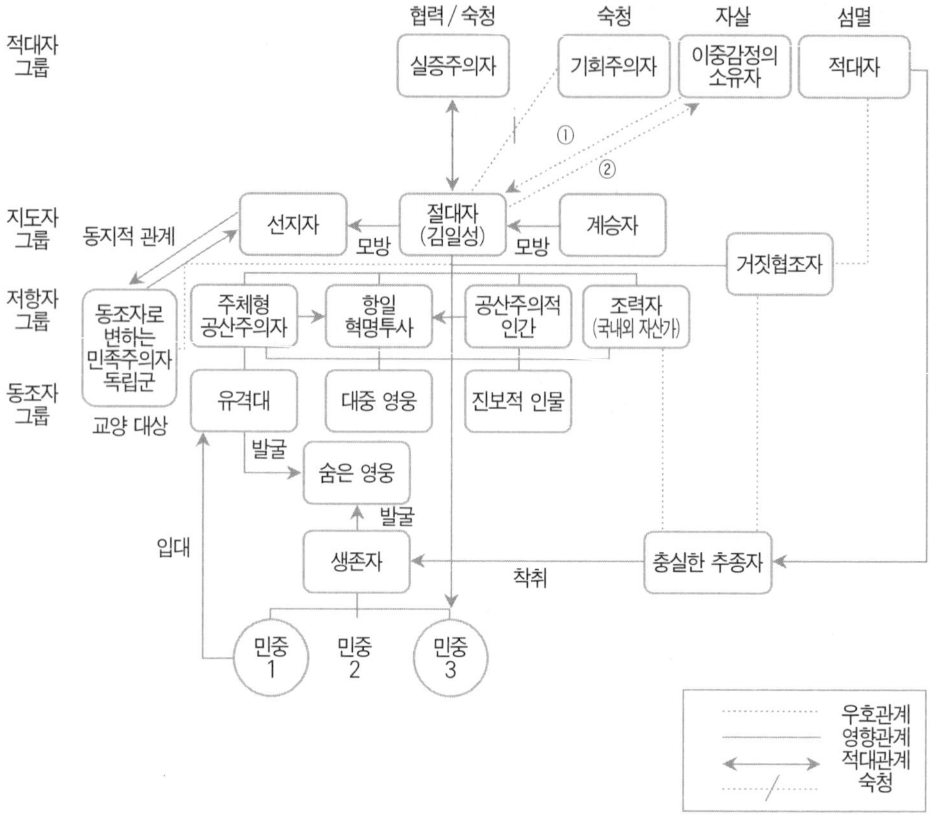


위의 관계도를 보면 총서에서 지도자 · 저항자 · 동조자가 영향관계를 맺는 것으로 그려진다. 저항자 그룹 중 '주체형 공산주의자'와 '공산주의적 인간'은 '항일혁명투사'로 흡수되며 조력자는 두 인물군과 동지적 관계를 맺으며 물질적 지원만 하는 것으로 그려진다. 그리고 동조자 그룹 중 진보적 인물들은 '공산주의적 인간'으로 흡수되며, '대중적 영웅'들은 유격대 창설 이후 '항일혁명투사'로, '주체형 공산주의자'에 의해

발굴된 생존자와 '숨은 영웅'들은 유격대로 흡수되는 규칙성을 보인다. 동조자 그룹 중 동조자로 변하는 민족주의자 · 독립군은 절대자와 우호 관계를 맺거나 선지자와 영향을 주고받는 인물들로 묘사되는 규칙성이 보이고 있음을 알 수 있다.

위의 관계도 중 눈에 띠는 인물군은 동조계층에 속한 '거짓 협조자'이다. 이 인물군은 '항일혁명소설'에 주로 등장한다. 이들은 동조자 또는 핵심계층에서 파생되는 인물군으로 '충실한 추종자'와 적대자들과 우호 관계를 맺어 이들을 이용한다. 김일성은 천세봉의 『안개 흐르는 새 언덕』에서 강민이 '흑색 샤츠단'이라는 파시스트 단체에 입단하여 거짓 협조자로 활동하는 모습에 대해 공산주의자의 도덕성을 훼손하고, 역사적 실재성에 어긋난다고 비판했다.[33] 그럼에도 '거짓 협조자'는 김일성이 문제 삼았던 역사적 실재성 문제로 인해 총서뿐 아니라 항일혁명 소설에서 지속적으로 등장하고 있다. 이 점은 총서 창작에서 교시보다 핍진성이 우선되고 있음을 알 수 있게 한다. 적대계층은 그들의 최후가 숙청, 자살, 섬멸로 귀결되거나 청산대상으로 분류되는 규칙성을 보이고 있다.

역사적 실재성이나 작가에 따라 인물의 성격과 유형이 달라지기는 하지만 인물 관계는 총서 전권이 위의 관계도의 구조에서 크게 벗어나지 않는다. 이를 볼 때 4 · 15문학창작단 내 작가들이 총서를 창작할 때 위의 관계도에서처럼 인물 유형간의 관계를 구성하며, 앞에 제시된 인물유형에 변화를 주어 인물형상을 창조하고 있음을 알 수 있다. 뿐만 아니라 관계도에서 보이는 규칙성은 인물창조 방법과 관계 구성에 대한 작가들 간의 내부적 합의가 있었음을 짐작할 수 있게 한다.

---

33) 김일성, 「혁명주제작품에서의 몇 가지 사상미학적 문제－예술영화 《내가 찾은 길》 첫 필림을 보고 영화예술인들과 한 담화」(1967.1.10), 『김일성 저작집』 21, 평양: 조선로동당출판사, 1983, 17면.

## 5. 결론

총서 '불멸의 력사'는 실제 인물과 가상 인물 등을 통해 다양한 계급·계층과 인물유형을 보여주고 있다. 총서에 묘사된 인물들 중 절대자의 자장 안에 있는 인물들은 그와 수직적 관계를 맺으며, 절대자와 거리가 가까울수록 투쟁성과 충실성이 강한 인물들로 그려진다. 이런 점은 긍정적 인물과 부정적 인물의 경계가 절대자와의 거리의 문제로 여겨지게 만든다. 총서의 많은 인물들이 그러한 양상을 보이는 것이 사실이다.

그러나 앞의 분석을 놓고 볼 때 총서 초기에 소멸하지만 비교적 절대자와 수평관계를 보여주는 '주체형 공산주의자'와 절대자와 가까운 거리에 있으면서 결코 교양되지 않는 '이중적 인물', 교양할 수 없는 '실증주의자'들은 이들의 성향을 거리의 문제로 단순하게 가름할 수 없게 한다.

인물유형의 분석 결과 인물유형의 성격적 특질과 변화과정 그리고 관계에서도 일정한 도식성이 보인다. 일견 도식적으로 보이지만 도식성 속에서도 다양한 층위가 발견되기 때문에 총서에 나타나는 인물유형이 도식성을 띤다고 규정할 수만은 없다. 같은 인물유형이라도 시기와 사건에 대한 반응에 따라 다시 세분화되어 방사형의 구조를 취하고 있기 때문이다. 뿐만 아니라 실존 인물들에 대한 역사적 실재성의 반영은 자칫 도식적으로 흐를 수 있는 총서의 단조로운 구조에 활력을 주고 있으며, 사실주의적 관점의 획득을 보장하는 기능을 한다.

총서는 역사적 실재성과 작가에 따라 인물들의 성격과 유형이 달라지지만 인물유형간의 관계는 〈표 2〉에서 크게 벗어나지 않는다. 그리고 〈표 2〉관계에 대한 규칙이 작가들에게 동일하게 나타나는 것을 보면 『주체문학론』이나 『수령형상문학론』에서는 구체적으로 언급하고 있지 않지만 인물유형에 대한 내부적 합의가 작가들 간에 있었음을 추측할 수 있다.

총서에 등장하는 유형 중 몇몇 유형에 한정하여 다루기는 했지만 세분화된 인물들의 유형으로 인해 다소 산만해 보일 수 있다. 그리고 인물들 간의 층위까지는 살피지 못해 내용이나 깊이 면에서 정취하지 못하다. 그러나 이 연구는 총서의 인물유형을 분석하기 위한 기초 작업이므로 보다 밀도 있는 분석 즉, 일반소설과 총서와의 차이에 대한 연구나 이 연구에서 다루지 못한 인물유형들에 대한 연구는 다음 과제로 넘기려 한다.

# ‘혁명적 대작’의 이상과 ‘총서’의 근대적 문법

남원진(건국대)

## 1. ‘신화’와 ‘소설’의 사이

이것이 근대성에 대한 경험의 양태를 반영한 근대문학의 본연의 모습이기도 하겠지만.[1] 여하튼, 이북 문학은 근대성에 매혹되면서도 두려워하는 근대에 대한 모순적 태도를 보여 준다. ‘강성대국’의 찬란한 미래에 대한 선망의 드라마가 펼쳐지다가도, 문득 ‘항일무장투쟁’이라는 혁명적 과거로 회귀한다. 즉, 이북 사회가 “국력이 강하고 모든 것이 흥하며 인민들이 세상에 부럼 없이 사는”[2] ‘강성대국’이라는 근대를 향한

1) 근대성의 경험이란 ‘견고한 모든 것이 대기 속에 녹아 버리고, 신성한 모든 것은 세속적인 되는’ 안개 속을 이리저리 헤매는 것과 같은 근대 생활의 모험과 공포의 다면적 체험을 말하는 것이리라. 이런 다면적인 근대성의 진보성과 자기파괴성이라는 모순을 바탕으로 한 문학이 근대문학이 아니겠는가? (M. Berman, 윤호병 · 이만식 역, 『현대성의 경험』, 현대미학사, 1998, 9 · 107면)

열망이, 한편 근대를 향한 두려움의 징표로 "항일혁명투쟁 시기 조선인민혁명군 지휘관들은 대원들과 한가마밥을 먹으며 생사고락을 같이"[3] 했던 혁명적 과거를 호명한다. 그 연장선상에서 과학과 기술에 대한 믿음, 다시 말해서 근대 이성에 대한 맹신이 투영된 '과학환상문학'을 창작하다가도, 김일성 주석의 무장투쟁을 형상화한 '항일혁명문학'을 이야기하는 것이 이북 문학이 놓인 위치이다. 그런데 이상적 미래나 혁명적 과거에 대한 호명은 근대의 자기 변혁의 역동성 위에 놓여 있는 것이다. 이것이 현재의 자기 변혁을 위해 과거나 미래를 호명하는 근대 기획의 역동성이 아니겠는가?

여기서 이 글의 핵심 대상인 총서 '불멸의 력사'(이하 '총서'로 약칭)는 근대 기획의 역동성 위에서 근대문학의 한 극단을 보여준다. 이런 '총서'에 대한 남북 연구자들의 양 극단을 보면,

> 총서 《불멸의 력사》(항일혁명투쟁 시기편)는 우리 인민과 세계의 진보적 인민들의 한결같은 지향과 요구를 반영하고 로동계급의 수령형상을 가장 높은 사상예술적 경지에서 빛나게 창조한 우리 시대의 위대한 기념비적 대작이며 우리 소설문학의 보물고를 빛내이는 끝없는 귀중한 혁명적 재부이다.[4]

> 〈불멸의 력사〉는 김일성이 모든 이의 열망과 기대를 수렴하고 실현해 온 궁극적이고 유일한 존재임을 말하고 있다. 〈불멸의 력사〉가 신화일 수밖에 없는 까닭은 여기에 있다. 김일성의 신화는 이미 '역사'를 장악함으로써 다른 해석의 여지를 허용하고 있지 않다. 신화에 의해 역사가 고착되고 만 것이다. 신화의 지배력 속에서 역사는 끊임없이 그리로 되돌아가지 않을 수 없다. 〈불멸의 력사〉가 보여주는 것은 신화로 퇴행한 역사다.[5]

---

2) 김정일, 「올해를 강성대국 건설의 위대한 전환의 해로 빛내이자—조선로동당 중앙위원회 책임일군들과 한 담화 주체88(1999)년 1월 1일」, 『김정일 선집』 14, 조선로동당출판사, 2000, 452면.
3) 김정일, 「올해에 당사업에서 혁명적 전환을 일으킬 데 대하여—조선로동당 중앙위원회 책임일군들과 한 담화 1997년 1월 1일」, 『김정일 선집』 14, 조선로동당출판사, 2000, 263면.
4) 오승련, 『주체소설문학 건설』, 문학예술종합출판사, 1994, 37면.

라고 지적한다. 이런 '총서'에 대한 두 상반된 평가는 각각이 설정한 시각에 따라 타당한 것이겠지만, '기념비적 대작'과 '신화' 사이의 커다란 간격이 발생한다. 이런 평가를 어떻게 보아야 할까? 여기서 '신화'와 '기념비적 대작' 사이에 놓인 간극의 실제적 의미는 무엇인가? 근대문학의 이하나 이상이라는 어긋난 평가 사이의 거리, 그리고 흔들림 또는 근대문학의 이중성, 근대문학의 탐욕성. 그래서 문제의 대상인 것이다. 이런 간극의 의미를 파악하기 위해서, 이 글은 이북 문학이 스스로 설정한 이론에 근거하여 그 문학을 평가해 보고, 그 다음에 근대적 문법으로 다시 읽어보고자 한다. 다시 말해서 '혁명적 대작'의 모범인 '총서'를 이북 문학이 지향하는 이념에 입각하여 설명한 후, 즉 이북문예이론의 관점에서 설명한 후, 다시 근대문학 더 나아가 근대소설적 문법으로 다시 평가해 보자는 것이다. 그래서 이 글은 '혁명적 대작론'과 그 결과인 '총서' 기획을 검토한 후, 다시 근대소설적 문법으로 논의를 진행하고자 한다.

## 2. '혁명적 대작'의 이상

1960년대 제기된 '혁명적 대작'에 대한 논의는 ① 김일성의 교시 「혁명적 대작을 더 많이 창작하자」(1963.11.5), 「혁명적 문학예술을 창작할 데 대하여」(1964.11.7)에서 대작 창작의 필요성이 제기되고, ② 1964~1965년 혁명적 대작에 대한 원칙이 검토되고, ③ 1967년 이후 유일사상체계가 정립되면서 '혁명적 세계관'에 의해서 그 원칙이 변용되며, ④ 그 대

5) 신형기, 「〈불멸의 력사〉 연구」, 『경성대학교 논문집』 17-1, 1996.2, 45면.

작의 원칙이 1973년 4월 김정일의 『영화예술론』에서 정리된다. 이런 혁명적 대작 논의 과정에서, 1964년 7월 작가들은 40여 일에 걸쳐 '백두산지구 혁명전적지'를 답사하며, 1966년 1월 김일성은 작가들을 불러서 17일간 혁명문학 건설의 방향과 항일무장투쟁기의 이야기를 매일 들려준다. 물론 혁명적 대작 논의와 관련된 것이지 '총서' 기획과 관련된 것은 아니다.

1967년 5월 4~8일에 열린 조선로동당 중앙위원회 제4기 제15차 전원회의에서 본격적으로 정치 무대에 등장[6]한 김정일은 1967년 6월 20일에 김일성의 혁명 역사와 혁명적 가정을 주제로 한 작품을 창작하는 4·15문학창작단을 조직할 것을 지시한다. 그 후 1968년에 조직된 4·15문학창작단은 일명 '수령형상문학'에 해당하는 작품을 창작하기 시작한다.[7] 그 대표적인 결과물이 1972년 총서 '불멸의 력사'의 첫 작품인 권정웅의 『1932년』과 1992년 '총서 '불멸의 향도''의 첫 작품인 권정웅의 『푸른 하늘』이며,[8] 현재까지 '총서'는 지속적으로 창작되고 있다. 이북에서는 이런 '총서'가 혁명적 대작의 기념비적 작품으로 불린다. 그렇다면, '혁명적 대작'의 개념은 무엇이고, '총서'의 기획은 어떤 것인가?

---

6) 조선로동당 중앙위원회 제4기 제15차 전원회의에서 김일성의 유일항일혁명전통 수립에 소극적인 입장을 보였던 당의 조직, 사상, 문화 분야의 담당자인 박금철, 김도만, 허석선과 대남총책인 이효순 등이 숙청된다. 김정일은 이 회의에서 숙청을 주도했으며, 이 회의를 계기로 당내 권력구조의 핵심으로 부상한다. (이종석, 『조선로동당연구』, 역사비평사, 1995, 303~311면)

7) 남원진, 「이북문학의 정치적 종속화에 관한 연구–'종자'와 '대작'을 중심으로」, 『통일정책연구』 17-1, 2008.6. '4·15문학창작단'의 창립 시기는 '1967년'과 '1968년'으로 혼란스럽다. 김정일이 1967년 창작단을 조직할 것을 지시하며, 1968년에 창작단이 조직된 것으로 보는 것이 타당하다.

8) 현재 '총서 '불멸의 향도''는 권정웅의 『푸른 하늘』(1992)에서 백남룡의 『봄의 서곡』(2008)까지 출판된 것으로 확인된다. 그런데 현승걸의 『아침해』(1988), 리종렬의 『예지』(1990), 박현의 『불구름』(1991)은 『조선문학』, 『문학대사전』 등의 여러 글에서 혼란스럽지만, '총서 '불멸의 향도''로 재규정한 것이 발견되는데, 실제적으로 '총서 '불멸의 향도''로 재규정되어 간행된 작품은 1995년에 재출판된 『예지』만이 남한에서 확인된다. 여하튼, '총서 '불멸의 향도''의 첫 작품은 권정웅의 1992년 작품이며, 그 외 현승걸·리종렬·박현의 작품은 사후에 재규정된 것이다.

지금 우리 당의 혁명전통을 주제로 한 문학예술작품이 얼마 없으며 특히 대작이 적습니다. 항일무장투쟁 참가자들의 회상기는 더러 있지만 항일무장투쟁을 취급한 소설도 신통한 것이 없고 영화도 신통한 것이 없습니다. 조국해방전쟁을 주제로 한 작품도 대작이라고 할 만한 것이 없습니다.[9)]

우리 작가들은 이미 죽은 사람이나 지금 살아있는 사람들을 원형으로 하여 대작을 쓸 수 있을 것입니다. 살아 있는 사람의 전기를 쓰는 일은 하지 말아야 합니다. (…중략…) 력사적 사건들을 줄거리로 하여 조선혁명의 발전과 함께 투쟁 속에서 자라나는 주인공들의 전형적인 모습을 그려낸다면 과연 하나의 대작이 되지 않겠습니까. (…중략…) 사람들을 혁명적 랑만주의 정신으로 교양할 수 있으며 감옥에 있는 동무들에게도 희망과 용기를 줄 수 있습니다. (…중략…) 우리는 특히 청년들을 혁명적 락관주의 정신으로 교양해야 합니다.[10)]

김일성은 1963년 11월 5일 작가들과 한 담화 「혁명적 대작을 더 많이 창작하자」에서 혁명전통을 주제로 한 대작이 없는 것을 지적하면서, ① 혁명전통을 주제로 한 대작, ② 조국해방전쟁을 주제로 한 대작, ③ 사회주의 건설을 주제로 한 작품, ④ 남조선혁명을 주제로 한 소설, ⑤ 수정주의를 반대하는 작품 등을 창작할 것을 지시한다. 여기서 항일빨치산들의 회상기와 같은 단편적인 이야기가 아닌 전면적인 대작 창작의 필요성이 제기된다. 그는 1964년 2월 25일 조선로동당 중앙위원회 제4기 제8차 전원회의에서 공산주의 사상 교양을 지적하며, 이어 11월 7일 문학예술일꾼들 앞에서 한 연설 「혁명적 문학예술을 창작할 데 대하여」에서 문학예술분야의 성과를 말하면서, 남한의 정치적 문제를 언급하는 동시에 '남반부 인민들'의 생활과 투쟁을 다룬 작품이 적은 것을 지적한다.[11)] 이 연설에서 혁명적 대작의 지침에 해당되는 것이 ① 죽은 인물

9) 김일성, 「혁명적 대작을 더 많이 창작하자－작가들과 한 담화 1963년 11월 5일」, 『김일성 저작집』 17, 조선로동당출판사, 1982, 483면.

10) 김일성, 「혁명적 문학예술을 창작할 데 대하여－문학예술부문 일군들 앞에서 한 연설 1964년 11월 7일」, 『김일성 저작집』 18, 조선로동당출판사, 1982, 443～445면.

11) 1964년 김일성의 연설은 혁명적 대작 창작에 대한 문제보다는 남한 문제에 무게 비

이나 살아있는 인물을 원형으로 하되 전기를 쓰지 말 것, ②역사적 사건들을 줄거리로 한 조선혁명의 과정에서 성장한 주인공, ③이런 대작을 통해서 인민을 혁명적 낭만주의 정신, 혁명적 낙관주의 정신으로 교양해야 한다는 것이다. 이런 김일성의 공산주의 사상 교양의 필요성에 대한 교시를 전후해서 문학예술 분야에서 다양한 혁명적 대작 논의가 진행된다.

이런 혁명적 대작 창작의 필요성이 제기되면서, 문학예술 분야에서 단편적이던 혁명적 대작에 대한 논의가 집중되고 그 개념이 정리된다. 즉, "혁명적 대작이란 바로 우리 시대의 영웅서사시적 화폭이다. 그것은 혁명적 투쟁을 사회력사적으로 보다 폭넓게 반영하며 그 속에서 시대의 영웅적 성격을 보다 심오하게 다면적으로 형상화한 기념비적 작품을 의미한다."[12] 여기서 혁명적 대작은 혁명적 투쟁을 폭넓게 반영한 '서사시적 화폭' 창조, 영웅적 성격을 심오하고 다면적으로 형상화한 '긍정적 주인공(혁명 투사)'의 창조, 혁명적 낙관주의 교양이 중요한 과제가 된다. 특히 긍정적 주인공(혁명 투사)의 형상화가 가장 핵심적인 문제이다.

---

중을 두고 있다. "매국노들은 반대하는 인민들의 투쟁이 점차 확대되여 감에 따라 남조선 지배층 내에서 동요하는 기색이 보이고 있습니다. 박정희는《인민혁명당사건》으로 많은 사람들을 걷어 넣었습니다. 그런데 변호사들이 검거된 사람들의 무죄를 주장하고 있을 뿐 아니라 검사들까지도 근거 없다고 하면서 사건을 기각하였습니다. 6·3 시위에서 검거된 서울대 문리과대학, 고려대학 기타 대학 학생들도 석방되여 나왔습니다. 남조선의 판사, 검사들이 어째서 이와 같이 행동합니까? 이것은 그들이 미제의 식민지통치에 희망을 걸지 않고 있으며 인민들의 투쟁을 지지하고 있다는 것을 말하여 주는 것입니다"(김일성, 「혁명적 문학예술을 창작할 데 대하여—문학예술부문 일군들 앞에서 한 연설 1964년 11월 7일」, 『조선문학』, 1967.11, 5면). 인용한 이 부분은 『김일성 저작집』 18에는 삭제되어 있다. 참고로, 『김일성 저작집』 18에서 판소리에 대한 문제를 다룰 때 인용되는 "일부 사람들이 주장하는 것처럼 쐑소리를 우리의 민족적 선률에 맞는 발성으로 보는 것은 잘못입니다"(449면)와 같은 많은 분량의 판소리에 대한 부분은 새로 추가된 것이다.

12) 「혁명적 대작의 창작은 시대의 요구이다」(머리글), 『조선문학』, 1964.4, 4면.

### 1) 혁명적 대작론의 과제

#### (1) 서사시적 화폭의 창조

서사시적 화폭이란 '일정한 시대의 사회역사적 환경과 당대의 각계각층의 인간들의 다양한 정신세계 그리고 당대의 사상정치적 조류들과 윤리 풍습을 반영한 시대적 화폭'을 의미한다.[13] 그렇다면 실질적으로 혁명적 대작에서 '혁명적'과 '서사시적'이란 무엇을 의미하는가? '혁명적'이란 '혁명 발전의 가장 주되는 기본 문제, 시대와 혁명의 근본에서부터 흘러나오는 가장 본질적 문제'와 관련된 것이고, '서사시적'이란 '웅장하고 장엄하고 숭고하고 영웅적인 시대의 시대적 화폭'과 '찬란한 역사적 의의를 가진 위대한 역사적 단계'에 대해서 말할 때 쓰는 개념이다.[14] 그래서 '혁명적', '서사시적'이란 혁명 발전의 가장 본질적인 문제를 혁명 투쟁의 개별적 측면이 아니라 전면적인 화폭 창조를 강조한 것에 다름 아니다. 부연 설명하자면, 전면적 화폭의 창조란 잡다한 사실을 나열하거나 수많은 등장인물을 잡다하게 등장시킨다는 의미가 아니라 한 시대의 혁명적 주류를 밝히고 혁명의 발전과 그 역사를 '예술적 전형화'를 통해서 깊고 넓게 보여주는 것이다. 따라서 혁명적 대작이란 역사적 의의가 가지는 중요한 사변(事變)들인 항일무장투쟁, 당 건설과 정권 수립, 군대 창건, '조국해방전쟁', 전후복구건설 등 조선 혁명의 발전과 역사를 서사시적 화폭에 담는 것이다.

이런 혁명적 대작론의 서사시적 화폭의 창조에 전면적으로 답한 것이 '총서'이다. 그래서 '총서'는 김일성의 혁명 역사를 혁명 발전의 중요 단계들을 전형화하는 방법으로 역사적 사실을 서사시적 화폭에 반영하고 있다. 역사적 사실과 다른 부분도 많지만,[15] 여하튼 역사적 사실

13) 엄호석, 「혁명적 대작과 구성의 기교(2)」, 『조선문학』, 1965.11・12, 14면.
14) 리억일, 「혁명적 대작과 주제」, 『조선문학』, 1965.3, 80면; 원진관, 「서사시 구성 형태에 대한 몇 가지 소감」, 『조선문학』, 1965.6, 84면.

에 기초하여 각 작품마다 혁명 발전의 획기적 의의를 가지는 큰 사건을 중심에 놓고 그것을 이룩하기까지의 실재한 역사적 사건들을 줄거리로 하고 있다고 말한다.16)

〈표 1〉 총서 '불멸의 력사'(항일혁명투쟁 시기편)

| 작품명 | 작가 | 역사적 시기 | 혁명역사의 단계별 형상내용 | 출판 | 재출판 |
|---|---|---|---|---|---|
| 닻은 올랐다 | 4·15문학창작단 (김정) | 1925~1926 | 1925년 2월부터 1926년 10월 화성 의숙에서 '타도제국주의동맹'을 결성(10월17일)하기까지의 투쟁과정 | 1982.04.15 | 1986.12.09 |
| 혁명의 려명 | 4·15문학창작단 (천세봉) | 1927~1928 | 1927년부터 1928년 사이의 길림을 중심으로 한 청소년 학생들 속에서의 투쟁(길회선철도부설 반대투쟁, 일본상품배척투쟁) 과정 | 1973.04.15 | 1987.11.20 |
| 은하수 | 4·15문학창작단 (천세봉) | 1929~1930 | 1929년 가을부터 1930년 6월 카륜회의(6월 30일)에서 주체적인 혁명노선을 제시할 때까지의 투쟁 과정 | 1982.04.15 | 1987.12.10 |
| 대지는 푸르다 | 4·15문학창작단 (석윤기) | 1930~1931 | 1930년부터 1931년 사이 파괴된 조직들을 복구하고 국내와 광범한 농촌지역을 혁명화하던 시기의 투쟁 과정 | 1981.11.20 | 1986.12.29 |
| 봄우뢰 | 석윤기 | 1931~1932 | 1931년 9월 이후 추수투쟁과 12월 명월구 회의에서부터 1932년 4월 '조선인민혁명군(반일인민유격대)'를 창건(4월 25일)하기까지의 투쟁 과정 | 1985.04.15 | |
| 1932년 | 4·15문학창작단 (권정웅) | 1932~1933 | 1932년 4월부터 1933년 1월까지의 '조선인민혁명군' 창건과 제1차 남만원정 시기의 투쟁 과정 | 1972.04.25 | 1973.07.30<br>1989.09.09 |

15) 이종석은 김일성이 화성의숙에서 "현대사의 기원으로 삼는 '타도제국주의동맹'을 결성했다고 주장하고 있으나, 여기에 동의하는 연구자는 북한 외에는 거의 없으며", "만주항일투쟁 시절 중요한 지도자의 한 사람이었지만 유일한 지도자도 아니었으며, 비록 조선해방을 위해 싸우긴 했으나 지휘계통상 중국공산당 휘하에서 싸웠다는 사실도 별 이론(異論) 없이 받아들여지고 있"고, 김정숙도 "항일유격대 기간 동안 주로 밥짓고 빨래하는 일과 재봉 등의 일을 하였다"고 지적한다. 이종석, 『(새로 쓴) 현대북한의 이해』, 역사비평사, 2000, 396·398면, 478~479면.

16) 윤기덕, 『수령형상문학』, 문예출판사, 1991, 302~314면.

| 근거지의 봄 | 4·15문학창작단<br>(리종렬) | 1933~1934 | 1933년부터 1934년 사이 두만강연안 유격근거지 창설과 그 보위를 위한 투쟁 과정 | 1981.09.30 | 1989.11.10 |
|---|---|---|---|---|---|
| 혈로 | 박유학 | 1934~1936 | 1934년 10월부터 1936년 2월까지의 제1차 북만원정으로부터 남호두 회의까지 시기의 투쟁 과정 | 1988.04.15 | |
| 백두산 기슭 | 4·15문학창작단<br>(현승걸·최학수) | 1936 | 1936년 3월 남호두 회의 직후부터 5월 '조국광복회' 창립(5월 5일)을 선포한 동강 회의까지의 백두산 지구에로의 진출 과정 | 1978.09.09 | 『천리마』,<br>1978년 11호<br>~1980년 2호.<br>1989.07.15<br>1990.05.30<br>『통일문학』,<br>1989년 1호<br>~1991년 3호. |
| 압록강 | 4·15문학창작단<br>(최학수) | 1936~1937 | 1936년 8월 무송현성전투 직후부터 1937년 6월 '군민련환대회'까지의 항일무장투쟁의 일대 전성기의 투쟁 과정 | 1983.04.15 | 1992.09.30 |
| 위대한 사랑 | 최창학 | 1937 | 1937년 7월 중일전쟁 발발(7월 7일) 후 홍두산밀영과 지양개 부근의 후방밀영에서 생활하고 있던 100여 명의 소년들을 혁명의 대를 이어나갈 기둥감으로 키운 내용 | 1987.04.15 | 1991.04.15 |
| 잊지 못할 겨울 | 4·15문학창작단<br>(진재환) | 1937~1938 | 1937년 7월 중일전쟁 발발 후 급변하는 정세에 대처하여 마당거우밀영에서 '조선인민혁명군' 지휘원 및 병사들의 군정학습을 지도한 내용 | 1984.04.15 | 1990.11.10<br>1991.08.25 |
| 고난의 행군 | 4·15문학창작단<br>(석윤기) | 1938~1939 | 1938년 11월 남패자 회의로부터 1939년 4월 북대정자 회의에 이르기까지의 100여 일의 '고난의 행군' 과정 | 1976.04.15 | 1991.07.10<br>『통일문학』,<br>1992년 1호~<br>1995년 1호. |
| 두만강 지구 | 4·15문학창작단<br>(석윤기) | 1939 | 1939년 여름 '조선인민혁명군'의 국내진공작전 과정의 투쟁 내용 | 1980.04.15 | 1993.06.15 |
| 준엄한 전구 | 4·15문학창작단<br>(김병훈) | 1939~1940 | 1939년 9월부터 1940년 3월까지의 백두산 동북부에서의 대부대 선회작전 과정 | 1981.04.15 | 1990.07.25<br>1999.06.15 |
| 붉은 산줄기 | 리종렬 | 1939~1945 | 1939년 가을부터 1940년대 전반기의 엄혹한 투쟁 과정(+1987년) | 2000.08.30 | |
| 천지 | 허춘식 | 1940~1941 | 1940년 8월 소할바령 회의 직후 소부대 작전과 백두산 진군 과정 | 2000.12.05 | |

〈표 2〉 총서 '불멸의 력사'(해방 후편)

| 작품명 | 작가 | 역사적시기 | 혁명역사의 단계별 형상내용 | 출판 | 재출판 |
|---|---|---|---|---|---|
| 개선 | 최학수 | 1945 | 1945년 8월부터 1945년 10월까지의 개선과 당 창건(10월 10일) 사업 과정 | 2002.04.10 | |
| 빛나는 아침 | 권정웅 | 1945~1946 | 1945년 8월부터 1946년 9월까지의 지식인 문제와 김일성종합대학 설립(9월 9일) 과정 | 1988.09.09 | |
| 조선의 봄 | 천세봉 | 1945~1946 | 1945년 가을부터 1946년 봄까지의 토지개혁(3월 5일~8일) 성공 과정 | 1991.04.15 | |
| 열병광장 | 정기종 | 1945~1948 | 1945년 9월부터 1948년 2월까지의 조선인민군 창설(2월 8일) 과정(+1992년 4월 25일 열병식) | 2001.03.15 | |
| 삼천리 강산 | 김수경 | 1947~1948 | 1947년부터 1948년 9월까지의 조선민주주의인민공화국 창건(9월 9일) 과정 | 2000.06.10 | 『통일문학』, 2002년 3호~2006년 1호 |
| 태양찬가 | 남대현 | 1948~1955 | 1948년 9월에서 1955년 5월까지의 재일본조선인총연합회(총련) 창립(5월 25일) 과정 | 2005.04.15 | 2006.06.05 |
| 50년 여름 | 안동춘 | 1950 | 1950년 6월에서 7월까지의 '조국해방전쟁' 제1계단작전 과정(서울해방전투, 대전해방전투) | 1990.03.31 | 2001.02.15 |
| 조선의 힘 | 정기종 | 1950~1951 | 1950년 9월에서 1951년 1월까지의 '전략적 일시 후퇴'와 평양 탈환 전투 과정 | 1992.03.28 | |
| 푸른 산악 | 안동춘 | 1951 | 1951년 6월에서 11월까지의 '조국해방전쟁' 제4계단 중에서 1211고지 방위전의 과정 | 2002.04.20 | |
| 전선의 아침 | 박 윤 | 1952 | 1952년 초에서 1952년 말까지의 미국의 서해안상륙작전과 '금화공세'에 맞선 전투 과정 | 2005.11.30 | |
| 승리 | 김수경 | 1952~1953 | 1952년 8월에서 1953년 7월까지의 판문점 회담과 '정전협정'(7월 27일) 과정 | 1994.02.20 | |
| 번영의 길 | 박룡운 | 1953~1956 | 1953년 여름에서 1956년 5월까지의 주체적 입장에서의 전후복구건설 과정 | 2001.11.20 | |
| 대지의 전설 | 김삼복 | 1953~1958 | 1953년 7월부터 1958년 말(1959년 1월)까지의 사회주의농업협동화 과정 | 1998.08.01 | |
| 인간의 노래 | 김삼복 | 1956~1960 | 1956년 10월에서 1960년 8월까지의 천리마운동과 자립적 경제 건설 과정 | 2003.08.25 | |
| 청산벌 | 김삼복 | 1959~1960 | 1959년 2월에서 1961년 1월까지의 '청산리 정신', '청산리 방법'의 창조 과정 | 2007.05.30 | |
| 영생 | 백보흠 송상원 | 1994 | 1993년 12월에서 1995년 1월까지의 '핵위기'와 김일성 주석 사망 과정 | 1997.06.30 | 1998.05.30 『통일문학』, 1998년 4호~2002년 2호 |

여기서 '항일혁명투쟁 시기편'은 1925년 2월부터 1926년 10월 '타도제국주의동맹(ㅌ·ㄷ)' 결성까지의 혁명 활동(김정, 『닻은 올랐다』, 1982)에서, 1939년 가을부터 1940년대 전반기의 엄혹한 투쟁 과정(리종렬, 『붉은 산줄기』, 2000)과 1940년 8월 소할바령 회의 직후 소부대 작전과 백두산 진군 과정(허춘식, 『천지』, 2000)까지의 김일성의 혁명역사를 다루고 있다. 그리고 '해방 후편'은 1945년 8월부터 1945년 10월까지의 개선과 당 창건 사업(최학수, 『개선』, 2002)에서, 1959년 2월에서 1961년 1월까지의 청산리 정신, 청산리 방법의 창조 과정(김삼복, 『청산벌』, 2007)과 1993년 12월에서 1995년 1월까지의 핵 위기와 김 주석 사망(백보흠·송상원, 『영생』, 1997)을 중심으로 한 김일성의 혁명역사를 담고 있다. 여기서 '총서'가 김일성 생애의 전체를 다루지 않는 것은 다음과 같은 이유에서라고 추정할 수 있다. 1925년 이전의 김일성의 생애가 다루어지지 않는 것은 수령(김일성)의 혁명역사의 시작이 1925~1926년부터이기 때문이며,[17] 1942년에서 1945년까지는 단편적으로 다루고 있지만 전면적으로 다루지 않는 것은 김일성의 소련 월경 이후 활동 문제 때문이며,[18] 1961년에서 1993년까지의 역사에 대한 기술이 없는 것은 현재까지 지속적으로 '총서'가 창작되고 있기 때문일 것이다.

---

17) 이북에서는 현대사의 기원을 김일성이 '타도제국주의동맹'을 결성한 1926년 10월 17일로 잡고 있다. "최근에 우리는 조선현대사의 시점 문제도 새롭게 해결되었다. 1926년 '타도제국주의동맹'(ㅌ·ㄷ)의 결성을 우리나라 현대역사의 시발점으로 규정하였다. (…중략…) 조선인민의 운명과 혁명의 전도는 새 세대 공산주의자들에게 맡겨졌다. 이 시대적 사명을 띠고 탄생한 것이 'ㅌ·ㄷ'였다. 타도제국주의동맹은 우리나라에서 처음으로 되는 참다운 공산주의적 혁명조직이었다. 'ㅌ·ㄷ'의 결성은 새 시대의 탄생을 알리는 역사적 선언이었으며 'ㅌ·ㄷ'가 결성됨으로써 조선인민의 혁명투쟁은 주체사상의 기치 밑에 자주성의 원칙에서 진행되는 새로운 출발을 하게 되었다. 이것은 'ㅌ·ㄷ'의 결성이 조선 현대역사의 시점으로 되는 기본근거이다."(전영률, 「위대한 수령 김일성 동지와 친애하는 지도자 김정일 동지의 현명한 영도 밑에 역사과학이 걸어온 자랑찬 40년」, 『북한학계의 한국근대사논쟁』(이병천 편), 창작과비평사, 1989, 306면)

18) 김일성, 『세기와 더불어(계승본)』 8, 조선로동당출판사, 1998, 319~384면; 和田春樹, 이종석 역, 『김일성과 만주항일전쟁』, 창작과비평사, 1992, 224~292면; 이종석, 『(새로 쓴) 현대북한의 이해』, 역사비평사, 2000, 399~406면.

영광이 있으라, 충성의 대오여. 김정일 최고사령관의 령도따라 승리의 한길만을 억세게 걸어가라. 그대들이 메고 있는 그 총대 우에 조국과 민족의 운명이 지워져 있다. 언제든 변함없이 그 총과 함께 새 세기를 열어 가라. 21세기의 태양을 받들어 세계의 앞장에서 나아가라! ……

폭풍과 같은 만세의 환호성, 물결쳐가는 총검의 숲, 하늘에서도 비행대들이 폭음을 터치고 있었다. 온 나라가, 온 세계가 그 우렁찬 함성과 폭음을 듣고 있었다.[19)]

그런데 1994년 7월 8일 김일성 주석이 사망 후, 한동안 '총서'가 출판되지 않다가 1997년 6월 30일 『영생』이 출간되면서 김정일이 '위대한 령도자'로 등장하며, 2001년 3월 15일 출간된 『열병광장』에서는 1992년 4월 25일 조선인민군 창건 60주년 열병식을 재현하면서, 김정일이 '21세기의 태양'으로 명명된다. 이런 사실은 김 주석 사망 이후 김 국방위원장이 김 주석의 역사의 공식적인 후계자임을 천명한 동시에, 김 주석의 역사가 빛을 바래고, 다시 말해서 김 주석의 역사의 후광이 아닌 김 국방위원장의 역사가 찬란히 개화하기 시작한 표징으로도 읽을 수 있다. 위의 예문의 화려한 미사어구에서 보듯, 이는 김일성의 역사를 압도하는 김정일 역사의 전면화의 시작에 해당된다. 이를 보여주는 한 징표가 총서 '불멸의 향도'가 아니라 총서 '불멸의 력사'에 김정일이 마지막 부분에 화려하게 등장하는 이유이리라.

### (2) 긍정적 주인공의 창조

혁명적 대작에서 긍정적 주인공 창조는 혁명 투사의 성격을 창조하는 것에 다름 아니다. 여기서 긍정적 주인공은 공산주의 이상을 실현하기 위해 투쟁하는 인간, 즉 낡은 시대를 개혁하고 새 시대를 창조하는 새로운 유형의 인간이다.

19) 정기종, 『열병광장』, 문학예술종합출판사, 2001, 551면.

주인공이 가장 어렵고 힘든 정황에서 (죽음을 앞 둔 그런 순간도 설정된다) 만족하고 평화로운 미소를 머금고 승리한 조국의 래일의 화폭을 그린다. 이것 자체를 나무라서는 안 된다. 중요한 것은 이것이 성격 발전의 내'적 론리를 더욱 강화하고 확인해 주지 못한다는 거기에 있다. 이와 함께 우리는 사건의 빈곤성, 얽혀지는 인간관계의 류형성을 반드시 지적하여야만 할 것이다.[20]

조국 해방 전쟁을 반영한 대작을 쓰자면 적을 편모에서가 아니라 동시에 적을 단순한 희화적 주인공으로서가 아니라 침략적 계급적 본성과 다양한 성격적 특질을 가진 인물로서 그려야 하는 것이다.[21]

구체적으로 영웅적 성격이나 사회주의적 이상을 체현한 긍정적 주인공을 어떻게 창조하는가? 작가가 창조한 긍정적 주인공은 원형에 기초하더라도 이미 실제 인물이 아니라 예술적으로 일반화된 성격이다. 특히, 혁명적 대작에서 긍정적 주인공의 영웅적 성격은 평범한 인간에게서 찾아야 한다. 주인공의 혁명 활동의 전위에서 투쟁하는 영웅적 투사이지만, 영웅적 성격을 묘사한다고 해서 처음부터 완성된 투사로 묘사해서는 안 되며, 혁명의 거대한 흐름 속에서 발전하는 인간을 그려야 한다. 즉, 혁명 투사라 해서 어떤 신화적 후광으로 장식해서는 안 되며, 긍정적 주인공은 평범한 인물이 혁명 투사로 장성하는 역사의 과정에서 '성격 발전의 내적 논리'에 따라 선구적이고 모범적이며 혁신적인 특성을 자체의 속성으로 해야 한다. 이런 성격 발전의 내적 논리가 없이 미리 준비되고 완성된 투사가 도입되면 이러저러해서 어디에서나 승리하는 이야기구나 생각하게 되는 따분하고 상식적인 이야기로 떨어지게 마련이다. 또한 부정적 인물을 지나치게 희화적으로 묘사하게 되면 일률적으로 유형화되어 부정적 인물을 살아 있는 인간으로 형상화시키지 못할 뿐만 아니라 갈등의 첨예성을 기하지 못한다. 따라서 혁명

20) 오승련, 「혁명 투사—인간에 대하여 생각함」, 『조선문학』, 1965.4, 100면.
21) 방연승, 「조국해방전쟁을 반영한 작품 창작을 위하여」, 『조선문학』, 1965.2, 38면.

적 대작에서 인물들은 성격 발전의 내적 논리에 따라 전형화시키는 것은 매우 중요하다. 이런 전형론에 대한 논의는 1960년대 사실주의의 한 성과라고도 평가가 가능하리라.

특히, 혁명적 대작 논의의 과정에서 원형을 기초한 혁명 투사를 어떻게 그리는가에 대한 문제가 중요하게 제기된다.

> 만약 생활을 넓고 포괄적으로 반영하는 장편 소설에서 작가의 창조적 상상과 허구의 기능이 약화되거나 무시된다면 생활은 라렬식으로 묘사되고 주인공의 형상은 《전기식》으로 묘사되는 것이 보통일 것이다. 혁명가의 운명을 형상화한 작품들에서 간혹 보게 되는 《전기식》으로 묘사된 인물의 형상이 생동하지 못한 것도 결국은 예술적 일반화가 결여된 데 있다. 즉 그의 운명과 관련된 모든 사건과 사실들을 빠짐없이 기록하다나니 그의 성격 형성의 계기, 성격의 주도적 특징, 성격의 핵도 놓쳐 버릴 수밖에 없다.[22)]

혁명 투사는 개인적 전기가 아니라 시대의 흐름을 보여주는 인물로 전형화해야 한다. 즉, 혁명 투사는 그의 성격 형성의 계기와 성격의 주도적 특징, 성격적 핵을 중심으로 예술적 일반화 과정을 거쳐서 개성적인 살아 있는 인간의 전형을 창조해야 한다. 이런 예술적 일반화 과정을 거치지 않는다면, 실제적인 인물을 사실 그대로 그리는 기록주의에 떨어지고 만다. 그래서 예술적 허구의 필요성은 거듭 강조된다. 즉, "원형에 기초하여 형상을 창조하는 경우에도 《전기》를 쓸 것이 아니라 전형화된 인물을 주인공으로 한 문학작품을 창작하여야 한다." 원형의 경력을 따라가며 묘사할 것이 아니라 작가가 작품에서 말하려는 중심 사상을 부각하는 방향으로 묘사되어야 한다. 그래서 "원형의 이름을 그대로 따서 주인공의 이름으로 하거나 한두 자를 바꿔서 이름을 붙여서는 안 된다. (…중략…) 원형에 기초하면서도 그 자신은 아니고 그와 비슷

---

22) 리상태, 「혁명적 대작과 장편 소설에서의 예술적 일반화 문제」, 『조선문학』, 1965.2, 49면.

하기만한 전형이 창조될 수 있으며 내용과 형식에서 혁신적인 혁명적 대작이 나올 수 있다. 이 경우에 있어서도 살아 있는 사람들을 내세우는 것으로 되여서는 물론 안 된다."[23] 이런 원형에 대한 예술적 허구 문제는 '총서'에서도 그대로 반영된다.

> 당의 유일사상을 구현하는 작품의 긍정적 주인공인 혁명가의 성격에서 가장 본질적인 것도 김일성 동지에 대한 무한한 충직성이다.[24]

그런데 유일사상체계가 성립되면서 혁명적 대작의 긍정적 주인공인 혁명 투사의 가장 본질적인 성격이 '김일성 동지에 대한 무한한 충직성'으로 굴절된다. 즉, 유일사상체계의 성립과 함께 대작 창작에서 혁명적 수령관이 확고히 자리잡기 시작했음을 반증한다. 혁명적 수령관에서는 역사의 창조자는 인민대중이지만 지도자 없는 대중은 무의식적인 비조직 군중에 지나지 않으며, 지도자의 영도가 없는 혁명운동은 산만성과 자연발생성을 면하지 못하기 때문에 노동계급과 근로대중의 혁명과 건설을 위한 투쟁에서 승리하기 위해서는 수령의 영도가 필수적이며, 수령의 현명한 영도는 프롤레타리아 독재국가 건설을 위한 투쟁에서 승리의 결정적 요인이 된다. 그래서 유일사상체계의 이론적 기초인 혁명적 수령관은 '수령의 현명한 영도'를 역설한다. 실제 정치 과정에서는 수령에 대한 충실성을 일방적으로 강조하는 논리적 구조로 변형된다.[25]

이런 혁명적 수령관에 따라 '총서'의 등장인물들은 김일성을 중심으로 동심원 구조를 갖게 된다. 즉, 김일성을 핵으로 해서 그 거리(사상적 거리)에 따라 인물들이 배치된다. '총서'에 등장하는 인물들은 김일성을

---

23) 장형준, 「혁명전통주제의 대작창작에서 제기되는 중요한 사상－미학적요구」, 『조선문학』, 1967.9, 89면.

24) 「우리 문학에 당의 유일사상체계를 더욱 확고히 세우기 위하여」(머리글), 『조선문학』, 1969.7, 17면.

25) 이종석, 『조선로동당연구』, 역사비평사, 1995, 101～103면.

핵으로 여러 개의 동심원을 그린다. 중심에서 가장 가까운 원에는 김일성이 이끈 청년 공산주의자 차광수 · 김혁 · 최창걸과 조선인민혁명군 오중흡 · 오백룡 · 권영벽이 배치되고, 그 다음 원에는 김일성과 연대 관계로 결속된 민족주의자 오동진 · 림소영 · 변태익이 놓여 있고, 가장 바깥 원은 지속적인 적대관계로 묶여 있는 제국주의자가 놓인 자리이다. 그래서 모든 관계의 중심에는 김일성이 위치하게 됨으로, 동심원의 어느 곳을 논의하더라도, 결국은 동심원의 핵에 위치한 김일성에 대한 논의로 귀결된다. 그래서 '총서'는 김일성을 정점으로 하는 서사이게 마련이다.

'총서'는 혁명적 대작의 전형론에 따라 많은 역사적 인물이 실명이 아닌 '가명'으로 등장하며, 유일사상체계가 성립되면서 김일성을 핵으로 하여 역사적 인물들이 배치된다. 구체적으로 '총서'에 대한 가장 광범위하고 체계적인 장희숙의 저작에 따르면, '항일혁명투쟁 시기편'에 등장하는 역사적 인물은 '계영춘 · 공영 · 권심 · 권영벽 · 김빠이 · 김시우 · 김정보 · 김좌진 · 김주현 · 김찬 · 김혁 · 량세봉 · 류현민 · 리경락 · 리광 · 리동백 · 리동학 · 리제순 · 리제우 · 림계산 · 림소영 · 마동희 · 마로인 · 박달 · 박두칠 · 박인진 · 박차석 · 변태익 · 서려장 · 심룡준 · 안창호 · 엄광호 · 오동진 · 오백룡 · 오의성 · 오중화 · 오중흡 · 장철구 · 지청운 · 차광수 · 초 두령 · 최동오 · 최인관 · 최창걸 · 최춘국 · 최활 · 최효일 · 한영애 · 허재률 · 현묵관 · 현옥심(박현숙)' 등이다.[26)]

26) 장희숙, 『주체문학의 재보』, 문학예술종합출판사, 1995, 69면. 여기서 실제적 인물로 지적한 '현옥심'은 '박현숙'의 오류가 확실하다. 그런 반면, '최효일 · 한영애 · 사 려장'은 남한에서 수집 가능한 작품(개작본)에서는 '최효열 · 한영희 · 서 려장'이라는 점에서 또 다른 개작본이 있을 가능성을 시사해 준다('최효일 · 한영애 · 사 려장'은 김일성의 회고록 『세기와 더불어』에도 기술되어 있다). 또한 『봄우뢰』(1985)의 '강재수'가 『대지는 푸르다』(1986)에서 '공영'으로 실명화된 것이나 『혈로』(1988)의 '위중민'이 『천지』(2000)에서 '위증민'으로 실명화된 것처럼, 가명이 실명화 작업이 되기 전에 창작된 작품이라서 그대로 가명이 쓰인 경우도 있다. 이런 사실로 볼 때 개작본이 더 있을 가능성이 높다.

### 총서 《불멸의 력사》(항일혁명투쟁 시기편) 등장인물 개작표

| 작품 | 인물 | | | | |
|---|---|---|---|---|---|
| | 등장인물 | | 김일성 회고록 『세기와 더불어』 | 비고 | 기타 |
| | 1972년 판본 | 1989년 판본 | | | |
| 1932년 (1972) | 금성 | 김일성 | 김일성 | 반일인민유격대 | 김성주(본명) |
| | 한홍수 | 차광수 | 차광수 | 반일인민유격대 | 차응선(본명) |
| | 오상권 | 최창걸 | 최창걸 | 공작원 | |
| | 리철군 | 리광 | 리광(리명춘) | 공작원 | 리명춘(본명) |
| | 주호림 | 량세봉 | 량세봉 | 독립군 두령 | |
| | 마 령감 | 마 령감 | 마 로인 | 산전막 노인 | |
| | 등장인물 | | 김일성 회고록 『세기와 더불어』 | 비고 | 기타 |
| | 1973년 판본 | 1987년 판본 | | | |
| 혁명의 려명 (1973) | 금성 | 김성주 | 김일성 | 공산주의자 | 김성주(본명) |
| | 강창수 | 차광수 | 차광수 | 공산주의자 | 차응선(본명) |
| | 신동호 | 신동호 / 김혁 | 김혁 | 공산주의자 | 김혁(추가) |
| | 권심 | 권심 | × | 공산주의자 | |
| | 안묵 | 안창호 | 안창호 | 민족주의자 | |
| | 김익철 | 최효열 | 최효일 | 공산주의자 | 최효일(실명) |
| | 백락진 | 오동진 | 오동진 | '정의부' 거두 | |
| | 최활 | 최활 | 최활 | '임정' 재정부장 | |
| | 리광진 | 김좌진 | 김좌진 | '신민부' 거두 | |
| | 심학 | 심룡준 | 심룡준 | '참의부' 거두 | |
| | 최곤 | 김찬 | 김찬 | 공산주의자 | |
| | 등장인물 | | 김일성 회고록 『세기와 더불어』 | 비고 | 기타 |
| | 1976년 판본 | 1991년 판본 | | | |
| 고난의 행군 (1976) | 금성 | 김일성 | 김일성 | 조선인민혁명군 | 김성주(본명) |
| | 김정순 | 김정숙 | 김정숙 | 조선인민혁명군 | |
| | 안충렬 | 오중흡 | 오중흡 | 조선인민혁명군 | |
| | 김혁 | 김혁 | 김혁 | 공산주의자 | |
| | 백신한 | 최창걸 | 백신한 / 최창걸 | 공산주의자 | |
| | 최성택 | 최춘국 | 최춘국 | 조선인민혁명군 | |
| | 배정식 | 오백룡 | 오백룡 | 조선인민혁명군 | |
| | 렴정호 | 엄광호 | 엄광호 | 밀영 책임자 | |
| | 박종학 | 리경락 | 리종락 | 변절자 | 리종락(본명) |

| | | | | | |
|---|---|---|---|---|---|
| | 리철범 | 박덕산 | 박덕산(김일) | 조선인민혁명군 | 박덕산(본명) |
| | 박후남 | 장철구 | 장철구 | 조선인민혁명군 | |

| | 등장인물 | | | 김일성 회고록 『세기와 더불어』 | 비고 | 기타 |
|---|---|---|---|---|---|---|
| | 1978년 판본 | 1989년 판본 | 1990년 판본 | | | |
| 백두산 기슭 (1978) | 금성 | 김일성 | 김일성 | 김일성 | 조선인민혁명군 | 김성주(본명) |
| | 권학식 | 권학식 | 리동백 | 리동백 | 조선인민혁명군 | |
| | 윤칠녀 | 장철구 | 장철구 | 장철구 | 조선인민혁명군 | |

| | 등장인물 | | 김일성 회고록 『세기와 더불어』 | 비고 | 기타 |
|---|---|---|---|---|---|
| | 1980년 판본 | 1993년 판본 | | | |
| 두만강 지구 (1980) | 금성 | 김일성 | 김일성 | 조선인민혁명군 | 김성주(본명) |
| | 김정숙 | 김정숙 | 김정숙 | 조선인민혁명군 | |
| | 안충렬 | 오중흡 | 오중흡 | 조선인민혁명군 | |
| | 배정식 | 오백룡 | 오백룡 | 조선인민혁명군 | |
| | 렴정호 | 엄광호 | 엄광호 | 밀영 책임자 | |
| | 박종학 | 리경락 | 리종락 | 변절자 | 리종락(본명) |
| | 최성택 | × | 최춘국 | 조선인민혁명군 | |

| | 등장인물 | | | 김일성 회고록 『세기와 더불어』 | 비고 | 기타 |
|---|---|---|---|---|---|---|
| | 1981년 판본 | 1990년 판본 | 1999년 판본 | | | |
| 준엄한 전구 (1981) | 김일성 | 김일성 | 김일성 | 김일성 | 조선인민혁명군 | 김성주(본명) |
| | 김정숙 | 김정숙 | 김정숙 | 김정숙 | 조선인민혁명군 | |
| | 배정식 | 오백룡 | 오백룡 | 오백룡 | 조선인민혁명군 | |
| | 최인관 | 최인관 | 최인관 | × | 영산병원 의원 | |
| | 오중훈 | 오중흡 | 오중흡 | 오중흡 | 조선인민혁명군 | |
| | 리철범 | 김일 | 박덕산 | 박덕산(김일) | 조선인민혁명군 | 박덕산(본명) |

| | 등장인물 | | 김일성 회고록 『세기와 더불어』 | 비고 | 기타 |
|---|---|---|---|---|---|
| | 1981년 판본 | 1989년 판본 | | | |
| 근거지의 봄 (1981) | 김일성 | 김일성 | 김일성 | 반일인민유격대 | 김성주(본명) |
| | 류현민 | 류현민 | × | 코민테른 파견원 | |
| | 리학산 | 리광 | 리광(리명춘) | 반일인민유격대 | 리명춘(본명) |
| | 현옥심 | 박현숙 | 박현숙 | 아동단학교 선생 | |
| | 오의성 | 오의성 | 오의성 | 구국군 사령 | |
| | 초 두령 | 초 두령 | × | 구국군 여장 | |
| | 서 려장 | 서 려장 | 사 려장 | 구국군 여장 | 사 려장(실명) |

| | | | | | |
|---|---|---|---|---|---|
| | 지청운 | 지청운 | × | 밀정 | |
| | 박두칠 | 박두칠 | × | 훈춘현당 조직책 | |
| 대지는 푸르다 (1981) | 등장인물 | | 김일성 회고록 『세기와 더불어』 | 비고 | 기타 |
| | 1981년 판본 | 1986년 판본 | | | |
| | 김성주 | 김성주 | 김일성 | 공산주의자 | 김성주(본명) |
| | 차광수 | 차광수 | 차광수 | 공산주의자 | 차응선(본명) |
| | 현욱 | 김혁 | 김혁 | 공산주의자 | |
| | 최효성 | 최효열 | 최효일 | 공산주의자 | 최효일(실명) |
| | 기영동 | 계영춘 | 계영춘 | 공산주의자 | |
| | 백신한 | 백신한 | 백신한 | 공산주의자 | |
| | 최창걸 | 최창걸 | 최창걸 | 공산주의자 | |
| | 한영희 | 한영희 | 한영애 | 공산주의자 | 한영애(실명) |
| | 허재률 | 허재률 | 허률 | 공산주의자 | 허률(실명) |
| | 강재수 | 공영 | 공영 | 공산주의자 | 공영(실명) |
| | 오석하 | 오중화 | 오중화 | 공산주의자 | |
| | 오석현 | 오중흡 | 오중흡 | 공산주의자 | |
| | 최천국 | 최춘국 | 최춘국 | 공산주의자 | |
| | 박경학 | 리경락 | 리종락 | 공산주의자 | 리종락(본명) |
| | 변태익 | 변태익 | × | 민족주의자 | |
| | 림계산 | 림계산 | × | 의사 | |
| 닻은 올랐다 (1982) | 등장인물 | | 김일성 회고록 『세기와 더불어』 | 비고 | 기타 |
| | 1982년 판본 | 1986년 판본 | | | |
| | 김성주 | 김성주 | 김일성 | 'ㅌ·ㄷ' 성원 | 김성주(본명) |
| | 최인걸 | 최창걸 | 최창걸 | 'ㅌ·ㄷ' 성원 | |
| | 림소영 | 림소영 | × | 독립군 대원 | |
| | 공렬 | 공영 | 공영 | 독립군 대원 | 공영(실명) |
| | 김시우 | 김시우 | 김시우 | '정의부' 총관 | |
| | 오동진 | 오동진 | 오동진 | '정의부' 위원장 | |
| | 최일심 | 최동오 | 최동오 | 화성의숙 숙장 | |
| | 송일복 | 리제우 | 리제우 | 'ㅌ·ㄷ' 성원 | |
| | 신병림 | 계영춘 | 계영춘 | 'ㅌ·ㄷ' 성원 | |
| 은하수 (1982) | 등장인물 | | 김일성 회고록 『세기와 더불어』 | 비고 | 기타 |
| | 1982년 판본 | 1987년 판본 | | | |
| | 김성주 | 김성주 | 김일성 | 공산주의자 | 김성주(본명) |

| | | | | | |
|---|---|---|---|---|---|
| | 강창수 | 차광수 | 차광수 | 공산주의자 | 차응선(본명) |
| | 현욱 | 김혁 | 김혁 | 공산주의자 | |
| | 안묵 | 안창호 | 안창호 | 민족주의자 | |
| | 김익철 | 최효열 | 최효일 | 공산주의자 | 최효일(실명) |
| | 백락진 | 오동진 | 오동진 | '정의부' 거두 | |
| | 현종관 | 현묵관 | 현묵관 | '국민부' 두령 | |

| | 등장인물 | | 김일성 회고록 『세기와 더불어』 | 비고 | 기타 |
|---|---|---|---|---|---|
| | 1983년 판본 | 1992년 판본 | | | |
| 압록강 (1983) | 김일성 | 김일성 | 김일성 | 조선인민혁명군 | 김성주(본명) |
| | 권영벽 | 권영벽 | 권영벽 | 조선인민혁명군 | 김수남(본명) |
| | 리제순 | 리제순 | 리제순 | 조국광복회 회원 | |
| | 리동학 | 리동학 | 리동학 | 조선인민혁명군 | |
| | 김주현 | 김주현 | 김주현 | 조선인민혁명군 | |
| | 장철구 | 장철구 | 장철구 | 사령부 작식대원 | |
| | 박달 | 박달 | 박달 | '갑산공작위원회' 책임자 | |
| | 박인진 | 박인진 | 박인진 | 조국광복회 회원 | |
| | 김정보 | 김정보 | × | 지양개골 세력가 | |
| | 김빠이 | 김빠이 | 김빠이(리창선) | 조선인민혁명군 | 리창선(본명) |

| | 등장인물 | | | 김일성 회고록 『세기와 더불어』 | 비고 | 기타 |
|---|---|---|---|---|---|---|
| | 1984년 판본 | 1990년 판본 | 1991년 판본 | | | |
| 잊지 못할 겨울 (1984) | 김일성 | 김일성 | 김일성 | 김일성 | 조선인민혁명군 | 김성주(본명) |
| | 김주현 | 김주현 | 김주현 | 김주현 | 조선인민혁명군 | |
| | 마동희 | 마동희 | 마동희 | 마동희 | 조선인민혁명군 | |
| | 박차석 | 박차석 | 박차석 | 박차석 | 변절자 | |

| | 등장인물 | 김일성 회고록 『세기와 더불어』 | 비고 | 기타 |
|---|---|---|---|---|
| | 1985년 판본 | | | |
| 봄우뢰 (1985) | 김성주 / 김일성 | 김일성 | 공산주의자 | 김성주(본명) |
| | 차광수 | 차광수 | 조선혁명군 | 차응선(본명) |
| | 김혁 | 김혁 | 공산주의자 | |
| | 한영희 | 한영애 | 공산주의자 | 한영애(실명) |
| | 허재률 | 허률 | 공산주의자 | 허률(실명) |
| | 박경학 | 리종락 | 조선혁명군 | 리종락(본명) |

<table>
<tr><td rowspan="4"></td><td colspan="2">오중흡</td><td>오중흡</td><td>공산주의자</td><td></td></tr>
<tr><td colspan="2">계영춘</td><td>계영춘</td><td>공산주의자</td><td></td></tr>
<tr><td colspan="2">리광</td><td>리광(리명춘)</td><td>공산주의자</td><td>리명춘(본명)</td></tr>
<tr><td colspan="2">강재수</td><td>공영</td><td>공산주의자</td><td>공영(실명)</td></tr>
<tr><td rowspan="9">위대한 사랑<br>(1987)</td><td colspan="2">등장인물</td><td rowspan="2">김일성 회고록<br>『세기와 더불어』</td><td rowspan="2">비고</td><td rowspan="2">기타</td></tr>
<tr><td>1987년 판본</td><td>1991년 판본</td></tr>
<tr><td>김일성</td><td>김일성</td><td>김일성</td><td>조선인민혁명군</td><td>김성주(본명)</td></tr>
<tr><td>박덕산</td><td>박덕산</td><td>박덕산(김일)</td><td>조선인민혁명군</td><td>박덕산(본명)</td></tr>
<tr><td>김주현</td><td>김주현</td><td>김주현</td><td>조선인민혁명군</td><td></td></tr>
<tr><td>오중흡</td><td>오중흡</td><td>오중흡</td><td>조선인민혁명군</td><td></td></tr>
<tr><td>권학식</td><td>리동백</td><td>리동백</td><td>조선인민혁명군</td><td></td></tr>
<tr><td>리제순</td><td>리제순</td><td>리제순</td><td>조국광복회 회원</td><td></td></tr>
<tr><td>최춘국</td><td>최춘국</td><td>최춘국</td><td>조선인민혁명군</td><td></td></tr>
<tr><td rowspan="5">혈로<br>(1988)</td><td colspan="2">등장인물</td><td rowspan="2">김일성 회고록<br>『세기와 더불어』</td><td rowspan="2">비고</td><td rowspan="2">기타</td></tr>
<tr><td colspan="2">1988년 판본</td></tr>
<tr><td colspan="2">김일성</td><td>김일성</td><td>조선인민혁명군</td><td>김성주(본명)</td></tr>
<tr><td colspan="2">최춘국</td><td>최춘국</td><td>정치지도원</td><td></td></tr>
<tr><td colspan="2">위중민</td><td>위증민</td><td>중국 공산주의자</td><td>위증민(실명)</td></tr>
<tr><td rowspan="11">붉은 산줄기<br>(2000)</td><td colspan="2">등장인물</td><td rowspan="2">김일성 회고록<br>『세기와 더불어』</td><td rowspan="2">비고</td><td rowspan="2">기타</td></tr>
<tr><td colspan="2">2000년 판본</td></tr>
<tr><td colspan="2">김일성</td><td>김일성</td><td>조선인민혁명군</td><td>김성주(본명)</td></tr>
<tr><td colspan="2">김정숙</td><td>김정숙</td><td>조선인민혁명군</td><td></td></tr>
<tr><td colspan="2">오백룡</td><td>오백룡</td><td>조선인민혁명군</td><td></td></tr>
<tr><td colspan="2">권영벽</td><td>권영벽</td><td>조선인민혁명군</td><td>김수남(본명)</td></tr>
<tr><td colspan="2">리제순</td><td>리제순</td><td>조국광복회 회원</td><td></td></tr>
<tr><td colspan="2">박달</td><td>박달</td><td>조국광복회 회원</td><td></td></tr>
<tr><td colspan="2">박덕산</td><td>박덕산(김일)</td><td>조선인민혁명군</td><td>박덕산(본명)</td></tr>
<tr><td colspan="2">오중흡</td><td>오중흡</td><td>조선인민혁명군</td><td></td></tr>
<tr><td colspan="2">오의성</td><td>오의성</td><td>구국군 사령</td><td></td></tr>
<tr><td rowspan="3">천지<br>(2000)</td><td colspan="2">등장인물</td><td rowspan="2">김일성 회고록<br>『세기와 더불어』</td><td rowspan="2">비고</td><td rowspan="2">기타</td></tr>
<tr><td colspan="2">2000년 판본</td></tr>
<tr><td colspan="2">김일성</td><td>김일성</td><td>조선인민혁명군</td><td>김성주(본명)</td></tr>
</table>

| 김정숙 | 김정숙 | 조선인민혁명군 | |
|---|---|---|---|
| 오백룡 | 오백룡 | 조선인민혁명군 | |
| 최성택 | 최춘국 | 조선인민혁명군 | |
| 박덕산 | 박덕산(김일) | 조선인민혁명군 | 박덕산(본명) |
| 위증민 | 위증민 | 중국 공산주의자 | 위증민(실명) |

위에 보듯, '항일혁명투쟁 시기편'에 해당되는 작품들은 역사적 인물이 '가명'으로 처음 출판되었다가 혁명적 대작의 전형론에서 멀어지면서, 1980년대 이후 출간이나 재판되면서 '실명'으로 고쳐지거나 역사적 인물이 추가된다. 특히, 이는 김정일의 개입에 해당되는데, 그가 '항일혁명투쟁 시기편'에 해당되는 작품들을 전집 형식(15권)으로 재판하기 전에 '총서'의 전일성과 일관성을 보장하기 위해서 '총서'의 인물들을 통일시키고 실재했던 인물들을 기본으로 인물관계를 설정할 것을 지시한 것에 연유한다.[27] 예를 들어, 공산주의자 차광수는 한흥수와 강창수로, 김혁은 신동호[28]와 현욱으로, 최창걸은 오상권과 백신한[29], 최인걸로, 항일무장투사인 오중흡은 안충렬과 오중훈, 오석현으로, 오백룡은 배정식으로, 지식인 리동백은 권학식으로, 독립군인 오동진은 백락진이라는 가명으로 등장한다.

그런데 70년대 혁명적 대작의 전형론에 따른 역사적 인물의 허구화는 '총서'의 창작이 계속되면서 80년대 역사적 인물의 실명화 작업으로 다시 역전된다. 이에 따라, 1980년 판본에서는 김정순이 김정숙으로 실

27) 최길상, 『주체문학의 새 경지』, 문예출판사, 1991, 56면. 1986년 김정일의 지시가 전집 형식 출판에 핵심적인 사항이지만, 1983년 4월 15일 『압록강』 출판에서 실명화 작업이 본격화된다는 점에서, 이는 '사후적' 평가에 해당된다.

28) 천세봉의 『혁명의 려명』은 1973년 판본에 등장하는 신동호가 1987년 판본에서는 봉숙이 외삼촌인 순수시인 신동호와 혁명시인 김혁으로 나누어진다. 이와 마찬가지로 장덕순은 최봉과 고재봉으로 나누어져 등장한다.

29) 석윤기의 『고난의 행군』에서는 1976년 판본에 나오는 백신한이 1991년 판본에서는 최창걸로 등장하지만, 『대지는 푸르다』(석윤기)에서는 1981년 판본과 1986년 판본에 '백신한'은 '백신한'으로 '최창걸'은 '최창걸'로 등장한다. 그리고 김일성의 회고록 『세기와 더불어』에서는 공산주의자 백신한과 최창걸이 동시에 기술되어 있다.

명화되고, 1981년 판본에서부터 금성은 김성주·김일성으로 실명화되며, 역사적 인물인 차광수·권영벽·림소영·변태익 등이 실명화되어 등장하기 시작하며, 1986년 6월 19일, 1987년 9월 2일, 1989년 1월 18일 김정일의 수정작업 지시 이후 실명화 작업은 본격화되어 대부분의 역사적 인물들이 본명으로 등장한다. 다시 말해서 김정일의 지시에 따라 역사적 인물을 원형에 기초하여 전반적으로 통일시키는 원칙에 따라 수정 작업이 진행된 것이다.30) 그래서 김혁·차광수·최창걸·오중흡 등의 잘 알려진 많은 인물들이 여러 판본의 혼란을 거치면서 이름 그대로 등장하게 된다. 그렇다고 역사적 인물이 모두 실명화되는 것은 아니다. 한 예로, 백보흠·송상원의 『영생』에 등장하는 문선규는 외교부 제1부부장 '강석주'일 가능성이 높지만 실명화되지 않았고,31) 그런 반면 이북의 '국민영웅'이며 자강도 전천군 상업관리소 소장인 정춘실은 실명으로 등장한다. 이는 역사적 평가가 진행되거나 정치적 문제와 관련된 인물은 실명화되지 않는 것으로 판단된다.

이런 수정 작업은 1980년 10월 조선로동당 제6차 대회에서 공개적으로 김정일 후계체제 확립과 이에 따른 김정일 후계체제를 이끌어갈 조선로동당 지도부의 중심이 항일혁명 2세대와 실무형 지도자들의 등장과 함께 1986년 5월 김일성 고급당학교 창립 40주년 기념연설에서 조선로동당에서 '수령의 후계자문제'가 빛나게 해결되었음을 천명한 때와 같이 한다.32) 쉽게 판단할 사항은 아니지만, 이런 공식적인 사실에 비추

30) 김인철, 『위대한 령도자 김정일 동지에 대한 항일혁명문학예술전통의 계승발전』, 사회과학출판사, 2004, 159면; 장희숙, 『주체문학의 재보』, 문학예술종합출판사, 1995, 71면.

31) 백보흠·송상원의 『영생』(총서 '불멸의 력사')과 정기종의 『력사의 대하』('총서 '불멸의 향도'')에 등장하는 문선규는 외교부 제1부부장 강석주임에 틀림없다. 특히 "지금 적들은 우리가 원자무기를 가지게 될가봐 두려워합니다. 그러나 그들은 우리에게 더 위력한 무기가 있다는 것을 모르고 있습니다"라는 문선규의 발언은 핵 문제와 관련된 2002년 10월 평양회담에서 한 강석주의 발언에 해당된다(백보흠·송상원, 『영생』, 문학예술종합출판사, 1997, 90면; 이정철, 「북핵의 진실 게임과 死卽生의 先軍정치」, 『현대북한연구』 7-1, 2004.5, 167~171면).

32) 이종석, 『조선로동당연구』, 역사비평사, 1995, 335~339면.

어 볼 때 다음과 같은 추론이 가능하다. 1980년대 역사적 인물의 실명화 작업은 김정일 후계체제 성립으로 김일성 중심의 역사가 '확고하게' 자리잡았다는 사실을 반증하며, 이에 대한 김일성 중심의 역사의 내부적 구체화 작업에 해당될 것이다. 또한 유일사상체계의 확고한 기반 위에서 항일혁명 1세대에 대한 예우의 성격도 있다. 이는 이북의 심각한 발전지체 현상에도 불구하고 내부적 체제를 더욱 강화하기 위한 포석에 해당된다. 그래서 이런 정치적 의도에 따라 혁명적 대작의 전형론에서 멀어진 것이리라. 아쉬운 일이지만.

### 2) 혁명적 대작론의 성과

1960년대 중반 혁명적 대작론을 수렴한 김정일의 『영화예술론』에서는 "대작의 규모와 형식은 언제나 그 내용에 따라 규정"[33]된다고 지적한다. 여기서 내용이 가치 있고 깊이 있는 작품보다 형식과 규모가 큰 작품을 쓰는 데 매달리는 것이 대작주의이다. 예를 들어, 대작주의는 '항일혁명투쟁'이나 '조국해방전쟁'에 대한 작품을 창작하는 데, 전기나 연대기식으로 한 작품 안에 주인공이 투쟁을 시작한 날부터 승리할 때까지의 전 과정을 서술하거나 여기저기에서 좋은 이야기들을 조립식으로 작품을 꾸며내는 경향이다. 이런 대작주의와 달리 대작의 기본적 특징은 생활의 규모나 역사적 사건의 크기에 있는 것이 아니라 사상의 높이와 그 해명의 심도에 의하여 규정된다. 규모가 대작이 아니라 내용이 대작을 규정한다. 따라서 대작의 본질적 특징은 '사상적 내용의 철학적인 심오성'에 있다. 대작은 사회적으로 중요한 문제를 높은 사상예술적 경지에서 심도 있게 풀어 인민들의 혁명 교양에 큰 도움을 주는 작품이

33) 김정일, 「영화예술론—1973년 4월 11일」, 『김정일 선집』 3, 조선로동당출판사, 1994, 87면.

라는 것이 이북의 공식적인 설명이다.

그렇다면 이런 사상적 내용의 철학적 심오성을 강조하는 대작론의 구체적 성과는 무엇인가? 서사시적 화폭을 창조하는 혁명적 대작론은 해방 이후 불안정했던 이북 사회가 정상적인 궤도에 올랐음을 반영하는 동시에 지난 시대에 대한 총체성 획득의 가능성이 확보되었음을 반증하는 중요한 사실이다. 혁명적 대작론을 수렴한 '총서'의 기획은 설령 '조작된' 총체성의 획득이라고 하더라도 60~70년대 남한 사회에 비해 이북의 안정성을 보여주는 하나의 징표이다. 이런 대작론의 성과를 반영한 작품이 천세봉의 『고난의 력사』, 『대하는 흐른다』, 『안개 흐르는 새 언덕』, 석윤기의 『시대의 탄생』, 『무성하는 해바라기들』, 김병훈의 『숲은 설레인다』, 『불타는 시절』, 황건의 『아들딸』, 박태원의 『계명 산천은 밝아 오느냐』, 윤시철의 『거센 흐름』, 변희근의 『지하의 별들』과 유일사상체계을 전면적으로 반영한 '총서' 기획의 산물인 총서 '불멸의 력사'가 이에 해당된다. 1960~1970년대 남한의 단편 소설 위주의 성과에 비추어 볼 때도. 또한 천리마 시대의 혁명적 대작론이 해방 이후 진행된 이북의 리얼리즘 미학의 정점에 위치한다. 이에 반해 주체 시대의 '총서'의 기획은 인민의 성장의 역사를 형상화한 리얼리즘 미학과 성장하지 않는 수령의 역사를 형상화한 반리얼리즘 미학이 충돌한다. 결국 이런 충돌은 인민이 수령의 역사에 수렴되면서 반리얼리즘 미학의 정점에 서게 된다. 그런데 이런 '총서'의 기획은 이북식 리얼리즘 미학의 발전이라는 혁명적 대작의 이상을 받아들이면서도 그 괴리를 보인다. 그래서 '총서'의 독해가 불편한 것이다. 이런 측면에서 주체문예이론의 위치를 가늠해 보게 하는 동시에 근대소설적 문법으로 다시 읽어 볼 필요성이 제기된다.

## 3. '총서'의 근대소설적 문법

이북에서 '총서'는 '혁명적 대작의 참된 본보기'이며 '대작의 최대 높이'에 도달한 작품으로 말해진다. 여기서 '불멸의 력사'는 김일성의 '혁명역사를 체계적 · 전면적으로 깊이 있게 그린 혁명적 대작을 하나의 통일적인 제목으로 묶어 놓은 것'으로,[34] 이것은 '수령형상 장편소설 묶음의 포괄적이며 총괄적인 종자'이다. 특히 '총서'에서는 혁명적 대작의 논의를 수렴하여 김일성의 혁명역사를 '일대기식이 아니라 혁명발전의 중요 단계들을 전형화하는 방법으로 역사적 사실'을 반영하고 있다.[35] 이렇게 이북에서 말해지는 '총서'를, 그 원형에 해당하는 『1932년』(1972), 『혁명의 려명』(1973) 판본에 근거해서, 서술 · 인물 · 구성의 문제를 근대소설적 문법으로 다시 독해보고자 한다.

### 1) 화자의 존칭과 비하의 서술

근대소설은 화자의 발견으로 시작된다고 해도 과언이 아닐 것이다. 이는 근대소설이 고민했던 바로 그 문제이다. 근대소설의 화자는 서술의 신뢰감을 주기 위한 것인데, 이는 분명히 화자가 존재함에도 불구하고 마치 없는 것처럼 보이게 하는 기술의 발견에 해당된다. 분명히 거짓말(허구)이지만 그것이 허구가 아니라 사실처럼 보이도록 하는 것의

34) 사후적 판단이 개입된 것이겠지만, 이북에서는 김정일이 1970년 12월 6일에 수령형상소설은 철저히 역사적 사실에 기초해야 하며, 1971년 8월 23일에 김일성의 혁명역사를 형상하는 장편소설을 총서 형식으로 할 것을 지시한 것으로 말해진다(「총서 형식으로 하는 것이 좋을 것 같다하시며」, 『조선문학』, 1992.3, 12면; 「위인과 총서」, 『조선문학』, 1996.6, 24면).

35) 장희숙, 『주체문학의 재보』, 문학예술종합출판사, 1995, 29~30면; 윤기덕, 『수령형상문학』, 문예출판사, 1991, 302~314면.

발견.[36] 특히, 근대소설의 화자는 작가의 대변자일 가능성이 높다. 작가의 대변자일 경우, 화자는 주어진 현실을 특정한 관점에 따라 분류하고 해석하며 재구성하는데, 작가의 의미부여나 가치판단은 그 밖의 어떠한 것보다도 우위에 서서, 애매성 없는 통일된 전체를 형성한다.[37] 이런 작가의 최종적인 의미적 판단은 작가의 정치적 계몽의 산물일 가능성이 높다. 여기서 화자는 작가의 속셈을 교묘하게 은폐하는 수단에 해당된다. 그런데, 근대소설이 고민했던 바로 그 문제를 무화시키는 것이 '총서'에서 김일성 가계에 대한 존칭 사용이나 부정적 인물에 대한 비하(卑下)의 서술이다.

> ① 장군님께서는 군모를 벗으시고 허리를 굽히시여 장내를 향해 정중히 인사를 하시였다. (…중략…) 옥이네 할아버지는 담배대를 놓고 보선발로 토방에 내려서서 맞절을 하였다. (…중략…) 얼굴이 꺼멓게 된 호리모도란 놈이 무릎에 펼쳤던 지도를 접으면서 수염이 한벌 내돋은 조개턱을 쳐들었다.[38]

> ② 조국과 민족을 구원하는 길에 오르신 혁명의 위대한 태양! 바로 그이 금성 동지께서는 웅대한 포부와 새로운 결의를 안으시고 여기에 이렇게 첫 발자욱을 인찍으시였다. (…중략…) 리갑무 로인은 떨리는 목소리로 이렇게 말하며 눈굽을 씻고는 다시 금성 동지의 영체가 비낀 눈을 건너다 보며 말을 이었다. (…중략…) 구니히꼬는 이렇게 부르짖으며 안락의자에서 불쑥 일어나 창문앞을 왔다갔다했다. 그는 작고 좀상스럽겐 생겼으나 눈에는 칼날같은 독한 기운이 배여 있다. (…중략…) 구니히꼬는 오늘은 잡도리를 달리하고 수하놈을 대기시켰던 것이다.[39]

①에서 보듯, 금성(김일성)이 마을 사람들에게 인사하는 장면에서 그에

36) 炳谷行人, 조영일 역, 『근대문학의 종언』, 도서출판b, 2006, 59면.
37) M. M. Bakhtin, 김근식 역, 『도스또예프스끼 시학』, 정음사, 1988, 293면.
38) 4·15문학창작단, 『불멸의 력사—1932년』, 문예출판사, 1972, 639~640·726면.
39) 4·15문학창작단, 『불멸의 력사—혁명의 려명』, 문예출판사, 1973, 7~8·114·604면.

대해서는 높임의 조사나 어미를 사용하는 반면에, 높임의 대상일 법한 옥이네 할아버지에 대해서는 높임의 표현을 사용하지 않으며, '간도지구 파견대' 호리모도 대좌와 같은 부정적 인물에 대해서는 부정적 묘사와 비하의 표현을 사용하고 있다. 또한 ②에서도, 청년 공산주의자 금성(김일성)이나 정의부 거두인 리갑무 노인, '조선총독부' 특파원 구니히꼬(구니하라)에 대해서도 그대로 적용된다. 즉, 화자는 수령, 긍정적 인물, 부정적 인물에 대한 서술을 각각 달리 하고 있다. 작가는 그의 대리인인 화자를 통해서 그의 의도를 '액면 그대로' 드러낸다.

김일성 중심의 동심원의 구조, 즉 김일성과의 거리(사상적 거리)에 따른 인물 서열 구조에 따라 '총서'는 동심원의 핵인 김일성은 높임의 대상이며, 그 외의 긍정적 인물은 높임이나 비하의 대상은 아니지만, 동심원의 핵에서 가장 먼 부정적 인물은 비하의 대상으로 처리된다. 그래서 '총서'는 김일성에 대한 호칭인 금성이나 장군, 사령관에 대해서는 존칭의 조사 사용과 높임 선어말어미 '시'를 사용하고 있을 뿐만 아니라, 1981년 이후 판본이나 개작본의 경우 김일성은 '진한' 글씨로 표기되어 있다.[40] 그 외 긍정적 인물은 리얼리즘의 문법에 따르고 있는 반면, 가장 부정적인 대상인 일본 제국주의자는 '놈'과 같은 비하의 대상으로 처리하고 있다.

이는 3인칭 소설의 화자가 당연히 작가이듯, '총서'의 화자는 작가의 정치적 계몽 의지의 산물임에 분명하다. 김일성은 따라야 할 모범에 해당하지만 부정적 인물은 증오의 대상에 불과하다. 그 외의 인물들은 태양을 따르는 해바라기처럼 김일성의 모범을 본받아야 할 계몽의 대상으로 처리된다. 말 그대로 작가의 정치적 계몽 의지를 그대로 반영하고 있는 것이 김일성 가계에 대한 존칭 사용이나 부정적 인물에 대한 비하의 서술이다. '총서'에서는 이런 작가의 최종적 판단에 따라 모든 인물

40) 그렇지만 김성주는 '진한' 글씨가 아니다. 즉, 김성주가 아니라 수령인 김일성'만'이 '궁극적' 높임의 대상인 것이다.

에 그대로 적용되어 있다.

이는 성장을 핵으로 하는 긍정적 인물은 리얼리즘 문법으로 읽혀지지만, 수령이나 부정적인 인물은 리얼리즘, 근대소설, 더 나아가 근대문학의 고민을 무화시킴으로써 근대소설로 읽혀지기를 거부하는 형국이다. 즉, 근대문학이 리얼리즘 소설에 그 표본을 둔다면, '총서'는 근대문학적 문법과 충돌한다. 이는 근대문학적 문법에 익숙한 글읽기를 한다면 당연히 거부감을 느낄 수밖에 없는 것이다.

### 2) 완결된 인물과 성장하는 인물

근대문학의 인물은 이상적 인물이 아니라 평범한 인물이다. 특히 리얼리즘의 인물은 구체적이고 생동감 있는 현실적인 정황 속에서 살아 있는 인물로 형상화되어야 한다. 즉, '구체적 보편성'[41]을 지녀야 한다. 당연히 사회주의 리얼리즘의 긍정적 인물 또한 이상적 인물이 아니라 영웅적인 노동계급의 훌륭한 자질을 소유한 인물임은 말할 필요도 없다.[42] 그런데 서술과 마찬가지로 '총서'의 인물은 이런 근대문학의 문법과 또한 충돌한다. 다시 말해서 '총서'는 성장하는 긍정적 인물과 달리 김일성은 완결된 인물이나 무오류의 인물, 성장하지 않는 인물로 설정되어 있다.

---

41) G. Bisztray, 인간사 편집실 역, 『마르크스주의 리얼리즘 모델』, 인간사, 1985, 72면.

42) 사회주의 리얼리즘의 긍정적 인물은 이상형의 주인공이 아니며 진부한 선인들의 총합도 아니며, 영웅적인 노동계급의 훌륭한 자질을 소유한 인간이다. "사상적 신념, 고도의 정치의식, 사회에 대한 의무의 이해, 혁명 전통들에 대한 신뢰; 노동과 민중의 자질에 대한 새로운 태도, 조직성과 책임감, 사회주의 애국심과 프롤레타리아 인터내셔널리즘; 고도의 사회, 정치적 적극성; 자발적으로 자신의 개인적 기쁨을 사회를 위해 희생할 각오와 집단주의, 그러한 행동에서 만족과 행복을 느끼는 성격 등등, 이러한 특성들이 새로운 인간형의 뛰어난 모습이다." (Shcherbina 외, 이강은 역, 『소련 현대문학비평』, 훈겨레, 1986, 276면)

③ 금성 동지의 방침을 받고나니 막혔던 동이 터진 듯 궁리가 탁트이면서 해야 할 일들이 연해연줄 생각나기 시작한 것이다. (…중략…) 몇 마디로 표현하신 금성 동지의 말씀은 그 끝없이 넓고 깊은 사색으로 하여 모든 사람의 넋을 일시에 사로 잡고 말았다. (…중략…) 웃음을 띠신 그이의 얼굴에서 그는 과거와 마찬가지로 미래에 있게 될 승리자의 환희와 랑만을 벌써 느낄 수 있었던 것이다. 그럼으로써 그는 자기 생에 대한 의의가 바로 다름 아닌 수령을 모신 하나의 전사라는 고귀한 이름에 잇닿아 있다는 것을 다시 한 번 깨달을 수 있었다.[43]

④ 권심은 점점 더 낯이 달아오르는 것을 감출 수가 없었다. 그는 자기 앞에 앉아있는 학생이 어떤 학생인가 하는 생각이 새삼스럽게 들었다. 다시금 쳐다보니 학생은 놀라울 정도로 기품이 높고 눈에서 영채가 번쩍거린다. (…중략…) 금성 동지께서는 만면에 웃음을 지으시고 손을 들어 흔드시였다. 열광적인 박수가 터졌다. 리선엽과 최곤의 축사로 하여 대립되였던 감정들이 눈 녹듯 스러져버리고 모든 사람의 가슴 속에서 앞이 쑥 열리는 것 같은 쾌감과 흥분이 쿵쿵 뛰며 돌아갔다. 백락진이도 얼굴이 활짝 밝아져서 두터운 손바닥을 요란스럽게 두드렸다. 리선엽과 최곤이도 서로 등을 지고 앉아서 박수를 쳤다. (…중략…) 그는 감옥 안에 들어가 앉아서 내내 금성 동지의 질문을 생각해 보았다. 답변이 막혀서 연설을 못한 것도 기가 찬 일이였지만 자기 자신이 왜 대답을 못하게 되였는가 하는 그 궁극의 모습을 살펴보니 몸서리가 쳐졌다. 결국 자기의 로선이라는 것은 화려한 너울을 입힌 모순의 집대성과 같은 것이였다.[44]

③에서 보듯, 계속되는 논쟁을 해도 풀 수 없었던 조선혁명의 절박하고 중대한 문제가 금성(김일성)에 의해서 풀리는 것에 대해서 '막혔던 동이 터진 듯 궁리가 탁 트이면서 해야 할 일들이 계속 생각나기 시작하며', 1932년 마지막 날 토론을 정리하고 끝맺는 몇 마디의 금성의 말에 '모든 사람의 넋을 일시에 사로잡으며', 새해가 어렵고 힘들 수는 있겠지만 보다 더 영광스러운 자국을 남길 것이라는 금성의 말에 '미래에

43) 4·15문학창작단, 『불멸의 력사-1932년』, 문예출판사, 1972, 56·766·776면.
44) 4·15문학창작단, 『불멸의 력사-혁명의 려명』, 문예출판사, 1973, 43·169·268~269면.

있게 될 승리자의 환희와 낭만을 느낀다.' 또한 ④에서 보듯, 정신적인 방황을 하는 권심은 어린 금성의 몇 마디의 말에 '놀라울 정도로 기품이 높고 눈에 영채가 번쩍이는 것'을 발견하며, 금성의 연설을 들은 민족주의자 리선엽과 공산주의자 최곤(김찬)은 대립된 감정이 눈 녹듯 사라지고, 민족주의자 백락진(오동진)은 얼굴이 활짝 밝아지며, 민족주의자 안묵(안창호)은 금성의 질문에 자신의 모순을 깨달는다.

이러하듯, 민족주의자나 공산주의자도 김일성에 감응하여 성장하며, 항일유격대 대원들도 김일성의 영도에 따라 성장하는 반면에, 모든 어려운 문제를 풀어 나가는 김일성은 오류를 범하지 않는 완결된 인물로 형상화된다. 즉, 긍정적 인물들은 김일성의 영도에 따라 성장하지만 수령은 성장하지 않는 인물이다. '총서'는 성장하는 인물과 성장하지 않는 인물로 나누어지는데, 인물들은 동심원의 핵인 수령(김일성)에 따라 인물들은 성장한다. 그래서 리얼리즘의 문법에서 벗어난 수령과 리얼리즘의 문법에 충실한 긍정적 인물이 충돌하면서, 익숙한 독해를 방해한다.

### 3) 선악 이분법의 무협 소설적 구성

'총서'는 선악 이분법을 바탕으로 한 항상 승리를 담보하는 이야기이다. 이는 선명한 선악 구조를 가진 무협 소설과 닮아 있다. 무협 소설에 등장하는 일명 '좋은 편'인 청년 고수는 암기(暗器)나 독을 사용하지 않는 정통 무예를 구사하는 반면에, '나쁜 편'인 마두(魔頭)는 독약이나 암기의 명수로 형상화된다.[45] 이런 무협 소설과 마찬가지로, 김일성과 그가 이끄는 청년 공산주의자나 조선인민혁명군은 항상 '좋은' 편에 위치하여 '선한' 방법으로, '악한' 방법을 모두 동원하는 '나쁜' 편인 일본

45) 김현, 「무협소설은 왜 읽히는가-허무주의의 부정적 표출」, 『김현 문학전집』 2, 문학과지성사, 1991, 232면.

제국주의자를 무찌르는 것이 '총서'의 기본 서사 골격이다.

⑤ 불의에 벼락을 들쓰게 된 놈들은 비명을 지르며 사방으로 흩어졌다. 어떤 놈은 얼이 빠져 벼랑으로 기여오르다가 돌에 맞아 굴러떨어졌고 어떤 놈들은 강물로 뛰여들어 허우적이고 있다. (…중략…) 가까이 있는 놈들을 묘준해서 단방에 쓸어눕히고 달려나가면서 또 한 놈의 뒤통수에 대고 갈기였다. 다음 웅뎅이 아래로 뛰여내리니 왈칵 발밑이 들리고 몸이 뒤로 기울어졌다. 그 순간 그는 앞에 얼씬하는 놈을 붙잡고 휘둘러 메치였다. (…중략…) 리철군은 달려드는 놈의 다리를 걸어 메치고 타고 앉았다. 박달방망이 같은 주먹으로 그 놈의 상통을 내리쳤다. 처음 몇 번은 반응이 있었지만 그 다음은 잠잠해지고 말았다. 그는 일어나 그 놈의 발목을 잡고 질질 끌어 강물에다 던져버렸다. (…중략…) 리철군의 눈에서는 퍼런 불이 번쩍하였다. 살아남은 놈이 또 없는가 얻어 보았지만 어데도 눈에 뜨이지 않았다. 그때에야 그는 손등으로 이마를 훔치고 허리를 폈다. 속 시원히 복수를 했다는 통쾌감이 가슴을 채웠다.[46]

⑥ 거창한 시위의 물결이 다시 거리를 덮었다. 시위군중은 전날의 경험이 있는지라 어떤 원쑤가 달려들어도 무찌르고 내달을 기세로 태세를 갖추고 맹렬하게 밀고 나갔다. 구호가 아니라 내내 하늘을 무너뜨릴 것 같은 함성이였다. 로동자도, 농민도, 학생도, 시민도 모두 이를 갈았다. 더구나 경주가 다시 중태에 떨어졌다고 하는 사실은 전체 학생 대오를 복수심으로 불붙게 했다. (…중략…) 일생을 독립운동에 바치기는 했어도 언제 한 번 이런 통쾌한 광경을 보고 갔는가, 혼이라도 있으면 이 길림 공중에 날아와서 굽어 보아 주었으면 얼마나 좋으랴. (…중략…) 조창진은 도끼를 휘둘러 말 우에 앉은 놈의 장화다리를 들이찍었다. 놈은 깨액 하는 짐승소리 같은 비명을 질렀다. 조창진은 도끼를 떨구며 앞으로 꼬꾸라졌다. 그러나 그는 이어 또 벌떡 일어섰다. 온몸이 피에 젖었다. (…중략…) 조창진의 죽음에 대한 소식은 삽시에 군중들 속으로 퍼져갔다. 사람들이 복수를 하자고 함성을 지르면서 더 무섭게 기세를 올렸다.[47]

46) 4·15문학창작단, 『불멸의 력사—1932년』, 문예출판사, 1972, 72~74면.

⑤에서 보듯, 항일유격대가 '세상에서 제일가는 악마'인 '왜놈'과 벌리는 전투에서의 승리는 '속 시원한 복수의 통쾌감'을 맛보며, ⑥에서 보듯, 길회선 철도 부설 반대와 일본 상품 배척을 위한 군중 시위는 일본 침략자를 향한 복수심에 들뜬 '통쾌한 광경'이 된다. 마치 무협 소설의 통쾌한 복수극이 연상되듯, '총서'는 일본 제국주의에 대해 가상의 복수극을 행한다. 그런데, '기품이 높고 눈에서 영채가 번쩍거리는' 선한 편인 금성(김일성)에 반해, '작고 좀상스럽게 생겼으나 눈에는 칼날 같은 독한 기운이 배여 있는' 악한 편인 구니히끄(구니하라)에 대한 묘사는 미(美)와 추(醜), 선(善)과 악(惡)의 이분법적 구도에 근거한 작가의 정치적 계몽 의지에 다름 아니다. 선한 편의 행위가 '무조건' 정당하다고 말할 근거란 없다. 단지 작가가 미리 설정해 놓은 좋은 편과 나쁜 편이라는 이분법적 근거에 의해서 정당화될 뿐이다. 무협 소설에 흔히 볼 수 있듯, 이런 설정은 가독성을 높이는 강점에도 불구하고 작품의 문학성을 해치는 약점에 해당된다. 그런데도 '총서'에서 이런 이분법적 구도를 널리 사용하는 것은 수령의 위대성뿐만 아니라 대중성을 바탕으로 한 인민의 계몽이라는 작가의 의지가 그대로 반영한 것에 해당된다. 그래서 정의나 충성 등의 추상적 개념을 강조하고 선악 이분법에 의거한 상투적인 구조에 익숙한 독자라면 빠른 독해가 가능하다. 그렇지만 이런 상투성을 비판하는 미학주의에 익숙하다면 '총서'는 당연히 불편하게 읽혀진다.

지금까지의 논의를 종합한다면, '총서'는 ① 김일성 가계에 대한 존칭 사용이나 부정적 인물에 대한 비하(卑下)의 서술 문제, ② 완결된 인물이나 무오류의 인물, 성장하지 않는 완결된 인물로 김일성을 설정하는 문제, ③ 선악 이분법을 바탕으로 하는 무협 소설 형식의 구성 문제 등으로 인해 근대 미달 양식으로 평가할 수 있다. 즉, '총서'는 근대 미달 양식의

47) 4·15문학창작단, 『불멸의 력사—혁명의 려명』, 문예출판사, 1973, 620·623·625~626면.

영웅서사물에 가깝다. 왜냐하면 김일성이라는 혁명역사를 관장하는 영웅적 존재를 구심점으로 한 서사물이기에 더욱 그러하다. 그래서 근대 미달의 양식인 것이다. 그렇다고 '근대문학이 아니다'라는 표현은 결코 아니다. 단지 이런 문제로 인해 근대문학적 독해를 방해한다는 것이다.

## 4. 근대문학의 탐욕성

'총서'는 이북문학을 이해하기 위한 필수적인 품목이면서도, 근대 미달 양식이지만, 근대소설이 지닌 탐욕성의 한 극단을 보여준다. 제국주의 시대에 탄생해서 제국주의를 닮은 근대소설은 지칠 줄 모르고 문학을 통일하고 평준화하는 반면 문학에다가 무궁무진한 활로를 제공한다. '총서'는 민요나 설화 등의 여러 문학적 전통을 사용하는데, 그 사용 자체의 정당성을 마련하지도 않은 채 그 자체의 이익(정치적 계몽)을 위해 활용한다.[48] 그런데 근대소설의 탐욕성의 한 극단을 보여주는 '총서'는 근대문학을 바라보는 '익숙한' 문법이 아니라면 또 다른 해석이 가능할 것이다. 따라서 근대문학을 바라보는 익숙한 문법을 점검할 수 있는 하나의 시금석 역할을 하기에 '총서'는 주목을 요한다.

근대문학은 근대소설에 다른 이름이다. 물론 근대문학은 근대소설로 한정되는 것은 아니지만, 근대소설이 중요한 지위를 차지한다는 것에 바로 근대문학의 특질이 있다. 근대소설의 특징은 분명 리얼리즘에 있는데, 허구적 이야기를 사실적 이야기로 보이도록 하고자 했던 근대소설의 노력은 리얼리즘이 고민했던 바로 그 문제이기 때문이다. 근대소설은 종

48) M. Robert, 김치수 역, 「기원의 소설, 소설의 기원－왜 소설인가」, 『예술과 비평』 1984년 봄, 270～271면.

교적이고 역사적인 주제에서 벗어나 흔한 풍경과 평범한 인간으로 변화시키고 원근법을 채용함으로써 이 문제를 해결하고자 한다.49)

> 나는 이 혁명소설을 매우 감명 깊게 읽었습니다. (…중략…) 나는 혁명소설 《1932년》을 읽고 또 읽으면서 소설에 모셔진 위대한 수령님의 영상을 우러르며 그이께 더욱 충직한 혁명전사로 살며 싸우리라는 결의를 굳게 다지군 합니다.50)

> 나는 총서 《불멸의 력사》 중에서 장편소설 《혁명의 려명》을 무한한 감격과 흥분 속에서 읽었습니다. (…중략…) 혁명소설 《혁명의 려명》은 근로자들을 당의 유일사상으로 무장시키고 그들을 혁명화, 로동계급화 함에 있어 귀중한 혁명적 량식으로, 투쟁의 참된 교과서로 되고 있습니다.51)

> 장편소설 《백두산 기슭》이 이처럼 저의 심장을 세차게 흔들어 놓은 비결은 무엇이겠습니까! 저는 소설의 마지막 페지를 덮고서 깊이 생각해 보았습니다. / 그것은 무엇보다도 이 소설이 인류가 낳은 혁명의 영재이시며 전설적 영웅이시며 자애로운 어버이이신 위대한 수령 김일성 동지의 존귀하신 영상을 화폭의 중심에 모시고 수령님의 영광찬란한 혁명력사를 력사적 사실 그대로 명백하고 생동하게 그려낸 데 있습니다.52)

그런데 '총서'는 리얼리즘 문법과 반리얼리즘 문법이 충돌하며 근대문학의 고민을 무화시킨다. 이는 인민의 역사와 수령의 역사의 충돌인데, 여기서 인민의 역사를 '혁명적 수령관'에 따라 수령의 역사에 수렴시킴으로써 이런 충돌을 봉합한다. 이는 김일성 중심의 편향된 기억의 정치화에 해당되지만. 이런 충돌의 봉합은 익숙한 리얼리즘 문법으로

---

49) 炳谷行人, 조영일 역, 『근대문학의 종언』, 도서출판b, 2006, 44~60면.

50) 양명선, 「인민들과 고락을 같이하시여」(우리의 혁명소설에 대한 독자반향), 『조선문학』, 1973.5, 26~28면.

51) 정상웅, 「조선혁명의 찬란한 려명을 불러」(우리의 혁명소설에 대한 독자반향), 『조선문학』, 1973.12, 17~18면.

52) 지만수, 「숭고한 정신세계를 따라 배우렵니다」(독자반향), 『청년문학』, 1979.2, 16~17면.

독해되는 것이 아니라 불편한 반리얼리즘 문법으로 독해되는 것이다. 그렇지만 이런 수령을 정점으로 하는 반리얼리즘 미학에 익숙한 이북의 독자라면 분명히 '혁명 교과서'로 '총서'를 독해할 것이다. 그래서 '총서'는 분명 허구적 이야기이지만 사실적 이야기로 독해되며 수용될 것이다. 이북의 정치적 기획의 산물이 분명하지만, 의식적이든 무의식적이든 이런 효과를 노린 것이 '총서' 기획의 진정한 의도일 것이다. 허구와 사실 사이에 끊임없이 갈등하면서, 분명 허구이지만 사실로 독해되는 것. 이것이 '총서'가 근대 기획의 역동성 위에 선 위치가 아닐까? 이는 근대문학의 고민을 리얼리즘이 아니라 반리얼리즘으로 봉합하면서 근대적 문법을 만든다. 위 예문의 양명선(황해남도 해주시 해운동 독자), 정상응(김일성종합대학 조선어문학부 학생), 지만수(평양승강기공장 노동자) 등의 글뿐만 아니라 『조선문학』, 『청년문학』 등에 산재한 여러 감상문에서 볼 수 있듯이, 이북식 근대적 문법으로 독해한다면 '총서'는 상당히 감동적인 작품으로 읽혀진다. 이북식 문법에 익숙하지 않다면 다른 이야기가 되겠지만. 따라서 '총서'의 기획은 이런 이북식 '새로운' 근대소설적 문법의 창출이 아니겠는가?

또한 '총서'는 리얼리즘과 반리얼리즘 문법을 봉합하는, 끊임없이 문학을 통일하고 평준화하는 근대문학의 탐욕성의 그 일단을 보여 준다. 앞에서 보았듯, 반리얼리즘 문법으로 독해된다고 하더라도 근대에 창작된 작품 치고 '근대문학'이라는 상표를 붙여서 안 될 것이 어디 있겠는가. 근대문학을 독해하는 익숙한 미학주의가 '총서'를 근대문학, 근대소설로 읽기를 차단하는 것이 아니겠는가. 그렇지 않다면 무협 문학, 더 나아가 대중 소설은 근대문학이 아닌가. 이에 대해 부정적이라면 문학성이니 예술성이니 하는 근대문학을 바라보는 익숙한 문법이 그것을 차단하는 것은 아닐까. 현재 이북의 '총서'를 남한의 익숙한 문법으로 '만' 읽는 것은 아닐까. 현재 이북 사회를 읽는 방법과도 닮아 있는지도. 이에 대한 대답은 필자의 한계 밖의 일이리라.

# 소설과 기억의 정치학

## 『영생』에 대하여

김한식(상명대)

## 1. 북한 문학을 보는 관점

다른 역사와 문화를 가진 문학을 이해하기 위해서는 무엇보다도 그 사회를 이해하는 일이 중요하다. 문학이 상상력의 산물이라고는 하지만 생산자와 소비자가 기반하고 있는 다양한 제도나 구조들이 문학에 미치는 영향을 무시할 수 없기 때문이다. 문학의 경우 다르고 낯설다고 해서 결코 열등하거나 조악한 것이 아니며, 익숙하다고 해서 뛰어난 것은 더욱 아니다. 자칫 자기중심적이 되기 쉬운 보편 지향, 고전 지향의 문학관은 '다른' 문학을 이해하는데 별반 도움이 되지 않는다.

우리가 북한의 문학에 대해 가져야 하는 태도도 낯선 문화나 문학을 접할 때 가져야 하는 태도와 별반 다르지 않다. 남과 북이 천 년 넘게 같은 문화 안에서 살아왔다는 점은 틀림없는 사실이지만, 수십 년 동안 다른 체제를 유지하고 살아왔다는 점도 부정할 수 없다. 어쩔 수 없이 다다른 문화의 이질성을 인정해야 하고, 그것이 문학에 반영될 수밖에 없다는 점도 받아들여야 한다. 우리가 자본주의 근대화를 지상 목표로 삼았듯 북은 사회주의 사회의 건설을 목표로 했고, 우리가 민주주의의 실현을 희망하듯 북은 자주성의 실현을 희망했다. 우리 문학이 서구 문학의 영향과 인정주의 문학의 전통에서 자유롭지 못하듯, 북의 문학은 사회주의 사실주의나 주체사상에서 자유롭지 못하다. 이처럼 북의 역사가 우리와 다르다는 점을 인정하게 되면 북의 문학을 객관적으로 볼 수 있는 시각이 마련된다.

그러나 실제로 북한 문학을 이해하는 데는 이러한 '바람직한' 태도를 갖기 어려운 것도 사실이다. 특히 총서 '불멸의 력사'[1)]로 불리는 '수령형상 창조 작업'에 대해서는 대부분의 남쪽 독자들이 당혹감을 느끼게 된다. 많은 문학 전공자들조차 '총서'는 문학의 상대성으로 이해할 수 있는 범위를 넘어선다고 생각한다. 북한 문학을 전공하는 연구자들도 '총서'를 볼 때는 1960년대 이전의 사회주의 사실주의 문학이나 1980년대 이후 사회주의 현실 주제를 다룬 문학을 볼 때와는 확연히 다른 태도를 보인다.

이처럼 '총서'가 독자들에게 특별히 강한 거부감을 주는 이유는 대략 세 가지 정도라고 생각한다. 우선 작품의 내용이 역사와 허구를 넘나든다는 점을 들 수 있다. 일반적으로 우리는 소설은 허구이고 역사는 사실의 기록이라고 생각한다. 비록 둘을 완전히 구분하기는 어렵다 하더

1) '총서'의 특징은 다음의 글을 참고할 만하다. "총서 '불멸의 력사'는 김정일의 직접적인 관여 하에 북한의 거의 대부분 일류 소설가들을 "4·15문학창작단"에 망라시켜 진척시킨 수령형상 창조 작업이었다. 그것은 김일성의 일생을 몇 편의 개별적 장편소설이나 전기, 연대기식 작품이 아니라 방대한 규모로 전일성과 체계성을 가진 총서라는 타이틀을 달고 대하소설의 형식으로 집대성하는 것이었다."(김관웅, 「북한 주체 문학 시기 수령형상문학의 전근대성」, 『비평문학』, 2005, 228면) 이후 총서 '불멸의 력사'는 간단하게 '총서'로 표기한다.

라도 허구와 사실에 대한 의식은 둘을 나누는 매우 중요한 기준이 된다고 여긴다. 그러나 '총서'는 소설이라는 이름을 내세우고 있으면서도 역사의 기록이라는 점을 애써 강조한다.[2] '총서'는 독자들이 인물이 엮어가는 이야기에 흥미를 느끼기보다는 인물이 행한 역사적 사실에 감동을 받기를 원한다. 순수하게 창작 의도로 판단하면, 내용의 사실 여부와는 무관하게, '총서'는 소설보다는 역사에 가까운 양식이라고 할 수 있다. 그것도 정사보다는 위인전이나 전기에 가까운 편이다.[3] '총서'는 우리가 역사 소설이라고 부르는 양식과도 다르다. 역사 소설을 읽을 때 우리는 대략의 내용에 대해 동의하기는 하지만 그것을 모두 사실이라고는 믿지 않으며, 흥밋거리로 여길 뿐 신성하게 받아들이지는 않는다.

두 번째로 문학이 창작되고 유통되는 방식에서 우리와 공통점이 없다는 점을 들 수 있다. '총서'는 1970년대 초 김일성의 회갑을 맞이하여 첫 권이 발간되었다. 이름 있는 작가들을 '4·15문학창작단'이라는 단체에 모아 특별히 집필실을 마련해 주고 자료 조사 등의 편의를 제공해 주면서 김일성의 역사를 쓰게 만든 것이다. 말하자면 '총서'는 개인의 창작이 아니라 정권의 방침에 의해 기획된 정치의 산물이라 할 수 있다.[4] 문학이 개인의 자유로운 생각을 표현한다는 관점에서 보면 창작 의도, 창작 방향이 너무 뻔히 보이는 기획인 셈이다.[5]

---

2) 『영생』에 대해 최언경은 "소설은 이 모든 실재한 위대한 력사적 사실들을 더하지도 덜지도 않고 성실하고 진실하게 그리고 있다"고 평가한다. 소설에 대한 이러한 평가는 남한 평론에서 쉽게 찾아보기 어렵다(최언경, 「수령영생기원의 숭엄한 서사시적 화폭 —총서 '불멸의 력사' 중 장편소설 『영생』에 대하여」, 『조선문학』, 1998.1, 50면).

3) 북에서는 '불멸의 력사'에 대해 "력사문헌적 성격의 소설"이라는 말을 사용하기도 한다. '불멸의 력사'의 성격에 잘 어울리는 명칭이라고 할 수 있다(위의 글, 51면).

4) '총서'가 어떻게 유통되는지 확실히 알 수는 없다. 한 탈북자의 증언에 의하면 총서는 개인이나 가정에 보급되는 것이 아니라 군청이나 관공서에 비치된다고 한다. 그러나 실제로 이 책을 읽는 사람은 많지 않다고 한다. 증언을 어느 정도 참고할 수는 있지만 개인의 경험을 통해 전체를 이해하는 데 한계가 있음도 사실이다.

5) '총서'는 많은 작가들이 김일성의 일생 중 일정한 기간을 나누어 소설화하였는데, 그 재미에 있어서는 작가에 따라 큰 편차를 보인다. 천세봉·최학수와 같은 일급 작가들이 있는가 하면, 가독성이 떨어지는 문장을 쓰는 작가들도 많다.

세 번째는 수령 형상화(우상화)라는 일관된 내용이 주는 거부감과 그것이 가능한 북의 체제 자체에 대한 불만을 들 수 있다. 게다가 우상화가 오랫동안 정치적으로 대치하고 있던 상대방의 '수령'에 대한 것이라면 더 더욱 기꺼울 수 없다. 이어서 수령 형상화를 이끄는 주체가 그의 아들이라는 점도 저항감을 불러일으킨다. 북에 대한 부정적인 인상을 낳은 대표적인 요소가 봉건 시대에나 가능한 세습이 이루어진다는 데 있는데, '총서'는 그것을 합리화하는 정치적 작업의 하나처럼 보인다. 물론 이러한 판단은 북한 사회 체제에 대한 이해 정도와는 무관하게 이루어진다.

이런 거부감에도 불구하고 '총서'가 갖는 의미 역시 간과할 수 없다. 무엇보다 소설화한 역사라는 점 자체에 주목할 필요가 있다. '총서'는 '사실'로서의 역사가 아니라 '필요'로서의 역사이다. 우리는 이를 통해 북의 역사와 그것을 보는 북의 관점을 읽을 수 있다. 우리 문학을 보는 기준으로 판단하기 어려운 북 소설의 미학에 대해서도 짐작해 볼 수 있다. 주지하다시피 미학은 아름다움만을 다루는 학문이 아니다. 인간의 감정을 어떻게 동원하고 그것을 어느 방향으로 이끌어 가는지 역시 미학에서는 매우 중요한 주제이다. 다시 말해 '총서'의 뒤를 보는 일은 그들이 다루는 '역사'가 아닌 그것이 창작된 '현재'를 읽는다는 의미를 갖는다.

이런 관점에서 볼 때 '총서'의 한 편인 『영생』은 매우 흥미로운 소설이다. 이 소설은 김일성의 죽음을 중심 서사로 다룬다. 따라서 소설적 시간으로 보면 『영생』은 '총서'의 마지막에 해당하며 가장 최근의 북을 다룬 소설이 된다. 뒤에 확인해 보겠지만 이 소설은 지금까지 이어지는 현재의 문제들을 다루고 있다는 점에서도 매우 흥미롭다.[6] 본론에서는 『영생』을 통해 '총서'가 가진 소설적 · 이데올로기적 특징을 살펴볼 것이다.

6) 다음은 『영생』에 대한 북의 공식적인 평가로 볼 수 있다. "소설은 생애의 마지막 순간까지 일신의 모든 것을 다 바치고 순직하신 어버이 수령님의 불멸의 업적과 함께 경애하는 장군님의 숭고한 도덕 의리의 세계를 사실 그대로 생동하고도 진실하게 형상한 것으로 하여 주체문학사에서 특출한 자리를 차지하게 되었다."(『조선중앙년감』, 조선중앙통신사, 1998, 233면)

## 2. 총서 '불멸의 력사'와 『영생』의 위치

'총서'를 통해 우리는 북한 사회가 "근대 안의 반근대"라는 성격을 유지하고 있다는 점을 확인할 수 있다. 전 지구적 자본주의, 자본의 세계화가 거부하기 어려운 추세임에도 불구하고 우리가 상상할 수 있는 한에서 북한은 아직도 자본주의 근대와는 다른 여러 가지 특징을 유지하고 있다. 이는 단지 민주주의와 같은 정치적인 시스템에 국한된 문제가 아니다. 사회를 운용하는 이들이나 사회 구성원들이 가진 정신의 지형이 개인주의·공화주의·자유주의의 경험을 거부하고 있으며, 평등의 괄목할만한 발전에도 불구하고 여전히 수직적인 구조를 유지되고 있다는 점에서 그렇다. 이러한 사회를 당연하거나 불가피한 것으로 인정하는 다수의 마음가짐 역시 근대인의 일반적인 정서와는 다르다. 세습 정권이라든지 전일적인 권력의 집중을 또 다른 예로 들 수도 있다. 무엇보다 충과 효의 논리를 공적인 관계로까지 확대하고 있다는 점은 내부 논리야 어떻든 근대 사회에서는 쉽게 찾아보기 어려운 작동 원리라고 할 수 있다. 동양의 근대가 충과 효의 체제를 깨는 일을 무엇보다 중시했다는 점을 생각하면 이는 매우 중요한 특징이다.[7)]

'총서'라는 양식은 그 자체로 반근대적이다. 한 개인의 영웅적인 이야기를 수십 권의 책에 담아낸다는 발상은 왕조 시대에나 가능한 일이다. 살아 있는 사람의 역사를 기록한다는 생각 역시 그렇다. 『용비어천가』를 통해 정권의 정당성을 만들어 내고자 했던 조선 초기의 인식과 아주 멀리 있어 보이지 않는다. 통치자를 영웅으로 기록하는 일을 굳이

7) 동아시아 전통에서 충효가 차지하는 비중이 줄어들기는 했지만 여전히 강하게 남아 있는 것도 사실이다. 일찍이 『국화와 칼』에서 루스 베네딕트는 일본 문화의 특징으로 '충'을 지적했는데, 차이는 있겠지만 동아시아 삼국에서 충은 공동체의 유지를 위해 매우 중요한 의미를 가지고 있었다고 할 수 있다.

사양하지 않았던 이승만·박정희 시대의 인식과 비교해도 규모나 정도에서 특별한 면이 있다.

시간에 대한 인식 역시 마찬가지이다. '총서'는 한 영웅의 찬란한 이력의 기억이면서 동시에 과거 시간에 대한 추억이다. '총서'의 시간은 미래로 열려 있다기보다 과거를 향하고 있다는 느낌을 준다. 영광스러운 순간을 살려내고 그 안에서 아름다운 사건과 인물들을 확인하는 것이 '총서'의 일관된 주제이다. 그렇다고 '요순시대'처럼 찬란한 과거를 그리워하는 서사가 들어 있는 것은 아니다. 오히려 과거와 비교되는 현재를 영광의 시대로 만들기 위한 의도가 담겨 있는 것으로 보인다. '총서'는 현재의 사회적 문제를 직접 지적하는 일이 거의 없다. 만약 경계하는 경우가 있다면 과거의 어려움을 모르거나 과거의 '훌륭한' 정신을 잃어버린 인물이 등장할 때이다.

소설의 문법 역시 익숙한 남쪽의 그것과는 여러 면에서 다르다. 전반적으로 고전 소설의 문법을 따르고 있지만 가장 두드러지는 특징은 인물을 다루는 방법에 있다. '총서'는 인물들을 다룸에 있어 혈통을 중시한다. 인물은 그의 가계와 함께 소개되는 경우가 많다. 흔히 말하는 '출신 성분'이 강조된다. 뛰어난 일군은 어김없이 뛰어난 일군이었던 부모를 두고 있거나, 예전에 김일성의 감화를 받은 적이 있는 인물이다. '총서'의 소설에 한정하면 직업 역시 세습되곤 한다. 공장에서 일하는 일군은 대대로 공장 일군이고 뛰어난 군인은 군인의 아들이다.[8)]

앞서 밝혔듯이 『영생』은 김일성의 죽음을 다루고 있는 소설이다. '총서'가 김일성의 생애를 다루고 있는 것을 가만하면 『영생』이 마지막 권이 되는 것이 마땅하다. 그러나 실제로는 『영생』이 발간된 1997년 이후에도 '총서'는 지속적으로 발간되고 있다. 여기에는 주인공의 죽음이

8) 물론 이러한 인물의 특징은 정권의 후계 문제와 연결된다. 후계 문제를 개인의 선택이 아니라 국가의 전체 시스템 안에서 정당화하고자 하는 의도라고 판단할 수 있다. 수령의 후계자가 수령의 아들인 것은 혈통으로 보아 당연한 일이 된다.

'총서'의 마무리가 될 수 없는 나름의 사정이 있을 것으로 짐작된다.[9] 북한 사회에서 김일성의 죽음은 일반인의 죽음과 다른 의미를 가지고 있었을 뿐 아니라 현실 정치에까지 영향을 미칠 수 있는 사건이었다. 이전의 '총서'도 발간 순서가 시간 순서를 충실히 따르고 있었다고 볼 수는 없지만 『영생』의 소재는 급히 작품화된 편에 속한다. 보통 1930년대 이후의 작품이 수십 년의 시간 차이를 두고 창작되었는데 비해 『영생』은 사건과 출간 사이의 시간이 불과 3년에 불과하다. 이는 이 소설의 특별한 성격과 중요성을 보여주는 것이기도 하다.

'총서'의 개별 작품들은 '총서'가 갖는 전반적인 특징(기획 목적에 부합하는)을 대부분 가지고 있다. 그렇더라도 다루고 있는 시기나 사건에 따라 각각의 작품에 대한 평가나 의미 부여는 조금씩 달라질 수 있다. '총서' 안에서 『영생』이 갖는 의미는 다음 몇 가지로 정리할 수 있다.

우선 『영생』은 살아 있는 인물의 기록에서 죽은 사람의 기록으로 넘어가는 시기를 다루고 있다. '총서'는 시기별로 김일성의 행적을 기록한 소설이다. 크게 해방 전과 해방 후편으로 나누기도 하고 여러 번에 걸쳐 개작이 이루어진 작품도 있다. 어찌되었든 『영생』 이전까지 '총서'는 살아있는 사람의 기록이었다. 그러나 『영생』 이후의 '총서'는 죽은 사람의 기록이 된다.

『영생』은 대부분의 '총서'에 비해 사건의 완결성 면에서 매우 취약한 구조를 가지고 있다. 이 소설의 현재 시간은 1993년 12월에서 김일성이 실제 사망하는 1994년 7월까지의 반년 남짓이다. 다른 '총서'들이 분명한 사건을 가지고 있는 데 비해 『영생』은 사실 하나의 완결된 사건을

9) 다음과 같은 평가는 판단에 혼선을 가져오게 한다. 역사의 마지막 편이라는 의미로 보아야 하는 것인지, 단지 생애의 마지막을 지적한 것인지 확실히 판단하기 어렵다. 결과로 보면 『영생』 후에도 여러 편의 '총서'가 창작된다. "장편소설(백보흠 · 송상원 작)은 총서 '불멸의 력사'의 마지막 단원을 이루는 종결편으로서 위대한 수령 김일성 동지의 빛나는 생애의 마지막 해인 주체83(1994)년의 혁명 활동 내용을 감명 깊게 형상하였다."(『조선중앙년감』, 조선중앙통신사, 1998, 232면)

가지고 있지 않다.[10] 북에서는 김일성의 죽음 자체가 더할 나위 없이 중요한 사건이겠지만 서사로 볼 때 이 소설에서는 기승전결로 구분할 수 있는 뚜렷한 사건이나 개성적인 인물을 발견하기 어렵다.[11]

『영생』은 역사가 아닌 현재의 기록, 완결된 역사의 기록이 아니라 진행 중인 역사, 엄밀하게 말해 마치지 못한 역사의 기록이라는 점에서 다른 '총서'의 소설과 구분된다. 다루고 있는 소재는 현재에도 시효가 다하지 않는 문제들이다. 소설의 배경이 되는 시간, 소설이 발표된 시간, 길게 보면 지금까지 이어지고 있는 문제들이다. 농업 문제와 북미 핵 문제 등이 그것이다.

마지막으로 옛 역사의 종결과 새로운 역사의 시작을 다루고 있다는 점을 들 수 있다. 북의 역사 인식에서는 현재까지를 식민지 해방 투쟁을 벌이던 1930년대의 연장으로 볼 수 있는지 모르겠으나, 국제 정세의 측면에서 보면 김일성의 죽음은 하나의 역사를 종결지은 사건이라고 할 수 있다. 『영생』의 시간은 실제와 상관없이 김정일이 대외적으로 북의 유일 지도자로 등장하는 시점이기도 하다. 소설에서는 '유훈통치'를 강조하고 있지만 죽음 이후 새로운 시대가 시작되는 것임에는 틀림이 없다.

이러한 특징에 비추어 우리는 『영생』을 통해 북한의 두 가지 현실을 확인해 볼 수 있다. 하나는 총서 안의 현실이고 다른 하나는 『영생』이 창작될 당시의 현실이다. 이는 '총서'가 단순히 소설이 아니라는 점에서 착안한 것으로 소설의 내용을 신뢰하는가와는 다른 차원의 문제이다. 작품 속 내용이 미화되고 왜곡된 것임에도 불구하고 그것이 현실에서

---

10) 예를 들어 김정의 『닻은 올랐다』는 1920년대 중반 '타도제국주의동맹' 조직 과정을, 최학수의 『압록강』은 1930년대 중반 보천보전투를, 석윤기의 『봄우뢰』는 1930년대 초 반일유격대 창건을 다루고 있다.

11) 최언경은 앞의 글에서 "소설에는 기승전결로 맺어지고 발전하는 사건과 인물관계는 없다"(49면)고 말한다. 김일성의 예상치 않은 죽음에 기승전결을 두기 어려웠으리라는 짐작을 할 수 있다.

선택된 것임에는 틀림이 없다. 김일성과 관련된 사실이 왜곡되었을 가능성은 매우 높지만, 주변의 정세나 세세한 사실들에서 추론할 수 있는 내용들은 의외로 많다. 또, 소설이 창작될 당시에 북한이 안고 있던 문제가 무엇이었는지, 드러내고자 하는 것과 감추고자 하는 것이 무엇이었는지도 짐작해 볼 수 있다.

## 3. 『영생』의 배경과 이념

『영생』의 시간적 배경이 되는 1994년 전후와 소설이 실제 창작되는 1997년 사이는 흔히 '고난의 행군'기라고 불린다. 식량 부족, 핵 문제 등으로 곤란을 겪게 되는 시기이다. 『영생』에는 소설적 현재와 발표되는 시점 사이의 중요 문제가 담겨 있다.

소설에서 중요하게 다루고 있는 문제는 크게 세 가지이다. 우선 농업 문제를 들 수 있다. 이는 김일성이 죽기 전까지 늘 마음을 쓰는 일이다. 두 번째는 북미 간 외교 문제이다. 이 소설에서 굳이 중심 사건을 찾자면 카터의 방문과 김일성—카터의 회담이 될 것이다. 앞서 말한 대로 완결되지 못했다는 의미는 있지만 핵 갈등은 1990년대 이후 지금까지 이어져 오는 가장 민감한 문제임에 틀림이 없다. 세 번째는 단군릉 발견과 관리 문제이다. 김일성은 생전에 단군릉 복원에 유별난 관심을 보인다. 이는 민족의 정통성 확립이라는 주제와 연결된다.

물론 『영생』에서 벌어진 사건을 현실의 사건과 동일시하는 데는 문제가 있다. 평자들이 아무리 "소설은 이 모든 실재한 위대한 력사적 사실들을 더하지도 덜지도 않고 성실하고 진실하게 그리고 있다"[12]고 역설하더라도 소설은 사실 그대로의 역사는 아니다. 그렇다고 해도 소설에서 다루고 있는 세 가지 현실 문제가 갖는 중요성이 줄어드는 것은 아니다. 이들 문제들이 단순히 1994년의 사실을 넘어 1994년과 1997년의 사이의 핵심 문제로 읽힌다는 점은 변하지 않기 때문이다. 소설과 현실의 대화를 살펴보는 일은 때로 역사와 현실 이상을 볼 수 있도록 해준다.

소설은 농업에 대한 김일성의 관심으로 시작한다. 식량난에 대한 직접적인 언급은 없지만 '인민'들을 위해 가장 필요한 것이 식량이라는 생각으로 식량 증산을 위해 노력하는 김일성의 모습이 중요하게 다루어진다. 대부분의 총서가 김일성과 인민 사이의 계몽적 관계를 드러내고 있는데, 『영생』의 경우 농업 문제와 관련된 이야기에서 이러한 계몽적 구도가 가장 분명하게 드러난다. 김일성은 인민과의 접촉을 통해 현실적 삶에 지침을 주고 때로는 감화를 통해 인민의 교양을 향상시키는 일을 한다.

물론 『영생』에서의 계몽은 신화를 깨는 이성의 힘을 의미하지는 않는다. 어리석은 백성들의 생각이나 행동을 지적하여 깨우쳐주고 때로 지침까지 내려주는 교육자에 의한 일방향의 계몽이다. 따라서 합리적 원칙이나 구조적 개선을 수반하지도 않는다. 계몽을 가능하게 하는 요소는 타고난 성품이나 자애로운 마음이다. 수령에 대한 일반적인 호칭에서도 드러나지만 김일성의 계몽은 '어버이'와 '자식'의 관계가 확대된 것이라 볼 수 있다.

소설에서 김일성은 연백평야 지대에 지대한 관심을 보인다. 김일성의 행적을 따라가면 평양 다음으로 많이 등장하는 곳이 연백이다. 연백은 북을 대표하는 평야지역이기도 하지만 그들의 역사에서 매우 중요한 의미를 지닌 곳이기도 하다. 김일성은 연백에 농업 사령관으로 가서 다음과 같은 말을 했다고 한다.

---

12) 최언경, 앞의 글, 50면.

그이께서는 무척 만족하시여 연백군은 해방 후 38분계선이 생기면서 두동강으로 갈라졌댔는데 전쟁 때 우리가 남연백군을 해방하여 이 고장을 다시 배천군으로 부르게 됐다고 하시면서 연백벌의 긴 력사와 앞날에 대해서까지 세세히 말씀하시였다.[13]

지난 역사를 통해 현재를 말하는 '총서'의 문법을 여기서도 확인할 수 있다. 역사적으로 겪었던 어려움을 말하고 그 극복 경험을 통해 현재의 어려움에 대해서도 말하는 방식이다. 위 예문 다음 장면에서는 어렵게 획득한 땅이 지금은 '조국'을 위해 중요한 역할을 하고 있으니 농민들은 농업의 중요성을 깊이 깨닫고 성심을 다해 열심히 일해야 한다는 비교적 진부한 계몽적 설명이 이어진다.

연백평야를 방문한 김일성은 농업 일군들을 만나게 되는데, 이들 중 몇몇은 예전에 김일성과 관계를 맺었던 사람들의 자손들이다. 대표적인 인물이 천도산 관리위원장 배연실이다. 김일성은 배연실의 과거에 대해 잘 알고 있다. 「흰 저고리」는 한 여인의 영웅적 삶을 다룬 영화인데, 이 영화의 주인공 여인은 1950년대의 어려운 시기에 열여섯 명의 전쟁고아를 키웠다. 배연실은 그 딸 중 하나이다. 고아로 어렵게 자란 그는 지금 수백정보의 논밭을 관리하는 관리위원장이 되어 있다. 배연실의 성공한 모습을 본 김일성은 "이것만 보아도 우리 사회주의가 얼마나 좋은가를 알 수 있소. 이 사회주의를 지키기 위해서도 쌀을 많이 생산해야 합니다"[14]라고 말하며 스스로 감격해 마지않는다. 배연실이 천도산 관리인이 된 것도 사실은 김일성 덕이다. 배연실은 오래 전 김일성의 교시에 따라 30년 동안 그곳에 뿌리내리고 살아왔기 때문이다. 배연실의 개인사적 이야기는 천도산 복숭아 이야기로 이어진다. 천도산에서 복숭아가 많이 난다는 말을 듣고 서술자는 "1963년 당시에만 하여도 천도산

13) 백보흠 · 송상원, 『영생』, 문학예술종합출판사, 1997, 21면.
14) 위의 책, 25면.

에는 복숭아는커녕 산열매 하나도 없었다"고 말한다. 작가는 농업에 대한 김일성의 관심을 인민에 대한 사랑으로 연결 짓는다. 소설에는 그가 인민들을 직접 만나 이야기를 나누고 그들의 일상에 세세하게 관심을 기울이는 모습이 자주 그려진다.

농업에 대한 관심은 '저택 시험포전'을 통해서도 드러난다. 시험포전은 다양한 작물을 다양한 조건 아래에서 재배하는 일종의 실험 농장이라고 할 수 있다. 국가에서 농업 실험을 위한 장소를 마련하는 것은 그리 특별할 것이 없다. 농업이 주요 산업인 대부분의 국가에 존재하는 일반적인 제도이다. 『영생』의 시험포전은 김일성이 손쉽게 찾아볼 수 있는 곳에 있고, 또 실제로 그는 그곳에 자주 들러 자상한 관심을 보여준다. 그래서 이름도 '저택 시험포전'이다.

농업이 주산업이었던 왕조 국가에서 시험 농장은 농업 기술의 발전과 계몽이라는 눈에 보이는 목적 외에 백성에 대한 국왕의 관심을 드러내는 수단으로 사용되었다. 소설 속 시험포전의 경우도 크게 다르지는 않다. 작가는 관심을 넘어 '손수 챙기는' 모습을 애써 강조한다. 오삼수라는 저택 시험포전 관리인의 등장은 그 효과를 높여주는 데 크게 기여한다. 그는 놀라운 성실성을 가진 인물인데, 김일성과 나이가 같아 '동갑이'라고 불린다. 비록 나이는 같다고 하지만 오삼수는 김일성에게 지속적으로 감화를 받는 인물이고 김일성을 어버이처럼 모시는 충직한 일군이다.

어떤 정치적 의도가 개입되어 있든 농업 문제는 곧 생존의 문제였다고 할 수 있다. 1990년대 중반 이후 북에 찾아온 식량 사정의 어려움은 이전 50년의 역사에서 찾아볼 수 없을 만큼 심각한 수준이었다. '불멸의 력사'에서 그러한 위기가 그대로 언급되지 않는 것은 어찌 보면 당연하지만, 농업에 대한 새삼스러운 관심만으로도 위기의 실재를 짐작하게 한다. 김일성의 유훈이 『영생』이 창작될 1997년까지 이어지고 있다는 점을 생각하면, 소설 속에서 보이는 농업에 대한 관심은 1997년을 사는 북의 인민들에게 들려주는 유훈이라 보아도 크게 그르지 않다.

농업 문제가 국내적인 문제였다면 핵을 둘러싼 북미간의 대립은 긴급히 풀어야 할 국제 문제였다고 할 수 있다. 국제적 '위기'로 치달았던 이 문제를 소설에서는 정당한 합의를 이끌어 내는 과정을 중심으로 전개해 나간다. 현재도 완전히 해결되었다고 볼 수는 없지만 당시의 협상은 북의 필요와 미국의 요구가 어느 정도 맞아떨어진 상태에서 '성공적으로' 마무리되었다고 평가된다. 소설에 따르면 정당한 쪽은 자주권을 지키려는 북이고 남과 미국의 강경파들은 평화를 해치는 '악'이다.

북미 간 핵 위기가 전 세계의 관심을 끌었던 역사적인 사건임에도 불구하고 그것을 다루는 방식은 다분히 '총서적'이라고 할만하다. 소설에서는 국제관계의 역학이나 당사국의 이해관계보다는 김일성 개인의 통찰과 판단이 강조된다. 사건의 심각함보다는 그것에 의연히 대처하는 개인의 역량이 서사의 중심에 놓이는 셈이다. 흑연감속로 노심 교체 문제가 회담의 주제였는데, 김일성은 핵 문제를 자주권의 문제로 보고 교체를 '단호히' 명령했다고 한다. 전쟁을 피하기 위해 굴욕을 감수할 것인가 자주권을 지키기 위해 전쟁까지 불사할 것인가를 선택해야 하는 순간 그는 매우 단호하고 의연한 모습을 보여준다. 물론 이러한 결정 뒤에는 "미국이 조선반도에서 전쟁도 불사하겠다고 하지만 결코 800억 딸라를 쥐여뿌리려 하지는 않을 것이다. 아니 그보다는 조선에서 전쟁이 일어나는 것으로 하여 저들의 핵전략, 세계전략이 파탄되는 것을 두려워할 것"[15]이라는 당시 정세에 대한 판단이 작용하기는 한다. 그러나 소설에서는 이러한 판단의 근거보다는 자주를 위한 개인의 '의지'가 더 중요하게 부각된다.

특히 카터와의 회담 성공과 관련해서 회담 당사자의 인격이 강조되는 모습은 독자를 당황하게 만들기에 충분하다.

15) 위의 책, 195면.

> 김일성 주석은 미국의 건국과 운명을 대표했던 죠지 워싱톤, 토마스 제퍼슨, 아브라함 링컨 3대 대통령을 다 합친 것보다 더 위대하다. 김일성 주석은 세계의 건국자들과 태양신을 다 합친 것보다 더 위대한 인간운명의 태양신이라는 것을 나는 서슴없이 말하게 되는 바이다.[16]

회담을 마치고 남으로 내려간 카터는 기자들과 회견을 갖는데, 위 예문은 그 회담 내용 중 일부이다. 이에 덧붙여 카터는 핵 의혹과 함께 김일성에 대한 의혹이 모두 풀렸다고 말한다. 외교 문법을 떠나 상식적으로 이해할 수 없는 서술이다. 회견 후 김일성에 대한 평가는 '현시대의 예수', '아주 훌륭한 생애'[17] 등으로 다양하게 표현된다. 『영생』의 저자들은 주로 자신들이 직접 개입하여 김일성의 위대함을 강조하는 방법을 쓰는데, 위에서는 특별히 카터의 입을 빌려 그 권위를 얻고자 한다.

농업 문제와 북미 회담이 죽기 전 김일성이 관심을 가진 국내외 문제였다면, 단군릉의 발굴과 그에 대한 김일성의 관심은 권력 승계과 북의 정통성 문제와 관련된다. 김일성은 평양에서 발견된 단군릉에 지대한 관심을 보인다. 무엇보다도 단군이 민족의 시조라는 사실 때문이다. 단군릉이 김일성의 고향인 평양에서 발견되었다는 사실도 그것이 강조되는 숨은 이유로 보인다. 또, 단군릉에 대한 북의 관심은 일회적인 데서 그치지 않는다. 김일성 사후 단군 문제는 점차 중요성이 더해진다. 북한에서 "김일성을 사회주의 조선의 시조로 받들고, 김정일이 '주체의 태양으로 영원히 받들어 나가는 김일성 민족'의 새로운 태양이라고 규정"[18]하고 있는 것을 생각하면 단순한 소재 차원의 문제를 뛰어 넘는다. 『영생』의 창작 시기를 생각하면 단군에 대한 소설의 관심이 1994년에 한정되는 것으로 느껴지지 않는다.

단군에 대한 강조는 이후에 벌어지는 단군 문학의 발전과도 연관이

16) 위의 책, 265면.
17) 위의 책, 240 · 266면.
18) 배성인, 「김정일 시기 북한 문학의 특징」, 『통일문제연구』 2005년 상반기 43호, 290면.

있어 보인다. 단군 문학은 김일성 사후의 수령영생 문학으로 다시 이어진다. 수령영생 문학은 "그를 단군과 비견하는 위인, 민족의 시조로 찬양하는 것이다. 유훈 통치기에 단군과 관련된 신인 작가들의 소설이 여러 편 발표되었는데 대부분이 단군과 김일성을 같은 반열에 올려놓고 이를 '조선민족 제일주의 정신'과 연결시키는 수법"[19]으로 발전한다. 『영생』의 경우는 주인공이 살아 있을 때인 만큼 단군과 김일성의 동일시가 나타나기보다는 단군에 대한 그의 관심이 드러나는 수준에서 이야기가 그치고 있다.

## 4. 소설의 기억과 현실 정치

김일성의 사망이 '김정일 시대'의 새로운 개막을 의미하는 것은 사실이다. 하지만 김정일 정권의 공식적인 출범은 김일성이 죽은 지 4년이 지난 1998년이었다. 김일성의 뜻을 이어 받아 김정일 시대 곧 선군정치의 시대로 넘어가면서도 김일성의 영향력은 완전히 사라지지 않는다. 특히 북은 김일성이 죽은 후 1998년까지 4년 동안을 '유훈통치' 시기라 하여 김일성 체제를 그대로 승계하는 것처럼 포장하였다.[20] 『영생』은 이 유훈통치 시기에 창작된 소설일 뿐 아니라 소설 속 내용 역시 유훈통치의 시작을 다루고 있다.

유훈통치 시기는 기억의 통치 기간이라고 할 수 있다. 살아 있는 사람에 의한 판단이 아니라 죽은 사람의 뜻을 이어 받아 국가가 통치되는 특별한 시기이다. 물론 이는 살아 있는 사람, 정치적 실권을 장악한 사

19) 위의 글, 290면.
20) 위의 글, 287면.

람의 정치적 의도에 의해 선전된 것이기는 하다. 그렇더라도 이를 표면적으로 드러내는 일은 매우 특이한 경우라 하지 않을 수 없다.[21)]

과거에 얽매이는 사회적 분위기는 '총서'의 서사와도 통하는 면이 있다. 특히 시간 문제에서 그러한데, '총서'의 시간은 미래로 열려 있지 않다. 과거에 얽매이는 시간이며 이를 통해 반복되는 현재를 살핀다. 이는 같은 일이 벌어진다는 의미에서 반복이 아니라, 사건이 갖는 의미를 규정하는 방식이나 사건을 해결하는 방식이 과거에 많이 기대고 있다는 뜻으로서의 반복이다. 이때 과거의 경험은 절대적으로 중요하고, 새로운 이들은 풍부한 과거 경험을 가진 이들에 비해 언제나 열등하다.

'총서'는 이데올로기 장치이자 통치 수단이다. 이때 중요한 의미를 갖는 것이 기억의 호출과 그것의 현실적 적용이다. 잘 알려져 있듯 소설은 기억의 형식이라는 점에서 역사와 통한다. 역사가 가진 기억의 특성과 소설이 가진 기억의 특성은 서구적 개념에서는 '허구'라는 기준에 의해 나뉜다. 그런데 허구의 개념은 관점에 따라 크게 다를 수 있다. 사실주의에서 허구는 '거짓'과는 무관한 인과의 개념으로 사용된다. 거기에 효과적인 모방이라는 의미가 더해지면 허구는 사실과의 거리를 잃어버린다. 사실주의 문학과도 거리를 두고 있는 북의 '주체 문예'에서 허구는 '역사적 진실'에 위치를 내주게 된다. 문학 내적인 완결성보다는 현실과의 관계가 중심에 놓이게 되고, 역사와 사실의 경계는 매우 모호해진다. 역사를 극적인 재미를 줄 수 있도록 형상화하는 것이 문학에서 가장 중요한 문제가 된다.

이런 관점에서 볼 때 '총서'는 사적 기억의 역사화라고 말할 수 있다.

---

21) 김일성 사후 강조된 유훈 통치는 앞서 살펴본 북의 위기 상황을 역설적으로 보여준다고 할 수 있다. 이에 대해서는 다음 글을 참조할 만하다. "대외적으로 핵문제와 관련된 북미 간의 갈등, 대내적으로 최악의 자연재해에 따른 식량난과 악화되는 경제난에 의해 위기설로까지 이어졌다. 이러한 대내외적인 체제불안 요인을 타파하기 위한 수단으로 김정일은 김일성의 유훈을 표방하며 군 위주의 통치 체제를 강화하게 된다."(김윤영, 「북한이 주장하는 '선군혁명문학'의 실체」, 『북한』, 2001.12, 162면)

김일성이라는 개인의 역사가 곧 북의 역사가 되기 때문이다. '총서'에 따르면 역사적으로 중요한 시기, 중요한 자리에는 늘 김일성이 있었다. 때문에 그가 겪어온 역사가 현재의 북한을 형성하게 했다는 점에 아무런 의문도 제기할 수 없다. 이러한 생각은 공적 역사와 사적 역사의 경계를 지우고, 공적 기억과 사적 기억의 경계를 지우는 결과를 낳기 쉽다.

앞 장에서 살펴 본대로 『영생』의 경우도 개인에 대한 기억이 북의 현대사라는 공적 기억과 겹쳐지고 있음을 알 수 있다. 인민들에 대한 관심, 북미대화를 해결해가는 과정, 단군릉에 대한 김일성 개인의 관심은 역사의 방향과 사회 구성원의 운명을 좌우할 수 있을 만큼 중차대한 것으로 다루어진다. 그가 다루고 있는 사건이 개인의 문제가 아니고, 개인이 해결할 수도 없는 문제라는 상식은 소설의 작가나 독자 사이에 끼어들 틈이 없다. 과도한 책임감[22]과 그에 대한 무한한 신뢰만이 드러날 뿐이다.

그의 사적 기억은 서사의 전개에도 영향을 미친다. 비교적 최근의 시간을 다루고 있다는 점 때문으로 보이지만, 김일성은 과거의 인물들과 과거의 사건들에 대해 매우 큰 관심을 보인다. 현재의 일들을 과거의 사건을 통해 비추어보고 현재의 인물들을 과거 그들의 전 세대와의 연관을 통해 성격화하기도 한다. 앞서 다룬 천도산 관리 위원장 배련실은 물론, 옥도리 관리 위원장인 림경찬에 대해서는 "그가 림근상의 아들"이었음을 애써 강조한다. 김일성의 중요한 즐거움 중 하나가 유자녀들을 자주 만나는 일이라는 점에서도 이를 확인할 수 있다.[23]

다음 예문은 소설에서 과거의 기억이 가장 극적으로 표현되는 장면이다.

---

22) 자신에게 주어진 일을 해야 한다고 주장하면서 김일성은 "내가 쉬면 나라가 서, 몸은 백두산에서 내려왔지만 마음은 아직도 백두산에서 내려오지 않았다"(백보흠 · 송상원, 앞의 책, 231면)고 말한다. 물론 소설에서는 이것이 과도한 책임감이 아니라 김일성의 뛰어난 점으로 지적되고 있다.

23) 위의 책, 227면.

리대천은 편지와 사진을 집어 장군님께 드리였다. 그것은 수령님께서 김책 동지와 나란히 찍으신 40여년 전의 사진이었다. 편지봉투를 보니 그것도 가렬한 전쟁 시기에 김책동지와 어느 한 항일투사가 수령님께 올린 편지였다.

수백수천 번 꺼내 보신듯 사진의 모서리가 닳아서 보풀이 일었다. 아마도 수령님께서는 기쁘거나 슬플 때, 힘겨우실 때 그리고 떠나간 동무들이 못 견디게 그리우실 때 이 사진, 이 편지를 들여다보며 천만가지 생각을 하시였으리라.[24]

김일성이 죽은 후 그의 집무실 금고를 열어보니 그 안에 사진이 한 장 남아 있었다. 위 글은 그 사진에 대한 설명이다. 소설은 사진의 의미를 강조하고 있으며 독자의 감동을 불러내기 위해 노력하고 있다. 금고 안에 든 사진이 가장 깊은 곳에 담긴 가장 소중한 기억이라는 느낌을 강조한다.[25] 앞서 현재의 문제를 과거의 사건을 통해 비추어본다는 점에서 '총서'의 시간관은 매우 특이하다고 지적한 바 있다. 김일성의 과거는 곧 역사이고, 김일성이 과거에 묶여 있는 한 북한 사회 자체가 과거에 묶여 있는 것이라 볼 수 있다.

사진은 소설에 등장하는 자잘한 기억들과는 비교할 수 없는 중요한 의미를 갖고 있다. 김책이라는 이름이 주는 무게 때문에 북한 사회 기원의 문제를 떠올리게 하기 때문이다. 위 예문을 통해 우리는 비록 정권 수립 60년이 되었지만 기원에 대한 자부심을 세우는 일을 그들이 매우 중요하게 생각한다는 사실을 알 수 있다. 이는 남에서 애써 정권의 기원을 지우려고 하는 것과는 대조되는 면이다.

일반적으로 현재의 정권은 자신의 권위나 권력을 유지하기 위해 기원

24) 위의 책, 466면. 이에 대해 한 평론에서는 "영결식 전날 일군들은 금수산 의사당 집무실 수령님의 금고에서 한 장의 사진, 해방 후 새 조국을 건설하는 길에서 우리 수령님께서 혁명전우 김책과 함께 찍으신 사진 한 장을 발견하였다"(김성복, 「다양한 시점에서 풍만하게 그려진 위인의 숭고한 인간세계」, 『조선문학』, 1999.11, 13면)고 그 의미를 상세히 설명한다. 역시 혁명전우, 새 조국 건설이라는 과거가 강조된다.

25) 이 부분은 오손 웰스의 영화 『시민 케인』을 떠올리게 한다. 이해하기 어려운 복잡한 인간성을 가진 신문왕 찰스 포스터 케인이 모든 성공에도 불구하고 어린 시절 어머니에게 받은 썰매를 일생동안 가장 소중히 여겼다는 것이 이 영화의 중심 서사이다.

을 지우는 방법을 사용한다. 권력의 기원에는 반란이나 우연 등 권력이 강조하기에는 껄끄러운 요소들이 많기 때문이다. 이에 비해 기원을 강조하는 이유는 기원이 가진 긍정적 가치가 현재를 유지하는 데 도움이 되기 때문이다. 역으로 말하면 현재가 과거에 비해 불안한 요소를 많이 가지고 있을 때 과거를 강조하게 된다. 인민의 충성이나 정권의 정통성을 강조하고자 할 때도 기원이 강조될 수 있다. 따라서 북한 사회나 '총서'가 기억의 정치에 의지하고 있다는 사실은 현재의 체제를 유지하는 데 과거가 주는 도움이 크다는 의미로 해석해도 좋을 것이다. 기억 주체의 죽음을 다루고 있는 『영생』은 기억의 정치에 한 정점이 되는 소설이다.

기원은 가장 먼 역사라는 점에서도 주목할 만하다. 기원에 대한 강조는 현재에 대한 문제의식으로 이어지기보다는 확인하기 어려운 환상으로 작용할 가능성이 크다. 민족주의자들이 역사에서 굳이 고대사를 강조하는 이유와 크게 다르지 않다. 기원에 대한 강조는 단군릉에 대한 강조와 자연스럽게 이어지기도 한다. 이러한 이데올로기를 소설 속에서는 사진을 통해 강조한 것이다.

기억과 기원을 나타나기 위해 동원된 것이 김책의 사진이었다. 그런데 소설에는 이것 말고도 중요한 사진이 한 장 더 등장한다. 죽음을 맞기 이틀 전인 7월 5일 아침 김일성은 갑자기 과거의 어느 날을 떠올린다. 작가들은 맥락 없이 "그이께서는 불현듯 1946년 어느 여름날에 어리신 장군님에게 군복을 입혀 안으시고 김정숙 동지와 함께 사진을 찍으시던 일이 생각나시었다. 아드님에 대한 그리움을 무엇으로 다 표현할 수 있단 말인가"[26]라고 기술한다. 아들에 대한 사랑을 보여줌과 동시에 기원부터 함께 해온 김정일과의 관계가 강조한다. 김정일을 김책과 동일한 수준에서 이야기하고 있는 셈이다. 소설을 따르자면 김책과 김정일은 죽기 전까지 김일성의 마음속에 남아 있는 가장 아끼는 두 사람이었다.

26) 백보흠 · 송상원, 앞의 책, 370면.

## 5. 『영생』의 주제와 의미

지금까지 '총서' 중 1994년부터 김일성이 사망하는 1997년 7월까지를 다룬 소설 『영생』을 북한 현대사와 기억의 정치라는 관점에서 살펴보았다. 미학적 특징보다는 문학 외적인 요소들에 주목하였다.

제목이 의미하는 바와 같이 이 소설의 주제는 김일성의 죽음이다. 김일성의 죽음이라는 역사적 사실과 죽음을 맞이하는 북의 분위기, 거기에 앞서 죽기 전까지 인민을 위해 노력하는 김일성의 모습이 모여 하나의 주제를 이루는 소설이다. 그러나 죽음을 단순한 종결로 보지 않는다는 데 『영생』의 '총서적' 특징이 있다. 소설 안에서 김정일은 "영결! 그것은 영원히 헤여진다는 말이다. 허나 우리 인민은 래일의 영결식을 통해 수령님과 헤여지는 것이 아니라 영원히 같이 있게 될 것이다"[27]라고 말한다.

소설에 자주 등장하는 유훈 통치라는 말은 『영생』의 주제를 잘 보여준다고 할 수 있다. 김일성이 죽은 후 천도산에서 난 과일을 과일 구하기가 어려운 북쪽 인민에게 먼저 보내야 한다는 김일성의 유훈은 다른 무엇보다 우선해서 실천된다. 그것이 가장 중요한 국사이기 때문이 아니라 죽기 전에 강조한 '유훈'이기 때문이다. 『영생』을 다룬 평론에서도 소설의 의미를 "영생기원의 절절한 념원이 뜨겁게 담겨져 있다", "수령님의 유훈교시 관철에 산악같이 떨쳐나섰다"[28]는 데 두고 있다.

북이 갖는 반근대적 특징은 가족 공동체의 보존에서 출발한다. 김일성과 김정일의 세습 문제도 이러한 틀에서 생각해야 한다. 충과 효의 문제라든지 사적 영역과 공적 영역의 구분 없음도 근대 안의 반근대라는 특성 안에서 설명된다고 할 수 있다.[29] 『영생』에서 드러나듯이 북의 인간

27) 김성복, 앞의 글, 14면.

28) 최언경, 앞의 글, 49면.

29) 물론 북한의 도덕관에 의한 충효사상은 유교 사상 그대로가 아니라 주체사상에 기

관계는 개인과 개인의 사적인 관계로 이어져 있을 뿐 공적인 명분으로 이어져 있지는 않다. 김일성의 죽음을 보고 오덕실은 "장군님 …… 불효한 저희들이 수령님께 늘 걱정을 끼쳐드렸기 때문에 …… 그래서 …… 수령님께서 돌아가셨습니다"[30]라고 말한다. 여전히 그들은 유격대처럼 커다란 적과 대결하고 있고, 그런 의미에서 언제나 위기를 건너고 있다. 위기를 벗어나기 전까지는 비상 체제가 가동되게 마련인데 『영생』은 지도자의 죽음으로 그 위기가 새삼스럽게 부각되는 장면을 다루고 있는 소설인 셈이다.

근대 안에서 유지되고 있는 반근대적 특징은 북만의 문제가 아니라 현실 사회주의권 모두의 문제이기도 했다. 근대화 과정 속 남한의 현실도 이와 크게 다르지 않았다. 그러나 그러한 시대는 언젠가 끝날 수밖에 없다. 보기에 따라 『영생』은 한 시대가 마무리되어야 할 자리에서 다시 시작을 이야기하는 독특한 소설이라 할 수 있다.

---

초하고 있다. 북한에서 말하는 '충효'는 '수령, 당, 대중'의 통일체인 '사회 정치적 생명체'를 중심으로 한 수령에 대한 충효이다. 이런 시각에서 김정일은 어버이 수령에 대한 '충성의 화신', '충신의 귀감'으로 찬양되고 있다. 이에 대해서는 김윤영, 「북한소설의 김정일 '수령형상창조' 연구」(『동남어문논집』 24집, 2007.11, 67면) 참조.

30) 백보흠 · 송상원, 앞의 책, 449면.

# '총서'에 나타난 해방기 북한의 국가 만들기 기획과 서사의 균열

## 『빛나는 아침』과 『삼천리 강산』을 중심으로

이승윤(연세대)

## 1. 북한문학에서 '총서'가 놓인 자리

총서 '불멸의 력사'[1]는 김일성을 중심축으로 하여 항일빨치산의 유격대 활동과 해방 이후 국가 만들기와 관련된 북한의 역사를 그린 작품군이다. '총서'는 '수령형상화' 작업을 위해 별도로 조직된 작가 집단인 '4·15문학창작단'에 의해 제작되었으며, 그동안 북한에서 소설 창작에 관하여 논의되었던 모범적인 사례들을 집약적으로 활용하고 있다. 실제 북한에서는 총서의 창작이 "수령님의 불멸의 형상을 문학예술 작품에 모실 것을 절절하게 념원하는 우리 시대 혁명적 인민들의 한결같은 지향과 요구의 반영"이며, "우리 문학예술이 자기 발전의 새로운 단계에

1) 이하 '총서'로 약(略)하여 부른다.

올라섰다는 뚜렷한 증시이며 인류문예사가 도달해야할 새로운 리정표를 마련"한 것으로 평가하고 있다. 이때 '총서'는 "김일성의 항일혁명투쟁 력사 전반을 전면적으로, 체계성 있게 형상화"[2]할 수 있는 적합한 형식이 된다.

'총서'가 본격적으로 창작된 시점은 1970년 중반 이후이다. 이 시기는 북한체제가 균열의 조짐을 보이기 시작한 시점이기도 하다. 천리마 운동으로 잠시 고조되었던 북한 사회의 활기는 1970년대 중반 이후 점차 체제의 폐쇄성에 따른 한계를 드러내게 되고, 이후 균열이 심화되면서 새롭게 정비될 필요성이 야기되었다. '총서'는 창작 당시의 절박한 시대적 요구를 투영하면서 사회적 균열을 봉합하려는 의도로 창작되었던 것이다. 김정일은 '4・15문학창작단'을 진두지휘하면서 김일성 일가의 혁명 가계(家系)와 영웅적 항일 투쟁을 본격적으로 그려냄으로써 스스로를 그 적자(嫡子)로 자리매김하고 정통성을 부여하기에 이른다.

총서의 규모는 1973년 권정웅의 『1932년』에서 2007년 김삼복의 『청산벌』에 이르기까지 항일혁명투쟁 시기편 17권과 해방 후편 16권을 통틀어 총 33권에 달한다.[3] '총서'는 김일성을 중심으로 한 역사적 사변들을 단계별로 창작한 것이다. 각각의 장편소설은 상대적인 독자성을 가지면서도 인물이 서로 연결되고 사건이 계승되며 주제적 관계도 연관되는 특성을 지닌다. 구체적으로 해방 전편은 김일성을 중심으로 그의 가계(家系)와 투쟁에 동참했던 차광수・김혁・오중흡 등의 실존인물들

---

2) 총서의 형식에 관해서는 장희숙, 『주체문학의 재보』(문학예술종합출판사, 1995), 3~44면 참조.

3) 33권은 현재까지 필자가 확인한 텍스트의 규모이다. '총서'는 '타도제국주의동맹' 결성 이전인 1925년 이전 김일성의 생애는 다루고 있지 않다. 김일성의 소련 월경 시기인 1942~1945년의 상황도 단편적으로 그려져 있을 뿐 전면에 나서지는 않는다. 1994년 김일성 사망 이후 한동안 '총서'의 출판이 중단되었다가 1990년대 초반 이른바 '핵위기'와 김일성의 사망과정을 다룬 『영생』(1997)이 출판되면서 지금까지 '총서'의 출판은 지속되고 있다. 한편 북한의 문건에서는 공식적으로 '항일혁명투쟁 시기편'이란 용어를 사용한다. 본고에서는 편의상 '해방 전편'으로 부른다.

을 등장시켜 영웅적인 투쟁의 과정을 형상하고 있으며, 해방 후편은 김일성의 개선과 당 창건, 조선인민공화국 건설과정과 한국전쟁 등을 그 내용으로 하고 있다. 이외에도 총서에는 만주지역에서 실제로 활동했던 30여 개의 독립단체와 학생회, 200여 개 국내외의 역사적 사건이 다루어지며, 권당 80명에서 200여 명에 이르는 실존인물과 허구적 인물들이 등장한다. 이들 인물과 사건을 중심으로 소설적 상상력을 구사해서 만들어진 역사물이 곧 '총서'인 것이다. 총서의 이러한 형식은 기전체(紀傳體)를 기본 형식으로 하면서 개별 작품 하나하나를 연대에 따라 서술하는 편년체(編年體)의 모습을 하고 있다.[4)]

북한 사회에서 '총서'는 공적 기억의 보고(寶庫)이자 국가이야기의 원천으로 북한 사회의 '문화 정전'이라 할 수 있다. '총서'는 김일성을 중심으로 한 문학 창작물인 동시에 역사적 사실을 공식화한 텍스트이자, 북한의 정치·사상·역사·이념·예술 등의 정책과 제반지침을 망라한 자료의 집적물인 셈이다. 북한에서 절대적인 위상을 차지하는 '총서'는 김정일 체제에서도 '불멸의 향도'로 계승되어 지금까지 정전으로서의 지위를 차지하고 있는 것이다.[5)] '총서'는 북한에서 소설의 모범으로 평가되는 서사인 만큼[6)] '총서'를 분석하는 작업은 북한 소설 전반의 특징을 추

4) 강진호, 「'총서'라는 거대서사 혹은 허위의식」, 2008년 상반기 상허학회 발표집, 5~6면.

5) 2001년 3월에 출간된 『열병광장』에서는 김정일이 '21세기의 태양'으로 명명된다. 김일성 사망 7년 후, 작품을 통해 김일성의 공식 후계자임을 천명하고 있는 셈이다. '불멸의 향도'가 아닌 '불멸의 력사'에서 이미 김정일 국방위원장의 역사가 찬란히 개화하기 시작한 것이다. 남원진, 「혁명적 대작의 이상과 총서의 근대적 문법」, 한국현대소설학회 32회 자료집, 2008.11.22, 277면 참조.

6) 박종원·류만, 『조선문학개관 2』, 사회과학출판사, 1986, 281~295면; 김홍섭, 「총서 '불멸의 력사'는 우리 문학이 거둔 귀중한 재보」, 『조선문학』, 1988.12; 김용부, 「위대한 수령님의 불멸의 혁명력사에 대한 심오한 철학적 탐구」, 『조선문학』, 1989.4; 『위대한 수령 김일성 동지 문학 령도사』 3, 문학예술종합출판사, 1994, 377~386면. 북한에서 총서 '불멸의 력사'의 문학사적 의의로 명시하고 있는 것은, 첫째, 노동계급의 혁명문학 건설에서 새로운 발전단계를 열어놓았다는 점. 둘째, 혁명적 대작 창작의 새로운 경지를 개척하였다는 점. 셋째, 수령형상 창조론의 제반 미학적 원칙들과 귀중한 경험들을 집대성한 성과작이라는 점 등이다.

출하는 데 중요한 단서를 제공할 수 있을 것이다.[7)]

'총서'의 해방 전편은 1925년에서 해방에 이르기까지 만주, 길림, 압록강 연안 국경지역을 배경으로 김일성을 중심으로 한 항일 유격대의 조직과 활동상을 그리고 있다. 해방 후편은 1945년 해방 이후 토지개혁(천세봉, 『조선의 봄』, 1991)과 국가 건설(권정웅, 『빛나는 아침』, 1988; 김수경, 『삼천리 강산』, 2000), 1948년 정규군 창건과정(정기종, 『열병광장』, 2001), 한국전쟁 중의 1950년 서울과 대전의 해방전투(안동춘, 『50년 여름』, 1990), 인천상륙작전 이후 평양 재탈환(정기종, 『조선의 힘』, 1992), 351고지 전투(김수경, 『승리』, 1994) 등을 다루고 있다. 이외에도 전후 복구 건설과정(박용운, 『번영의 길』, 2001), 1958년 농업협동화 과정(김삼복, 『대지의 전설』, 1998), 김일성의 생애 마지막 해인 1994년을 다룬 『영생』 등이 '총서'의 해방 후편을 구성한다.

'총서' 33편 중 이른바 해방기[8)]를 배경으로 한 작품은 『조선의 봄』, 『빛나는 아침』, 『삼천리 강산』 세 작품이다. 『조선의 봄』은 1945년 가을부터 1946년 봄까지를 배경으로 토지개혁의 성공과정을 그린 작품이다. 본고에서는 『빛나는 아침』, 『삼천리 강산』을 연구의 대상으로 삼는다. '김일성종합대학' 건립과정을 다룬 『빛나는 아침』과 조선민주주의 인민공화국 건설의 막전막후를 그린 『삼천리 강산』은 남북한의 과학자와 학자, 사상가, 정치인의 역할과 그들의 포섭 과정을 정면으로 다루고 있

7) 북한에서 공식적으로 천명하는 문학론에 근거할 때 '총서'는 소설로서의 자격을 충실히 담지한 형식이라 할 수 있다. 하지만 남한 연구자들에게 '총서'는 '소설'이라기보다는 '문학의 형식을 빌린 역사서술', 혹은 '건국신화·왕조서사시·궁중악장가사에 해당하는 내용과 기능'을 하고 있는 것으로 읽히기도 한다. 나아가 아예 소설이 아닌 별도의 장르를 설정해야 한다는 주장도 제시되었다.

8) 본고에서 '해방기'는 일본통치의 공식적인 종결 시점인 1945년 해방에서 1948년 남북한 정부수립까지의 기간을 가리킨다. T. 휴즈는 기존에 사용하던 '해방공간'이라는 용어가 분단체제와 해방 그 자체의 의미에 대한 논쟁이 진행 중임을 함축하고 있다고 말한다. 따라서 이 시기를 그 뒤로 이어지는 40여 년 동안의 검열체제의 맥락에서 자리매김해야 할 것이라고 주장한다. Theodore Hughes, 「냉전 세계질서 속에서의 해방공간」, 『한국문학연구』 28집, 2005, 4~7면 참조.

다. 노동자 농민이 아닌 이른바 인텔리들이 작품의 중심 서사에 배치되는 이들 두 작품은 '총서'전체에서도 예외적인 경우에 속한다. 또한 이들이 수령의 영도 아래 일제히 포섭되지 않고 이탈하는 모습을 보이는 것도 예외적인 사례라 할 수 있다. 본고에서는 총서 '불멸의 력사' 중 1945년 해방에서 1948년 9월 '조선민주주의인민공화국'의 건설까지를 다룬 두 작품 『빛나는 아침』과 『삼천리 강산』을 대상으로 하여 북한 국가 만들기의 기획 아래 진행된 인텔리에 대한 포섭과 배제, 지식인의 갈등과 현실 대응양상, 그 안에서 나타나는 서사의 균열에 대해서 살펴보도록 한다.

## 2. '민족 간부'의 양성과 국가 만들기의 기획

1945년의 해방과 더불어 '국가 만들기'는 남북 모두에게 국가적 과제가 되었다. 정치적 주권을 확보하여야 미국과 소련에 의해 군사적으로 분할 점령된 현실을 극복할 수 있었기 때문이다. 북한의 주장처럼 1946년 북조선 임시 인민위원회가 민주개혁을 주도한 '자주적인 인민정권'이었다면, 38선 이북에서는 이미 국가 건설이 시작된 셈이었다. 더구나 항일빨치산을 이끌던 '장군'이 지도자로 나섰다는 점에서 인민정권의 수립은 민족적 정통성과 정당성을 갖는, 반제국주의의 세계사적 성과로 여겨질 수 있었다. 이는 북한이 남한을 해방해야 하는 민주기지임을 자처한 근거이기도 했다.[9]

1945년 9월 19일 북한에 들어온 김일성은 일제 때 항일빨치산 활동과

9) 신형기, 「지방에서 중심으로—북한문학을 통해 본 중심화 프로젝트의 전말」, '한국문학의 국제화를 위한 심포지엄—한국/학의 근대성과 로컬리티' 발표집, 2007.11, 85면.

조국광복회 조직 경험을 바탕으로 우선 당 조직과 군 계통을 장악했다. 그 후 1948년 '조선민주주의인민공화국'이 수립되면서 김일성은 최고 권력자로 등장하게 된다. 해방 후 김일성은 우선 건당·건국·건군을 당면한 중요과업으로 전면에 내세웠다. 해방기 북한은 사회주의를 향한 본격적인 경제 건설을 통한 사회·경제 개혁보다는 계급투쟁을 통한 사회·경제 개혁에 치중했다고 할 수 있다. 해방 직후 북한 사회의 핵심 내용은 친일파 숙청을 비롯한 '제국주의적 요소'의 일소와 토지개혁으로 상징되는 '봉건적 요소의 척결'에 있었다.[10] 민주개혁을 실시하고 지주, 자본가 계급과 첨예한 계급투쟁을 펼침으로써 착취계급으로 분류되는 지주와 자본가 계급을 소멸시키고 노동자, 농민들의 계급적 각성과 정치의식 수준을 높여나가는데 온 힘을 모았던 시기였던 것이다.[11]

새 조국 건설을 위해서는 많은 '민족 간부'가 요구되었다. 교육의 목적은 국가 재건을 위해 기술적으로 유능한 노동력을 창출하는 것과 대중들에게 '혁명의식'을 주입시키는 데에 있었다. 그러나 일제 식민 통치의 후과로 말미암아 해방 직후 북한에서 활동하는 각 부문의 전문가, 과학자, 기술자들은 극히 적었다. '민족간부'의 확보가 새 조국 건설의 운명을 좌우하는 중요한 관건이 된 것이다. 김일성은 '민족간부' 문제를 빨리 풀어나가기 위해 우선 일제 식민지하에서 활동하던 인텔리들을 포섭하는 방침을 내놓았다. 김일성이 내놓은 민족 간부 양성 방침에 따라 일제하에서 활동하던 오랜 인텔리들이 새 조국 건설에 적극 유입된 것이다. 일제에 봉사했던 이력으로 말미암아 타도의 대상이었던 그들이 적극적인 포섭의 대상이 된 것이다. 따라서 이들의 포섭 과정은 김일성의 교시와 일선에서의 불협화음이 일어나는 지점이 된다. 이는 곧 일사분란 했던 '총서'의 서사가 균열을 보여주는 대목이기도 하다.

---

10) 이종석, 『새로 쓴 현대북한의 이해』, 역사비평사, 2005, 68면.
11) 이승현, 「전쟁 전 북한의 사회 경제개혁」, 『북한해방 8년사 연구』, 백산서당, 1999, 100면.

한편 일제하에서 활동하던 인텔리들을 포섭하는 사업과 함께 근로 인민 출신의 새 인텔리들을 대대적으로 길러내는 사업이 대대적으로 진행된다. 1946년 2월에는 군사장교와 정치 간부를 훈련시키기 위해 평양학원을 설치한다. 책임자인 원장은 빨치산 출신의 김책이었고 부원장 겸 교무주임에는 소련계 한인인 기석복이었으며, 2대 원장도 빨치산 출신의 안길이었다.[12] 개원식에 참석한 김일성은 "우리 당은 우리의 정규 군대를 창건하기 위한 군사정치 간부를 키워내기 위하여 이미 지난해 11월에 평양학원을 창설하고 올해 초부터 학습을 시작하게 되었다"[13]고 밝히고 있다.

1946년 6월에는 당 간부 양성기관으로서 중앙당학교가 창설되었다. 1946년 7월에는 정권기관을 운영할 간부들과 나라의 경제를 관리 운영할 인재들을 양성하기 위한 '중앙고급지도간부학교'가 창설되었다. 이와 함께 각급 단기 간부 양성기관들과 강습소들이 설치되었다.[14] 1946년 10월에는 민족 간부 양성의 강력한 기지인 '김일성종합대학'[15]이 평양에 창설되었다. 당시의 조건에서 종합대학을 창설한다는 것은 쉽지 않은 일이었다. 이 밖에도 혁명가 유자녀들을 민족간부로 양성하기 위한 '만경대 혁명학원'이 설립되었으며, 각종 전문학교와 인민학교의 설립 사업이 각지에서 대대적으로 진행되기에 이른다. 교육은 중공업 제품처럼 중앙 당국이 세운 야심찬 목적을 충족하기 위해 빠른 속도로 만들어져야만 하는 '생산물'이었다. '학교는 공장처럼 북한의 근대화를 향

12) 서주석, 「소군정기 권력투쟁과 공산당의 국가 건설」, 위의 책, 38면.

13) 『김일성 저작집』 제2권, 조선로동당출판사, 1982, 73면.

14) 김한길, 『현대조선역사』, 일송정, 1988, 193~195면.

15) 평양시 대성구역 용남동에 자리 잡고 있는 김일성종합대학은 북한의 유일한 종합대학이다. 1946년 7월 8일 북조선 임시 인민위원회의 결정에 의해 18세부터 40세까지 입학 자격을 부여했고, 1946년 10월 1일 개교하였다. 현재 이 대학의 조직은 13개 학부에 50개 학부로 이루어져 있으며, 1990년대 들어서는 김정일 혁명 역사학과와 종교학과 등이 신설되어 체제의 바깥 변화에 대응하는 변모도 보여주고 있다. 고태우, 『북한 현대사 101장면』, 가람기획, 2001, 73~76면 참조.

한 질주의 핵심 상징이자 동력'[16]이었다.

1946년 11월 당중앙위원회 제3차 회의와 1946년 12월 당중앙위원회 상무위원회에서는 건국사상 총동원운동을 전개하기 위한 대책이 세워졌으며 뒤이어 북조선 임시인민위원회는 '건국 사상 총동원 요강'을 만들어 발표하였다.[17] 건국사상총동원 운동의 목적은 '모든 부문 일꾼들과 인민대중 속에서 새로운 민주 조선의 주인으로서의 생기발랄한 민족적 기풍을 세우며, 새 조국 건설에서 나서는 모든 난관과 시련을 뚫고 나가는 불굴의 투지를 높이며 개인의 이익보다 사회 전체의 이익을 소중히 여기고 모두가 서로 돕고 단결하는 인민적 도덕을 확립하는 것' 이었다.

하지만 관료정 사회인 현실 사회주의에서 권력 중앙과 인민간의 관계를 이기적이고 불평등하게 왜곡시키는 존재가 바로 관료기구와 관료들이다.[18] 김일성과 같은 권력중앙은 이러한 정책 집행과정에서 나타나는 오류들을 바로 잡아 좀 더 사회주의적이고 도덕적인 사회를 만들기 위해서 이 국면에 개입할 수밖에 없었다.[19] 이 과정에서 '일부 일꾼들 속에 나타나던 형식주의적, 관료주의적 작풍이 심각하게 폭로 비판되었으며 정권 기관 안에서 국가의 법질서를 어기고 직권을 남용하며 개인 향락만 추구하던 향락 분자들이 적발 숙청'되었다.

'총서'의 해방 전편이 내부의 끈끈한 유대와 결속, 상명하복의 메커

16) Charles K. Armstrong, 김연철 · 이정우 역, 『북조선 탄생』, 서해문집, 2006, 277~278면.
17) 김일성은 '건국사상총동원운동'을 추진하며 낡은 문학적 잔재를 청산하고 '혁명적 대중노선'에 입각한 문학의 역할을 더욱 강조하게 된다. 모자사건, 응향사건, 관서시인집 문제 등을 보면 당시 북한문학의 정치체제 종속화 현상을 구체적으로 파악할 수 있다. 이영미, 「해방기 북한 정치체제 선전매체 문학 연구」, 『현대소설연구』 19, 2003, 274면.
18) 해방 후 여러 차례에 걸쳐 관료주의의 병폐에 대한 비판이 제기되었다. 김재용의 글은 '총서'를 대상으로 한 것은 아니지만 북한문학에서 관료주의를 어떤 식으로 다루며 비판하고 있는지를 꼼꼼하게 분석하고 있어 참고할 만하다. 김재용, 「북한문학의 관료주의 비판 연구」, 『한국언어문학』 49집, 2002.12.
19) 차문석, 「마오쩌뚱 · 김일성 체제가 만들어낸 영웅들」, 『대중독재의 영웅 만들기』(권형진 · 이종훈 편), 휴머니스트, 2007, 96~97면.

니즘 속에서 외부의 적들을 타도하는 내용이 주된 서사의 흐름이었다면, 『빛나는 아침』과 『삼천리 강산』처럼 해방기를 배경으로 한 작품들은 내부의 적들을 청산하고 갈등과 균열을 해소하고 봉합하는 데 방점이 찍혀 있다. 물론 두 시기 모두 사태의 해결은 김일성에 의해 이루어진다. 단, 해방기를 다룬 작품들 속에는 수령 아래 포섭되지 않은 채 끝까지 고민하고 갈등하는 인물들이 등장한다. 이때 이들 등장인물들의 선택은 북측의 억지 논리나 이념의 한계 때문이 아니다. 결과적으로 그들의 잘못된 선택은 개인의 우유부단함과 남측의 획책과 협박 때문이란 것이 '총서'의 기본 시각이다.

## 3. 인텔리 포섭의 과정과 서사의 균열

'총서'의 해방 전편은 김일성을 중심으로 벌어지는 영웅적인 투쟁, 열악한 환경에서 일제와 맞서 싸우는 유격대장의 모습이 중심서사를 이룬다. 여기에서는 어떠한 갈등과 균열도 찾아볼 수 없으며, 적에 대한 일사분란한 대응만이 자리한다. 하지만 해방 후편에 이르면 김일성과 지도부의 불협화음이 나타나기 시작한다. 그러한 상황은 일제 잔재의 청산과 관련될 때 주로 포착된다. 눈앞에 뚜렷한 적이 존재하던 해방 이전과는 다른 상황 속에서 일어나는 내부 갈등과 균열의 조짐은 특히 인텔리들을 형상화할 때 두드러진다.

김일성과 지도부의 엇박자 원인은 일제 식민지하에서 식민 통치에 봉사했던 인텔리들이 청산의 대상이면서 한편으로는 포섭의 대상이 되는 양면성에 기인한다. 하지만 전향하지 않고 포섭되지 않는 이들 인물군은 오히려 해방 전편에서 보여준 항일유격대의 일사분란한 활동과 가시적인 성과보다 당대의 역사적 현실을 실감으로 보여준다. 이들의 등장과 서사로의 개입은 천편일률적인 '총서'의 서사와 인물 형상화에서 벗어나 극적 긴장감을 유발하는 효과를 발휘한다.

권정웅의 『빛나는 아침』은 해방 직후부터 1946년 10월 '김일성종합대학'이 창립될 때까지를 시대적 배경으로 하여 김일성이 인재문제를 가장 선차적으로 풀어야 할 과제로 제기하고 도처에 널려있던 학자, 과학자, 기술자들을 이끈다는 내용을 담고 있다. 김일성은 우선 '평양공업전문학교'를 세우도록 하고 '김일성종합대학'을 창설하기 위한 준비사업을 진행한다. 당시의 상황을 「조선중앙연감」(1949)에서는 '김일성종합대학'은 "농민들의 애국미 제공과 인민들의 열성적인 원조"로 건설하였으며, "종합적인 민족 간부 양성기관으로, 진보적이며 선진적인 과학과 문화, 높은 사상성에 있어서뿐만 아니라 학교의 구성·신설·교육체계 및 학생들의 연구 의욕과 창발력 발휘에 있어서 소련을 제외한 전 아시아 지역에서 가장 선진적인 학교"라고 적고 있다. 다소 과장된 표현이 눈에 띄지만, 북한이 정부 수립이전에도 대학 교육의 중요성을 이미 인식하고 있었다는 점을 엿볼 수 있는 대목이다. 다음은 김일성이 대학설립의 필요성과 방안에 대해 역설하는 장면이다.

> "우리는 평양에 인민의 대학을 내오자고 결심하였습니다. 때문에 인민의 애국적 열의가 한 데 집결되도록 하여야 합니다. …… 인민에게 호소해서 한 사람이 기와 한 장, 벽돌 한 장 씩이라도 내게 한다면 안 되겠습니까? 인민들은 자기들이 지은 학교에 자기 자녀들을 보내는 것을 좋아하지 어느 자본가나 일제의 재산으로 짓는 것을 좋아할 것 같지 않습니다. …… 여기서도 역시 힘 있는 사람은 힘을 내고 지식 있는 사람은 지식을 내고 돈 있는 사람은 돈을 내게 하면 안 되겠습니까?" 온 방안을 울리며 일시에 탄성이 터졌다.[20]

20) 권정웅, 『빛나는 아침』, 문예출판사, 1988, 415~416면. 인용의 표기는 원전의 형태를 그대로 따랐으며, 띄어쓰기는 남한의 맞춤법 규정을 적용하였다.

실제로 해방 직후 북한에서 소련은 미국이 남한에 한 것보다 예술가와 지식인 양성에 각별한 주의를 기울였고, 문화 및 교육 발전을 위해 더 많은 물질적 지원을 했다. 이러한 배경은 한국 사회집단 중에서 지식인들을 유일하게 그 어떤 다른 선택보다 남한에서 북한으로의 이동을 선택하게 했다. 인구가 더 많았고 역사적으로 남쪽에 수도가 있었기 때문에 교육자와 예술가들은 남한에 더 많았다. 그렇지만 지식인들의 자발적 이동은 이남에서 이북으로 향한 것이 더 많았다.[21] 전부는 아니지만, 외양상으로 북한으로 갔거나 북한에 있었던 많은 지식인들은 평양에 있는 새로운 정권의 좌익 경향 정치 선전에 동조하였다.

북한은 사회 건설에 대한 핵심 역할을 지식인들에게 부여하였으며, 따라서 학자와 기술자, 과학자 등은 당에서 주도적 역할을 맡을 것으로 기대하였다. 그러나 점차 중앙 당국과 로동당의 통제가 심해지고 국가와 당의 목표를 위해 지식인들을 엄격하게 단련시키기 시작하였다.[22] 김일성은 우선 인텔리들을 조사하여 새 조선 건설에 복무토록 하였다.[23] 다음은 인텔리 포섭의 중요성과 방법에 대해 강조하는 김일성의 연설 중 일부이다.

> 일제는 패주하면서 조선 산업의 85프로를 파괴했습니다. 이런 형편에서 우리는 그 어느 때보다도 인테리를 포섭해야 합니다. 이런 문제는 항일무장투쟁

21) Charles K. Armstrong, 앞의 책, 265면.

22) 북한에서 예술적 자유의 한계는 1946년 12월 '응향사건'으로 명백해졌다. '원산문학동맹'의 서정시집 『응향』의 발간은 '북조선 문학예술총동맹'의 강력한 비판을 불러일으켰는데, 총동맹의 지도자들은 『응향』의 작가들이 그들의 작품에서 비정치적 리얼리즘과 진보적 민주주의 사상의 부족을 드러낸다고 비판했다. 1947년 1월, 총동맹은 '시선집 『응향』에 대한 결정'을 공표하여, 작가들을 격렬히 비난하고 그들 모두 자아비판을 하도록 요구했다. 김재용, 『북한문학의 역사적 이해』, 문학과지성사, 2004, 128~130면.

23) 해방 후 일본 군국주의자들은 일본으로 급히 도망가면서 적지 않은 광산과 갱들을 불태웠고, 공장들을 파괴했으며 수많은 다리와 터널 등을 폭파시켰다. 북쪽에 소련군이 진주할 즈음에는 거의 모든 공장들이 가동되지 못했다. Фаня Исааковна Шабшина(파냐 이사악꼬브나 샤브쉬나), 김명호 역, 『1945년 남한에서』, 한울, 1997, 153면.

> 시기에 충분히 체험하였습니다 …… 이로부터 우리는 다음과 같은 결론을 도출할 수 있습니다. 인테리를 적극적으로 혁명에 인입해야 하며, 과거 인테리들을 아량있게 포섭해야 한다. 동시에 우리는 새 인테리들을 육성하기 위해 전력을 다해야 한다. 특히 …… 우리를 외면하거나 지난날 일제에 복무한 죄책 때문에 동요하는 층도 적극적으로 끌어당겨야 합니다. 우리가 방임하거나 밀쳐버리면 그들은 꼿꼿이 적의 편으로 넘어갑니다. 미제국주의자들은 우리 인테리들을 저들의 손에 넣으려고 갖은 음모를 다할 것입니다. 적들도 결코 졸고 있지는 않을 것입니다. 때문에 인테리 문제는 날카로운 계급투쟁선상에 놓여 있다고 보아야 합니다.[24]

하지만 김일성의 이러한 교시와는 달리 현장에서는 일제에 봉사하던 인텔리들과 기술자들에 대한 음해와 탄압이 자행된다. 전기와 야금 계통의 전문가인 강병철은 국가건설에 복무해야한다는 당위와 자신의 출신성분에 대한 자괴감으로 방황한다. 김일성은 강병철을 직접 만나 조선의 강철공업을 위해 모든 것을 바치겠다는 그의 애국적 열정을 믿으며 정신적으로 방황하던 그에게 힘과 용기를 북돋아준다. 김일성의 격려에 자진하여 홍남에 내려간 강병철은 신창탄광에 필요한 특수합금강을 재련하다가 폭발사고를 일으킨다. 그러자 지금까지 음으로 양으로 당의 인텔리정책을 시비해오던 오기섭은 낡은 인텔리를 개조할 수 없다는 견해를 보인다. 보안서장 박인국과 공장장 리연수는 해방 전에 일제에게 복무한 강병철의 죄과까지 들추어 그를 보안서에 연금시킨다. 강병철은 자신의 양심을 믿어주지 않는 사람들에 대하여 극단적으로 생각하면서 폭발사고가 자신의 고의적인 암해책동이었다는 허위자백서까지 쓴다. 이 모든 사태는 결국 김일성의 현장 지도를 통해 해결된다.

강병철과 함께 강선제강소의 강철기사로 있다가 해방 후 일제에게 복무한 죄의식 때문에 남으로 나간 양춘만의 경우도 남과 북 사이에서 부유하는 인물이다. 김일성은 항일혁명투사인 박원식을 남조선에 파견

24) 권정웅, 앞의 책, 68~69면.

하여 양춘만을 데려오도록 한다. 양춘만은 박원식을 따라 내키지 않는 걸음으로 북조선으로 넘어가다가 도중에 도망친다. 양춘만은 북으로 갈 경우 자신의 과거 이력 때문에 이용만 당하고 숙청될 것이라 생각한 것이다. 사실 당시로서는 '일제의 악선전' 때문에 인텔리들과 지식인들 사이에 그러한 소문이 파다한 실정이었다. 하지만 그후 김일성이 자신의 가족에게 베풀어준 고마운 은정에 대한 사실을 알게 되고 자신 때문에 박원식이 희생되었다는 것을 알았을 때 비로소 뼈저린 자책을 느끼며 김일성을 찾아온다.

김일성은 이 밖에도 경성제국대학 교수인 안동권의 고루하고도 집요한 옹고집을 바로 잡아주고 새로 세워지는 김일성종합대학의 교단에 배치하며, 한명구와 최준걸을 새 조선의 '민족간부'로 키운다. 또한 신창탄광의 박창술과 서울법정학교 학생들을 비롯한 남과 북의 열혈청년들을 김일성종합대학에 입학시킨다. 이렇듯 『빛나는 아침』에서 보여주는 대부분의 사건 해결 방식은 다른 '총서'의 방식과 다르지 않다. 다음은 김일성이 강병철과 공장장 등을 면담 한 후에 내리는 사태의 결론이다.

> 공장장은 동무의 고충을 알아주고 도와줄 대신에 색안경을 끼고 감시만 하고 있었습니다. 이전에 잘 먹었으니 일없다, 아직 일본책만 보고 있다 이런 식입니다. 솔직히 말하면 공산주의자라고 자칭하는 공장장은 동무에게 대단히 몰인정하게 대했습니다. 그러니 동무는 이런 사람들의 감시 하에서 금속을 만드는 것이나 일제 때 야하다에서 강철을 만드는 것이나 본질상 무엇이 다른가라는 의문을 가지게 되었던 것입니다. 동무의 가슴 속에는 지금 이런 엄중한 것이 숨어 있습니다 …… 그러나 그것으로 해서 동무네가 우리를 믿지 않고 우리를 외면하는 길로 나가서는 안 됩니다.[25)]

김일성은 인텔리들에 대한 반동들의 공작을 차단하며 높은 품격과 덕성으로 그들을 끌어 안는다. 인텔리들은 결국 그를 흠모하게 되고 절대

25) 위의 책, 469면.

적으로 숭배하게 된다. '총서'에서 김일성은 언제나 주변의 유격대원이나 인민들 속에서 최대의 존경과 사랑을 받는 지선지고의 존재로 등장한다. 그는 뛰어난 품성과 인격과 도덕성, 합리성, 명쾌한 판단력을 지닌 완결된 인물인 것이다. 김일성은 덕치(德治)의 이상을 실천해 보였다는 점에서 전통적 의미의 지도자인 셈이다.[26] '총서'에서 승리의 신화는 집단적 나르시시즘을 충족시킬 뿐 아니라, 모든 문제가 지도자에 의해 해결되리라는 믿음을 갖게 하는 사회적 판타지를 제공하는 것이었다.

## 4. 부정선(線)의 도입과 수령형상의 창조

김수경의 『삼천리 강산』(2000)은[27] 1947년 7월에서 1948년 9월을 배경으로 '조선민주주의인민공화국'의 건국 과정을 그린 작품이다. 해방 직후 좌우 합작에 대한 김일성의 영도와 미제의 분열책동을 분쇄해 나가는 과정이 서사의 핵심이다. 연합전선을 이끄는 힘은 '민족자주'라는 대의이며, 이를 주관하는 중심은 김일성이다.[28] 김일성은 당내의 여러 반

---

26) 신형기 · 오성호, 『북한문학사 — 항일혁명문학에서 주체문학까지』, 287면.

27) 이 작품은 '총서'시리즈 중 드물게 '편집후기'가 붙어 있다. 간단한 작가 소개와 함께 작품 해설에는 "독자들은 이번에 출판한 총서 '불멸의 력사' 중 장편소설 『삼천리 강산』을 통해 조선민주주의인민공화국이 어떻게 이 세상에 태여났는지 더욱 깊이 알게 되였으리라고 생각한다. 편집부는 장편소설 『삼천리 강산』이 위대한 령도자 김정일 동지의 현명한 령도를 받들어 김일성 조선, 사회주의 내 조국을 강성대국으로 빛내여 나가기 위한 투쟁을 벌리고 있는 우리 인민을 힘 있게 고무 추동하리라고 믿어 의심치 않고 있다"라고 적고 있다. 김수경, 『삼천리 강산』, 문학예술종합출판사, 2000, 565~566면.

28) 유임하는 『삼천리 강산』에 등장하는 '민족자주 역량' 강화와 '통일정부 수립'이라는 모티프는 작품 창작 당시인 2000년 한반도의 상황과 관련하여 읽을 때 '민족자주에 기초한 정치연합', 곧 '남북연방제'로 해석 가능하다고 지적한다. 또한 텍스트에 관류하는 '미국의 분열책동'에 대응한 '민족자주'와 '남북정파의 연합'은 남북 간 조성된 화해무드에 대한 북한식 메시지일지 모른다고 분석한다. 유임하, 「총서 '불멸의 력사'

대 목소리들을 잠재우고, 남측의 몽매한 정치인들을 감화 설복시켜나가면서 국가 만들기에 한걸음씩 나아간다. 하지만 그 과정은 항일유격대 시절만큼이나 간단하지 않다. 미제와 미제를 등에 업은 남측의 반동 정치세력, 소련과의 관계, 또한 공산당 내에서의 종파주의자들까지 모두 고려해야 하기 때문이다.

해방 이후 조선 사회의 질서를 잡기 위한 여러 시도는 각 점령 당국의 후원 아래 지속되었다. 이는 38선을 경계로 대립하는 두 국가를 점진적으로 고착시켰다. 북한에서 새로운 질서의 창출은 남한보다 빠르고, 더욱 규제되고, 보다 철저하게 이루어졌다. 남쪽의 공산주의자들이 분파주의와 내분에 휩싸여 있을 때, 북쪽에서는 여러 공산주의자들이 신속하게 연합하기 시작했다. 1946년 8월에 북쪽의 공산주의 정당들은 '북조선로동당'의 형태로 통합되었고, 이후 북로당과 남로당이 '조선로동당'으로 합당하였다. 1948년 9월 9일 오전 10시, 모란봉 극장에서는 6일째 최고인민회의[29]가 열리고, 이 자리에서 아시아에서 처음으로 사회주의 정권이 수립된다. 『삼천리 강산』의 대단원을 장식하는 정권수립 전후의 상황은 '종장' 전체를 할애하여 시간대별로 구체적이고 상세하게, 격정적인 모습으로 제시된다.

> 8월 25일 총선거의 날 …… 북조선에서는 유권자의 99.7프로가 선거에 참여했으며 98.49프로가 립후보자에게 찬성 투표했다. 바로 이날 해주극장에서도 21일부터 시작된 나흘 동안의 토의를 끝내고 남조선에서 추천된 1,002명의 대표들이 간접적인 방법으로 360명의 최고인민회의 대의원을 선거했다. 원래 1,080명이 대표로 추천됐지만 조순옥처럼 38선을 넘지 못한 대표들이 78명이나 되었다. 대표들은 남조선 유권자 77.52프로의 지지를 받아 사선을 헤치고

의 기획의도와 독법」, 한국현대소설학회 32회 자료집, 2008.11.22, 195~196면.

29) 이 자리에서 김일성은 인민정권의 성격을 "남북조선인민의 총의에 의하여 수립된 통일적 조선중앙정부"라고 규정짓고, '미소 양군 철군, 일제 통치의 청산, 일본 법령 무효, 자주적 민족경제 건설, 지방정권 공고화, 교육·문화·보건사업 발전, 외국과 친선강화, 인민군 강화' 등의 과업을 제시하였다. 『김일성 저작집』 4권, 439~440면.

해주에 왔다. 선거된 대의원들 가운데는 남조선에서 이름이 널리 알려진 홍명희, 백남운, 리병남, 리극로, 류영준과 같은 명사들이 들어있었으며 조순옥도 대의원으로 선거되였다. 전 민족이 지켜보는 가운데 남북련석회의가 개최되였던 그 수려하고 아름답고 유서깊은 모란봉 극장에서 민족 단일정권—조선민주주의인민공화국 창건을 위한 최고인민회의 제1차 회의가 드디어 막을 올렸다. 주체37(1948)년 9월 2일이였다 …… 9월 8일 최고인민회의 대의원들은 격동적인 감동에 휩싸여 두 손을 높이 들고 우레와 같은 박수를 치며 목이 쉬게 만세의 환호를 웨치며 김일성 장군님을 내각수상으로, 국가수반으로 추대했다 …… 9월 9일 장군님께서는 정부를 구성한 후 조선민주주의인민공화국을 온 세계를 향해 엄숙히 선포하시었다.[30]

이렇게 등장한 체제는 단순히 소련에 의해 부과된 것이 아니라 소련 점령당국, 평양의 북한 지도자들, 지방세력 등의 복잡한 상호 작용을 통해 진행된 것으로 볼 수 있다. 소련은 조선 입성 직후 일본군을 무장 해제 하기 위해 군경무 사령부 또는 지방사령부를 세웠고, 도·군·면 등 지방의 질서를 잡아 나갔다.[31] 이 때 북한의 각급 인민위원회들은 소련의 지도보다는 조선인들에 의해 만들어졌다. 이후 북한 체제는 엄격한 민족주의로 소련 지배를 퇴색시키고, 새로운 사회건설에 대한 핵심 역할을 지식인들에게 부여하였다. 그들의 목표는 일본 식민주의의 잔재를 없애는 한편, 새롭고 자주적인 사회주의 북한의 건설에 있었다. 다민족인 소연방의 정책이 '형식은 민족주의, 내용은 사회주의'인데 비해, 북한은 반대로 '형식은 사회주의, 내용은 민족주의'[32]로 나아가게 된 것이다.

30) 김수경, 앞의 책, 560~563면.

31) 소 군정기 소련당국이 김일성을 지도자로 선택한 데 대해서는 여러 논의가 있으며, 대체로 다른 세력들을 부정적으로 평가한 결과라는 데 의견이 일치하고 있다. 예컨대 조선 공산당의 당수 박헌영은 소군정과의 연계가 미흡하고 과거 코민테른에 참여한 경력이 있으며 소련 지도부에 잘 알려지지 않았다는 점에서 배제되었다. 오기섭, 김용범 등 북한 내의 국내파 공산주의자들도 비슷한 이유로 배척되었다. Andery Lankov, 김광린 역, 『소련의 자료로 본 북한 현대정치사』, 오름, 1995, 72~78면 참조.

32) Charles K. Armstrong, 『북조선 탄생』, 서해문집, 2006, 92면.

1946년 10월 평양에서 열린 조선공산당 서북 5도당 책임자 및 열성자 대회에서 김일성은 자본가들과 비공산주의 민족주의자들을 포함하는 정치적 연합으로서의 '민족통일전선' 혹은 '통일된 인민정권'을 주장하였다. 이 제안은 오기섭과 같은 정통 공산주의자들이 지지한 배타적인 프롤레타리아에 기반한 '인민전선' 주장에 의해 거부되었다.[33] 이처럼 당시 김일성에게 보다 어려운 현실적인 어려움을 안겨준 것은 공산당 내부에서의 권력 장악이었다. 조선공산당의 지도자인 박헌영은 말할 것도 없고 오기섭・김용범 등 북한에 있는 국내파 공산주의자들도 나름대로 투쟁 경력도 있고 조직 기반도 탄탄한 만큼 김일성에게 쉽게 굴복하지 않았다.[34] 그러나 김일성은 항일유격대 시절부터 통일전선전술과 민족통합을 주장해왔고, 해방 이후에도 그러한 관점은 지속되었다. 다음은 자신의 성분과 과거 이력 때문에 '혁명에 참여할 수 없는 운명'이라고 자책하는 서종현에게 김일성이 전하는 당의 인텔리 정책에 관한 내용이다.

> 우리는 빈말을 하지 않습니다. 기사 동무는 풀뿌리를 캐먹으면서 민족 량심을 지킨 인테리가 아닙니까? …… 문제는 기사 동무의 사상입니다. 혁명 투쟁을 하면서 혁명 투쟁을 할 수 없는 사람이라고 생각하는 그 사상에 문제가 있다는 것입니다. 기사 동무는 목사의 아들이라고 해서, 또 '반쏘소요'에 참가했다고 해서 자기를 버린 인간이라고 생각하는 것 같은데 그런 생각을 하는 사

33) 『빛나는 아침』에서도 오기섭은 시종 김일성과 대립각을 세우며 반대 진영의 목소리를 대변하고 있다. 그에 대한 묘사는 시종 부정적인 묘사와 교조주의자, 분파주의자로서의 인상이 강조된다. 다음은 『빛나는 아침』에 나타난 오기섭에 대한 서술의 예이다. "거칠은 말투와 굴곡이 심한 억양으로 보아 오기섭이 틀림없었다. 어떤 때는 국제 국내 정세를 풀면서 열을 올리는가 하면 또 어떤 때는 맑스나 엥겔스의 공산주의 리론이 어떤 것이며 우리 조선은 력사 발전에서 어느 단계에 놓여 있는가를 늘어놓기도 한다. 그런데 최근에는 일제 때 공부한 과학자, 기술자, 교육자들을 함부로 우리 대오에 끌어들여서는 안 된다는 것을 자주 력설하군 하였다."(권정웅, 『빛나는 아침』, 473면)

34) 서주석, 「소군정기 권력투쟁과 공산당의 국가 건설」, 『북한해방 8년사 연구』, 백산서당, 1999, 27면.

상에 문제가 있다는 것입니다. 우리는 그런 것을 크게 생각하지 않습니다. 우리는 본인의 현재와 사상을 중시합니다.[35]

해방 이후 몇 달 동안 오기섭으로 대표되는 프롤레타리아에 의해 주도되는 볼셰비키 스타일의 당 이미지와, 노동자 농민 나아가 민족 자본가와 다른 진보적 분파들을 포함하는 대중적 기반을 지닌 당이라는 관점 사이에는 명백한 긴장이 있었다. 당의 노선은 다음과 같은 이중적 협상의 과정을 통해 확고하게 후자의 입장으로 정리되었다. 하나는 조선 공산당과 중국 공산당 조선인 간부들을 중심으로 결성된 신민당과의 협상이었고, 다른 하나는 당 지도부와 그들이 동원하고자 했던 대중과의 협상이었다.[36]

『삼천리 강산』에서 실명으로 등장하는 오기섭은 원시범, 김책 등과의 토론을 통해 이러한 상황을 수면 위로 떠오르게 하는 문제적인 인물이다. 그는 "인텔리들이 종당에는 우리를 따라오게 되리라는 그 예측을 그대로 믿어도 일없겠는지"라고 여기는 의심에 찬 인물이다. 오기섭은 부르주아 인텔리의 덕을 보지 않고도 혁명을 수행할 수 있으니 우리 프롤레타리아를 동정 안 해줘도 좋다고 비꼬았고, 또 그에 대응하여 원시범은 히틀러가 망한 까닭을 밝히면서 그가 과학자들을 적대시하여 모두 학살하고 추방했기 때문이라고 주장한다.[37]

일제에게 복무한 안동권이나 한명구를 우리의 신성한 혁명 진지에 끌어들이려고 하는 것 같은데 그것은 큰 오산이요. 마르크스나 엥겔스의 견해는 종주국 내의 문제를 념두에 둔 것이기 때문에 우리와 사정이 다르단 말이요. 그리고 김책 동무도 혁명은 인정이나 선심을 가지고는 하지 못한다는 것쯤은 알고 있겠는데.[38]

35) 김수경, 『삼천리 강산』, 문학예술종합출판사, 2000, 348면.
36) Charles K. Armstrong, 앞의 책, 103면.
37) 권정웅, 앞의 책, 117면.
38) 위의 책, 156면.

이와 같은 부정선(線)의 도입과 부정적 인물의 형상화는 물론 그것을 조장하기 위해서가 아니라 그러한 요소들을 반대, 극복하기 위한 것이다. 부정선 도입의 요구가 제기 된 것[39] 또한 긍정적 가치의 손쉬운 승리만을 보여줄 경우 작품의 도덕적 감화력이 약화되고 리얼리티의 확보에도 문제가 생길 수 있다는 판단에 기인한 것이라 할 수 있다. 하지만 다른 측면에서 보면 부정선의 도입은 북한 사회 내에 당과 수령의 요구가 관철되지 않은 부분이 있음을 드러내는 것이기도 하였다. 따라서 그러한 설정은 처음의 의도와는 무관하게 이념과 일상 사이의 균열을 보여주는 계기가 될 수도 있었다.[40] 따라서 작품 속에 부정선이 도입되고 부정적 인물이 등장한다고 하더라도 그것은 공산주의 사상과 영도자의 능력을 반증하기 위한 수단 이상은 될 수 없었다.

'총서' 안에서 김일성은 언제나 거의 신적인 존재로 등장하면서 인민들의 꿈과 희망, 나아가 민족의 운명을 표상한다. 『빛나는 아침』과 『삼천리 강산』 역시 모든 갈등과 고민은 김일성의 개입으로 일거에 해결된다. 영도자인 김일성은 오류가 없는 전지전능한 존재로 승화된다. 물론 이러한 상황아래에서는 지도자에 대한 어떤 반대나 이견도 허락되지 않는다. 이미 공적 기억으로 굳어진 항일혁명투쟁기의 전과들을 통해 김일성은 권력과 용기, 결단력과 추진력, 인간적인 매력까지 소유하고 있음을 보여주게 되면서 그러한 숭배는 역전될 수 없는 것이 되었다. 만주에서 항일무장투쟁을 벌였다는 경력은 고통의 시간을 이겨낸 자화상으로 제시되었으며, 그는 무장투쟁을 이끌었듯 씌어지지 않은 새 역사를 이끌어야 했다.[41] 김일성의 항일투쟁은 체제의 정당성을 증거하는 알리바이가 되었으며 민족을 묶는 강력한 텍스트로 제시되었다.[42] 그

---

39) 한중모, 「작품에 부정선을 옳게 설정하여 투쟁의 법칙, 생활의 법칙을 잘 그리는 것은 사회주의 사실주의 문학예술의 중요한 요구」, 『조선문학』, 1975.11.

40) 오성호, 「주체시대의 북한시 연구」, 『현대문학의 연구』 36호, 2008.8, 382~383면.

41) 신형기, 『해방 직후 북한 문학의 신인간』, 민족문학사연구, 2002, 260면.

42) 체제 위기와 불안이 고조되는 시기에 '총서'는 인민을 규합하고 결속시키는 훌륭한

정점에 '총서'가 위치하는 것이다.

이렇듯 '총서'에서 김일성은 언제나 놀라운 능력과 누구와도 비교할 수 없는 덕성을 갖춘 인물로 형상화된다. 김일성은 모두를 굽어보는 대가정의 어버이로 그려진다.[43] 남한의 거물 정치인 김규식에 대한 포섭에 실패한 성시백은 '유엔 의존론'을 내놓는 김규식이야말로 더 이상 '쓸모없는 인물'이며, '민족을 등지는 길'에 들어서고 말았다고 보고한다. 하지만 김일성은 '김규식의 종잡기 어려운 행동에 격분을 느끼는' 대신에 '너그러운 도량과 대해(大海)같은 자애로운 동족애로' 그를 포용한다. 이에 성시백은 '김규식을 일면적으로 거칠게 대했던' 자신의 과오를 뉘우치는 한편, '우익 민족주의자들의 단합을 위해 이토록 마음을 쓰시는 장군님, 공산주의 혁명 리론이 생겨 난 이래 이렇게도 도량이 넓고 사색이 비범한 수령이 그 언제 있어 보았던가' 감격하며 '새 세계를 발견한 듯'한 흥분에 휩싸인다.[44]

> 그도 20여 년간 수많은 시련도 겪었고 눈굽이 뜨거워지는 감정도 체험했다. 그러나 심장과 뇌리, 아니 전신에 충격을 가하는 듯싶은 이런 감동은 처음 체험했다. 혁명을 위해, 민족을 위해 일신을 바치는 것을 의무로 간주하시는 장군님의 헌신성, 스스로를 인민을 위해 민족을 위해 바치는 것을 본분으로 간주하시는 그이의 고결한 풍모에는 조선의 혁명가들이 반드시 지녀야 할 모든 것이 응결되어 있지 않은가.[45]

---

텍스트로 기능한다. '고난의 행군' 시기(1996.1.1~1997.10.10) 북한문학 평론에서 김일성의 형상 창조를 중요한 과제로 제기한다. 이와 같은 강조는 북한에서 혁명역사 교육이 강화되었음을 보여주며, 더불어 주체적 인간형에 대한 강조로도 읽을 수 있다. 오창은, 「'고난의 행군' 시기 북한 문학평론 연구」, 『한국근대문학연구』 15, 2007.4, 31면.

43) 신형기, 「북한문학과 민족주의」, 『현대문학의 연구』, 1999, 153면.

44) 한 사회에서 개인숭배가 만연하게 되는 경우는 절대 권력자의 권력의지와 정치·사회·문화적 조건이 맞아떨어질 때라고 할 수 있다. 즉, 개인숭배는 주관적 요소와 객관적 요소의 결합 속에서 발생한다고 볼 수 있다. 이종석은 북한의 개인숭배 현상을 김일성 개인의 배타적 권력의지와 '제왕의식' 때문이라고 분석한다. 이종석, 『새로 쓴 현대북한의 이해』, 역사비평사, 2005, 466~469면 참조.

45) 김수경, 『삼천리 강산』, 문학예술종합출판사, 2000, 382면.

이데올로기적으로 무장되거나 학습되지 않은 북한의 인민들이 자신의 지도자와 당에 대한 충성과 맹세를 외부로 표출시킬 수 있는 가장 효과적인 방식은 추상적인 이데올로기나 조직에 대한 것이 아니라 구체적인 인격적 개인을 경유하는 것이었다. 그 정점에 영도자 김일성이 놓여있는 것이다. 그럼에도 불구하고 이들 작품이 이전의 작품과 변별되는 중요한 지점은 김일성의 교시가 일사분란하게 수행되지 않는다는 점이다. 그것은 우선 '항일혁명투쟁 시기'와 '해방기'라는 상황변화가 주된 원인이라 할 수 있다. 나아가 유격대장(혹은 장군님)과 유격대원의 관계와는 다른, 한 국가의 '수령'과 국가의 정체성과 상충하는 이념과 이력을 가진 지식인과의 관계가 갖는 이질성이 수반하는 균열이기도 한 것이다. 쉽게 포섭되지 않는 지식인의 갈등은 해방 후 남북한 국가 만들기의 단면과 대립을 압축적으로 보여준다.

하지만 이들 작품에서 균열에 대한 정당한 인식과 그것을 극복하려는 노력을 찾기란 힘들다. 해방기를 대상으로 한 작품들 속에서 나타나는 부정적 인물의 배치와 그들을 통해 드러나는 균열의 흔적은 건국의 과정 속에서 나타날 수밖에 없는 필연적인 갈등과 대립의 기록이라기보다는 유일무이한 영도자의 형상을 극적으로 드러내기 위한 효과적인 수단으로 기능한다. 어떠한 경우에도 '수령형상의 창조'와 '혁명적 수령관의 전파'라는 '총서'의 기본 입장이 견지됨으로써 그들의 일탈과 서사의 균열 역시도 궤도 안에서의 공전일 뿐 새로운 내용과 형식으로 나아가지는 못하고 있는 것이다.

## 5. 남은 과제들

남한 사회에서의 북한 연구는 정치 · 경제 · 사회 · 군사 · 외교 등 여러 분야에서 질적으로나 양적으로 많은 성과들이 도출되었다. 북한문학 연구의 경우 1988년 납북, 월북 작가들의 해금 이후 본격화되기 시작하였으며, 그동안 우리는 북한문학만이 아니라 문학의 문화예술 운동을 다양한 방법으로 접하게 되었다. 하지만 북한의 폐쇄적인 사회구조 때문에 여전히 자료에 대한 접근이 제한적일 뿐 아니라, 작가나 작품에 대한 실증적인 작업조차 확인이 쉽지 않은 형편이다.

총서 '불멸의 력사'가 김정일의 구체적인 지도 아래 창작된 작품이라는 것을 감안하면 '총서'가 수령형상문학에서 차지하는 중요성과 북한문학에서 차지하는 위치를 짐작할 수 있다. '총서'는 "역사발전과 혁명투쟁에서의 수령의 결정적 역할을 인식시켜주며 수령이 가리키는 혁명의 한길에서 어떻게 충성을 다하여야 하는가를 생동한 투사의 형상을 통하여 감명 깊게"[46] 보여줌으로써 북한문학사에서 혁명적 대작으로 평가받고 있다. 하지만 남한에서는 '총서'가 아직 창작되고 있는 진행형의 작품이며, 자료에 대한 접근이 쉽지 않고, 그 분량의 방대함 등으로 인해 많은 연구가 이루지지 못한 실정이다.

본 연구는 총서 '불멸의 력사' 중 해방기를 배경으로 한 작품을 대상으로 총서의 다른 작품들과 변별되는 서술상의 특징과 그 의미에 대해서 살펴보았다. 해방기라는 특수한 역사적 상황 속에서 대중과 지식인을 수용하고 포섭해 나가는 과정은 남북한 모두 일제 식민지의 경험을 기억하고 청산하는 작업의 연장선에서 진행될 수밖에 없었다. 수용과 청산, 포섭과 배제의 원칙은 불가불 일정한 긴장을 유발하게 되고, 해방

46) 은종섭, 『근대현대문학사』, 김일성종합대학출판사, 1991, 461면.

전편과는 달리 일정한 균열을 만들고 있음을 확인하였다.

'총서'는 집필 과정에서부터 허구로 꾸며진 것이 아니라 사실을 발굴, 복원한 것이라는 입장이 강조되었다. 실존 인물들이 실명으로 때로는 가명으로 등장하며 역사적 사건과 갖가지 일화들이 구체화되어 있다. 본고의 대상인 『빛나는 아침』과 『삼천리 강산』에도 김일성을 위시한 박헌영·홍명희·김책·김구·이승만·김규식·여운형 등 실존 인물들과 광복, 군정, 수차례에 걸친 남북 회담 등 역사적 사건들이 배치되어 있다. 내재적 관점 뿐 아니라 동일한 인물과 사건에 대한 남북의 서로 엇갈리는 평가들을 분석하고 그 원인을 찾아낸다면 동일한 대상에 대한 서로 다른 시각들을 확인할 수 있을 것이다. 나아가 남북한 모두 해방기를 지나 국가 만들기로 나아가며 적극적으로 모색되는 민족에 대한 호출이 과연 어디에서 출발하여 어떤 결과물을 도출해 내는지를 추적한다면 당시 국가 형성의 이해에 도움을 줄 수 있을 것이다.

1925년 '타도제국주의동맹'의 결성에서 1994년 김일성의 죽음까지 '총서'는 김일성이 역사의 전면에 등장하는 시점에서 퇴장까지를 모두 담고 있다. 이때의 작품 창작은 시대 순으로 집필되었다기보다, 오히려 현실 정치의 사회적 필요에 의해 과거의 역사적 사실들이 호출되고 있음을 확인할 수 있다. 김일성 사후에 발표된 13편[47]을 포함하여 총 33편의 '총서'는 김일성의 유훈통치를 강화하고, 김정일의 권력승계를 정당화하며, 체제위기를 극복하기 위한 교양과 교화의 수단으로 적극 활용되던 것이다. 역사적 사실의 문학적 재현을 넘어 거기에 작동하는 창작원리와 외적 기제들을 밝히는 작업은 총서의 또 다른 측면들을 드러내는 작업이 될 수 있을 것이다. 앞으로의 과제로 남겨 놓는다.

47) 『영생』(1997), 『대지의 전설』(1998), 『삼천리 강산』(2000), 『붉은 산줄기』(2000), 『천지』(2000), 『열병광장』(2001), 『번영의 길』(2001), 『개선』(2002), 『푸른 산악』(2002), 『인간의 노래』(2003), 『태양찬가』(2005), 『전선의 아침』(2005), 『청산벌』(2007).

# 최학수의 장편소설에 나타난 수령 형상의 의미 고찰

**오태호(경희대)**

## 1. 서론

최학수(1937.12.4~2008.4.25)는 '천리마운동'의 대표적 형상인 '평양 속도'를 매개로 하여 장편소설 『평양시간』(1976)을 창작함으로써 북한에서 문명을 널리 알린 작가이다. 이후 '4·15문학창작단' 소속 작가가 되어 '주체문학의 본보기'[1])로 거명되는 '총서 '불멸의 력사'(이하 '총서'로 약칭)'를 창작한다. 김일성의 일대기를 역사적 사건 중심으로 형상화하고 있는 '총서'에서 1936년 5월 '조국광복회 창립'을 다룬 『백두산 기슭』(1978, 현승걸과 공동 창작), 1937년 6월 '보천보전투'를 형상화한 『압록강』(1983),[2]) 해방 직후 김일성의 귀국을 다룬 『개선』(2002) 등을 창작한 것이다.

1) 김정일, 『주체문학론』, 조선로동당출판사, 1992, 140면.
2) 윤기덕, 『수령형상문학』, 문예출판사, 1991, 297~336면.

작가 스스로 『평양시간』을 써서 김일성으로부터 과분한 치하의 교시를 받았으며, 『백두산 기슭』을 창작하여 김일성과 김정일로부터 최상의 평가와 감사까지 받았다[3]고 회고할 정도로 최학수는 북한의 '체제 문학'을 대표하는 작가이다. 특히 『평양시간』은 1977년 12월 13일, 1978년 1월 15일, 4월 13일 등 세 차례에 걸쳐 김일성으로부터 아주 잘 썼다는 치하를 받았고 김정일의 배려에 의해 25만 부나 재발행되었다. 『백두산 기슭』도 1978년 9월 19일 김일성으로부터 치하와 감사를 받았으며, 9월 25일에는 김정일로부터 높은 평가와 배려를 받았다. 작가는 이러한 치하 속에 1982년 4월에는 '김일성상'을 수여받았으며, 1992년 12월과 1993년 10월 김일성의 접견을 받았고, 1997년에는 김정일로부터 표창장과 60돌 생일상을 받은 것으로 기록되고 있다.[4]

북한에서 최학수 문학에 대한 평가는 주로 『평양시간』, 『백두산 기슭』, 『압록강』 등에 걸쳐 있다. 『평양시간』은 사회주의 건설의 대고조로 들끓던 1958년에 새로운 속도에 해당하는 "'평양속도'를 창조한 평양시 건설자들의 영웅적 투쟁과 위훈을 형상"[5]한 작품으로 거론된다. 특히 이 작품이 "위대한 수령님의 원대한 구상과 현명한 령도", "인민의 확고한 의지와 영웅적 투쟁"을 뚜렷이 보여주었으며, "1958년 한 해 동안에 평양 건설에서 일어난 위대한 전변을 취급하면서", "시대적 폭을 넓히고 생활을 깊이 있게 탐구하여 인물들의 성격을 여러모로 다양하게 천명하였으며 세부묘사와 정론적이고 박력 있는 언어문체로 개성적 특성을 뚜렷이 하였다"라고 평가한다. 결국 수령과 인민의 적절한 관계 설정, '평양 속도'라는 종자의 포착, 인물의 전형성, 세부묘사의 진실성, 동시대적 사실성, 문체적 개성 등을 획득한 작품으로 평가되고 있는 것이다.

---

3) 최학수, 「영생하는 작가의 초상」, 『조선문학』 2003년 5월호, 35~44면.
4) 편집부, 「편집후기」, 『개선』(최학수), 문학예술출판사, 2002, 602~604면.
5) 사회과학원, 『문학대사전』 4, 사회과학출판사, 2000, 224면.

'총서'의 한 편인 『백두산 기슭』은 '수령형상'에 있어서 "인민적이며 혁명적인 문학이 창조하는 형상"[6]을 보여주면서 "심오한 철학성과 높은 예술성"[7]을 보장한 작품으로 거론된다. 하지만 처음부터 이런 고평을 받았던 것은 아니다. 김정일이 "『백두산 기슭』의 심의본을 보아주시고는 소설에서 위대한 수령님의 현명성이 전면에 걸쳐 감동적으로 형상되지 못한 것이 기본 결함"임을 파악하고, "반일혁명 역량을 하나로 굳게 묶어세워 나가시는 탁월한 령도의 력사가 잘 형상되게 하여야 한다"[8]라는 식으로 '올바른 문제해결 방향'을 제시하여 작가가 그 방향으로 작품을 개작했기 때문에 가능한 것이다. 또한 『압록강』은 공산주의를 적대시하던 천도교 도정 박인진이 김일성의 "독창적인 반일민족통일전선 방침과 한없는 도량에 감복"하여 진심으로 흠모하게 되는 부분에서 "작품의 철학적 깊이를 보장하며 수령의 위대성을 빛나게 형상하는 데"[9]에 큰 역할을 했다고 평가하면서 '종자의 획득'과 '철학적 깊이의 보장'의 상관성을 예증하는 작품으로 거론된다.

이렇듯 『평양시간』, 『백두산 기슭』, 『압록강』 등의 장편소설에 대한 북한의 평가를 보았을 때, 북한에서 최학수의 작가적 비중이 높음을 확인할 수 있다. 특히나 『백두산 기슭』의 묘사력에 대해 상찬하고 있는 장희숙의 「자연묘사에 비낀 력사적 사변의 의미」라는 단평[10]이나 김정일의 종자론을 바탕으로 『평양시간』의 제목이 지어졌음을 강조하는 글[11]에서도 알 수 있듯, 최학수의 작품들은 지속적으로 분석과 평가의 대상이 되고 있다. 따라서 본고는 최학수가 지은 총서 세 편과 『평양시간』에

6) 윤기덕, 앞의 책, 161면.
7) 위의 책, 171면.
8) 위의 책, 156면.
9) 위의 책, 246면.
10) 장희숙, 「자연묘사에 비낀 력사적 사변의 의미」, 『조선문학』 2003년 5월호, 문학예술출판사, 17~18면.
11) 「위대한 령도 불멸의 업적」·「주체적인 소설문학 발전에 이룩하신 불멸의 업적」, 『조선문학』 2003년 12월호, 문학예술출판사, 19면.

나타난 '수령 형상'의 의미를 고찰하여 각각의 작품에 나타난 특색을 검토하고, 작가적 개성의 유의미성을 구체적으로 평가하고자 한다.

## 2. 총서와 수령 형상의 의미

총서는 북한이 내세우는 주체문예이론의 정수에 해당한다. 남한의 명명으로 보자면 '과거를 현재의 전사(前史)로서 생생하게 만든다'는 점에서 역사소설에 해당[12]하겠지만, 북한문학에서는 '수령'의 과거사를 문학적 허구로 재조명하려는 기획의도가 깔려 있다. 그리하여 총서는 항일무장투쟁의 험로를 헤쳐온 '수령의 신화'를 재창조・재형상화함으로써 인민을 계도하려는 체제 유지 문학에 해당하게 된다. 더구나 그것은 여타의 '수령형상문학'의 문예지침으로 활용되기에 북한문학의 이해와 감상, 비판적 평가를 위해서는 선행적 검토가 필수적이다.

최학수가 담당한 총서의 종자는 김일성의 항일무장투쟁사에서 중요한 전환점에 해당하는 사건들에 해당한다. 즉 반일민족통일전선체인 '조국광복회' 창립(『백두산 기슭』), 항일무장투쟁 최초의 국내진공작전인 '보천보전투'의 승리(『압록강』), 해방 직후 '김일성 장군 환영 평양시 민중대회' 개최(『개선』) 등 북한의 '정통역사'에서 굵직굵직한 역사적 사건을 작품의 중핵으로 삼고 있다. 그것은 최학수의 문학적 수사가 이미 『평양시간』(1976)을 통해 객관적으로 공인 받은 바 크기 때문일 것이다. 최학수의 장편소설에 나타난 수령 형상의 의미를 검토하기 위해서는 북한문학에서 '수령형상'이 차지하는 위치를 파악해야 한다. 북한에서

12) 게오르그 루카치, 이영욱 역, 『역사소설론』, 거름, 1987, 57면.

‘수령형상’이 차지하는 지위와 역할, 방향성에 대한 저서로는 윤기덕의 『수령형상문학』과 김정일의 『주체문학론』을 들 수 있다.

우선 『수령형상문학』에서 주목하는 총서의 세 가지 특징을 검토하면 총서가 북한문학에서 차지하는 현재적 좌표와 위상을 확인할 수 있다. 첫째, 1972년 4·15문학창작단에서 『1932년』을 발간하면서 시작된 총서 간행이 김정일의 지도를 통해 수행되고 있다는 점이 주목된다. “충성의 창작전투”로 『혁명의 려명』 등의 심의본을 김정일에게 ‘올리면’ 김정일이 “종자를 바로잡지 못한 데 근본 약점이 있다”[13]고 지적하는 것이 바로 김정일의 지도인 것이다. 이것은 문학 내적인 요구에 의해서 나온 것이 아니라 김정일의 창작 지도의 형태로 ‘총서’가 지속적으로 간행되고 있다는 것을 보여준다. 즉 체제 내적 결속력을 위해 수령의 역사를 신화화하고 있는 것이다.[14] 이것은 결국 ‘수령형상문학’이 체제 수호 문학일 수밖에 없음을 증명한다.

둘째로 수령형상의 의도가 “수령의 혁명력사와 숭고한 풍모를 진실하고 생동하게 예술적 화폭에 그려 수령의 위대성을 예술적으로 감득하게 하는 것”[15]이며, 수령 형상은 보통 혁명가나 보통 지도자의 형상과 구별될 뿐만 아니라 인민적이며 혁명적인 문학이 창조하는 형상에 해당한다고 강조한다. 결국 ‘수령형상의 본질’이 수령의 위대성과 고결성, 인간적 풍모의 예술적 형상화를 통해 인민을 계몽하는 것에 있음이 드러난다. 그러므로 총서에서의 수령형상은 인민을 향해, 인민을 위해 존재한다고 강조되긴 하지만, 체제 바깥의 시선을 투영하면 결국 ‘수령의, 수령에 의한, 수령을 위한’, ‘수령 개인만의 형상’창조에 그치고 만다.

셋째로 ‘수령형상창조의 원칙’을 ‘첫째 충성심을 다하여 최상의 높이에서 형상, 둘째 밝고 정중하게 형상, 셋째 인민들 속에 계시는 수령 형

13) 윤기덕, 앞의 책, 155면.
14) 신형기·오성호, 『북한문학사』, 평민사, 2000, 271~289면.
15) 윤기덕, 앞의 책, 157면.

상, 넷째 위대한 인간의 형상, 다섯째 력사적 사실에 철저히 기초하여 형상'의 다섯 가지로 밝히고 있다. 이 다섯 가지 원칙들은 결국 총서를 집필할 때, '위대한 수령'을 묘사하는 창작방법론에 해당한다. 그리하여 '수령'의 불멸성과 영원성을 인민들의 내면에 강제하려는 형상 원리로 작동하고 있는 것이다. 마치 전근대적 봉건왕조국가에서 절대자를 숭배하는 것과 닮아 있다.

이러한 세 가지 특징은 총서가 "수령형상 장편소설 묶음의 포괄적이며 총괄적임 종자"이며, 총서에는 '위대한 혁명가'로서의 '불멸의 김일성'의 "빛나는 혁명력사와 숭고한 풍모가 집약"[16]되어 있다는 강조로 취합된다. 결국 역사적 사실과 문학적 허구가 김일성이라는 한 인간을 매개로 대하연작소설로 묶여진 것이 바로 총서인 것이다. 그리하여 개인의 사적 역사가 국가의 공적 기억으로 향유되고 있는 것이다.

김정일의 『주체문학론』에서도 『수령형상문학론』과 유사한 논의가 펼쳐진다. 그리하여 "로동계급의 수령을 총서 형식의 작품으로 형상한 것은 우리나라에서 처음으로 시도하고 개척"하였음을 강조한다. 또한 총서가 김일성의 "혁명력사를 체계적으로, 전면적으로 깊이 있게 그린 혁명적 대작을 하나의 통일적인 제목으로 묶어놓은 것"[17]임을 역설하면서 작품 개개의 독자성 속에 연관성을 지닌 작품들임을 강조한다.

그리하여 수령 형상 목적은 "사람들로 하여금 수령의 위대성을 깊이 알고 수령을 충심으로 존경하고 받들며 수령의 사상과 의도를 깊이 새기고 수령의 위업에 충실하도록 하자는 데 있음"을 강조한다. 그러하기에 수령을 보좌하는 인물은 "충실성의 산 모범으로 전형화"되어야 하며, 따라서 "수령의 주위에는 수령과 고락을 같이하는 충신의 전형이 서있어야"[18] 하는 것으로 여겨진다. 수령과 충신의 관계는 임금과 신하

16) 위의 책, 302면.
17) 김정일, 앞의 책, 137면.
18) 위의 책, 148~149면.

의 관계처럼 전근대적 '충・효・예'의 외적 발현인 것이다. 그러므로 수령 형상 작품은 "철저히 수령을 주인공으로 중심위치에 세워야 하며", "종자는 수령의 형상에 의하여 기본적으로 밝혀져야 한다."[19)]

이상에서 검토한 바에서 드러나듯 결국 '수령형상문학'이란 북한 역사에서 절대적 지도자에 해당하는 수령을 주인공으로 형상화한 연작 대하소설에 해당한다. '영원불멸의 위대한 사상'을 창시하고 국가를 운영하는 수뇌로서의 수령은 결코 심리적 갈등이나 비이성적 오류에 빠지지 않는다. 모든 문제를 슬기롭게 헤쳐나가는 만능해결사의 역할을 감당해내야 하기 때문이다. 한 치의 동요도 허용하지 않는 전지전능한 사랑과 혁명과 정의의 존재가 바로 '수령'인 것이다. 총서에서 '수령형상'은 그러한 불굴의 신념을 가진 승리자의 표상이자, 따뜻한 인간미와 헌신성, 동지애적 신심을 표상하는 '위대한 수령'으로 그려진다.

## 3. 총서 『백두산 기슭』(1978)에 나타난 수령 형상

『백두산 기슭』은 1978년판에는 '조선작가동맹 중앙위원회 4・15문학창작단'이 창작한 것으로 작품 표지에 나오다가 1989년판(개작본 1)과 1990년판(개작본 2)에는 '현승걸・최학수' 공저로 나오다가 2002년 『개선』의 '편집후기'에 의하면 '최학수'의 세 번째 장편소설이라고 명기되어 있다. 이것은 집체 창작에 의미를 부여하던 방식에서 개인 창작의 노고를 드러내는 방식으로 북한 내부의 문학적 판단이 변화하고 있음을 보여준다. 즉 1980년대 후반 이후 창작 주체의 개별성을 보장하는

19) 위의 책, 150면.

쪽으로 창작자에 대한 인식이 변화하고 있는 것이다.[20)]

『백두산 기슭』 원본과 개작본 1, 개작본 2 사이에는 미세한 차이가 드러난다. 그것을 도표로 비교해보면 아래와 같다.

| 구분 | 1978년판 | 1989년판 | 1990년판 | 비고 |
|---|---|---|---|---|
| 저자 | 조선작가동맹 중앙위원회 4·15문학창작단 | 현승걸·최학수 | 현승걸·최학수 | |
| 출판사 | 문예출판사 | 평양출판사 | 문예출판사 | |
| 발행부수 | 20만 부 발행 | | 2만 부 발행 | |
| 겉표지 | 장편소설<br>불멸의 력사<br>백두산 기슭 | 총서 '불멸의 력사' 9<br>장편소설<br>백두산 기슭 | 총서 '불멸의 력사' 9<br>장편소설<br>백두산 기슭 | |
| 본문내용 | 금성 장군님(17면) | 김일성 장군님(16면) | 김일성 장군님(18면) | |
| | 윤칠녀(17면) | 장철구(16면) | 장철구(18면) | |
| | 권학식(32면) | 권학식 | 리동백(34면) | |
| | 혁명연극 『한 자위단원의 운명』의 대본(224면) | 혁명연극 『한 자위단원의 운명』의 대본(222면) | 원고(226면) | |

원본과 개작본 사이를 비교해보면, 첫째 저자가 변화한 점, 둘째 표지의 제목이 '장편소설 불멸의 력사'에서 '총서 '불멸의 력사' 9 장편소설'로 바뀐 점, 셋째 원본의 금성·윤칠녀·권학식 등이 작품 바깥의 실제 인물의 본명인 김일성·장철구·리동백 등으로 바뀐 점, 넷째로 '혁명연극 『한 자위단원의 운명』의 대본'이라는 표현이 '개작본 2'에서는 그냥 단순한 '원고'로 바뀐 점 등의 차이를 확인할 수 있다.

저자의 변화는 집단 창작의 공공성을 강조하는 태도에서 개인 창작 주체의 개성적 책임감을 강화하는 방식으로 인식이 변화했기 때문인 것으로 보인다. 그리고 '9'라는 일련번호가 새겨진 것은 총서 연작이 체제 선전과 계도를 위한 '기획'의 산물임을 증명하는 것으로 판단된다. 즉

20) 총서에서 개별 작가의 이름이 표명된 것은 1988년 출간된 박유학의 『혈로』부터이다.

남한에서처럼 역사에 대한 창작자 개인의 주관적 판단과 상상적 개입이 중요한 것이 아니라 '수령 김일성'의 우상화라는 일련의 기획 의도하에 제작된 창작물임이 드러난다. 그리고 본명으로 이름을 바꾼 것은 항일 무장투쟁을 경험하지 못한 독자들에게 작품 내용의 사실성을 강화하기 위한 조치로 여겨진다. 그리고 '혁명연극 『한 자위단원의 운명』의 대본'에서 그냥 '원고'로 바꾼 것은 문맥으로 보자면 '창작 주체 김일성'이 지닌 허구성에 대한 의구심을 해소하기 위해서인 것으로 보인다. 하지만 2000년도판 『문학대사전』에 따르면 '혁명연극 『한 자위단원의 운명』의 대본'이 여전히 "경애하는 수령 김일성 동지께서 항일혁명투쟁시기에 친히 창작하신 불후의 고전적 명작"[21]이라고 기술되어 있다. 그렇다면 '원고'라는 표현은 일종의 오기라고 보는 것이 타당하겠다.

『백두산 기슭』은 1936년 3월부터 1936년 5월 5일 김일성이 조국광복회를 창립하기까지의 과정에서 민생단(1932년 일제가 친일조선인으로 조직한 친일단체) 문제를 해결하고, 조선인민혁명군의 외연을 확대한 이야기를 다루고 있다. 이러한 내용은 실제 역사적 사실과도 부합하는 내용이다.[22] 『백두산 기슭』의 핵심 서사는 김일성 부대가 남호두 회의 이후 백두산 기슭으로 향하면서 민생단 문건을 소각하여 민생단 문제를 해결함과 동시에 조선인민혁명군의 외연을 확대하고, 동강 회의에서 조국광복회를 창립함으로써 반일투쟁의 새로운 계기를 마련한 역사적 사실[23]을 골격으로 진행된다. '민생단 문건 소각'은 김일성 자신이 민생단 혐의를 받고 대대 정치위원에서 물러났던 경험을 간직하고 있었기 때문에 조선인민혁명군의 외연 확대를 위해 중요한 의미를 내포한다.[24]

21) 사회과학원, 『문학대사전』 4, 사회과학출판사, 2000, 321면.

22) 신주백, 「김일성의 만주항일유격운동에 대한 연구」, 173~176면. 신주백은 김일성이 미혼진 회의와 동강회의, 민생단 혐의자 석방 등을 통해 동만 지방에서 재만한인문제를 담당하는 실질적인 지도자로 부상되었다고 진단한다.

23) 편찬위원회(『항일무장투쟁사』), 『항일무장투쟁사』 5, 과학백과사전출판사, 2003.

24) 신주백, 「1932~1936년 시기 간도지역에서 전개된 '반「민생단」투쟁' 연구」, 『성대사림』 9, 1993.

김일성을 중핵으로 하는 그 주변에는 '민생단으로 몰린 장기령, 윤칠녀(본명 장철구), 리경준과 최선금 부부, 글방 선생 권학식(본명 리동백), 강세호 중대장, 아동단 지도원 한남실, 10여 명의 아동단원들, 리북철 경위 중대장, 전령병 주봉길, 사진사 박문필' 등이 자리한다.

『백두산 기슭』은 '인민들 속에 계시는 수령 형상 원칙'에서 "고매한 인민적 풍모와 탁월한 령도력을 구체적인 인간관계와 생활을 통해 보여줄 데 대한 원칙"[25]을 보여주는 전형적인 작품으로 평가받는다. 그리고 '위대한 인간 형상 창조 원칙'에서 "위대한 인간의 귀감으로서의 수령의 숭고한 풍모와 고매한 덕성을 생활적으로 진실하게 보여"[26]준 예로 조국광복회 조직원인 이경준의 희생을 예로 든다. 마지막 순간까지 김일성의 지시를 받아 조국광복회 창립대회에 참석하고자 했던 이경준의 헌신성과 그의 '고귀한 희생'을 가슴에 새기는 김일성의 모습이 감화력 높은 위대한 인간의 모습을 보여준다는 것이다.

이렇듯 수령 형상의 내적 원리를 모범적으로 표출하고 있다고 평가받는 『백두산 기슭』의 구성은 세 가지의 기본 서사가 반민생단 투쟁과 조국광복회 창립이라는 핵심 서사로 이어지는 것으로 그려진다. 즉 첫 번째 서사로 김일성의 사령부를 찾아오는 이경준 등의 민생단 혐의자들의 김일성을 향한 자발적 헌신성이 그려지고, 두 번째 서사로 강세호 중대장이 데려온 지식인 권학식이 김일성에게 감화되는 이야기가 있으며, 세 번째 서사로 근거지 해산 후 10여 명의 아동단원들을 데리고 사령부를 찾아오는 아동단 지도원 한남실의 이야기가 있다. 이 세 가지 서사가 각종 전투를 승리로 이끄는 김일성 주력부대의 행군으로 모아지면서 김일성은 민생단 문건을 소각함으로써 무장조직인 조선인민혁명군을 확대하고 반일민족통일전선체인 조국광복회를 창립하게 된다. 이러한 기본 서사의 밑면에는 꼬마 전령병 주봉길의 생일상을 마련해

25) 윤기덕, 앞의 책, 194면.

26) 위의 책, 208면.

주는 세심함, 미혼진밀영 병원의 열병 환자를 보살펴주는 따뜻한 배려, 강반석 어머니가 준 20원으로 아동단원들의 새옷을 해 입히는 사랑 등이 자리하면서 김일성의 위대한 풍모가 드러난다.

그러나 수령 형상의 본질이나 수령 형상 창조의 원칙은 수령의 전지전능함과 완전무결함을 형상화하는 제약조건이 됨으로써 오히려 수령을 박제화하는 한계를 드러낸다. 김일성은 입체적 내면이 거세된 박제화된 영도자의 형상으로 그려지고 있는 것이다. 한남실과 장기령의 연애담이 형성되는 곳에서도 김일성은 보이지 않는 조종자이자 길을 안내하는 성좌가 되어 둘의 관계를 매개한다.

## 4. 총서 『압록강』(1983)에 나타난 수령 형상

『압록강』은 1936년 8월 무송현성전투 이후 백두산에 근거지를 창설한 뒤 1937년 6월 국내진공작전을 펼쳐 보천보전투를 승리하는 부분까지의 역사적 사건을 형상화한 작품이다. 『압록강』의 기본 서사는 세 가지로 요약된다. 첫째로 김일성이 천도교 도정 박인진과 양심적 지주 김정보, 장백현 신흥촌 촌장 리제순 등을 감화시키면서 조국광복회의 외연을 확대한 점을 들 수 있다. 둘째로 강세호·리동학·김주현·곽두섭·권영벽 등의 대원들의 정신 무장과 전투를 통해 조선인민혁명군 부대의 내실을 강화하고 있다. 셋째로 작식대원인 장철구에 대한 애정, 권영벽의 부친 사망, 곽두섭과 조분옥의 사랑, 조분옥의 사망 등의 내용에서 가족애와 동지애가 깔려 있다. 물론 이 세 가지 서사는 위대한 품경을 지닌 장군 김일성을 매개로 하여 백두산 밀영지의 확보와 보천보전투의 승리로 모아진다.

전체 10장으로 이루어진 『압록강』의 기본적 개요를 살펴보면 다음과 같다. 1장에서는 1936년 8월 2천여 명의 공산군이 만주의 무송현성을 공격한 뒤, 김일성이 주력부대를 이끌고 백두산밀영 후보지로 향하는 모습이 그려진다. 그리고 1936년 9월 30일 추석날(개작본에서는 추석 9일 전) 밤에 첫눈이 쏟아지는 가운데 사령부가 백두산 곰의골에 들어온다. 미리 밀영지를 답사한 선발대 김주현을 치하한(개작본에서는 김일성이 밀영지 선택) 김일성은 밀영지 꾸미는 사업에 대해 역할을 분담한다. 2장에서 김일성은 화전부락 마을 촌장인 리제순을 만나 감화시키고, 3장에서는 그에게 신임장을 전해준다. 4장에서 김일성은 적들의 동기토벌 공세에 맞설 것을 결의하고 전투에서 승리를 거둔다. 5장에서 권영벽이 박달에게 김일성의 친서를 전하고, 김일성은 곽두섭과 조분옥의 결혼을 서두를 것을 명한다. 6장에서 김일성은 김주현이 후방 병원으로 보낸 장철구를 만나 위로하고, 양심적 지주인 김정보는 김일성에게 감화되어 큰절을 올린다. 7장에서 천도교 도정 박인진은 김일성을 만나 감화되고, 동학의 창시자인 최수운 대신사를 만난 것 같은 느낌을 받는다. 8장에서 김일성은 박달을 만나 당에 대한 가르침을 주고, 음력설에 들이닥친 토벌대를 물리치고 3월 초에 무송으로 향한다. 9장에서 최현부대가 5월 초부터 보조타격을 개시하자, 김일성은 국내진공을 예정보다 앞당기고자 한다. 10장에서 '대통령감' 리동백의 기록으로 보천보전투가 기록된다. 6월 4일 밤 김일성의 공격신호로 보천보전투가 시작되고, 김일성은 승리를 이끈 뒤 단오날이자 일요일인 1937년 6월 13일 백두산 밀영으로 돌아와 경축대회를 갖는다.

『압록강』은 원본과 개작본(1992) 사이의 차이가 두드러지는 작품이다. 그 구체적 내용을 도표로 확인하면 아래와 같다.

| 구분 | 1983년판 | 1992년판 | 비고 |
|---|---|---|---|
| 제목 | 총서 '불멸의 력사' 중 장편소설 압록강 | 총서 '불멸의 력사' 10 장편소설 압록강 | |
| 저자 | 4·15문학창작단 | 최학수 | |
| 출판사 | 문예출판사 | 문학예술종합출판사 | |
| 본문내용 | | 지난 몇 달 간의 면밀한 준비 후 백두산 행군 출발(15~16면) | ① |
| | | 33~34면 추가(적들을 답새기며 압록강을 건너는 내용) | ② |
| | 추석날이였던 9월 30일(37면) 폭설 | 추석날을 아흐레나 앞두고 있던 9월 21일(41면) 폭설 | ③ |
| | 귀틀집(37면) | 천막(42면) | ④ |
| | 햇눈 덮인 천리수해 우로 둥실 아침해가 솟구쳐 오른다. 장쾌한 백두산 해돋이가 시작되였다.(45면) | 햇눈 덮인 장수봉(오늘날의 정일봉) 마루가 불현듯 금백색빛을 뿌린다. 해돋이바위 우로 장쾌한 아침해가 솟기 시작한 것이다.(50면) | ⑤ |
| | 밀영지 선택을 묘사하는 부분이 산만함.(45~54면) | 김일성의 중심적 역할 강조한 묘사로 확대(50~62면) | ⑥ |
| | 적진으로 나가 타격하고 사흘만에 돌아왔다는 내용만 간략히 기술(96~97면) | 백두산정 대탁온천에 세상을 등지고 사는 노인을 김일성이 감화해서 대탁밀영의 연락소책임자로 만듦(104~105면). 추석날(9.30) 밀영으로 돌아온 김일성, 10월 4일 이도강 적들을 타격하고 돌아옴(106~107면). 사령부 귀틀집 묘사 확대 | ⑦ |
| | 리동학의 '보따지' 별명 유래와 성격 묘사(102~103면) | 삭제(리동학의 대사 간소화) | ⑧ |
| | 리제순과 박달의 만남(121~128면) | 김일성을 만난 리제순의 대화 묘사 부분 소략화(128~135면) | ⑨ |

원본과 개작본의 시간적 차이가 9년인 만큼 수정된 내용도 다른 총서에 비해 상당히 많다. 우선 원문에 없던 내용이 추가된 ①, ②의 경우는 작품의 부실한 서사성을 확충하기 위한 노력으로 여겨진다. 무송현성전투 이후 별다른 준비 없이 '남호두 회의'의 결정을 따라 백두산으로 향한 것으로 느껴질 수도 있고, 적들과의 대치 없이 압록강을 건너는 것으로 그려진다면 조선인민혁명군의 험로를 독자들이 안이하게 낭만화할 수도 있기 때문에 작가가 수정한 것으로 판단된다.

③의 경우는 특이한데, 같은 작가의 『개선』(2002)에서는 개작본(1992)이

아니라 원본(1983)의 내용처럼 9월 30일 추석날 밤으로 회상하는 부분이 드러나기 때문이다.[27] 이러한 날짜의 착오 혹은 혼동은 표면적으로 보면 총서가 지닌 역사적 사실의 신뢰성을 현저히 떨어뜨리는 요소라고 할 수 있다. 하지만 오히려 총서가 장편소설로 가공된 역사물이기에 역사적 문맥으로만 받아들여서는 안 된다는 것을 반증하는 것으로 해석할 수도 있다. ④의 경우는 귀틀집을 하루만에 세울 수는 없으니 작품의 개연성을 위해 고친 것으로 보이며, ⑤의 경우는 김정일의 이미지를 투사하기 위해 삽입된 부분으로 보인다.

⑥은 원본에서 김주현이 보고하는 밀영지 선택의 산만함을 제거하고 개작본에서 김일성의 탁월한 예지력을 강조하는 내용으로 수정한 부분이다. ⑦은 전투의 구체성과 문학적 긴장감을 살리기 위해 새로이 삽입한 것으로 보이며, ⑧ · ⑨는 장황한 묘사 부분을 간소화한 부분이다. 이외에도 부분적으로 추가되거나 삭제된 부분이 많은데, 그것은 대체로 '보천보전투'의 승리를 향한 서사적 개연성이 미흡하다고 '4 · 15문학창작단'과 작가가 판단했기에 가능한 개작으로 판단된다.

『압록강』은 일대기나 전기식 구성을 배제한 채 '보천보전투'를 중심으로 '독창적인 구성형식'으로 창작된 대표적인 작품이며, 천도교 도정 박인진이 공산주의를 적대시하다가 김일성에게 감화되는 부분에서 '철학적 깊이'를 보장한 작품으로 평가받는다.[28] 그러나 이 작품의 종자가 '보천보전투'임에도 불구하고 작품 말미에 소략적으로 개요만 정리될 뿐 대결이 지닌 긴장감은 드러나지 않는 작품의 한계가 엿보인다. 그것

---

27) 최학수, 『개선』, 문학예술출판사, 2002, 132면.

28) "천도교 도정 박인진이 공산주의를 적대시하다가 위대한 수령님의 독창적인 반일민족통일전선 방침과 한없는 도량에 감복하여 마침내 경애하는 수령님을 높이 우러러 모시고 진심으로 흠모하게 되는 생활화폭은 수령형상 작품에서 력사적 사실에 기초하여 작품의 종자를 꽃피울 수 있는 생활을 탐구하고 묘사하는 것이 작품의 철학적 깊이를 보장하며 수령의 위대성을 빛나게 형상하는 데서 얼마나 큰 역할을 하는가 하는 것을 잘 보여준다."(윤기덕, 앞의 책, 246면)

은 수령의 주도면밀함으로 백전백승하는 승리자 중심의 기록이라는 '총서 기획'이 동요하는 계층이나 적대세력과의 대립과 갈등이라는 긴장감을 제거하고 있기 때문이라고 할 수 있다.

## 5. 총서 『개선』(2002)에 나타난 수령 형상

『개선』은 '총서' 해방 후편의 첫 편에 해당한다. 1945년 8월 15일부터 10월 14일 김일성 장군 환영 평양시민중대회까지의 일정이 기록된다. 이 작품은 "해방 후 위대한 수령님을 형상하는 데 바쳐진 첫 단편소설로서 문학사적 의의"[29]를 평가받는 한설야의 『개선』(1948)과의 거리를 검토할 필요성이 있다. 하지만 한설야의 작품은 단편소설이며 '1945년 10월 14일 평양시 군중대회' 자체를 형상화하고 있다는 점[30]에서 총서의 창작 의도와는 다소 거리가 있다.

『개선』은 크게 세 가지 서사로 요약된다. 첫째로 조선인민혁명군 사령부의 귀국과 그 활동이 전개되고, 둘째로 곽두섭과 소원정의 연애, 리병훈 외과원장과 하루꼬의 사랑 등이 소개되고, 셋째로 해방 정국의 조선 현실과 원산과 평양에서의 조선공산당 운동이 다루어진다. 이 세 가지 서사를 장악하는 핵심은 김일성이며, '개선 장군'의 이미지는 북조선공산당중앙조직위원회 결성과 평양시 민중대회 개최라는 행사로 집약되어 표출된다.

1장에서 '광복'의 소식은 조선에 부재하는 김일성 대신 김일성의 숙부인 김형록이 가네야마 순사와 마주치는 장면에서부터 기록된다. 2장

29) 사회과학원, 『문학대사전』 1, 사회과학출판사, 2000, 280면.
30) 강진호, 『그들의 문학과 생애, 한설야』, 한길사, 2008.

에서 광복날 아침 쏘련의 하바롭스크 비행장으로 향하던 김일성은 쏘련원동군 총사령관으로부터 광복을 축하한다는 전보를 받고 훈련기지로 되돌아간다. 8월 16일 조선인민혁명군 전체 장병에게 자유시간을 준 김일성은 새로운 국가 건설을 위해 이제 정치투쟁이 개시되었다고 이야기한다. 3장에서 김일성이 부재하는 조선에서 조선총독부 일본인들이 조선인 사이의 이간질을 위해 분주한 활동을 하던 8월 14~15일의 풍경을 요약하고, 평남도당 책임비서인 현준혁이 서대문형무소에 갇혀있는 박달을 만나러 경성으로 향한다. 4장에서는 조선인민혁명군 장병들의 귀국준비사업과 9월 18일 귀국함선에 오른 김일성이 소리소문 없이 입국하면서, 사령부 정치위원 김영환으로 신분을 위장할 것임을 강조한다.

5장에서 9월 19일 원산으로 귀국한 김일성은 민덕원과 현준혁의 암살소식을 접하고, 이튿날 음력 8월 15일(9월 20일)이 되자 1936년 9월 30일 첫눈 내리던 추석날 밤에 백두산밀영에 도착했던 기억을 떠올린다. 하지만 이 내용은 4장에서 살펴보았듯 '『압록강』 1992년판'의 내용과 다르다. 이것은 기억을 재가공하는 '총서'의 특성과 관련 있는 것으로 여겨진다. 김일성은 원산공산당부를 조직한 리주하에게 박헌영을 9월말이나 10월 초에 평양에서 만나고 싶다는 말을 전하면서 북한에서의 주도권을 장악해간다. 6장에서 김일성은 9월 22일 열시 경 평양역에 도착하여, 평남공산당위원회 책임비서 김용범으로부터 해방 이후의 상황을 보고받는다. 7장에서 김일성은 20년만에 대동강 숭어국을 맛보고, 곽두섭으로부터 리병훈 외과전문병원이 '김영을 내과병원'으로 바뀐 사연을 듣자 그 진위 확인을 지시한다. 8장에서 평양역에 내린 뒤부터 35시간 반 동안 눈도 붙여보지 못한 김일성은 리병훈 의사의 일이 나쁜 놈들의 협잡놀음이라면서 불순이색집단의 정체를 밝혀내야 한다고 강조한다.

9장에서 김일성은 태평양호텔 3층에서 만난 조만식에게 조국광복회 창립선언문과 10대 강령을 보여준다. 10장에서 김일성은 리순금 등의 박헌영 특사 일행을 만나면서 공산주의운동의 중심지가 평양임을 강조한다. 11장에서 림춘추는 『선봉』의 창간호를 10월 1일에 낼 것을 결의하고, 리병훈은 사령부에 2천원을 군자금으로 써달라고 기부하며, 김책은 당자금과 군자금으로 250만원을 마련하고, 곽두섭은 박달을 평양으로 데려온다. 12장에서 김일성은 10월 5일 평양숭실학교 교장실에서 창당준비위원회 예비회의를 갖고, 10월 10일 창당대회를 개최하여 북조선공산당중앙조직위원회를 결성한다. 그리고 10월 14일 오전 10시 평양모란봉공설운동장에서 김일성 장군 환영 평양시민중대회가 개최된다.

『개선』은 김일성이 북조선에서 어떻게 제1인자로 나서게 되는지를 형상화한 총서 해방 후편의 첫 번째 권에 해당한다. 이 작품은 김일성이 부재하는 공간을 어떻게 서사화할 수 있는가를 보여준 소설에 해당한다. 즉 1장에서는 김일성의 숙부인 김형록과 그 주변 가계 인물들을 내세워 부재하는 김일성의 역할을 대신할 수 있도록 구성하고 있으며, 3장에서는 김일성의 비밀지하조직원을 내세워 김일성이 부재하는 공간에서도 김일성의 투쟁목표와 실천의지가 외화될 수 있음을 보여준다. '수령'은 공간적 실재성 여부와 선형적 시간성을 초월한 존재로 그려지고 있는 것이다.

## 6. 장편소설 『평양시간』(1976)에 나타난 수령 형상

『평양시간』은 최학수의 두 번째 장편소설[31]이지만, 최학수를 '4·15 문학창작단'으로 끌어올린 그의 대표작에 해당한다. 최길상[32]에 의하면

31) 그의 첫 장편소설은 "전략적인 일시적 후퇴 시기에 군민이 협동하여 유격투쟁을 진행한 사실을 그려낸" 『그들은 함께 싸웠다』이다(편집부, 『개선』, 문학예술출판사, 2002, 602면).

'1969년 12월 당중앙위원회 제4기 제20차 전원회의 확대회의'에서 "평양시 보통벌이 건설된 것만 가지고도 얼마든지 좋은 작품을 쓸 수 있다"고 이야기한 김일성의 교시와 "『평양시간』을 높은 사상예술적 수준에서 창작 완성하도록 명확한 리론실 천적 방도를 제시"한 김정일의 지도가 이 작품의 탄생 배경이 된다. 특히 『평양시간』이 김일성이 정해준 "주체조선의 새로운 속도, '평양시간'이라는 사상적 알맹이를 심고 형상으로 꽃피움으로써" 김일성의 "주체적인 건설사상과 현명한 령도, 크나큰 사랑과 배려를 감동 깊이 보여주었으며 수령님께 충직한 우리 로동계급과 기술자들의 영웅적 위훈을 폭넓은 생활화폭"에 담았다고 기록된다. 그리하여 "우리 인민의 신념과 의지, 지향을 예술적으로 일반화한 작품으로서 당의 령도 밑에 찬란히 꽃펴나고 있는 우리 소설문학의 기념비적 작품"이라고 평가한다. 결국 김일성의 교시와 김정일의 창작지도 속에 『평양시간』이 '기념비적 소설'로 탄생할 수 있었다는 것이다.

남한에서는 『평양시간』에 대해 '구성의 공식성, 김일성 우상화, 과도한 작품의 목적성' 등의 한계를 노출한다는 식의 비판적 평가,[33] 투철한 사상성으로 사회주의 건설의 기적을 이룩한다는 내용의 천리마 기수를 형상화한 작품이라는 소략적 평가,[34] "지식인 문제를 다룬 대표적인 장편"으로 '제대군인 이상철, 당 책임자 탁준범, 건축설계사 문화린' 등의 주인공이 수령을 중심으로 결합하면서 인텔리와 노동계급의 전형적인 결합 방식을 보여준다는 평가,[35] 서사적 한계로 '김일성의 과다한 현지지도, 집체론적 협동의 미화, 조립식 아파트 공정 단축만의 미화, 이상철과 안오월 간의 사랑의 후일담 부재' 등을 지적한 평가[36] 등이 있다.

---

32) 최길상, 『주체문학의 새 경지』, 문예출판사, 1999, 91~92면.
33) 이명재 편, 『북한문학사전』, 국학자료원, 1995, 1086면.
34) 손화숙, 「공산주의적 교양과 긍정적 인물의 변모양상」, 『남북한 현대문학사』(최동호 편), 나남출판, 1995, 341면.
35) 신형기, 『북한소설의 이해』, 실천문학사, 1996, 162~166면.
36) 박태상, 「북한소설 『평양시간』 연구」, 『북한문학의 동향』, 깊은샘, 2002, 287~320면.

『평양시간』에서 '수령'은 모든 인물들의 개인적 · 심리적 · 사회적 고민과 갈등을 해소해주는 중핵으로 작동한다. 특히 사회주의 건설자로 돌아온 8만여 명의 제대군인들은 수령의 교시와 당의 지침을 몸소 실현해내려는 혁명과 건설의 전위부대가 된다. '수령'은 그들과 더불어, 적대적 인물을 제외한 대부분의 작품 속 인물들에게 '사회적 초자아'처럼 권위와 양심, 법과 규범, 윤리와 도덕, 정의와 믿음의 표상으로 존재하기 때문이다.

작품의 주인공인 '리상철'에게도 '수령'은 심리적 동요가 있을 때마다 새로운 각오를 다지게 하는 '위대하고 현명한 지도자'로 인식된다. 1957년 8만 명의 제대 병사들 중 한 사람이 되어 돌아온 상철은 김일성의 '10월 전원회의 정신(건설방법을 조립식으로 전환하자)'을 듣고, 1946년 봄날 친구 종한(오월의 오빠, 한국전쟁 시기 사망)과 함께 김일성을 만났던 기억을 떠올리며 '수도 건설자'가 되고 싶어하던 종한이의 '숭고한 이념과 현실적 지향'을 이어갈 것을 다짐한다. '수령'은 상철뿐만 아니라 다른 작중 인물들에게 이념적 좌표와 현실적 우상으로 내면화되어 새로운 사회 건설의 '정신적 표상'이자 '생활적 사표'로 인식되고 있는 것이다.

상철의 '매부'이자 도시계획설계 실장인 건축가 '문화린'은 수령의 신실한 믿음에 의해 부르주아적 미학관에 빠져 있던 자신의 잘못을 깨닫고 교화되는 인물로 그려진다. 그는 처음에 서구 부르주아의 건축 사상과 자기만족에 빠져서 수령님의 교시를 위반하였다는 자책감에 시달린다. 죄의식에 사로잡힌 문화린을 보며 아내 이상금은 남편의 고통을 '죄'로 추인하는 데다가 남편을 원망하면서 급기야 흐느껴 울기까지 한다. 상금의 모습은 '수령'의 교시에 대한 무조건적 수용과 헌신적 실천이 모든 개인과 사회적 윤리에 앞서는 절대 명제임을 보여준다.

현지지도를 나선 김일성은 설계나 시공의 문제가 아니라 '반혁명분자들과 반동분자들의 작간'이 건설을 방해하고 있음을 지적한다. 김일성에게 사회주의 혁명과 건설의 과정에서의 모든 투쟁은 반대의 목소리를 제거하면서 진행되는 전투이자 전쟁의 일환으로 비유될 수밖에 없는 절체절명의 중요한 순간들로 인식된다. 결국 김일성은 남의 기준이나 다른 나라의 시간이 아니라 '우리식 기준'과 '우리의 시간'을 강조하며 주체형의 '평양 시간'을 기준으로 건설과 혁명에 나서야 함을 강조한다. 이러한 김일성의 담화는 다른 나라 사람들보다 빠른 시간 안에 혁명과 건설을 진척시키는 '평양 시간'을 창조하게 하는 원동력이 된다. 그리하여 사회주의 혁명과 건설에서의 '천리마 정신'과 '속도 제일주의'를 강조하게 된다.

이렇듯 『평양시간』에서의 살펴본 '수령형상'은 북한 사회에서 '수령'이 초자아적 존재로 내면화되어 있음을 보여준다. 북한 인민들에게 법과 질서, 도덕과 규범보다 앞선 양심적 표상이자 희생과 헌신의 기표로 작동하는 '수령'은 개인들에게 상상계적 동일시[37]의 우상으로 형상화되고 있는 것이다.

하지만 이상철과 안오월의 연애담에서 드러나는 독백과 감정의 진폭은 독자에게 결말에 대한 궁금증을 유도하면서 서사적 추동력과 흡입력으로 작동한다. 특히 이 둘의 연애담은 지배 담론이 강제하는 사회윤리적 관점에서 벗어나 개인의 내면을 주목하면서 동요하는 사적 충동을 형상화함으로써 개성적 인물의 리얼리티를 확보하는 장치가 된다. 감정적 대응보다 이성적 판단과 윤리적 결심을 앞세우며 개인의 양심이 수령과 당의 방침을 향해 있어야 하는 사회에서 이 둘의 연애담은 북한 사회의 내면을 들여다보는 하나의 방법적 우회로에 해당한다.[38]

---

37) 아니카 르메르, 이미선 역, 『자크 라캉』, 문예출판사, 1994, 104~106면.

38) 오태호, 「『평양시간』에 나타난 '수령 형상'과 '연애담' 연구」, 『현대소설연구』 제36호, 2007.12. 이 장은 본인의 이 논문의 내용을 축약한 내용이다.

## 7. 결론

최학수의 소설에서 나타난 수령 형상은 입체성이 부족하다는 점에서는 유사해 보인다. 그것은 '수령형상문학'의 창작 원리를 그대로 받아들여 작품을 창작했기 때문으로 보인다. 『백두산 기슭』에서의 수령형상은 동요하는 내면이 거세된 무오류의 영도자로 그려진다. 그리고 개작본 『압록강』(1992)에서의 수령형상은 김일성의 영웅적 투쟁과 영도력을 강조하는 방향으로 윤색된다. 『개선』에서의 수령형상은 김일성의 '개선 장군'으로서의 이미지와 조선공산당의 제1인자로 부각되는 내용을 그리고 있다. 『평양시간』에서의 수령형상은 모든 등장인물들의 고민과 갈등과 문제의식을 해소해주는 이상적 자아의 모습으로 그려진다. 총서에서 수령을 둘러싼 주변 인물들이 적절한 내면을 소유하지 못한 것으로 그려져 있다면, 『평양시간』의 인물들은 끊임없이 자기자신을 들여다보고 회의하는 반성적 개인의 모습을 띠고 있다는 점에서 주목을 요한다.

4·15문학창작단 작가로서 총서 세 편을 창작한 최학수와 『평양시간』의 최학수는 유사하면서도 달라 보인다. 그것은 수령형상의 원칙 속에 수령의 일대기라는 역사적 사실을 소설로 형상화하는 총서들과 작가의 자전적 체험이 담겨 있는 '평양 속도'의 형상화라는 차이에서 비롯된 것으로 보인다. 즉 수령형상문학의 강제하는 원칙을 넘어서지 못하는 한계와 더불어 작가적 체험이 지닌 간접성과 직접성의 차이가 미적 형상화의 차이를 가져오는 것으로 판단된다. '불멸의 신화적 존재'가 지나온 역사적 장면을 상상력으로 재구성하는 것과 개인적 체험을 미적으로 재구성하는 것에서 상상적 금기가 존재하고 있다는 것이 최학수의 총서와 장편소설을 통해 확인한 결론이다.

북한의 총서를 읽으면서 역사적 사실에 작가의 상상적 개입이 두드러진 남한의 역사소설, 박경리의 『토지』나 황석영의 『장길산』, 조정래의 『태백산맥』 등의 장면을 기대하기는 어려워 보인다. 창작자의 상상력을 억압하는 객관적 역사의 장면이 신화와 수령의 이름으로 거대하게 가로막고 서 있기 때문이다. 그렇다면 과연 창작자는 무엇을 할 수 있을까? 4・15문학창작단의 고민은 바로 거기에 있을 것으로 보인다. 어렵겠지만 수령형상문학의 원칙을 과감하게 일탈할 수 있는 문학적 자유, 그것이 아마도 총서의 여백을 살릴 수 있을 것으로 보인다.

# 제3부 | '총서' 읽기의 확장 |

총서 '불멸의 력사'의 문학적 성격과 혁명예술의 대중설득 전략 연구 | 전영선

혁명가요 가사의 정서통합과 선동성 | 박선영

수령문학의 문학사적 위상 | 김성수

하이퍼링크 DB를 이용한 메타텍스트 연구 방법 | 김원경

# 총서 '불멸의 력사'의 문학적 성격과 혁명예술의 대중설득 전략 연구

## 영화 「조선의 별」을 중심으로

전영선(단국대)

## 1. 서론

본 연구는 북한 정치사회 정전으로서 총서 '불멸의 력사'의 문학적 특성을 분석하고, 북한의 혁명역사 대중설득 전략을 살핀 것이다. '불멸의 력사'는 문학을 넘어선 정치사회적 정전으로서 수령의 혁명역사를 정론으로 기술한 작품이며, 「조선의 별」은 수령형상의 모범으로 평가되는 작품이다. 두 작품은 모두 수령형상 문제를 다루었다는 공통점이 있다. 본 연구에서는 총서 '불멸의 력사'의 문학적 특성을 살피고, 「조선의 별」의 수령형상 양상을 분석하고자 한다.

'불멸의 력사'는 김일성 주석(이하 직책 생략)의 '항일혁명투쟁'을 주제로 한 일련의 연작 소설 시리즈물로 북한 문학의 이른바 '총서' 형식의 기원이 된 작품이다. 총서 '불멸의 력사'는 북한이 주장하는 역사를 담고 있으며, 그 속에서 수령형상화를 본격적으로 제기한 작품이라는 점에서 여느 문학작품과는 차원을 달리한다. 총서가 북한문학의 정전이 되는 것은 북한이 제기한 '수령형상 창조 문제의 가장 수준 높은 작품이며, 수령형상 창조의 참다운 본보기'가 되는 작품이기 때문이다. 즉 총서 '불멸의 력사'는 일차적으로 북한문학이 추구해야 할 기본 사명으로서 수령형상 문학의 본보기적 작품으로서 위상을 갖는다.

'불멸의 력사'의 문학적 성격이 문제가 되는 것은 문학적 성격이나 위상이 여타의 북한 소설과는 판이하게 다르기 때문이다. 원고지 분량만 해도 10만장이 넘는 대작품이며, 수 천 명의 인물이 등장하고, 북한이 주장하는 혁명역사를 토대로 하고 있기 때문이다. 국가의 기획에 의해, 김일성의 항일혁명역사를 토대로 한 방대한 역사 이야기를 담고 있다는 점은 문학 이상의 사회적 의미를 담고 있다.

남한에서는 장편소설로 이루어졌다는 점에서 소설로 접근하여 한계를 끄집어 내려하지만 북한에서는 '불멸의 력사'가 문학으로 읽히기보다는 역사적 사실로서 읽히기를 원하고, 역사적 사실을 환기하는 수단으로서 교양도서로서 기능한다. 정치적 의도성이 드러난 문학이라는 점에서 '불멸의 력사' 총서는 사회문화적 정전으로서 위상을 갖는다. 문학의 위상을 사회문화적 정전으로서 '일종의 정사(正史)적인 역사서'로서 기능하는 것은 소설을 통한 수령의 위상 정립과 관련되기 때문이다.

본 연구는 역사와 문학의 경계에 있는 총서 '불멸의 력사'의 문학적 성격을 규정하고, 혁명역사의 대중화 전략으로서 '불멸의 력사'와 관련한 장르적 확산 현상을 살펴본 다음 관련 영화를 통해 상호 연계성을 분석하고자 한다. 총서 '불멸의 력사'의 문학적 특성에 대한 논의는 총서 '불멸의 력사'에 대한 성격을 보다 분명하게 할 뿐만 아니라 북한 내에서 이루어진 새로운 문학양식 연구의 토대가 될 수 있을 것이다.[1)]

---

1) 총서 '불멸의 력사'에 대한 국내의 연구는 거의 이루어지지 않았다. 총서 '불멸의 력사'에 대한 논의는 성신여대 인문과학연구소에서 한국학술진흥재단의 기초연구를 수

## 2. 총서 '불멸의 력사'의 문학적 특성

### 1) 문학과 역사 사이의 간극

총서 '불멸의 력사' 시리즈는 1972년 권정웅의 『1932년』을 시작으로 2007년 김삼복의 『청산벌』에 이르기까지 2007년 현재 33권이 출판되었다. '불멸의 력사' 총서는 해방을 기점으로 '항일혁명투쟁 시기편'과 '해방 후편'으로 나누어진다. '항일혁명투쟁 시기편'은 권정웅의 『1932년』(1972)로부터 허춘식의 『천지』(2000)까지 17편이며, '해방 후편'은 권정웅의 『빛나는 아침』(1988)으로부터 김삼복의 『청산벌』까지 16편이다.[2) 총서 '불멸의 력사' 작가들은 권정웅・천세봉・석윤기・최학수・김병훈・김정・남대현 등 4・15문학창작단 작가들을 주축으로 당대 최고의 작가들이 참여하였다.

총서 '불멸의 력사'에 대한 북한의 평가는 문학의 정점을 넘어 경전에 가깝다. 총서 '불멸의 력사'는 단순한 사상교양・계급교양의 문제를 넘어 정정화 된 문학, 공식적 문학으로 혁명역사의 소설을 통한 재구성이라는 의미가 있다. 북한에서 총서 '불멸의 력사'는 주체문학의 본보기,[3) 주체 문학의 '가장 대표적인 성과', 북한문학이 지향해야 할 수령형상문학의 완성판이자 본보기적인 작품으로 평가한다. 나아가 총서 '불멸의 력사'는 항일혁명투쟁으로부터 시작된 북한의 역사적 정통성을

---

행하면서 본격적으로 시작되었다. 2008년 6월 14일 성신여대 인문과학연구소와 상허학회가 공동으로 주최한 학술대회 "'총서 불멸의 력사'와 북한문학의 전망'을 통해 본격화되었다.

2) 총서의 전편에 해당하는 '항일혁명투쟁 시기편'은 김일성의 항일혁명투쟁을 중심으로 혁명에 함께 했던 차광수・김혁・권영벽・오중흡 등의 빨치산 인물들의 이야기를 주요 내용으로 한다. '해방 후편'은 해방과 함께 김일성의 개선과 당 창건사업, 토지개혁 등의 혁명사적을 주요 내용으로 한다.

3) 김정일, 『주체문학론』, 조선로동당출판사, 1992, 140면.

뒷받침하는 북한 사회의 정전으로서 위상을 갖는다. 인민들은 교과서처럼 '총서'를 읽어야 하고, 그 속에 구현된 수령이 심오하고 고상한 사상과 감정을 배우고 내면화해야 한다.[4)]

총서 '불멸의 력사'의 성격이 쟁점이 되는 것은 특별한 의미를 가진 문학이라는 점이다. 총서의 특별함은 문학적 의미를 넘어 역사적 사실에 접근하려 한다는 점이다. 총서 '불멸의 력사'는 정사(正史)로서 역사서 못지않은 위상을 가진 체제 유지와 밀접하게 결합된 문학형식이라는 점이다. 이는 역설적으로 총서 '불멸의 력사'의 문학적 성격을 규정하는 특징이기도 하다. 남한의 연구자들도 대체로 이 점에 주목한다. 강진호는 '총서'가 역사적 사실을 토대로 하여 구성되었다는 점을 근거로 "'총서'는 공적 기억의 보고이자 국가 이야기의 원천으로 북한 사회의 문화정전에 해당한다고 할 수 있다"고 규정하였다.[5)]

채호석은 북한의 문학은 그 나름의 고유한 존재방식을 갖고 있으며, 그 존재방식을 인정해야 한다는 점을 전제로 "'불멸의 력사' 시리즈는 북한의 '공식적'인 문학이며, '정전'"으로 규정하면서 "'불멸의 력사'는 서구적인 의미에서의 소설이라고는 말할 수 없을 것이다. 그렇기 때문에 '불멸의 력사'를 '소설'의 관점에서 읽는 것은 대단히 무리한 일이다"고 하여 북한문학의 특수성으로 보았다.[6)]

오태호는 "총서는 북한이 내세우는 주체문예이론의 정수에 해당한다. 남한의 명명으로 보자면 역사소설에 해당하겠지만, 북한문학에서는 '수령'의 과거사를 문학적 허구로 재조명하려는 기획의도가 깔려있다.[7)] 그

4) 강진호, 「'총서'라는 거대서사 혹은 허위의식」, 『'총서 불멸의 력사'와 북한문학의 전망』(2008년 상반기 상허학회 전국학술대회 자료집), 2008.6.14, 5면.

5) 위의 글, 4~5면.

6) 채호석, 「'불멸의 력사', 『혈로』의 주제화 방식 연구」, 위의 책, 32면.

7) '불멸의 력사', 『문예사전』, "총서 《불멸의 력사》의 창작은 위대한 수령 김일성 동지의 형상창조 문제가 우리 문학에서 가장 높은 사상예술적 경지에서 해결되고 로동계급의 수령형상창조 문제에서 참다운 본보기가 마련되였다는 것을 알리는 일대 사변으로 되며"

리하여 총서는 항일혁명투쟁의 험로를 헤쳐 온 '수령의 신화'를 재창조·재형상화함으로써 인민을 계도하려는 체제 유지 문학에 해당하게 된다"고 보았다.[8)]

총서 '불멸의 력사'가 단순한 소설로 평가하기 어려운 이유는 정치성에 있다. '불멸의 력사'는 북한이 주장하는 '항일혁명투쟁의 역사적 사실'을 장편소설 시리즈로 옮긴 것이다. 역사를 소설로 옮겼다는 점에서 역사소설이나 실화소설로 간주할 수 있다. 그러나 역사소설이라고 하기에는 역사적 토대가 너무나 굳건하며, 사실성이 강조되어 있다는 점에서 쉽게 역사소설로 규정하기 어렵게 만든다. 즉 총서 '불멸의 력사'를 역사소설로 규정하기 어려운 것은 현실정치와의 밀접한 관련되어 있으며, 역사적 사실에 대해 과도하게 의지하고 있다는 점에서 역사소설로서 한계가 있다.

### 2) 예술과 정치 사이의 간극

우선 총서 '불멸의 력사'는 현실정치와 밀접하게 관련되어 있다. '불멸의 력사'에서 다루는 역사의 범위는 현재까지 진행형이다. 앞서 언급하였듯이 가장 최근에 나온 총서는 2007년에 나온 김삼복의 『청산벌』이다. 물론 최근에 나왔다는 것이 문제가 될 수는 없다. 최근이라는 의미가 갖는 것은 완결되지 않은 역사를 다루고 있기 때문이다. 아무리 최근이라고 하여도 그 역사적 사건이 완결되었다면 역사소설의 소재로서 문제가 되지 않을 것이다.

그러나 '불멸의 력사'는 현재까지도 진행중인 사건을 다루고 있다는 점에서 역사소설로 규정하기에는 한계가 있다. 더욱이 북한의 정치사회

8) 오태호, 「총서와 작가적 개성과의 거리－최학수론」, 『'총서 불멸의 력사'와 북한문학의 전망』(2008년 상반기 상허학회 전국학술대회 자료집), 2008.6.14, 69면.

적 정체성으로 볼 때 현재성은 더욱 문제가 된다. 역사는 현재진행형일 수 있지만 역사소설에서 역사는 지나간 역사이다. 즉 역사소설은 '통념상 과거의 역사를 소재로 한 소설'이다. "작품의 소재가 된 역사가 집필 당시로 보아 명백히 '과거'에 속하는 지, 아니면 '현재'의 일부에 속하는 지는 분명한 판단이 있어"야 하거나 "현재의 구체적 전사(前史)"여야 한다.

> 역사소설은 과거 사실에 대한 문학적 허구의 결합으로 현재의 관점이 투영된 통시적이면서도 공시적인 문학 범주이다. 여기에서 역사소설의 시간적 범주는 현재로부터 한두 세대 전까지의 과거이며 역사적 사건이나 인물은 당대 사회의 가장 본질적이고 전형적인 사건이나 인물로 등장인물에게 영향을 끼치는 운명적인 것이라야 한다. 역사적 사건이나 인물이 배경에만 머무는 것이 아니라 작품의 주제와 역사의식 형성에 중요한 역할을 하여야 한다. 그렇지 않을 경우 전기물이나 통속물에 머물게 된다. 역사와 소설이 다른 점은 역사는 있는 그대로의 기록이지만 소설은 주제와 주의를 갖고 있다.[9]

'불멸의 력사'가 다루는 범위는 북한 사회의 정체성으로 보면 현재의 문제이다. 현재의 북한 체제를 이룬 김일성의 행적으로 다루고 있으며, 비롯 김일성의 사망에도 불구하고, 헌법적으로나 사상적으로나 김일성의 역사적 정통성이 그대로 유지되고 있다. 현재의 북한 체제 역시 김일성의 항일혁명투쟁과 수령으로서의 업적을 계승하고 있다. 현재 진행 중인 정치사안은 역사적 문제가 아니다. 이는 정치성이다. 정치성은 역사성과는 다르다. 이런 점에서 총서 '불멸의 력사'를 소설로 규정한다면 역사소설보다는 정치소설에 가깝다고 할 수 있다.

총서 '불멸의 력사'를 단순한 문학으로 보기 어려운 두 번째 이유는 역사적 사실에 대한 과도한 의지 때문이다. 역사소설은 역사와 소설이 각각 지니고 있는 사실과 허구, 재현과 상상이라는 두 가지의 구별되는 특징을 지닌다.[10] '불멸의 력사'에서 문학적 상상력이 개입할 수 있는

9) 역사소설의 개념에 대해서는 임옥규, 『북한 역사소설의 재인식』(역락, 2008), 41면.

여지는 그리 넓지 않다. 역사적 사실을 중심에 두고 있으며, 문학적 상상이나 허구보다는 역사적 사실성을 강조한다.

총서 '불멸의 력사' 33권에는 "만주지역에서 실재로 활동했던 30여 개의 독립단체와 학생회, 200여 개의 국내외의 역사적 사건이 다루어지며, 또한 권당 80명에서 최고 200명에 이르는 실존 인물들이 등장"하여 "유기적으로 연결된 하나의 거대한 서사를 엮어내고 있다"고 하면서 '불멸의 력사' "총서는 김일성을 중심으로 한 문학창작물이자 역사적 사실을 공식화한 텍스트이자, 북한의 정치 · 역사 · 이념 · 문학예술 등의 정책과 제반 지침을 망라한 자료의 직접물"로 규정한다.[11]

김은정의 조사에 의하면 총서 '불멸의 력사'를 통해 추출된 인물은 모두 3,363명으로 중복된 인물을 제외하여도 2,800여 명에 달한다. 이 가운데 실존인물만 1,000여 명에 달한다. 작품에 등장하거나 실존인물은 조선 · 중국 · 일본은 물론 유럽의 문학가 · 사상가 · 경제학자 · 정치인들을 포함한다.[12]

이처럼 총서 '불멸의 력사' 시리즈는 문학작품의 집대성이라는 의미를 넘어 역사를 다룬 정전으로서 의미를 갖는다. 정전으로 혁명역사를 다룬 소설은 그 자체로서 곧 역사물을 대치한다는 점에서 총서 속의 인물은 실제적 인물이거나 실제적 인물로 비추어 진다. 이 점은 북한 당국이 '불멸의 력사'를 통해 드러내고자 하는 의도이기도 하다.

10) 위의 책, 38면.
11) 강진호, 앞의 글, 4~5면.
12) 김은정, 「총서와 인물유형」, 위의 책, 47면.

## 3. 소설과 영화를 통한 혁명이념의 대중화 전략

혁명역사의 교양과 내면화를 위하여 북한 당국에서는 문학 소설뿐만 아니라 영화를 비롯한 다양한 장르로서 혁명역사를 반복적으로 재현함으로써 역사성과 정통성을 공고히 하고 있다. 총서 '불멸의 력사'는 영화를 비롯한 다양한 장르로 재현된 혁명역사의 예술적 재현의 원전 역할을 하고 있다.13)

### 1) 혁명역사의 재정립과 소설

총서 '불멸의 력사'는 역사와 문학의 사이에 놓여 있다. 북한 소설의 일반적 특징 가운데 하나가 역사적 사실과 소설의 간극은 매우 좁다는 것이다. 총서 '불멸의 력사'가 아니어도 역사적 사실을 문학적 소재로 하는 것은 오히려 보편적인 현상이다. 문학이나 예술이 생활을 떠나서 존재할 수 없기에 문학은 항상 현실을 바탕으로 하고, 현실의 전망을 제시하려 한다.14)

---

13) 북한에서는 김일성의 혁명역사를 소재로 북한 역사와 일체화 한 작품을 각 장르별로 만들어 내고 있다. 100부작으로 기획 제작되고 있는 영화 '민족과 운명', 10만 명이 출연하는 대집단 체조와 예술공연 「아리랑」, 북한 최대의 실내 공연작품인 음악무용 서사시 「영광의 노래」, 컴퓨터 총서 「아리랑」과 같은 작품이 있다.

14) '불멸의 력사' 총서가 아니면서도 유사한 작품으로 최학수의 「평양시간」이 있다. '불멸의 력사' 작가이기도 한 최학수의 「평양시간」은 전후복구건설이 한창이던 1957~1958년을 배경으로 평양시 주택건설 과정에서 생겨난 '평양속도'를 소재로 한 소설로서 총서 '불멸의 력사' 작품인 『백두산 기슭』, 『압록강』, 『개선』과 같이 평양시 주택건설이라는 역사적 사건을 작품의 중핵으로 삼고 그 내용을 극대화하기 위한 문학적 수사가 동원되어 있다. 이에 대해서는 오태호, 「총서와 작가적 개성과의 거리-최학수론」, 『'총서 불멸의 력사'와 북한문학의 전망』(2008년 상반기 상허학회 전국학술대회 자료집, 2008.6.14), 69면 참고.

주체사실주의를 내세우는 북한에서 역사적 사실과 문학적은 매우 가까운 거리에 있다. 북한 소설 대부분이 사실을 바탕으로 하여도 그 정도에 따라서 장르를 엄격히 구분한다. 사실을 바탕으로 한 소설 형식으로는 '실화소설'이나 '역사소설'이 있다. 특히 실제 있었던 일임을 강조한다면 '실화소설'이라는 명칭을 붙인다.[15] '불멸의 력사'의 특성을 살피기 위해서는 우선 실화를 넘어 '총서'라는 특별한 의미를 부여하였다는 점에 주목할 필요가 있다.

북한의 문예사전에서는 '불멸의 력사'에 대하여 "위대한 수령 김일성동지의 영광 찬란한 혁명력사와 불멸의 혁명업적, 고매한 공산주의적 풍모를 반영할 것을 목적으로 하여 4·15문학창단에서 창작하고 있는 여러 권의 장편소설로 이루어진 총서의 제목"으로 규정한다. 장편소설이라고 하였지만 실제의 내용 대부분은 역사적 사실에 대한 재현이 차지한다. 총서에서 장편소설은 소설로서 문학적 의미보다 재현의 방식으로 의미가 있다. 즉 총서는 역사를 토대로 장편소설로 다시 창작한 것이기보다는 역사적 사실을 풀어나가는 데 유용한 소설이라는 형식을 활용한 것이다. 소설 소재로 역사가 바탕이 된 것이 아니라 역사를 풀어나가는 전략으로 소설이 채택된 것이다. 이런 점에서 총서는 역사 기술과 소설 사이의 경계에 있다고 할 수 있다.

일차적인 이유는 문학예술을 통한 역사 읽기의 필요성 때문이다. 역사적 사실을 문학예술을 통하여 읽히게 하고, 이를 통하여 혁명사상을

15) '실화소설'은 실제 있었던 사건을 소설로 형상한 양식이다. 북한의 마라톤 영웅 정성옥을 소재로 한 김덕철·한웅빈의 『결승선』(문학예술종합출판사, 2001)을 비롯하여 비전향 장기수들의 이야기를 바탕으로 한 소설 작품이 있다. 북한에서는 비전향 장기수들이 송환된 이후 '4·15문학창작단' 작가를 중심으로 비전향 장기수들의 이야기를 소설로 옮기는 작업을 시작하였다. 그 결과 1995년 3월 17일부터 24일까지 「문학신문」에 비전향 장기수 리인모의 이야기를 소설로 창작한 한웅빈의 「93년 3월 19월」을 시작으로 「조국의 아들」, 「최후의 한 사람」, 「지리산 갈범」, 「나의 추억 40년」, 「새벽 하늘」, 「의리」, 「통일연가」, 「아, 조국!」, 「평양 사람」, 「소원」, 「피 젖은 이끼」, 「재부」, 「하얀 모래불」, 「북으로 가는 길」, 「봄날은 온다」, 「자유」 등 여러 소설로 발표되고 있다.

교양하는 것은 북한문학의 일반적인 현상이다. 역사를 그대로 읽기보다는 문학적 형식을 통하는 것이 일반 역사를 통한 읽기보다는 한층 수월하고 이해도 빠르기 때문이다. 김일성은 자신의 경험을 바탕으로 작가들에게 혁명을 내용으로 한 소설 창작을 강조하였던 것에서 실마리를 찾을 수 있다.

> 혁명적인 소설도 청소년들을 공산주의적으로 교양하는 힘있는 수단의 하나입니다. 소설을 읽는 것은 사람들의 생활에서, 특히 희망과 포부가 크고 감정이 풍부한 젊은 청년들의 생활에서 뗄래야 뗄 수 없는 중요한 문화사업입니다. 사람들의 생활은 다양하여야 하며 또 생활에 변화가 있어야 재미도 있습니다. 밥도 하루 세 끼 똑같은 것을 먹는 것보다 아침과 점심이 다르고 저녁도 다른 것을 먹어야 맛이 있듯이 책도 정치서적만 볼 것이 아니라 소설 같은 것도 읽어야 사람들의 감정이 풍부해지고 생활에서 재미가 있습니다. …… 특히 혁명적인 소설은 청년들의 혁명의식을 북돋아주는 데 큰 의의가 있습니다. 이 것은 우리의 경험에서도 잘 알 수 있습니다. 우리가 그전에 학생 때 혁명활동을 하면서 여러 가지 혁명적인 소설을 많이 읽었는데 지금도 그것이 잊혀지지 않습니다. …… 오늘 우리의 청년들도 혁명적인 소설을 많이 읽어야 혁명적 의지를 더욱 단련할 수 있고 혁명의식을 빨리 발전시켜 나갈 수 있습니다.[16)]

혁명적인 소설을 읽는 것이 청소년 교양에 도움이 되기에 많이 읽혀야 한다는 것을 강조한 문건이다. 특히 정치서적만 볼 것이 아니라 소설을 많이 읽어야 한다는 것을 강조한다. 소설을 많이 읽는 것이 혁명사상으로 무장하는 데 도움이 되기 때문이다.

> 나는 아버지에게서도 혁명적 영향을 받았지만 중학교 시절에 소설들을 읽는 과정을 통하여 혁명을 해야 하겠다는 결심을 더욱 굳게 가지게 되었습니다. 나

16) 김일성, 「청소년들에 대한 공산주의적 교육 교양의 몇 가지 문제－조선로동당 중앙위원회 제4기 제20차 전원회의 확대회의에서 한 결론(1969년 12월 5일)」, 『김일성 저작집 24(1969.6~1969.12)』, 조선로동당출판사, 1983.

는 그때 소설들을 읽고 자본주의 사회의 모순과 빈부의 차이, 사회악에 대하여 더 잘 알게 되었습니다. …… 나뿐 아니라 나와 같이 투쟁한 동무들도 문학예술작품들을 읽고 거기에서 많은 영향을 받았습니다. 우리는 길림에서 공청사업을 할 때 학생들에게 소설을 많이 읽도록 하였으며 그 과정을 통하여 청년학생들을 계급적으로 각성시키고 혁명조직에 묶어세울 수 있었습니다.[17)]

여기서 특히 강조한 것은 혁명소설이다. 혁명투쟁을 내용으로 한 소설을 읽을 때 혁명의식을 발전시켜나갈 수 있기 때문이다. 이때 혁명소설을 포함하여 문학예술이 교양사업으로서 의미가 있기 위해서는 사실을 충분히 반영하여야 한다는 점이다. 총서 '불멸의 력사'는 소설이라는 문화적 유연성 속에 정치적 의도를 반영하여 교양할 수 있는 세련된 문화전략의 하나이다.

이후 혁명역사에 대한 해석과 정통화 작업은 다부작예술영화 '민족과 운명',[18)] '대집단체조와 예술공연 「아리랑」', '음악무용서사시 「영광의 노래」', '컴퓨터 총서 「아리랑」' 등 당대를 대표하는 문학예술로서 다양한 형태로 재현되고 있다.

### 2) 「조선의 별」과 수령 형상

북한에서 항일혁명은 모든 문학예술의 원천적 소재로서 끊임없이 재창조되고 있다. 소설뿐만 아니라 영화 창작을 통한 보급도 대중 설득의 중요한 요소이다. 북한에서 본격적인 수령형상 작업이 '백두산창작단'을 통해 이루어지고, 이어서 '4·15문학창작단'으로 옮겨갔다는 사실만

17) 김일성, 「혁명적 대작을 더 많이 창작하자－작가들과 한 담화(1963년 11월 5일)」, 『김일성 저작집 17(1963.1~1963.12)』, 조선로동당출판사, 1982.

18) 다부작예술영화 '민족과 운명'은 가요 「내 나라 제일로 좋아」를 듣고 이를 주제로 한 영화 창작을 지시하면서 시작되었다. 처음 10부작으로 기획되었으나 중간에 50부작으로 확대되었고, 다시 100부작으로 기획·제작되고 있다.

놓고 보더라도 영화를 통한 대중설득의 중요성을 확인할 수 있다.

수령형상 창조의 본보기를 제시하고, 항일혁명문학예술의 재창작 작업에 원천적 의미를 부여한 것이 「조선의 별」 시리즈이다. 「조선의 별」은 북한에서 최초의 혁명송가, 최초의 수령형상 작품이라고 하는 김혁의 「조선의 별」을 모티브로 한 영화이다.[19)]

1980년부터 1987년까지, 1920년대 중반부터 1930년대까지 김일성을 중심으로 항일무장혁명 투쟁을 10부작으로 제작하였다. 리종순 극본에 엄길선이 연출을 맡았으며, 김성주(강덕), 김혁(김원), 차광수(리정천), 설은주(김련옥) 등이 출현하였다. 북한에서는 2001년까지 40여만 회 이상의 관람으로 1억 5천만 명 이상이 관람하였다고 한다.[20)]

「조선의 별」은 1부부터 3부까지는 제목이 없지만 제4부부터는 제목이 붙어 있다. 제4부 '잊을 수 없는 여름', 제5부 '눈보라', 제6부 '불타는 봄', 제7부 '남만에서', 제8부 '저물어가는 1932', 제9부 '로흑산의 전설', 제10부 '불타는 근거지'로 되어 있다.

「조선의 별」은 내용상 크게 3부분으로 나누어진다. 첫째는 제1부와 2부로 종파주의자들과 민족주의자들의 갈등과 분열에 실망한 김혁이 국내외에서 독립에 대한 희망을 찾아 헤매다가 김성주(김일성)를 만나 '조

---

19) 김혁은 1907년생으로 김일성보다 다섯 살 위이며 1929년 여름 만주에서 김일성과 만나 1930년 조선혁명군에 입대한 '항일혁명가의 전형'으로 그려져 있다. 또한 이 영화에서 김혁과 함께 주인공으로 나오는 차광수도 실존인물로 김일성 전기에 가장 많이 등장하고 있다. 차광수는 1905년생으로 청년시절 일본에 건너가 활동했으며 1932년에 사망했다. 김혁과 차광수는 1980년 10월 당 6차대회 직후 등장한 '모두가 1980년대의 김혁, 차광수가 되자'라는 구호의 주인공들이다.

20) '南의 친구, 北의 조선의 별', 『연합뉴스』, 2001년 4월 24일. "북한의 주장에 따르면 '조선의 별' 총 관람객수는 1억 5천만 명이 넘는다. 이는 북한 주민을 2천여만 명 정도인 점을 감안할 때 한 사람이 7~8회 정도 관람했다는 계산이 나오며, 또 10부작인 점을 고려해 보아도 통계적으로 어린아이를 빼고는 적어도 북한 주민 1명이 10편 가운데 1편 정도는 보았다는 계산이 나온다. 또한 북한의 주장에 따르면 '조선의 별' 시리즈는 연 40여 만 회의 상영기록도 있는데, 이 영화의 후속 시리즈 격인 '민족의 태양'이 본격적으로 나온 1990년까지 10년 동안 상영됐다고 볼 때 매년 4만여 회, 매달 3천여 회, 매일 1백 회 상영됐다는 계산이 나온다."

선의 지도자' 「조선의 별」을 지어 보급하기까지의 과정이다. 둘째는 제3부에서부터 6부까지로 김일성이 일제의 탄압 속에서도 반일 세력을 규합하여 반일인민유격대를 창설해 나가는 과정을 내용으로 한다. 셋째는 김일성이 반일인민유격대를 창건한 이후의 활동을 내용으로 사회주의 내의 분열을 수습하고 국내진공작전을 준비하기까지의 과정이다. 결론적으로 「조선의 별」은 당시 광복을 위한 여러 조직이 있었지만 오직 김일성만이 도덕성과 자질을 갖춘 유일하고도 옳은 지도자였으며, 혁명에 대한 올바른 방향을 제시하였으며, 혁명활동을 통해 조국광복을 이룰 수 있었다는 것을 제시한다. 이러한 주제의식은 북한에서 제작된 혁명영화를 통해 일관성 있게 제시하고 있는 주제의 하나이며, 수령형상의 원칙이다.

「조선의 별」이 북한에서 높은 평가를 받고, 국가적 차원에서 제작, 보급된 이유도 바로 북한 문학예술에서 구현해야 할 수령형상을 모범적이고 전형적으로 그렸기 때문이다. 「조선의 별」이 갖는 의미는 「조선의 별」의 창작 배경이 된 1970년대 북한 상황과 연계할 때 의미가 분명해진다.

1950년 중반 이후 진행된 북한 대내외의 변화는 사회주의적 사실주의와는 구별되는 주체사실주의에 대한 문제였다. 소련으로부터 사회주의 사상을 공급받았던 북한이 소련과의 갈등이 본격화되면서 자주적인 사상체계의 확립이 필요하게 되었고, 이는 주체사상으로 나타나게 되었다. 사회와 역사의 발전에서 사회적, 역사적 조건을 강조하는 사회주의 발전노선과 달리 주체사상은 인간의 사상의지와 실천을 강조하면서 차별화되었다.

북한 문화예술에서 혁명의 수뇌로서 '수령'형상 창조 문제가 제기된 데에는 북한 내의 정치적 배경이 크게 작용하였다.

> 국제공산주의운동 안에 기여든 혁명의 배신자들이 수령의 권위와 혁명업적을 악랄하게 헐뜯으면서 문학예술에서 수령의 형상을 창조하는 문제를 노골적

으로 방해하는 범죄적 책동을 감행하는 한편 우리 당 안에 숨어있던 반당반혁명분자들과 대국주의자들이 당을 공격하여 나섰던 엄중한 시기에 친애하는 지도자 동지께서는 수령형상 문제를 제기하시고 몸소 진두에서 지도하시였다.[21)]

여기서 엄중한 시기는 1956년 8월 30일 당 중앙위원회 8월 전원회의에서 최창익·윤공흠 등이 김일성 1인 체제를 비판한 소위 '8월 종파' 사건으로부터 1967년 5월 당중앙위원회 제4기 15차 전원회의에서 김정일 국방위원장 주도로 대규모 숙청이 이루어진 시기를 의미한다. 즉 북한에서 수령형상의 문제는 정치사상적인 내부 갈등의 극복 과정에서 김일성 주석 일인체제의 확립과 동시에 진행되었다. 특히 1967년 '당의 유일사상 체계를 철저히 세울 데 대한 방침'이 나온 이후 '유일사상 체계'와 '수령형상 창조'를 어떻게 연결시키느냐는 문제가 가장 핵심적인 문제였다. 그래서 1960년대 후반의 김정일 현지지도는 이 문제에 가장 집중되게 된다.[22)] 즉 1960년대 김정일이 주도한 문학예술계의 숙청 작업도 결국은 김일성 일인체제에 찬성하느냐 반대하느냐의 문제였다. 이 때부터 사회주의적 사실주의를 기반으로 한다고 주장하면서도 '수령형상문학예술'을 정립하기 위한 방향으로 전개되어 왔다.[23)]

북한 문학예술에서 수령형상 문제는 혁명문학의 본질에 해당하는 문제로서 개인적인 판단이나 견해가 개입할 수 없는 당적 지도체계와 관련된 문제였다.

수령을 형상한 새로운 혁명문학을 건설하기 위해서는 이 사업에 대한 정연한 지도체계를 갖추어야 합니다. 수령의 형상을 창조하는 사업은 당의 유일적인 지도 밑에 목적의식적이며 조직적인 사업으로 되어야 합니다. 당의 유일적인 지도에 의하여서만 이 사업이 목적의식적이며 조직적인 사업으로 될 수

21) 윤기덕, 『수령형상문학』, 문예출판사, 1991, 6면.
22) 전영선, 『북한의 문학예술 운영체계와 문예 이론』, 역락, 2002, 146~147면.
23) 『북한식 문화예술 창작방법론 연구』, 문화체육부, 1998, 56면.

있으며 확고한 목표아래 두렷한 전망을 가지고 박력 있게 전개될 수 있습니다. 작가동맹에서는 앞으로 수령형상 창조와 관련한 모든 중요한 문제를 당에 보고하고 당의 유일적인 지시와 결론에 따라 처리하는 엄격한 규율을 세워야 합니다.24)

북한이 혁명문학의 본질적인 문제인 수령형상 문제에 대한 구체적인 해답을 제시한 것이 예술영화 「조선의 별」이다. 「조선의 별」에 대한 북한의 평가 역시 '혁명적 수령관과 혁명적 동지애'에 대한 종자를 밝힌 작품이라는 데 중심을 두고 있다. 수령 형상의 핵심으로서 김일성의 형상은 로동계급의 수령으로서 그려져야 한다.

혁명영화 「조선의 별」은 혁명적 수령관과 그에 기초한 혁명적 동지애에 관한 문제에서 철학성 있는 사상적 핵을 잡고 있다. 혁명적 수령관과 그에 기초한 혁명적 동지애에 관한 문제는 그 자체가 심오한 철학성을 안고 있는 문제이다. 그것은 이 문제가 공산주의운동의 본질과 관련된 문제이며 로동계급의 혁명의 운명과 근로인민대중의 운명과 관련된 근본문제이기 때문이다. …… 혁명영화 「조선의 별」에서 이러한 철학성 있는 종자설정이 가지는 의의는 경애하는 수령님의 초기 혁명활동 시기의 혁명력사의 본질과 그 거대한 사회정치적 의의를 힘있게 밝혀내면서 경애하는 수령님의 위대성을 높은 사상예술적경지에서 천명할 수 있게 한데 있다.25)

북한의 평가대로 「조선의 별」을 통해 그리고자 했던 주제의식의 핵심은 수령형상의 종자를 잡는 문제였다. 북한 문학예술에서 수령을 그리는 일은 수령형상의 원칙에 맞추어 형상화되어야 한다. 수령형상에 대한 원칙이 제시되는 것은 수령을 형상하는 것이 "문학예술의 력사에서 존재한 모든 인물형상들 가운데서 가장 숭고한 사상을 체현한 위대

24) 김정일, 「4·15문학창작단을 내올 데 대하여－조선로동당 중앙위원회 선전선동부 책임일꾼들과 한 담화」, 1967.6.20.
25) 윤기덕, 『수령형상문학』, 문예출판사, 1991, 242~244면.

한 형상"이 되기 때문으로 설명한다. 그리고 수령 형상에는 "로동계급의 수령이 위대한 사상리론가이고 그 사상리론을 실현하기 위하여 혁명의 진두에서 몸바쳐 싸우는 위대한 령도자로서 수령의 형상에는 위대한 혁명사상이 힘있게 체현되여 있기 때문이다"고 설명한다.[26] 「조선의 별」을 통해 수령 형상의 종자로서 강조한 것은 다음 세 가지이다.

첫째, 김일성이 유일한 혁명지도자라는 점이다. 청년공산주의자인 김혁은 암울한 조국의 상황 속에서 조국광복에 대한 희망을 찾아보지만 국내외의 공산주의자들의 종파적인 행동과 민족주의자들의 이기적 행동을 보면서 크게 실망한다. 사회주의운동에 나선 김혁이 국내에서 실망하고 진정한 사회주의 지도자를 찾아 가지만 사회주의나 민족주의나 희망을 찾을 수 없어 크게 낙담한다.

절망하였던 김혁은 혁명의 선배 차광수로부터 새로운 지도자로서 '김성주'가 등장하였다는 소식을 듣고 만주로 가서 김성주(김일성)을 만나고, 김성주가 유일한 지도자라는 것을 확신하고, 김성주의 혁명사상을 온몸으로 받아들이면서 혁명송가 「조선의 별」을 창작하고, 적극적인 보급활동에 나서다 장렬하게 최후를 마친다. 김일성을 민족적 지도자로 받아들이고, 수령을 위해 목숨을 던지는 것을 통하여 김일성만이 당시의 유일한 민족지도자로서 김일성의 사상을 받는 것만이 유일한 희망이라는 것을 강조한다.

둘째, 항일혁명에 대한 성격 규정이다. 「조선의 별」에서 가장 특징적이고, 다른 영화와 구분되는 점도 바로 이 항일투쟁에 나선 혁명이 어떤 성격이었느냐는 점이다. 결론적으로 말하면 항일혁명은 '사회주의 혁명'이라는 점을 분명히 한다. 이 점은 앞서 언급한 수령을 어떻게 형상하느냐의 문제와 관련된 핵심적인 문제이다. 김혁과 김성주의 첫 만남은 길림에서 벌어진 '길회선철도부설' 시위 현장이었다. '길림육문중

26) 윤기덕, 『수령형상문학』, 문예출판사, 1991, 175면.

학교 학생'의 신분으로 수천의 시위대를 이끄는 김성주와의 첫 만남은 김성주(김일성)의 위대성을 강조하기 위한 설정인 동시에 김일성의 혁명 방향을 규정하는 것이었다.

《나는 이 왕청문청년동맹 간부 문청산이요. 우리 조선청년들이 오늘 어느 길에서 싸워야 하오? 민족주의요, 사회주의요?》

끓어번지던 청년들이 숨을 죽이고 온 마당에 물을 뿌린듯 조용해진다.

김성주동지께서 문청산에게 대답을 주신다.

《그것은 명백하오 사회주의 길이요. 민족주의로써는 이제 더는 우리나라 민족해방운동을 이끌어나갈 수는 없소. 3·1운동과 6·10만세투쟁이 우리에게 가르쳐준 피의 교훈이 그것이요.

사회주의 길에서만이 일제를 쳐부수고 조국을 광복할 수 있으며 무산대중이 자유와 권리를 찾고 모두가 잘살 수 있는 나라를 건설할 수 있습니다. 우리 공산주의자들은 누리에 붙는 불이 되고 철쇄를 마스는 마치가 되어 일제침략자들을 쳐부실 것이며 인민대중을 착취와 압박에서 해방하고야 말 것입니다.》[27]

김일성은 투쟁의 방향을 묻는 질문에 대해서 사회주의를 향한 투쟁이어야 한다고 분명하게 잘라 말한다. 이 문제에 대한 대답을 통하여 김일성의 항일혁명이 곧 사회주의 혁명의 과정임을 분명히 한다. 이로써 김일성은 항일의 지도자에서 사회주의 혁명의 지도자로서 위상이 분명해진다. 나아가 김일성이 주장한 사회주의 혁명은 주체혁명 사상과 연결된다.

내 서재에서 책을 빌려다 읽군하는 청년이 있소. 어느날 그 청년과 론쟁이 벌어졌는데 그가 나를 비판하는 말이 고전에는 이렇게 되었으니 우리도 꼭 그래야 한다는 관점과 사고방식을 고쳐야 한다는 거요. 맑스-레닌주의도 고유한 자기 민족의 토양에 발을 붙이고 봐야만 산 혁명학설이 된다는 거지.[28]

---

27) 『영화문학 조선의 별』 1~6부, 문예출판사, 1983, 52면.
28) 위의 책, 217면.

차광수와 소심이가 이야기를 주고받는 대목에서 소심이의 입을 통해 청년시절의 김일성이 언급되는 장면이다.[29) '맑스-레닌주의도 고유한 자기 민족의 토양에 발을 붙이고 봐야만 산 혁명학설이 된다'는 말을 통해 민족적 특색에 맞는 사회주의 혁명을 강조한다. 민족적 특색에 맞는 혁명이어야 한다는 것을 강조함으로써 주체사상에서 강조한 사회주의 발전의 일반 법칙과 조선의 현실이라는 특수성의 결합이 강조된다.

셋째, 혁명투쟁 방식에 대한 정당성이다. 김혁이 처음 혁명가로서 혁명의 방향에 대해서 깨달은 것은 인민대중과 함께 혁명하는 것이었다. 김혁이 「조선의 별」이라는 노래를 지은 것도 김일성의 반대에도 불구하고, 노래를 불러 보급해야하겠다고 강조한 것도 노래를 통해 김일성의 존재를 알리고, 대중과의 연계, 인민 대중과의 혁명 활동을 위한 것이었다.

> 내 서울, 상해에서 찾아 헤매인 그 파쟁터는 인생의 시궁창이였다. 도시에서 인테리들이나 찾아다닌 내가 얼마나 어리석었던가! 그렇다! 진정한 혁명의 길은 이 대중 속에 있다.[30)

인민대중과 연계한 혁명전략은 항일무장혁명 활동에서 정당성이 확인된다. 김일성은 인민들 속으로 들어가 반일인민유격대를 창설하고, 지하공작을 통하여 곳곳에다 근거지를 만들어 나간다. 「조선의 별」에는 여러 혁명부대들이 등장하는데, 인민과 연결된 부대의 모습은 보이지 않는다.

> 반일인민유격대는 일제와 그 주구들을 반대하고 나라와 인민을 사랑하는 로동자, 농민, 애국청년들로써 조직되였으며 진정으로 인민의 리익을 보호하는 혁명적인 무장력입니다.[31)

---

29) 이 대목은 훗날 소심이 전염병에 걸렸을 때 김일성이 찾아가 하룻밤을 같이 보내는 장면에서 김일성의 회고를 통해 확인된다. 위의 책, 231면. "나는 학생 때 소심선생의 덕분으로 공부를 많이 했습니다. 그 서재의 책을 다 읽었으니까요."

30) 위의 책, 52면.

일제의 만주침략이 본격화되고 토벌작전이 강화되면서 지리멸렬하였지만 김일성 부대는 위축되지 않고, 국내진공작전을 준비하기에 이른다. 이를 통하여 혁명활동이 인민들 속에 뿌리내려야 하고, 혁명의 중심에 인민이 있어야 한다는 것을 강조한다.

## 4. 결론

본 연구는 북한의 총서 '불멸의 력사'의 문학적 위상을 검토하고, 문학예술로서 호명된 수령 형상의 본질과 대중화 전략을 총서와 밀접한 관련이 있는 영화, 「조선의 별」을 통해 분석하는데 목적을 두고 진행하였다.

북한 문학예술의 원천적인 소재가 되는 것은 김일성의 항일무장혁명투쟁이다. 그런데, 이 항일혁명투쟁에서 가장 중요한 문제는 '수령형상'이다. 수령을 어떤 위치에서 어떻게 해석해야 하는 지에 대해서 정치적 사상교양과 함께 내면화의 방식으로 소설과 영화를 선택하고, 소설과 영화를 통해 재현된 수령의 형상을 정사(正史)로서 인식하게 하는 것이다. 이것이 카프의 전통을 강조하던 낡은 것에서 벗어난 새로운 '새로운 혁명문학', 마르크스-레닌주의의 원칙에 충실하면서 창조적으로 사회주의 조선의 현실을 적용한 주체적인 혁명문학의 전형인 것이다. 1970년대 김정일의 주도로 진행된 문예혁명의 본질은 예술의 창작 소재를 사회주의 혁명 활동에서 찾던 것에서 김일성의 혁명 활동을 유일한 창작의 원천으로 하는 작업이었다.

수령형상의 문제는 소설뿐만 아니라 영화를 통해서도 진행되었다.

---

31) 위의 책, 324~325면.

백두산창작단은 4·15문학창작단에 앞서 수령의 가계 인물들을 소재로 한 혁명영화를 전문으로 창작하는 집단으로, 수령형상화의 방향을 제시하였고, 영화 「조선의 별」은 수령형상의 본질적인 문제를 해명한 작품으로 평가된다.

북한이 총서 '불멸의 력사'를 통해서, 「조선의 별」을 통해서 그리고자 한 것은 김일성의 항일혁명은 사회주의 노동계급의 해방을 위한 혁명이었으며, 수령으로서 인민대중을 중심에 두고, 인민과 함께 혁명을 하는 것이 정당하였다는 것이다.

수령형상 문제가 제기된 것은 1950년대 중반 이후 급격히 변화된 대외적인 여건과 북한 내부의 권력 변화에 영향 때문이었다. 북한 내부의 권력구조는 김일성 일인으로의 집중되면서 절대화되면서, 초정치적 존재로서 수령이라는 존재의 필요성과 위상 문제가 제기되었다. 사회주의 혁명의 지도자로서 절대적 존재로서 김일성의 위상은 사회주의 운동의 수령으로 귀결되었고, 내부적으로 수령의 유일체계 확립을 위한 작업이 진행되었다.

1972년 12월 27일에는 최고인민회의 제5기 1차 회의에서는 '인민민주주의 헌법'을 '사회주의 헌법'으로 바꾸면서 '주체사상'을 국가 지도이념으로서 명시하였고, 1982년 3월 김정일은 김일성 70회 생일을 맞아 「주체사상에 대하여」을 발표하면서 주체사상의 공식화를 본격화하였고, 1985년 사회과학출판사에서 '위대한 주체사상 총서'(10권) 출판을 통해 완성된 체계를 갖추게 되었다.

예술영화 「조선의 별」은 바로 이러한 시기, 즉 유일사상체계 문제가 제기된 이후 수령을 정점으로 한 주체사상의 유일체계가 확립되어 가는 과정 속에서 만들어진 영화이다. 북한은 「조선의 별」을 통해 북한 문학예술 체계에서 고민하던 수령 형상의 문제에 대한 구체적인 답을 제시한 것이다.

# 혁명가요 가사의 정서통합과 선동성

## 총서 '불멸의 력사'를 중심으로

박선영(성신여대)

## 1. 들어가는 말

국가의 성립과 구축에 있어 특정 국가가 선택한 정치 체제의 성공 여부는 구성원들의 자발적 동의와 참여 정도에 의해 좌우된다. 때문에 하나의 체제는 안정적으로 정통성을 쌓아가기 위해 그 바탕에 정통성의 기반을 조성할 가시적 장치들을 마련한다. 구성원들은 체제가 제시하는 외부적 장치에 맞춰 개별 욕망을 조절 통합하고 방향을 설정하며 국가가 제시한 정체성을 내면화한다. 국가 정체성의 형성과정에는 권력이 제시한 집단적 주체성을 구성원들이 수용해 체제의 공통된 지향에 동의하도록 만드는 정교하고 다양한 정치 문화적 전략이 작동하고 있다.

결속력 없이 무리로써 존재하던 개인들은 특정한 정치적 계기를 부여받을 때 집단의 단일한 정체성 속으로 결합하려 한다. 개개인의 집합

이 확고한 방향성 아래 의지와 목표를 가진 집단으로 변모했을 때 공동체는 힘을 행사할 수 있다. 따라서 권력은 집단을 일정한 방식으로 구조화해 권위를 획득하려 시도하고 개인은 시스템에 합치하는 것을 통해 욕망을 달성하려 한다. 체제의 정통성은 둘 사이의 상호소통에 의해 형성된다 할 것이다. 이를 위해 권력은 설득력 있는 지속적 방향성과 압력을 제공하여 구성원을 설득한다. 일견 자발적 복종으로 보이는 자기기만의 메커니즘은 이러한 절차를 통해 생산된다. 알뛰세의 용어를 빌리면 이러한 의미와 가치체계로서의 이데올로기는 개개인을 특정한 방식의 사회적 존재로 '호명'하는 과정이라 하겠다.

국가 정체성 형성기 북한은 강제적인 종속이나 동원 이전에 자발적 순응을 이끌어낼 매력적인 호명장치들을 고안해 왔다. '민족', '계급'은 개인을 국가 지배 장치의 정체성으로 포섭시킨 여러 기제의 대표적 예들이다. 구성원이 국가가 제시하는 특수한 호명에 적극적으로 응하며 결속될 때 지배나 포섭이 아닌 아래로부터의 단단한 동의 체계를 구축할 수 있기 때문이다. 북한 체제는 집단의 동의를 확보하는 과정에서 구성원의 소망을 읽고 반영하며 목적을 공유하려 노력해 왔다. 이를 위해 여러 층위의 동의시스템을 마련하여 공동체에 제공했는데, 문화 역시 지배를 공고히 해주는 장으로 기능했다. 문화의 기능은 폭력에 의해 부과되는 것이 아니라 집단을 권력의 규범에 맞게 조율한다.

총서 '불멸의 력사'는 '타도제국주의동맹' 결성 시기로부터 항일무장투쟁 시기를 거쳐 한국전쟁 이후 북한 국가건설 초기에 이르는 건국사를 다룬다. 총서의 흐름 속에는 건국이라는 거대 목표를 달성하기 위해 정권의 정당성을 확보하려는 권력의 노력이 녹아 있다. 건국에 이르기까지 특수한 역사적 과제나 난관에 부딪칠 때마다 권력의 정체성을 유지 확립하게 위해 선택한 변별 전략들을 총서 속에서 확인할 수 있음은 물론이다. 총서 속 개별 서사들은 정권의 정체성 확보과정과, 집단 통합을 공고히 만드는 정당성의 근거와, 문화기제의 작동원리를 공유한다.

이러한 원리들은 권력과 수용계층의 상호 공감대가 진행되는 방향으로 수렴된다. 그러므로 총서를 읽는 것은 북한정권 확립과정에 있어 당시 권력과 수용계층 간의 소통 메커니즘을 엿보는 일이기도 하다.

'총서'의 매권에는 대부분 혁명가요가 삽입되어 있는데, 이들 혁명가요 역시 개별 서사와 발을 맞춰 공통된 문예원칙에 의해 필요한 역할을 담당한다.[1] 개별 서사에 등장하는 혁명가요들은 소설 구성상의 효과 뿐 아니라 정통성 확립의 원리 원칙들을 강조하기 위해 정교하게 선택되고 배치[2]한 것이다. 문예원칙에 의해 선택된 가요들은 수용자의 정서를 효과적으로 통합하고 선동해 공동체 목적 달성의 효율성을 진작시키는 기능을 수행한다. 그러므로 혁명가요에 주목하는 것은 권력 상층부가 제시한 통합 원리들을 파악하는 한편 당대 구성원들이 지향한 욕망의 지점을 추측할 수 있게 도와준다.

혁명가요는 가창을 전제로 하는 장르적 특성으로 인해 음악 분야에서 일부 논의되었을 뿐, 문학의 장에서 다루어진 적은 아직까지 별로 없다. 그러나 북한의 문예창작 지도 원리는 인민을 감동시켜 사회주의 건설에 매진할 수 있도록 고무시킬 혁명가요 가사의 중요성을 우선시한다. 때문에 북한문예에서는 혁명가요를 음악분과와 동시에 시가의 하위 장르로 분류하고 있다.[3] 시가 장르의 기본적인 특성상 혁명가요의

---

1) 총서 전체에 삽입된 시가 형식을 일별하면 시조 · 창 · 민요 · 타령 · 즉흥시 등으로 분류할 수 있지만 나머지 형식은 한두 편에 불과하고 대부분은 혁명가요이다.

2) 위대한 수령님의 혁명력사와 관련한 작품창작에서는 예술적 환상과 허구를 발동하여 그 어떤 생활이야기를 꾸며내거나 있었던 력사적 사실을 제멋대로 없애거나 개작해서는 안 된다. 그것은 위대한 수령님의 혁명력사에 아로새겨진 력사적 사실자료들은 한결같이 력사적 진실인 동시에 예술적 진실로 되기 때문이다(방형찬, 『작가의 창작적 사색과 예술적 환상』, 문예출판사, 1992, 327면).

3) 시문학의 종류와 형태구분을 묘사방식에 따라 서정시→가사→송가가사, 시대적 력사적 특성에 따라 우리나라 시가→항일혁명 시가로 분류한다(안희열, 『문학예술의 종류와 형태』, 문학예술종합출판사, 1996, 174면). 우리나라 시문학을 그 발전단계에 따라 크게 중세 정형시와 현대 자유시 또는 인민가요 형식으로 구분해보고 있다(김정일, 『주체문학론』, 103면).

가사 역시 내용을 압축, 인상적으로 형상화하여 전달하는데 주력한다. 특히 총서에 등장하는 혁명가요는 상대적으로 적은 편수에도 불구하고 시기적 내용적 특성이 중시되어 건국 이후 활발히 창작된 수많은 혁명가요들의 원류로서 작용하며, 작품창작의 준거로 여겨져 왔다. 초기 혁명가요들이 후대 혁명가요가 목표로 하는 전체주의적 합일점 제시와 이를 위한 설득 기준이 됨은 자명하다.[4)]

이 글은 혁명가요 가사의 표상성과 압축성에 주목하여 북한 국가정통성 수립과정에서 채택된 통합기제의 일부로 혁명가요가 어떠한 변별적 역할을 담당하였는지 살피려 한다. 총서 속 혁명가요의 언어적 특성을 검토하는 일은 이후 더욱 정교해지고 다양해지는 집단 설득, 효과의 상호 교류 양상을 확인하는 일이기도 하다.

## 2. 혁명가요의 기원과 작품창작 원리

혁명가요는 독립 열망을 내용으로 하여 구전되던 1910년대 작자미상 가요들을 시초로 하고 있다. 이후 1920~1940년대를 거치며 형식과 내용을 계승 변형해 수많은 작품을 창작한다. 나아가 건국 이후에는 당의 문예지도 원리를 기준으로 관제적 가요들이 공식적으로 창작 보급되어 북한 시가문학의 주류를 이룬다. 1910년대의 혁명가요는 전대에 널리 구송되던 의병가사[5)]와 비슷한 형식으로 독립에 대한 열망, 고향을 그리는 내용,

4) 영화와 가극, 연극, 소설과 시, 음악과 무용, 미술 등 우리의 주체문학예술형태분야에서 이룩된 모든 찬란한 성과들은 항일혁명문학예술에서 이룩한 훌륭한 창작적 성과와 경험을 전면적으로 계승발전시킨 결과이다(안희열, 『문학예술의 종류와 형태』, 문학예술종합출판사, 1996, 44면).

5) 북한은 의병가요를 "반일의병투쟁을 반영한 문학"이라 하여 반침략애국투쟁주제의 문

학교 교가 등에 관련하여 직접적이고 단순한 가사를 구송에 용이하도록 4·4조 형식에 붙인 것이 주류였다. 이후 1920~1940년대 항일무장혁명시기에 이르자 혁명군의 교육, 사기 진작에 적합하게 가다듬어 널리 창작 보급한다. 이들 1910~1940년대 초기 혁명가요는 1950~1960년대 이후 장르로 정착한 혁명가요의 근간을 이루며 내용, 형식상 창작의 본보기로 자리잡았다.[6]

총서 속 혁명가요들은 저자와 내용을 기준으로 하여 몇 가지 범주로 나눌 수 있다. 우선 김일성·김정일·김형직·강반석·김정숙 등 김일성 직계가족이 지은 가요는 '불후의 고전적 명작'으로 추앙하여 따로 '문예영도' 항으로 분류하고 혁명가요의 전범으로 삼고 있다.[7] 가계가 아닌 경우임에도 '불멸의 혁명송가'로 높이 평가되는 것으로 「조선의 별」(1928)이 있는데 이는 혁명시인 김혁의 작품이다. 북한은 이 가요를 최초의 혁명송가라는 위치에 놓고 높이 평가한다. 혁명가요를 내용에 따라 분류할 때 우선 가장 많은 빈도를 보이는 것은 당대 현실을 반영한 항일 민족독립과 관련한 작품이다. 이와 연관하여 노동계급 각성에 관한 가요들도 다양하게 창작되었다. 계급혁명의 하위 범주로 여성해방, 아동교육에 관한 작품 역시 자주 등장한다. 이들은 모두 항일 독립, 계급해방과 연관되어 있어 시대반영성이 매우 높음을 알 수 있다.

---

학작품 중 시가문학의 첫머리에 위치시킨다(박종원 외, 『조선문학사(19세기 말~1925)』, 사회과학출판사, 31면).

6) 시문학은 우리의 주체시문학건설단계에 와서 항일혁명시문학의 빛나는 전통을 이어받고 민족시가 형식의 우수한 전통을 비판적으로 계승발전시키고 새로운 시대미학적 요구에 맞게 끊임없이 혁신해나감으로써 그 형태적 체모와 종류와 형태에서 새로운 높은 발전수준에 이르게 되었다. …… 고상하고 아름다운 생활감정을 시대와 인민의 지향과 미감에 맞게 다양한 운률적 형식에 담아 반영한 시문학의 고전적 본보기는 항일혁명시가문학에서 창조되였다(김정일, 『주체문학론』, 143~144면).

7) 김일성 가계가 지었다고 하는 가요는 사실 일본 군가이거나 작자미상으로 만주에서 불리워지던 것임이 최근 밝혀지고 있다(민경찬, 「북한의 혁명가요와 일본의 노래」, 『한국음악사학보』 20집, 한국음악사학회, 1998; 민경찬, 「중국조선족의 항일군가와 일본의 노래」, 『한국음악사학보』 25집, 한국음악사학회 등 참조).

북한은 문학이 갖는 집단통합, 교육의 효과에 대해 혁명적 문학예술은 인민대중을 혁명사상으로 교양하고 투쟁에로 불러일으키는 힘있는 수단으로 된다[8]고 명시한다. 또한 혁명적 문학예술이 혁명투쟁의 힘있는 무기로서의 사명을 다하기 위해서는 당성, 로동계급성, 인민성의 원칙을 철저히 관철하여야 한다[9]고 못박고 있다. 문학예술의 하위범주인 혁명가요 역시 이러한 대원칙 아래서 창조됨은 물론이다. 문예사에 있어 초기 혁명가요는 다음과 같은 위치를 차지한다.

> 항일무장투쟁 준비시기에는 혁명가요가 수많이 창조 보급되였다. 이 시기에 창조된 혁명가요는 사상주제적 내용의 심오성과 예리한 정론성, 강렬한 호소성과 높은 선동성으로 하여 광범한 대중을 력명적으로 교양하는 데서 커다란 역할을 수행하였다.[10]

> 누구나 다 알 수 있고 부르기 쉬우며 호소성이 강한 혁명가요는 대중을 위대한 수령님에 대한 끝없는 충성심으로 교양하며 혁명화하는 힘있는 수단으로 되었을뿐 아니라 낡은 관습에 물젖은 농촌마을들을 약동하는 혁명적 기백과 정열로 들끓게 하는 데서도 큰 역할을 하였다.[11]

> 이 시기에 창조된 혁명가요들은 혁명적 열정으로 충만된 현실을 진실하게 반영하고 혁명투쟁이 제기하는 절박한 문제들을 인민대중의 구체적인 사상감정과 결부하여 격동적으로 재현함으로써 광범한 대중을 계급적으로 각성시키고 혁명투쟁에로 불러일으키는 데 크게 이바지하였다[12]

위의 논의들은 혁명가요의 창작의도와 원리, 표현의 방향성을 분명히 지시하고 있다. 아울러 혁명가요 창작에 있어 집단구성원의 정서에

8) 사회과학원력사연구소, 『조선전사』 16, 1981, 270면.
9) 위의 책, 270면.
10) 위의 책, 275면.
11) 위의 책, 274면.
12) 위의 책, 276면.

미치는 영향과 그에 따른 행위유발을 중시하고 있음을 분명히 한다.

한편 혁명가요는 가사와 음률로 구성되는 특성상 음악 분과에서도 중요하게 다루어진다. 적절한 내용을 담은 가사를 숭고, 비장, 격정적인 감정이 적절하게 유발되도록 작곡한 음률에 맞춰 부르기 때문이다. 그러나 북한문예 지도원리는 가요에 있어 감정과 행동을 교양, 고무시키는 내용 즉 가사를 필수불가결한 요소로 꼽고 있다. 앞서 지적한 바, 문학사를 정리함에 있어 혁명가요가 가요의 하위 장르인 동시에 시가의 하위 장르로도 분류되는 까닭이다.

## 3. '불멸의 력사' 속 혁명가요의 분류

『봄우뢰』, 『잊지 못할 겨울』, 『50년 여름』, 『푸른 산악』, 『대지의 전설』을 제외한 매권의 총서에는 구송된 상황묘사 함께 혁명가요가 1회 이상 수록되어 있다. 제목만 언급하고 넘어간 경우를 제외할 때 가사가 삽입된 횟수는 약 100여 회이다. 중복성을 제외하면 총서 전권에서 60여 편 이상의 혁명가요를 확인할 수 있다.[13] 혁명가요는 그 특성상 절로 연

13) 「파리콤뮨」·「화성학교 군가」(『닻은 올랐다』), 「피의 한 주일」·「시내가에 우거진 풀을 뜯어서」(『혁명의 려명』), 「메데가」(『은하수』), 「국치일가」·「꽃 파는 처녀」·「주막집」·「모자를 흔들며 사랑하는 여러분」(『대지는 푸르다』), 「혁명군은 왔고나」·「토벌가」·「자본가와 지주는 고대광실에 누워 먹고」·「동무들아 준비하라 손에다 든 무장」·「나가자 판가리 쌈에」·「무산혁명가」(『1932』), 「반일전가」·「불끈딱딱 불어라」·「떠나온 고향은 삼천리 금수강산」(『혈로』), 「어데까지 왔니」(『백두산 기슭』), 「혁명군의 노래」(『위대한 사랑』), 「세계혁명가」·「무산청년가」·「내 고향은 천리런가 만리런가」(『고난의 행군』), 「녀자투사가」(『두만강 지구』), 「송별가」·「요일가」·「아리랑(개사)」·「차라리 다 죽어 자유혼 돼도」·「칼바람 추운 겨울」(『준엄한 전구』), 「광막한 백두밀림의 밤에」(『개선』), 「애국가」(『삼천리 강산』), 「아름다운 우리나라」·「밭갈이 노래」·「싸우리라 싸우리라 끝까지 싸우리라」·「지평선 아득한 벌판」(『조선의 힘』), 「결

결되어 분량이 길기 때문에 가사 전체를 수록하기보다는 상황에 적절한 표현이 들어있는 절만 넣거나 중간 생략한다. 중복되는 혁명가요들은 인용부분 역시 겹치는 경우가 많아 서사가 중시하는 표현을 짐작할 수 있다. 사건의 내용과 시대적 상황에 따라 삽입되는 가요 내용도 변화하는데, 'ㅌ·ㄷ' 결성 시기부터 무장혁명 투쟁 초기에는 1910년대에 널리 구전되던 가요, 김형직이 지은 가요를 주로 선택한다. 이들은 항일, 민족의식, 독립의 당위성을 담고 있다. 무장혁명투쟁이 본격화된 시기에는 앞선 주제들과 무산 혁명, 여성 해방, 어린이 교육을 연결 특화한 내용이 주류를 이룬다. 또한 투쟁의 고단함을 명랑하고 전투적인 내용의 가요로 달래거나 전사한 유격대원의 희생을 비장한 가사에 담아 집단정서를 고취하기도 한다. 주목할 부분은 이 시기 투쟁과정에서 나타난 김일성의 영웅성이 매우 부각된다는 점이다. 한국전쟁기에 이르면 미국에 대한 증오심과 승리의 각오를, 국가건국 초기에는 경제발전과 산업 건설에 매진할 것을 독려하는 진취적 내용의 가사가 집중 등장하고 있다.

총서의 개별 서사 속에 2회 이상 등장하여 그 중요성을 짐작할 수 있게 하는 가요의 목록은 다음과 같다.

| 혁명가요명 | 총서제목 |
|---|---|
| 「압록강의 노래」 | 『닻은 올랐다』, 『1932』, 『압록강』, 『위대한 사랑』, 『개선』 |
| 「적기가」 | 『혁명의 려명』, 『근거지의 봄』, 『붉은 산줄기』, 『조선의 봄』, 『삼천리 강산』 |
| 「사향가」 | 『붉은 산줄기, 『천지』, 『개선』, 『빛나는 아침』, 『조선의 힘』 |
| 「빨찌산 추도가」 | 『위대한 사랑』, 『고난의 행군』, 『준엄한 전구』, 『붉은 산줄기』 |

전의 길로」·「내 침략자의 총탄에 맞아」(『전선의 아침』), 「잘도 쫓아온다 미국 놈의 비행기야」(『승리』), 「나 못 잊은 쌍바위 포구」(『번영의 길』), 「우리는 빈 터에서 시작하였네」·「헤 둥다라 둥다라 절싸」·「가슴마다 지녀온 설계도를 펼치여라」·「밤사이 간 데 없다」·「우리는 천리마 타고 달린다」·「수령님 밤이 퍽 깊었습니다」(『인간의 노래』), 「유희곡」·「하늘땅의 끝까지 따르렵니다」(『영생』) 등은 가사가 1회 이상 직접 등장하는 혁명가요이다.

| | |
|---|---|
| 「총동원가」 | 『1932』, 『준엄한 전구』, 『붉은 산줄기』, 『빛나는 아침』 |
| 「조선의 별」 | 『은하수』, 『대지는 푸르다』(3회) |
| 「혁명가」 | 『대지는 푸르다』, 『1932』, 『열병광장』 |
| 「자유가」 | 『고난의 행군』(2회), 『준엄한 전구』 |
| 「인민주권가」 | 『붉은 산줄기』, 『빛나는 아침』 |
| 「자장가」 | 『닻은 올랐다』, 『1932』 |
| 「전진가」 | 『닻은 올랐다』, 『대지는 푸르다』 |
| 「인터나쇼날」 | 『혁명의 려명』, 『태양찬가』 |
| 「조국광복회 10대 강령가」 | 『고난의 행군』, 『준엄한 전구』 |
| 「김일성 장군 찬가」 | 『영생』(2회) |
| 「김일성 장군의노래」 | 『열병광장』, 『조선의 힘』 |
| 「유격대행진곡」 | 『열병광장』, 『조선의 힘』 |

## 4. 통합과 선동의 메커니즘

### 1) 상상력 · 이미지 · 전염–표상의 언어

혁명가요 가사는 대부분 단순하고 강렬한 이미지들을 이끌어내어 상상력을 증폭시키기 쉬운 단어들을 선택하고 있다. 단어는 의미 형성에 앞서 비논리적인 상상의 영역을 활성화시키는 이미지의 연합을 통해 선명한 표상을 이끌어낸다. 이때 형성된 이미지는 집단의 감정을 고양 상승시키는데 효과적이었으리라 추측할 수 있다. 이미지들이 수용자의 정서를 움직여 통합된 방향의 행위를 유발시키는 동기로 작용하는 것이다. 이미지가 추동한 열광, 환호는 집단의 정서적 일체감을 만들고, 이 일체감이 권력을 유지시키는 감정 기반을 구축한다. 즉 구성원의 마음을 움직이는 것은 논리와 추론을 통한 의미의 실행 가능성 판단이 아니라 강력한 표상, 표상이 환기하는 이미지, 이미지간의 상호작용이 형성한 비논리적 환상[14)]들이라 하겠다.

자유권 없이는 살아도 죽은 것이니
목숨은 버리여도 자유 못 버려

—「자유가」 부분

용감하게 나아가자 무산혁명에
새 사회를 전취할 날 눈앞에 있다

—「무산혁명가」 부분

설한풍이 휩쓰는 험한 산중에
결심 품고 싸워가는 우리 혁명군
천신만고 모두 다 달게 여기며
피와 땀을 흘린 자가 그 얼마냐

—「혁명군의 노래」 부분

'자유', '혁명'은 '민족', '노동자' 등과 함께 혁명가요에서 집중적으로 등장하는 단어들이다. 위의 예들은 '자유'와 '혁명'을 쟁취하기 위해 죽음을 각오하고 함께 싸울 것을 권하고 있다. 자유와 혁명은 목숨보다

14) 북한의 문예원리 역시 이러한 환상의 기능에 대해 중요시한다. "예술적 환상은 현실이 그에게 주지 못했거나 줄 수 없는 것을 준다. 다시 말하여 환상은 인간생활의 빈자리를 채워준다. 그러므로 창작가들이 예술적 환상의 나래를 얼마나 자유분방하게 펼치는가 하는 데 따라 작품에서 보여주는 생활 반영의 폭과 다양성이 결정되며 작품의 교양적 역할과 인식적 가치가 좌우된다. …… 예술적 환상의 도움이 없이 혁명의 진리, 투쟁의 진리를 진실하고 생동한 예술적 화폭으로 펼쳐 보일 수 없다. 결국 작품의 철학적 무게도 그의 예술적 가치도 풍부하고 다양한 예술적 환상 없이는 불가능한 것이다." (김용부, 『철학적 심오성과 문학예술작품』, 문학예술출판사, 2002, 268~269면)

고귀한 것이며 고통, 피, 땀은 이를 얻기 위해 치러야 할 당연한 댓가라는 확신을 심어준다. 그러나 특정 사회, 계급, 집단에서 사용된 언어는 다른 사회·역사·집단·계급에서는 전혀 다르게 통용될 수 있다. 같은 단어를 다른 의미맥락에서 사용할 때 발생하는 오해는 단어사용의 적절성에 대해 세심한 고려를 요구한다. 여러 혁명가요들은 '자유'를 문면에 내세우고 있지만 '자유'는 시대 역사적 현실에 따라 함의가 매우 방대해 정의하기 어려운 개념적 단어이다. 당시 구성원들이 각기 받아들인 '자유'의 의미 역시 처한 상황에 따라 매우 애매모호했을 것이라 추측된다. 이러한 추상적 단어들을 개인의 경험과 집단이 처한 상황에 맞게 규정하고 설명하는 것은 간단하지 않다. 반면 이처럼 함의가 큰 단어들일수록 일상적으로 쓰이는 빈도가 높고 익숙하다. 때문에 알고 있다고 착각하는 경우가 빈번하다. 그러나 '자유'는 익숙함과 넓은 함의로 인해 선언된 순간 강력한 표상성을 발휘하고 즉각적으로 받아들여지며 이로 인해 감정과 행동을 유발하는 동인으로 작용할 수 있다. 생활경험에서 개별적으로 유추된 자유의 이미지가 막연한 공통분모 속에서 집단 응집력을 형성시키는 것이다.

표상적 단어들은 감정의 일원화라는 집단 기대에 부응하며 엄밀한 개념과 적용가능성 대신 이미지로 기능한다. 명확성이 희석된 채 암시를 통해 증폭된 단어들은 집단에 소속된 개인을 감정적으로 통합한다. 표상성이 강한 단어가 부각시키는 이미지를 교묘히 조정하면 그 이미지는 불가사의한 힘을 뿜어낸다. '자유'와 '해방'을 위해 목숨을 바쳐 관동군과 싸우는 행위는 자극 강도가 강한 말이 지닌 환각성을 짐작할 수 있게 한다. 군중에게 감명을 주는 단어들은 이성에 호소하는 단어들이 아니라 감정에 호소하는 단어들이다. 혁명가요에 선택된 단어들은 군중을 하나의 감정으로 휘몰아가기 위해 어떤 방법을 사용하는지 보여준다.

죽음도 기발을 들리라
붉은 피로
검은 기발을 물들게 하라
대지 우에
붉은 꽃 활짝 피여나리니
맑게 개인 하늘 아래서
우리는 자유를 맞이하리라

—루이즈 미셸, 「파리콤뮨」 부분

거리는 싸움에 부서지고
대오는 무리로 쓰러졌어도
평등은 그의 보습으로
논밭을 깊이 갈았거니

그것은 큰 도살이였다만
피 흘린 고장이면 그 어데이고
긴 싹이 돋아났어라

—에젠 뽀지에, 「피의 한주일」 부분

나는 몰랐노라!
투쟁이 이렇게 폭풍인 줄은,
투쟁이 이렇게 삶의 노래인 줄은,
투쟁은 어둠을 태우는 황홀한 불꽃
투쟁은 미래에로 내닫는 기관차!

—작중인물인 신동호가 창작한 가요, 부분

'자유', '평등', '투쟁'은 붉고 검은 강렬한 시각적 색채로 대비되어 '피', '죽음'과 함께 등장한다. 개념정의가 어려운 단어들은 이미지와 함께 원래 의미가 왜곡되는데 바로 그 왜곡과 애매함을 통해 마력을 발휘한다. 피를 흘리고 죽음을 감수하는 고통스러운 투쟁을 통해서만 자유를 획득할 수 있다는 비약을 끌어내기 때문이다. 그러나 사실 이미지에 의해 발휘되는 힘은 단어 자체의 무거운 개념과는 논리적 상관성이 별로 없다. 위의 언어들은 한 방향으로 수렴되기 힘든 다양한 소망, 그것을 실현하고 싶다는 희망을 한꺼번에 담고 있다. 이처럼 선동적 가사는 목적달성을 위해 사상의 추상성을 단순하고 감각적인 형태로 압축한다. 민족, 희생, 계급을 철저하게 단순화시켜 제공하면 고차원적 개념어들은 변화를 겪고 군중의 감정을 건드린다. 집단의 지적 영역으로 침투하고 영향력을 발휘하기 위해 사상이 지니고 있던 핵심적인 요소들을 떨어버리는 것이다.

위에서 '자유'는 죽음과 피를 자양분으로 트는 '싹', '붉은 꽃'이다. 집단은 자유의 꽃을 피우기 위해 죽음이 필수적이라는 암시를 받는다. 자유는 죽어서마저 기꺼이 "기발을 드는" 지고한 가치인 것이다. 피와 희생은 자유를 얻기 위해 치러야할 당연한 댓가이며 죽음을 담보한 투쟁이야말로 불평등을 해소시켜줄 만병통치약처럼 여겨진다. 하지만 그 만병통치약은 죽음을 통해서만 얻어질 수 있는 고귀한 것이다. 그러므로 죽음의 이미지는 '폭풍', '삶의 노래', '황홀한 불꽃', '미래로 내닫는 기관차'처럼 역동적인 새 삶으로 전환된다. 스스로를 불사르는 것은 고통스럽지만 황홀하고 발전된 미래를 향해 나아가는 신생의 과정이라고 설득하는 것이다. 이처럼 상반된 의미들은 등가를 이루고 대중 앞에서 이미지로 펼쳐진다. 뇌리에 호소하는 몇 마디 단어가 사람들의 확신을 이끌어내는데 있어 강력한 힘을 발휘하는 것이다. 체제가 제시하는 목표를 대변하는 단어들을 논증하는 과정은 왜곡된 표상의 상대가 되기에는 역부족이다. 집단의 비유적 상상력은 강력하고 적극적이며 제공된 이상에 예민하기 때문이다. 난무하는 심상들은 구성원 감정의 불꽃을 타오르게 하는 휘발유가 된다. 단어들은 쉽지 않은 실현가능성에도 불구하고 선언되는 순간, 그 장소에 속한 사람에게 후광을 발휘하는 것이다. 표상을 앞세운 언어들은 집단의 마음에 그것이 도달할 수 없는 과

대한, 그리고 모호한 이미지를 심어주고 있다. 그리고 막연한 이미지야말로 집단에게 신비로운 힘을 발휘하게 하는 동기를 제공한다.

피로써 승리해가는 이 길이
…… 고향에 ……
만세 만세 만세 높이 부르며
……
만세 만세 만세 높이 부르며
원쑤의 화점을 짓부시며 앞으로
……
나가자 동무여 섬멸의 길로
……
가렬한 전투의 저기 저 언덕
피 흘린 동지를 잊지 말아라
……
피로써 승리해가는 이 길이
그리운 고향에 뻗치고 있다 ……

—「섬멸의 길로」 부분[15)]

침략의 불구름 밀려와
마을은 간 곳 없고
웃으며 뛰놀던 내 동생
내물을 피로 물들여

하늘도 떨고 땅도 타는
사무친 저 원한 듣느냐
오 전우들아
탄환을 재우자

15) 너무 비장하다 하여 보급을 중지시키려 했으나 김일성이 듣고 전사들의 마음에 든다면 좋은 것이라 다시 내용과 곡조를 연구하도록 과업을 주고 이후 「결전의 길로」로 제목을 바꾸어 적극 보급한다.

복수를 재우자

오 전우들아
탄환을 재우자
복수를 재우자

—「싸우리라 싸우리라 끝까지 싸우리라」 부분[16]

두 편의 가요는 고향, 가족, 동지를 잃어버린 운명 공동체 의식을 강조하여 함께 싸우자고 구성원을 독려한다. 집단에게 혈연, 생사로 묶인 가족 의식을 강조해 감정을 고양시킬 때 구성원 전체는 동일한 감정을 공유하고 결속력을 강화한다. 대부분의 혁명가요들은 위의 "만세 만세 만세 높이 부르며", "오 전우들아 탄환을 재우자 복수를 재우자"처럼 후렴구를 통해 같은 표현을 반복한다. 이처럼 쉬운 단어들을 반복적으로 들려줄 때 효과는 더욱 오래 지속될 것이다. 구성원은 하나의 방향으로 묶이기를 기대하기 때문에 암시를 주는 것으로 정서를 쉽게 통합할 수 있다. 정서의 증폭은 개별 상태에서 도달할 수 없는 효과를 발휘해 개인은 무력감에서 해방되고 집단 속에서 목적을 이룰 수 있다는 감정을 갖게 한다. 혈연관계의 암시는 상호 감화, 침투를 통해 특정 목적과 행동으로 돌진할 힘을 끌어낸다. 그리고 영광, 명예, 애국심처럼 집단의 가치를 지향하는 감정으로 몰입하도록 추동한다. 이를 통해 개인은 상위의 가치들에 기꺼이 목숨까지 바치겠다는 마음을 먹는다. 공동의 이익을 위해 희생할 수 있으며 도덕률을 지켜 우월해지고픈 욕구로 통합되는 것이다. '피', '가족', '죽음'이 환기시킨 혈연감이 구성원 전체에게 감염[17]된 결과일 것이다. 집단을 가족으로 여기게 만들 감정의 일

16) 소설에서는 이 가요에 대하여 "수천 리 준엄한 후퇴의 길에서 시를 짓고 곡을 붙인 것"이며 "한없는 사랑의 정으로 내 고향, 내 마을을 그리는 절절한 흐느낌이였고 불같이 타는 부르짖음이였다"고 서술한다(『혈로』, 389~391면).

17) 구스타브 르봉은 『군중심리』(전남석 역, 동국출판사, 1990)에서 집단의 경우 모든 감정과 행동은 감염성을 갖고 있으며, 집단이익을 위해 개인이익을 희생할 정도로 감염

원적 전이는 행동의 방향성을 자연스레 투쟁으로 몰아간다. 이는 논리적 판단의 최소화와 감정 일원화의 최대치를 고려한 선동 기술이라 추정할 수 있다. 이러한 단어들이 사실 피상적 연관성 밖에 없음에도 집단은 상이성을 소거시키고 피상적 연관성에 이끌린다. 이처럼 혁명가요 가사들은 논리성 대신 비약된 추리를 유발시키는 이미지를 이끌어내고 있다. 감정을 고양시켜 사상을 획일화하고 암시된 사상을 행동으로 옮기도록 하는 것이다. 감염과 암시는 집단의 이익을 위해서 희생을 감수하도록 만든다.

### 2) 정서 고양과 통합, 숭고함

상호 침투 감염된 집단의 정서는 한 단계 고양된 방향성을 향해 나아갈 때 더욱 효과적으로 통합된다. 집단감정의 응집을 위해 혁명가요는 교육이나 목표의 제시를 넘어 숭고함이라는 종교적 감정을 체험하도록 이끌어간다. 인간에게는 일상 속에서 신성한 것을 감동적으로 체험하거나 종교적인 위안을 받고 싶은 열망이 내재한다. 숭고함을 통해 정치의 세속적 속성은 신성화되고 구성원들은 신성한 행위의 일부를 담당할 수 있다. 혁명가요들은 집단을 지속적인 감정공동체로 묶어주기 위해 투쟁과정과 일상 속에서 숭고함의 감정을 경험하게 한다.

> 가슴 쥐고 나무 밑에 쓰러졌다 혁명군
> 가슴에서 흐르는 피 푸른 들을 적신다
>
> 머나 멀리 고향 산천에 부모 형제 다 버리고
> 홀로 선 나무 밑에 한을 품고 쓰러졌다

---

성이 절대적임을 지적하고 있다.

산에 나는 까마귀야 시체 보고 울지 말아
몸은 비록 죽었으나 혁명정신 살아있다

—「빨찌산 추도가」 부분

민중의 기 붉은 기는 전사의 시체를 싼다
시체가 식어 굳기 전에 혈조는 기발을 물들인다
높이 들어라 붉은 기발을 그 밑에서 굳게 맹세해
비겁한 자여 갈라면 가라 우리들은 붉은 기를 지키리라

—「적기가」 부분

위의 예는 영웅을 만드는 절차에 혁명가요가 개입하여 신성한 가치를 상승시키는 장면을 보여준다. 북한문예는 숭고함[18]을 "낡은 사회를 뒤집어엎고 새 사회를 건설하기 위한 인민들의 성스러운 혁명투쟁과 건설사업, 그리고 이 과정에서 사람들이 발휘하는 영웅성, 용감성, 헌신성, 불굴의 의지" 등이 반영될 때 느껴지는 미학적 감정이라고 설명한다. 「빨찌산 추도가」, 「적기가」는 주로 죽어가는 당원을 장사지낼 때 엄숙하게 불린 가요이다. 이때 희생자의 시체가 놓인 시공간은 일상을 넘어서는 종교적인, 숭고한 시공간이다. 타인을 위해 생명을 버리는 행위는 인간의 영역을 넘어선 행위이다. 희생은 자기 보존과 확장이라는 생명고유의 속성을 초월하는 행위를 통해 인간을 신성하게 도약시킬 수 있다.[19] 그러므로 희생자의 "몸은 비록 죽었으나" 정신은 영원성을 획

18) 북한은 숭고함의 개념을 "사회현실생활에서 고상한 것, 장엄한 것, 위대한 것 등을 반영하고 있다. 숭고한 것은 사람들에게 낡은 것과 저속한 것에 대한 증오심을 불러일으키며 위대한 리상과 목적을 달성하기 위한 투쟁에로 그들을 고무추동한다. …… 인간의 영웅적인 행동과 그의 고상한 정신세계에서 표현된다. 문학예술에서 숭고한 것은 생활에 있는 숭고한 것을 형상적으로 반영한 것이다. …… 사실주의적 문학예술은 숭고한 것을 반영함으로써 사람들을 사상미학적으로 교양한다"(사회과학원 문학연구소 편, 『문학예술대사전』, 사회과학출판사, 1992, 549~550면)라고 정의한다. 이는 일반적으로 받아들여지는 칸트의 미학적 숭고와 상당부분 다르다.

19) 항일빨찌산들은 이 노래에 대해 "우리는 이 노래를 몇 번이고 되풀이하여 목청껏 불렀다. 부르면 부를수록 용기와 신심이 북받쳐오르는 심장의 노래였다. 그것은 정녕

득하는 것이다. 가요를 부르며 구성원들은 인간의 불완전성을 넘어서는 희생의 가치에 동참하겠다고 맹세한다. 전체의 신념을 위해 역경과 고통을 감내하는 고양된 정신력은 성스러운 영역으로 발돋움하는 것이다. 혁명 과정에서 죽은 자들의 희생은 숭고한 감정 형성을 위해 구원자로 신화화되는 과정을 밟는다. 이처럼 고난의 시기에 불린 가요들은 이데올로기의 성전화 절차를 가속시키는 역할을 맡고 있다. 혁명가요는 숭고함 아래 집단을 규율하고 세속적 실제를 영웅시하는 의례에 구성원들을 참여시킨다. 구성원들은 주기적으로 이 성찬식에 참여하고 함께 몰입하여 상층부가 제시하는 단일하고 신성한 목표를 향해 기꺼이 돌진할 수 있었으리라 추측할 수 있다.

### 3) 유토피아의 기획과 제시

보통 사람들의 일상적 갈망 속에는 현실적인 목표와 더불어 더 나은 세계로 도달하고픈 희구가 있다. 체제는 집단구성원을 수용과 교육 대상으로 여기는 것을 넘어 희망을 만들어주는 과정에 적극적으로 개입한다. 혁명가요는 미래에 도달할 유토피아를 통해 이를 달성하려 한다. 유토피아는 과거에는 굳건했으나 지금은 잃어버린 전통을 재구성하는 것, 공동체가 미래에 획득할 정체성을 제시하는 것으로 구체화되고 있다.

---

만난을 극복하고 전진하는 승리자들의 노래였다"고 회상한다(공정수, 「사령관동지의 위대한 혁명사상에 고무되여」, 『항일빨찌산 참가자들의 회상기』 11(조선로동당 중앙위원회 당력사연구소), 조선로동당출판사, 1969, 234면).

### (1) '민족'의 회복과 갱신

혁명가요에 동원된 언어들은 체제에 역사적 정당성과 윤리성을 부여하는 의미를 생산하고 있다. 공산혁명에 구성원을 동원할 수 있었던 역동성의 핵심에 민족을 강조하는 신화적 요소가 있음은 부인할 수 없다. 지금까지도 존재해 왔으나 앞으로 더욱 발전, 쇄신되어 갈 '민족'공동체의 이상이야말로 유토피아로 적합하다. 사실 공산혁명과 민족은 당시 어울리기 힘든 개념이었고, 상당한 논증 절차가 필요한 것이었음에도 혁명가요들은 두 개념을 이상향이라는 공통항에 녹여 합치시킨다. 프롤레타리아 혁명은 민족 해체를 가져오는 것이 아니라 새롭게 발전된 민족 형태를 형성시킨다는 것이다. 이때 구성원의 마음을 움직일 요소는 논리로 짜인 연설이라기보다 민족의 신화, 재생을 강조하는 수사와 상징에 있었으리라 추정할 수 있다. 혁명가요 가사에서 민족 공동체의 신화는 고향을 그리워하는 마음, 독립을 염원하는 마음으로 다양하게 변주된다. 고향 · 가족 · 독립의 개념들은 잃어버린 가치이고 혁명은 이를 되찾기 위한 수단이라고 느끼게 만드는 것이다. 민족주의에 대한 감정적 자극은 혁명이라는 궁극적 목적과 가치 저변에서 그 가치들을 구조화시킬 든든한 다리 혹은 메타신앙의 역할을 맡고 있다. 다음의 예는 유격대에게 민족갱생의 신화를 환기시키는 방식을 분명히 한다.

일천구백십구 년 삼월 일일은
이 내 몸이 압록강을 건넌 날일세
년년이 이 날은 돌아오리니
내 목적을 이루고서야 돌아가리라

압록강의 푸른 물아 조국 산천아
고향땅에 돌아갈 날 과연 언젤가
죽어도 잊지 못할 소원이 있어

내 나라를 찾고서야 돌아가리라

—「압록강의 노래」 부분

내 고향을 떠나올 때 나의 어머니
문 앞에서 눈물 흘리며 잘 다녀오라
하시던 말씀 아 귀에 쟁쟁해

우리 집에서 멀지 않게 조금 나가면
작은 시내 돌돌 흐르고 어린 동생들
뛰노는 모양 아 눈에 삼삼해

대동강물 아름다운 만경대의 봄
꿈결에도 잊을 수 없네 그리운 산천
광복의 그날 아 돌아가리라

—「사향가」 부분[20]

일제 놈의 발굽 소리는 더욱 요란타
금수강산 우리 조국 짓밟으면서
살인 방화 착취 략탈 도살의 만행
수천만의 우리 군중을 유린하노나

나의 부모 너의 동생 그대의 처자
놈들의 총창 끝에 피흘렸고나
나의 집과 너의 밭은 놈들의 손에
잿더미와 황무지로 변하였고나

—「반일전가」 부분

---

20) 「사향가」의 가사는 민족에 대해 직접 표현하지 않지만 북한 역시 "항일혁명투쟁의 전 기간 조선인민혁명군 대원들과 광범한 인민들의 심장 속에 조국에의 숭고한 정서를 심어주고 빼앗긴 조국을 찾기 위한 투쟁에로 그들을 힘차게 고무해준 혁명의 노래, 조국애의 노래"로 평가하고 있다(『항일무장투쟁사』 10, 과학백과사전출판사, 2005, 206면).

「압록강의 노래」, 「사향가」는 반부르주아적 비전을 제시하기 위해 민족감정의 저변인 농업공동체 메타포와 향수를 차용하고 있다. 이러한 가사는 아득히 먼 과거로부터 무한한 미래로 이어지는 집단적 삶에 대한 민족 서사의 통합성을 제공한다. 고향의 이미지에는 부모형제에 대한 애틋함과 그리움이 녹아 있는데 이는 반드시 복구해야 할 가족의 사랑이다. 가족 이별과 고향 상실을 회복하기 위해서는 독립이 필수적이며 독립을 위해서는 죽음을 각오하고 싸워야 하는 것이다. 이렇게 가족의 터전으로 회상되는 아름다운 고향, 이상향으로서의 과거는 민족의식을 구심점으로 통합된다.

「반일전가」는 적의 포위 속에서 고전하며 담가를 옹위하는 급박함에서 김일성이 부대의 마음을 하나로 모으기 위해 부른 노래[21]라 하며 중시하는 것이다. 이 가요는 전통의 물적, 질적 토대와 가치체계들이 일제의 폭압에 의해 산산조각 났으며 이를 다시 회복하기 위해서는 목숨을 건 항일무장투쟁만이 필수적임을 직접 제시한다. 개인의 유한한 삶이 집단적 삶의 연속성을 통해 영원한 가치로 전환될 수 있다는 생각을 심어주어 신화적 진공상태와 결속에 대한 갈증을 채워주는 것이다. 일상적 불안과 요원해 보이는 목적 달성에 대한 실망감 등 다양한 차원의 불평불만을 효과적으로 통합하는 기제는 민족 공동체에 대한 소속감이다. 이 결속감이 유지되는 한 체제에 대한 동의수준은 그다지 흔들리지 않는다. 민족개념 역시 세심한 논증이 필요함에도 불구하고 집단의 마음을 파고들어 혁명의 정당성을 자연스럽게 받아들이도록 하는 효과를 가져온다.

21) 서술은 가요가 불려지는 상황을 "죽음을 헤가르고 나래를 퍼덕이며 솟아나는 노래, 혁명가의 숭고한 의식과 자각이며 불사의 넋으로 뜨겁게 엉겨붙은 억센 삶의 열정이 끓는 용암과도 같이 사람들의 가슴 속으로 흘러들어", "노래는 죽음보다 강하다"고 묘사한다(『혈로』, 404~405면).

### (2) 노동자・여성・어린이 해방

혁명가요는 미래에 도달할 유토피아에 대해 다양하고 구체적인 목표와 기대를 제시해 구성원들의 호응을 이끌어내려 한다. 제시된 개별적 이상향은 목표로 매진하기 위한 동기부여, 자기 암시를 높이는 역할을 담당한다. 집단의 영광이 구성원들, 즉 노동자의 가치 상승과 결부된 것임을 강조하여 노동자 계급의 동일성을 주지시킨다. 이러한 목표를 담은 가사는 부당한 착취에 대한 분노를 자극하거나, 계급적 자부심을 고취시키고, 운명공동체임을 강조하여 결속을 다진다. 구성원에게 자신이 노동계급으로 각성된 공동체에 소속되었다는 동류의식을 심어주는 것이다. 또한 자신이 교육과 자각을 통해 진보하고 있고 힘이 있으며 집단 또는 자신의 일을 스스로 결정하고 있다는 느낌을 강화시킨다.

> 일어나라 저주로 인맞은
> 주리고 종된 자 세계
> 우리의 피가 끓어 넘쳐
> 결사전을 하게 하네
>
> —에젠 뽀찌에, 「인터나쇼날」

> 우리 우리 동무들아 기쁜 날을 만났으니
> 어깨 겯고 둘러서서 우리 희망 말해보자
>
> 나는 나는 될 터이다 교육가가 될 터이다
> 옳다 옳다 네가 네가 교육가가 될 터이다
>
> —「유희곡」 부분

> 이십세기 용감한 녀성투사들
> 문명한 활무대에 나서 싸우자

로동자와 농민의 자유해방은
무산자의 굳고 굳은 단결에 있다

—「녀자투사가」 부분

「인터나쇼날」은 노동계급이라는 새로운 가치체제 아래 결속하는 일이 유토피아를 향한 첫걸음임을 시사한다. 나아가 '제국주의' 침략을 물리칠 방법은 죽음을 결사한 싸움밖에 없다고 충동하는 메시지는 가사를 통해 효과적으로 각인된다. 노동계급 아래에는 또 다른 피억압 계급으로 여성과 어린이가 있다. 「녀자투사가」는 여성들의 현 상황을 노동자, 농민의 억압상황과 등가시키고 그들이 서로 '굳고굳은 단결' 아래 뭉쳐야 한다고 말한다. 각성은 여성을 '노동자', '농민' 등 비슷한 처지의 사람들과 한 범주로 묶고 그들이 바라보는 지향점은 역시 '자유해방'인 것이다. 또한 불평등 속에서 신음하거나 지배받던 여성들이 새로운 세기를 맞이하여 평등해질 수 있음을 역설한다. 구습을 깨는 행위는 '용감'성이 있어야 하기에 이에 나선 여성은 '투사들'이며 그들이, 활동하는 곳은 '문명한 활무대'이다. 「유희곡」은 계급 해방이 달성되면 어린이들도 원하는 꿈을 무엇이든 펼칠 수 있다고 암시한다. 그러나 지배층의 추상적 개념을 설명하기 어려운 것은 청소년의 경우에도 마찬가지이다. 이에 「유희곡」은 감수성이 예민한 청소년들을 설득 감화시켜 일원화된 행동을 이끌어내기 위해 지식이나 이성의 코드로 전달할 수 없는 상징을 도입한다.

## 5. 나오는 말

집단 구성원들이 체제의 공세를 수용하기만 하고, 그래서 일방적으로 포섭되는 수동적 존재라고만 볼 수는 없다. 체제가 제시하는 기준을 수용하는 구성원의 방식은 체제와 자신을 동일시하는 전면적 동의로부터 선별적 수용, 무의식적 순응에 이르기까지 여러 층차를 이룬다. 그렇기에 대중적 순응의 기반을 굳건히 하기 위해서는 다각적 차원의 욕구를 읽고 그것들을 충족시키려는 노력이 필요하다. 이를 위해 체제는 일상적 필요를 넘어서는 욕구의 지점을 적극적으로 제시하고 욕구를 충족시킬 장치들도 고안한다. 사실 이들 장치는 직접적·외부적 억압과는 또 다른 교묘한 기만이기도 하다. 집단에게 체제의 정체성을 공유하면 욕구가 달성될 수 있으리라는 착각을 주고 동의를 얻어내기 때문이다.

대중이 일상에서 권력이 요구하는 질서와 가치를 지키기 위해서는 이론의 차원을 넘어서는 지렛대가 필요하다. 집단의 일원이 새로운 이상공동체 구축 사업의 주역이라고 믿게끔 만드는 이론적 내용들은 구성원을 규율하기에는 너무 추상적이기 때문이다. 사실 그들이 조직의 방향을 결정할 실제적이고 핵심적인 역할을 하리라 기대하기는 어렵다. 집단은 상징적이고 눈에 보이는 효과를 고려하는 표면적 결정에 관여할 수 있을 뿐이다. 그러므로 제시되는 목표들은 실질적인 달성 여부를 떠나 집단에게 믿음을 부여하는 역할을 담당하고 있다.

현장성·즉흥성·집단성 등을 특징으로 하는 혁명가요는 구성원들이 동일한 집단적 감정을 형성하도록 추동한다. 감정의 공략은 집단의 공통 기질을 이끌어내는데 적절하게 이용될 수 있다. 현장 속 수용자들은 가요들을 개인 이전에 전체로서 흡수한다. 혁명가요가 주는 충족감은 상승된 감정과 그 내용의 괴리를 따지는 지적 절차와는 거리가 있었다. 감성의 영역에서 개별성은 일반성 속에 용해되고 이때 개인 간 감정의 격차는 미미해진다. 군중으로 결합한 상황에서 개인적 판단과 의식은 집단적 감정 상태 아래 일원화되는 것이다. 미래에 대한 희망, 개인을 넘어선 전체에 대한 소속감 등 집단의 사상과 감정을 일정하게 설정한 방향으로 몰아갈 때 동질성은 이질성을 압도한다. 혁명가요는 우리라는 동질의식으로 구성원의 불안감, 동경, 결핍을 채워주고 안심시키는 매력을 갖고 있기 때문이다. 항일무장혁명기 혁명가요들은 이처럼 체제의 정당성을 설득하고 구성원의 동의를 이끌어내기 위한 효율적 기제로서 그 역할을 수행하였다.

# 수령문학의 문학사적 위상

## 북한문학사 서술에 나타난 '총서'의 성격과 관련하여

김성수(성균관대)

### 1. 문제 제기–총서에 대한 역사주의적 접근

이 글에서는 북한 수령형상문학의 문학사적 위상을 역사주의적으로 살펴보고자 한다. 특히 역대 북한문학사에서 수령문학의 정수인 총서 '불멸의 력사'(이하 표기는 '총서')에 대한 서술이 어떻게 이루어졌는지 역사적 변천과정을 정리하여 총서의 문학사적 위상을 간략히 분석하기로 한다. 북한 문예계에서 총서 '불멸의 력사'는 이른바 수령형상문학의 대표작으로 떠받들어진다. 수령형상문학예술은 기본적으로 수령형상의 본질을 "수령의 혁명력사와 숭고한 풍모를 진실하고 생동감 있게 예술적 화폭에 그려 수령의 위대성을 예술적으로 감득하게 하는 것"으로 규정하고 있다.[1] 북한 사회에서 김일성이라는 수령의 존재가 갖는 절대적 위상 때문에 문학사에서도 수령형상문학의 위치는 대단하며 그가 직접 창작했다는 '불후의 명작·노작' 다음의 위계에 그를 형상화한 문학예술작품의 존재가 자리매김될 정도이다. 이렇게 절대적 지위를 갖는 일종의 장르 개념인 '수령형상문학' 중에서도 대표작이 바로 장편소설 시리즈인 총서이다. 그렇다면 총서의 문학사적 위치가 처음부터 절대적 위치였는지 역사주의적으로 따져보는 작업이 필요하다.

총서 자체는 1970년대부터 창작되었지만 문학사적 평가는 1980년대 초부터 본격화되었다. 안함광의 1956년판(전3권 중 제3권), 1964년판『조선문학사』(전16권 중 제9권), 과학원의 1959년판『조선문학통사』(하권), 사회과학원 문학연구소의 1977년판『조선문학사』(전5권 중 제5권), 박종원·류만 공저 1986년판『조선문학개관』(2권)엔 총서에 대한 문학사적 언급이 거의 없다. 1982년 김일성종합대학에서 나온 박용학·김려숙·변귀송·신경균 공저『조선문학사』(전5권 중 제5권)와 1970년대 문학을 정리한 천재규·정성무의 1996년판『조선문학사』(전15권 중 제14권)와, 1980년대 문학사를 서술한 김정웅·천재규의 1998년판『조선문학사』 제15권(주체사상화위업시기)에 비로소 자세한 언급과 문학사적 자리매김이 되어 있다. 김춘택·리동수·은종섭이 주요 필자로 짐작되는 최근의 단권짜리『조선문학사』(문학대학용, 김일성종합대학출판사, 2006)에도 총서가 수령형상문학의 대표작으로 상세하게 설명되고 있다. 이를 중심으로 해서 북한문학사에서 총서 '불멸의 력사' 시리즈를 중심으로 한 수령문학의 위상과 그 역사적 변천과정을 간략히 정리해보도록 한다.

---

1) 윤기덕,『수령형상문학』, 문예출판사, 1991, 157면.

## 2. 총서 '불멸의 력사'의 위상에 대한 역사적 고찰

### 1) 카프문학 전통론에서 항일혁명문학(예술) 정통론으로의 변모과정

총서 '불멸의 력사'의 기획은 문학사적으로 볼 때, 이전까지 북한에서 널리 통용된 마르크스레닌주의 이념에 입각한 사회주의리얼리즘 미학과 카프를 중심으로 한 프로문학의 항일투쟁 전통이 외면·부정되고 항일무장투쟁의 혁명역사에 기초한 주체사상의 유일체제에 부합하는 새로운 문학사 전통으로 '김일성 중심의 항일혁명문학'으로 전환되는 과정에서 출현했다. 총서와 관련하여, 그 상위범주라 할 '수령(형상)문학'의 주류 정착과 그 역사적 정통성을 확보하기 위한 '항일혁명문학(예술)'[2]의 역사적 부각과정부터 살펴볼 필요가 있다.

북한학계에서 수령문학과 항일혁명문학의 유일 정통론이 처음부터 자리잡은 것은 아니다. 해방직후부터 한동안 1920~1930년대 카프를 중심으로 한 프롤레타리아문학의 전통을 앞세웠던 전례가 있기 때문이다. 안함광의 1956년판 문학사나 그가 주 필자로 짐작되는 1959년판 『조선문학통사』(하권)에서는 항일빨치산 무장투쟁기의 혁명문학예술이 제대로 서술되어 있지 않은 게 한 근거이다. 하지만 1967년을 기점으로 사정이 달라졌다. 일제하 프로문학과 해방 후 북한문학의 사적 연계와 관련하여 『주체문학론』[3] 이래 현 단계 공식 입장에서는 '당과 수령의 영도'를 받지 못한 한계 때문에 프로문학을 문학사적 전통과 유산의 주요

2) '항일혁명문학'으로 정착된 용어조차 개념화를 시작한 1950년대에는 문학이라 하기 어려운 구비전승물로 인식되었기에 '항일무장투쟁 과정에서 창조된 혁명문학' 또는 '혁명문학, 혁명적 문학'이라 지칭되었다. 그러다가 1970년대부터 '항일혁명문학예술'을 사용하다가 '항일혁명문학(예술)'로 호칭되는 중간단계를 거쳐 현재는 '항일혁명문학'으로 고정되었다.

3) 김정일, 『주체문학론』, 조선로동당출판사, 1992.

영역으로 삼는 것에 대해서 소극적인 게 사실이다. 대신 유일 정통으로 내세워진 항일혁명문학은 1950년대 전후복구시기부터 본격적으로 논의되기 시작하였다. 송영의 『백두산은 어디서나 보인다』와 항일빨치산 참가자들의 회상기 시리즈 연재를 비롯해서 1930년대에 이루어진 항일빨치산 활동이 의도적으로 재조명되고 빨치산 활동에서 창작, 공연, 구비전승되었던 가요, 촌극 등 구전텍스트들이 발굴되고 그들이 재창작되면서 '항일혁명문학(예술)'로 개념화·재규정되었던 것이다. 치열한 논쟁과정에서 결국 항일혁명문학을 중심에 놓은 구도가 힘을 얻게 되면서 프로문학은 그것과는 비교가 되지 않는 하위의 것으로 차별화되었다.[4)]

특히 1959년의 '우리 문학의 혁명 전통에 대한 학술발표회'에서 북한 문학의 새로운 유산 및 전통 찾기 결과, 김일성 부대가 1930년대에 만주에서 벌였던 항일무장투쟁 과정에서 구비전승되었던 민요, 군가, 촌극이 '혁명가요', '혁명 연극'으로 개념화·재규정되면서 위상이 높아졌다. 주목되는 사실은 아직 '항일혁명문학예술'이라는 장르 명칭조차 부여받지 못한 이들 문학의 위상을 강조하기 위하여 한 걸음 더 나아가 '항일무장투쟁 과정'에서 구비전승된 '혁명적 가요'와 '혁명적 연극' 등이 국내 프로문학의 창작에 영향을 주었다는 식으로 논의가 진행되었다는 점이다.[5)] 당시 기사에 따르면, 항일 무장 투쟁이 국내 프롤레타리아문학에 준 영향을 사료적인 측면에서 논증하고 있다. 평론가 현종호는 원래 「항일무장투쟁 과정의 영향 하에 발전된 국내 프로레타리아문학」라는 제목으로 발표된 논문에서 한설야·이기영·송영 등이 카프문학을 창작할 때 멀리 만주지방에서의 무장투쟁 소문에 사기가 올랐다

---

4) 이하 2면 분량은 김성수, 「프로문학과 북한문학의 기원」, 『민족문학사연구』 21호(민족문학사학회, 2002)의 해당부분을 요약·보완한 것이다.

5) 「우리 문학의 혁명전통에 대한 학술보고회 진행」; 현종호, 「항일무장투쟁의 영향 하에서 발전된 국내 프로레타리아 문학」, 『문학신문』, 1959.8.28, 2면. 이 학회의 주최자가 홍기문의 김일성대학이나 한설야의 작가동맹이 아니라 장형준·연장렬·강능수 등이 관여한 과학원 문학연구실이라는 점이 시사하는 바가 크다는 생각이다.

는 회고를 논증 자료로 삼아 항일혁명문학의 우위성을 주장하였다.[6)]

> 또한 항일무장투쟁이 국내 프로레타리아 문학에 준 영향을 사료적인 측면으로 론증하였다. 한설야가 1930년대 항일 무장 투쟁이 국내 프로레타리아문학예술 발전에 거대한 영향을 주었으며 프로레타리아 작가 예술가들을 창작활동에 사상적으로 고무 추동하여 주었다고 언급한 『황혼』 재간판의 인용문을 례증하였다. 또한 리기영도 「나의 창작 경험」이라는 글에서 『고향』을 창작할 때 이와 같은 영향을 받았다고 쓴 것을 례증하였고 계속하여 송영도 「조선문학의 자랑」이란 소론에서 항일 무장 투쟁의 영향에 대하여 지적하였다고 하였다.[7)]

예를 들어 한설야 『황혼』 재간본의 인용문[8)]과 이기영의 「나의 창작 경험」,[9)] 그리고 송영의 「조선문학의 자랑」이란 소품에서 항일무장투쟁의 영향을 받았다고 한 것인데, 이런 논리는 적잖은 비약과 무리가 있다. 이를테면 1959년의 한설야 회고의 실체는 1930년대에 씌어진 자신의 대표작 『황혼』 재간본을 두고 당시에 멀리 만주에서 항일빨치산 활동을 하던 김일성 부대의 소식을 듣고 그에 고무되어 창작에 임했다는 정도였다. 이는 1950년대 말 당시 한설야의 정치적 입지에서 나온 립서비스이지 확고한 증거가 있을 리 없다. 그런데 이 회고가 시나브로 항일혁명문학의 '직접적 영향'을 받은 증거로 둔갑하였다. 프로문학 전체

6) 현종호, 「항일무장투쟁 과정에서 창조된 혁명문학의 문학사적 의의」, 『항일무장투쟁 과정에서 창조된 혁명적 문학예술』(과학원 문학연구실 편), 과학원출판사, 1960 참조.

7) 「우리 문학의 혁명전통에 대한 학술보고회 진행」.

8) 한설야, 『황혼』, 조선작가동맹출판사, 1959, 88~89면. 한설야는 자신의 문단적 위치를 공고히 하기 위하여 자신의 대표작을 개작하고 그 의미를 김일성과의 직접적인 연계로 논증하는 발 빠른 정치적 의도를 드러낸다. 『황혼』의 개작 부분에 관해서는 다음 논문을 참고할 수 있다. 김병길, 「한설야의 『황혼』 개작본 연구」, 『연세어문학』 제30·31호 합집, 1999.2 참조.

9) 『고향』에 대한 당대 학자의 논문에서도 프로문학에 대한 항일혁명문학의 영향과 긴밀한 연계를 언급하고 있는데, 직접적인 증거라고 보기엔 논리적 무리가 있다. 리상태, 『리기영의 창작 연구』, 조선작가동맹출판사, 1959, 106~107면.

가 항일혁명문학의 영향을 받아 창작되었다는 식으로 논리가 비약한 것이다. 일제강점기의 진보적 작가들이 만주 독립 투쟁의 소문에 고무되어 창작과정에서 사기가 오를 순 있다. 하지만 그것이 곧바로 항일투쟁 과정에서 구전된 가요, 촌극들이 프로문학 창작에 '직접적 영향'을 주었다는 논거가 되지는 못할 것이다.

오히려 반대 해석도 가능하다. 빨치산들이 만주 지역에서 무장 투쟁을 하면서 국내 소식에 목말라 할 때 카프에서 간행된 문학작품 등 국내 문건들이 유입되어 그들의 투쟁을 고무했을 가능성도 크다는 말이다. 이를테면 만주 지역에 유포된 카프 잡지 『별나라』 등 국내 진보운동세력의 문건이 무장투쟁 세력권 내의 주민들에게 항일운동의 사기를 진작하는데 기여했다는 김일성의 일화가 그 한 예가 될 것이다.[10] 이를 통해 볼 때, 만주의 무장투쟁기 혁명문예가 국내의 카프문학 창작에 직접적 영향을 주었다고 일방적으로 단정하긴 어렵다. 그보다는 국내의 진보적 문학가들의 창작 활동에 만주 등지의 항일투쟁 소문이 일정한 동기 부여 구실을 했으며, 역으로 이국 땅에서의 힘든 투쟁과정 중에 국내의 진보적 문학 작품들이 어느 정도 사기 진작에 도움을 주는 식으로 '상호상승작용'을 불러일으켰다고 판단하는 것이 온당한 해석이라고 생각한다. 그런데도 주체사상의 전일적 지배가 진행된 1967년 이후엔 국내의 진보적 문학에 대한 만주 항일혁명문학의 일방적 영향만 강조

10) 다음은 카프의 프로문학이 오히려 만주 무장 투쟁에 '영향을 주었다'는 증거로 해석된다. "프로레타리아 문학은 근로인민들의 절대적인 지지를 받았으며 국내에 있어서뿐만 아니라 멀리 일본이나 동북 지방의 조선 사람들에게도 영향을 주었다. (…중략…) '김일성 원수께서 (…중략…) 소년 잡지 『별나라』에 두 팔이 없는 소년이 입으로 글을 쓰는 사실이 난 일이 있었는데 이 사진을 우리들에게 돌려 보이시고 난 뒤에 이런 말씀을 하셨습니다. "두 팔이 없어도 이렇게 글씨를 잘 쓰는데 두 팔이 건전한 우리들이야 말할 게 있나요. 남한테 지지를 맙시다. 조선 민족이란 자랑을 빛내입시다"'(『백두산은 어데서나 보인다』, 21~22면). 연장렬, 「항일무장투쟁 과정에서 창조 보급된 혁명가요」, 『항일무장투쟁 과정에서 창조된 혁명적 문학예술』(과학원 문학연구실 편), 과학원출판사, 1960, 47~48면. 『별나라』는 주지하는 바와 같이 카프 작가들이 발행한 아동문학 잡지였다. 김일성이 평소 이를 읽고 빨치산투쟁 때 대민 교육에 활용했다는 증거가 된다.

되다가 1970년대 초에 아예 항일혁명문예 유일 전통론이 고착화되었다.

이후 북한문학사의 유일한 전통은 항일혁명문학만 부각되고 카프를 중심으로 한 프로문학 및 비판적 사실주의 등 진보적 문학, 그리고 민족주의문학계열 등 나머지는 주변화 부차화되는 현 문학사 구도가 완성되었다. 1970년대 이후 항일 혁명 투쟁 과정에서 나왔다는 항일혁명문학이 근대문학사에서 가장 중심적인 것으로 평가받기 시작하였는데 그 근거로 제시된 것은 '김일성이라는 수령'의 영도와 '조국광복회라는 당'의 조직적 지도였다. 이를 반영한 문학사가 5권짜리 『조선문학사』(1977~1981)의 제3권이다. 『조선문학사』 제3권에서 일제하 프로문학은 그 형해만 남은 모습으로 서술되었다. 이 문학사에서는 1926년 타도제국주의동맹의 결성을 계기로 문학사적 현대가 시기 구분되었기 때문에 여기에 맞추어 프로문학도 형해화되었다. 그리하여 1920년대 초부터 1926년까지의 문학 즉 초기 프로문학은 그 자체로서 기술되었지만 그 이후 즉 1927년 이후의 문학은 만주 항일혁명투쟁의 전개에 따라 '그 영향' 아래 진행된 것으로 묘사되었다. 즉, 항일혁명문예의 직접적 영향 하에 일제하 진보적 문학이 이루어졌는데, 그 일부가 프로문학이라는 식으로 서술된 것이다. 프로문학 자체에 대한 서술은 극히 축소되어 앞뒤 맥락과 전반적 분위기를 이해하기가 힘들다. 이는 다시 말해서 프로문학의 역사적 의미 부여나 문학사적 성격 규정을 의식적으로든 무의식적으로든 하지 않았다는 뜻이다. 원래 북한 학계의 연구사와 1950~1960년대 초창기 문학사 서술을 보면, 1927년 이후의 '카프를 중심으로 한 프로문학'은 문학사적으로 비판적 리얼리즘에서 사회주의리얼리즘으로 발생, 발전하는 데 지대한 공헌을 한 반일혁명문학의 대표라는 시각에서 의미 부여되었지만,[11] 1970 · 1980년대에 들어서는 항일혁명문학 때문에 그러한 기준과

11) 이에 대한 자세한 논의는 김성수, 「우리 문학에서 사회주의적 사실주의의 발생」(『창작과비평』 67호, 1990년 봄), 김성수, 「근대문학과 사회주의리얼리즘의 발생-1950~1960년대 북한 학계의 사회주의리얼리즘 발생 발전 논쟁에 대한 비판적 검토」(김성수 편,

용어를 갖다 붙이기 어려워졌기 때문에 '어정쩡한 상태로 방치'되었던 것이다. 이는 주체사상이라는 이념적 당위 때문에 어떻게든 항일혁명문학을 상위에 놓아야 하고 그 밑에 프로문학을 배치해야 하는데 이를 어떤 식으로 설명해야 할지 그 논리를 정교하게 만들기 어려웠기 때문이리라. 1960년대 말, 위로부터 부여된 유일사상체계를 그대로 문학사 기술에 적용하려고 하는 과정에서 필연적으로 무리수가 빚어질 수밖에 없었던 것이다.

1980년대 중반 이후 프로문학이 일정 정도 복권되어 북한문학의 '유일한 전통'인 항일혁명문학에는 미치지 못하지만 중요한 문학 '유산'으로 자리매김되었다. 1986년에 나온 『조선문학개관』과 『조선 근대 및 일제하 소설사 연구』[12]에서 프로문학의 모습이 다시금 일정 정도 복원되었다. 1990년대에 나온 15권짜리 문학사에서는 주체사상과 수령론에 입각한 항일혁명문학 일변도의 이전 문학사보다도 프로문학에 대해서 보다 구체적으로 보완 서술되고 있다.[13]

### 2) 1930년대 항일혁명문학(예술)에 대한 서술의 사적 변모

1930년대 항일혁명문학(예술)에 대한 서술의 사적 변모를 살펴보기 위하여 5권짜리 『조선문학사』 제3권(1981)과 15권짜리 『조선문학사』 제8권(1992)을 비교하면, 항일혁명문학에 대한 서술 기조는 기본적으로 동일하지만 몇몇 차이점이 있음을 확인할 수 있다.

---

『우리 문학과 사회주의 리얼리즘 논쟁』, 사계절출판사, 1992) 참조.

12) 은종섭, 『조선 근대 및 일제하 소설사 연구』, 김일성종합대학출판사, 1986.

13) 북한 학계에서 프로문학의 위상이 복권된 방증으로 김일성종합대 문학대학(은종섭 학장) 조선문학강좌장(남한의 국어국문학과 학과장)인 신용호의 학위논문이 카프의 프로문학 전개과정을 주로 다룬 것도 들 수 있다. 신용호, 『조선문학비평사연구』, 김일성종합대학출판사, 2003 참조.

먼저 문학사 서술 편제의 미묘한 변화가 있다. 항일혁명문학예술을 실제 이상으로 과잉서술하고 기존의 진보적 문학 실상을 지나치게 축소·왜곡했던 81년판 문학사 편제의 무리수를 보완하기 위해 1992년판 문학사에선 항일혁명문학을 8권에, 1926~1945년 문학을 9권으로 별권 처리하였다. 또한 81년판엔 ① 김일성 지도방침 ② 혁명가요 ③ 혁명연극 ④ 혁명가극, 이야기와 동화 ⑤ 혁명가요 ⑥ 혁명연극 ⑦ 인민창작 등으로 병렬했던 시기별 장르사를 92년판에선 각 장르의 위상을 시문학, 극문학으로 격상하고 김일성 개인 창작을 더욱 중시했으며 나머지 부분을 약화시켰다. 수령의 문예정책과 창작 모범을 제시한다는 식으로 나름 선택과 집중을 한 결과라 생각된다.

다음으로 해당 시기 시대구분이 달라지는데, 1981년판엔 항일혁명투쟁의 첫 시기는 1926년 10월 타도제국주의동맹 결성 기점으로, 항일무장투쟁 시기는 1936년 5월 조국광복회 결성과 무장투쟁 노선의 출발을 결정적인 시점으로 삼고 있다. 그러나 1992년판에선 항일무장투쟁 시기를 김일성 부대가 처음 무장투쟁 노선을 결정한 1931년 명월구 회의로 소급하고 있다. 그에 따라 1934년 김일성이 지었다는 혁명시가 「조선인민혁명군」 등이 새로 추가되었다. 또한 1981년판에선 '항일혁명투쟁의 첫 시기 혁명가요, 혁명연극, 혁명가극' 등으로 정리된 것이 1992년판에선 '항일혁명투쟁의 첫 시기 혁명적 문학'으로 장르 위상이 격상되었다.

셋째로, 1930년대 항일혁명문학사 서술도 조금 달라졌다. 1981년판의 '항일무장투쟁 시기의 혁명가요, 혁명연극, 인민창작'에서 1992년판에서는 '2편 항일무장투쟁 시기의 혁명적 문학'으로 장르가 정리되고 하위 주제가 세분화되었으며 무엇보다도 새로운 작품(김일성 창작 및 찬양문학 등) 발굴 등 10년 동안의 학계 연구 성과를 반영한 듯 내용이 조금 보완, 정리되었다.[14)]

---

14) 81년판에선 "5장) 항일무장투쟁 시기의 혁명가요—「조국광복회 10대 강령가」 6장) : 혁명연극—「피바다」, 「한 자위단원의 운명」 7장) = 인민창작—「백두산에 장수 났다」 등

이상에서 보듯이 5권짜리 『조선문학사』 제3권(1981)과 15권짜리 『조선문학사』 제8권(1992)을 비교하면 항일혁명문학에 대한 서술 기조는 비슷하지만, 항일혁명문학과 수령문학에 대한 서술에서 전자는 작품 실상보다 과도한 의미 부여와 무리한 일반화가 있었던 반면, 후자에 와서 논리적으로 무리한 부분은 보완하고 대신 작품 증거는 보완하는 식으로 미묘한 변화를 보인다. 그렇다고 '수령문학(수령의 '창작 / 수령 소재작 / 혁명가정 소재작'의 위계)—항일혁명문학—진보적 문학(프로문학 포함)—사실주의문학—자연주의나 수정주의 등 여러 편향을 보인 이색문학—(부르주아)반동적 문학' 등의 문학사 위계가 달라진 것은 아니다.[15)]

### 3) 역대 문학사에 나타난 총서 '불멸의 력사' 서술의 변모

1982년에 나온 5권짜리 『조선문학사』 제5권(1967~1980)과 1996 · 1998년에 발간된 15권짜리 『조선문학사』 제14권(1970년대), 15권(1980년대), 그리고 2006년에 간행된 단권짜리 『조선문학사』 제6편(1959~1990년대)을 비교하면, 북한에서 총서 '불멸의 력사'에 대한 문학사의 서술 기조가 어떻게 달라졌는지 사적 변모와 그 의미를 짐작할 수 있다.

---

의 혁명설화, 「백두산의 장군별」 등의 인민가요"이 해당부분이다. 92년판에선 "4장) 혁명적 시문학—「조선인민혁명군」, 「반일전가」, 「조국광복회 10대 강령가」, 「피바다가」, 「토벌가」, 5장) 혁명연극—「경축대회」(풍자극 추가), 「피바다」, 「한 자위단원의 운명」 등 대표작" 이외에도 「기민탄식」, 「한 고학생의 가정」, 「한 지식인의 각성」 등이 추가되었다. 6장) 인민창작—「백두산에 장수 났다」 등의 혁명설화, 「백두산의 장군별」 등의 인민가요, 김일성 찬양 설화, 민요 외에도 백두광명성, 항일유격대, 일제침략자 풍자 등의 주제를 그린 인민창작 서술이 늘었다.

15) 1970년대 북한문학을 서술한 조선문학사 제14권(1996)에서 흥미로운 대목은 이 책에 와서 북한 학계의 문학사 서술위계가 3단계로 고정 서술되어 있다는 사실 자체이다. ①항일혁명무장투쟁 시기의 '혁명적 문학예술' 「피바다」 등의 재창작[김일성의 창작을 김정일 지도로 집체창작('옮겨쓰기')]. ②수령과 '혁명가정' 소재작—수령형상 창조, 특히 '불멸의 력사' 총서, 수령 후계자 형상, 혁명가정(김형직 · 강반석 · 김정숙 · 김형권 등) 소재 창작. ③사회주의 현실 주제(소재) 창작.

1977 · 1978년에 나온 5권짜리 『조선문학사』 제4권(1945~1959), 5권(1959~1975)에는 총서에 대한 서술이 없다. 다만 항일혁명문학예술과 수령형상문학에 대한 과도한 서술이 있어 논란의 여지가 있다. 박용학 · 김려숙 · 변귀송 · 신경균 공저 『조선문학사』에서 총서의 출현을 두고 "로동계급의 혁명적 문학예술 발전에서 획기적 사변으로 되며 혁명적인 소설문학 발전에서 거대한 의의를 가진다"고 문학사적 의의가 공식적으로 서술되어 있다.[16)]

다음은 『조선문학사』 제5권(김일성종합대학출판사, 1982)의 총서에 대한(클리셰 성격의 의미 부여가 아닌) 문예학적 언급이라 내용을 인용한다.

> 총서 창작의 특성은 혁명력사를 통일적으로 파악하고 체득할 수 있게 체계적인 련관성을 보장하고 있을 뿐 아니라 매 권은 상대적인 독자성을 가지도록 형상화되고 있다는 데 있다. (…중략…) (총서는) 다부작 구성형식과는 구별된다. 다부작 구성형식은 보통 하나의 주제를 제기하고 여러 권으로 구성된다. 다시 말하여 다부작 구성은 하나의 주제 밑에 여러 권의 부로 구성되는 것이 상례이다. 이 경우 매 권은 자기의 일정한 얼굴을 가지고 있으면서도 전체적으로 하나의 주제사상으로 관통되여 있는 것이다. 이러한 구성방식이 지금까지 알려져 있는 가장 보편적인 구성방식이다. 반면 총서의 구성방식은 하나의 주제로 꿰여지는 여러 부의 구성형식이 아니라 김일성의 혁명력사 전반을 방대한 서사사적 화폭 속에 담는 것을 근본원칙으로 하면서 매 부(권)는 주제사상의 측면에서 독자성을 가지면서도 총체적으로 위대한 형상 창조에 지향되고 그에 복무하는 독특한 구성형식이다.[17)]

이것이 바로 북한 학계가 생각하는 총서의 독창성과 우수함에 대한 문예학적 의미 부여이며 문학사적 가치 평가로 해석된다. 일반적으로 소설 창작에서 주인공의 일생을 전면적으로 형상화할 때, 일대기식 전

---

16) 박용학 외, 『조선문학사』 제5권, 김일성종합대학출판사, 1982, 90면.
17) 위의 책, 94면.

기나 연대기 · 가족사가 아닌 사건 중심의 장편소설을 서술하되 각 편이 독립적이면서 연계된 것을 대하소설이나 연작 장편, 총서시리즈라고 할 수 있다. 가령 80여 권에 달하는 발자크의 '인간희극(La Comedie Humaine)'이나 20권짜리 에밀 졸라의 '루공—마카르 가문 이야기(Les Rougon—Macquart)' 같이 대하소설 장르의 시초로 꼽히는 총서시리즈를 보면 총서에 속하는 각 장편은 동일한 시대를 총체적으로 그렸을 뿐이지 텍스트 간에 상호 연계성보다는 독립성이 훨씬 강하다. 이에 비해, '불멸의 력사' 총서는 동일한 시대와 동일한 인물, 주제 등의 측면에서 기존 총서와는 달리 유기적 연계성이 유난히 강하다는 점이 특징이다.

따라서 총서가 세계문학사에서도 유례없이 독창적이라는 바로 이 점을 1982년판 『조선문학사』 제5권와 1992년판 『조선문학사』 제14권은 문학사적 의의로 강조하고 있다. 다만, 북한의 문학사에서 김일성 일대기를 대작 장편 연작시리즈로 펴낸 총서의 의의로 수십 편 텍스트 간의 '유기적 연계성'을 강조하는데, 이는 유례없음은 될지언정 그것이 곧바로 예술적 독창성과 탁월함의 근거가 되는지는 의문이다.

이런 문제의식을 가지고 『조선문학사』 제14 · 15권의 총서 관련 서술을 보자. 14권에는 문학사적으로 가장 중요한 '항일혁명무장투쟁 시기의 혁명적 문학예술의 재창작'을 1970년대 초중반의 제1차 문학예술혁명이라 규정하며, 그 주 내용은 영화 · 가극 · 연극혁명으로 각각 '우리식 영화문학(시나리오), 피바다식 가극문학(대본), 성황당식 연극문학(희곡)'으로 정식화되었다. 총서의 문학사적 위상은, "소설형태에서는 총서 '불멸의 력사'가 창작됨으로써 수령형상 창조와 소설 발전에서 새로운 경지가 개척되였다"(22면), "총서는 …… 로동계급의 수령을 주인공으로 하는 총서 형식이 처음으로 개척되게 되였다." '수령의 혁명력사를 체계적 전면적으로 형상할 수 있는 활로'(23면), "수령형상문학은 총서 '불멸의 력사'가 창작됨으로써 본격화되었다"고 규정되었다.[18]

사실 1972년 최초의 총서인 『1932년』(4 · 15문학창작단 집체작, 권정웅)가

나오기 전에 이미 김일성의 일대기를 장편 시리즈로 쓰려는 시도가 있었다. 그의 유소년기를 다룬 『배움의 천리길』(1971), 『만경대』(1973), 『동트는 압록강』(1975) 등이 그것이다. 하지만 웬일인지 3편을 제외하고 총서시리즈는 그의 10대 시절부터 형상화 대상으로 삼아 창작되었다. 이유는 전체 역사와 관련된 것 같다. 북한에서는 현대사의 기원을 15세 소년 김일성이 '타도제국주의동맹'을 결성하여 이른바 '조선혁명'을 시작한 1926년 10월 17일로 잡고 있다. 따라서 혁명 이전의 유소년 시절을 다룬 소설들까지 혁명역사라 하기 어려워 총서시리즈에서 뺀 것으로 짐작된다. 이러한 편제는 총서가 단순한 개인 위인전이나 연대기적 영웅담이 아님을 웅변하고 싶은, 총서 최초 기획자의 고심의 산물인지도 모른다. 그러나 김일성이 조선혁명의 길로 나서기 이전의 어린애 시절 행적을 그린 작품을 뺐다고 해서 총서가 개인숭배의 산물이 아닌 혁명역사의 문학적 산물이라고 가치가 우월해지거나 문예학적으로 총서 장르론을 일반화시키기도 어렵다.

1970년대엔 총서 항일혁명무장투쟁 시기편 15권 중 권정웅, 『1932년』(1972), 천세봉, 『혁명의 려명』(1973), 석윤기, 『고난의 행군』(1976), 최학수, 『백두산 기슭』(1978) 등 4권이 창작되었는데, 그 시기를 다룬 문학사 14권에는 『1932년』에 대한 문학사 서술이 무려 14면, 작품 자체 해설만 8면이라는 파격적 분량으로 서술되어 있다.[19]

1980년대 북한문학을 서술한 『조선문학사』 제15권을 보면, 한마디로 '온 사회의 주체사상화에 이바지하는 주체문학의 발전'으로 시대 특징이 일컬어진다. 김정웅이 집필한 것으로 짐작되는 수령문학 서술을 보면 총서 '불멸의 력사' 중 항일혁명투쟁 시기편과 해방 후편 십수 편을

18) 정성무 외, 『조선문학사』 14권, 사회과학출판사, 1996, 22~23면; 김정일, 『주체문학론』, 136~137면.

19) 유일하게 문학사의 별도 절로 서술된 김규엽, 『새 봄』과 비교되는데, 그 이유와 의미 규명도 과제이다.

일일이 해설하면서, 특히 1980년대 총서의 성격을 두고, '소설문학의 대표적인 작품들'이며 '주체사실주의 창작방법의 위력을 과시하는 기념비적 소설작품'(40면)이자 '력사문헌적 가치'와 '주체혁명 …… 사상 교양의 교과서'(49면)로 규정하고 있다. 하지만 문학사의 서술 분량과 문맥을 면밀하게 분석하면 쏟아져나온 작품 양에 비해서 사적 가치 부여는 오히려 1970년대보다 높지 않다는 사실을 알 수 있다.

최근에 나온 김일성대학판 『조선문학사』(문학대학용, 김일성종합대학출판사, 2006, 377면)에서는 1970·1980년대에 주로 나온 총서 '불멸의 력사'를 두고 '수령형상 창조 문학의 대전성기'라 규정하고 있다. 미묘한 것은 『1932년』 평가를 두고 총서 창작에 관한 김정일의 사상이론적 위대성을 먼저 언급하고 나서 김일성의 위대성을 교양하는 작품이라고 서술한 데서, 예전과 조금은 달라진 총서의 위상을 짐작할 수 있다.

## 3. 총서 '불멸의 력사'의 문학사적 위상

지금까지 북한의 '문학사 서술'에 나타난 항일혁명문학, 수령문학, 총서시리즈의 변모를 살펴보았다. 미묘한 차이는 있지만 기본적으로 북한의 문학사 서술에서 규정하고 있는 총서의 문학사적 위상은 수령과 혁명가정이 직접 창작했다는 수령창작문학—'불후의 명작'이나 '노작'으로 지칭되는—다음의 절대적 위치에 놓인다. 문제는 남한 학자인 우리가 이를 어떻게 볼 것인가 하는 점이다. 찬양 일변도의 북한식 평가와는 달리, '총서'가 어떤 문학사적 전통을 이어받아 어떻게 창조되었으며 어떤 문학사적 미래를 지향하는지 추정하는 것은 우리 몫이기 때문이다. 그렇다면 우리가 역사주의적으로 파악한 '북한문학의 역사'에서 총서 '불멸의 력사' 시리즈의 위상은 어떻게 정리할 수 있는지, 그 전사(前史)와 현재적 위상, 미래의 방향을 가늠해보도록 한다.[20]

'북한문학의 역사'에서 총서 '불멸의 력사'를 비롯한 수령문학론, 주체문예론의 형성에는 1950·1960년대 문학의 몇 가지 전사(前史)를 찾아볼 수 있다. 김일성 가계(家系)문학의 발굴과 우상화, 4·15문학창작단의 결성, 항일빨치산 참가자 회상기와 유적지 답사기, 『서광』(박달, 1959)과 『청년전위』(림춘추, 1962) 등 항일빨치산 참가자 소재 작품, 그리고 대작 장편론이 있다. 특히 혁명적 대작 논의 과정에서, 1964년 7월 작가들은 40여 일에 걸쳐 '백두산 지구 혁명전적지'를 답사하며, 1966년 1월 김일성은 작가들을 불러서 17일간 혁명문학 건설의 방향과 항일무장투쟁기의 이야기를 매일 들려준다. 그 중에서 '혁명적 대작 장편 창작' 논쟁(1964~1965)의 경과와 의미를 간략히 정리한다.

1964년경에 이르면 북한 문예학계는 문예의 모든 관심을 천리마기수의 형상에만 전일적으로 맞추는 것은 한계가 있음을 깨닫게 된다. 그래서 단선적이고 도식적인 미학사상이 갖는 한계를 극복하는 방편으로 1960년대 중반의 3,4년간 '혁명적 대작 장편' 창작방법론 논의를 주된 관심사로 삼게 되었다.[21] 그 결과 어떤 특정 시기의 현실적 요구에 맞추어 그때그때 전형을 만들어냈던 종래의 관행에서 벗어나 근현대사의

20) 이 문제에 대한 기존 논의, 북한뿐만 아니라 남한 및 해외 학계에서의 다양한 평가도 비교할 필요가 있다. 가령 신형기·김윤영·선우상열 등의 수령문학 평가가 엇갈리는 점이 주목된다. 신형기, 『북한소설의 이해』, 실천문학사, 1996; 김재용·김윤영, 「북한소설의 갈등양상 연구」, 수원대 박사논문, 2003; 선우상열, 『광복 후 북한현대문학 연구』, 역락, 2002.

21) 이 논쟁에 대한 자세한 전말은 졸고, 「장편소설론의 이상과 '대작장편' 창작방법 논쟁」, 『한길문학』 1992년 여름호(=개제, 개작 『통일의 문학, 비평의 논리』, 책세상, 2001)를 참조할 수 있다. 이하 2면은 그 일부의 요약이다. 한편 필자와 다른 접근법으로 총서의 문학사적 위상을 1960년대 중반의 혁명적 대작 장편 논쟁과 관련시킨 것으로 남원진의 최근 연구가 있다(1992년의 필자의 기존 논의를 보지 못한 듯하다). 남원진, 「'혁명적 대작'의 이상과 '총서'의 근대적 문법」, 『북한의 문화정전(총서 '불멸의 력사')과 역사의 기획—제32회 한국현대소설학회 2008년 하반기 학술대회 자료집』, 한국현대소설학회, 2008.11.22 참조.

역사적 과정 속에서 성장하는 인물의 성격형성을 서사시적으로 그려내는 대작 장편을 창작하는 성과를 내게 되었다.

'혁명적 대작'이란 어떤 특정한 시기의 인물이 과거 어떤 역사적 흐름 속에서 성장해왔는가 하는 문제를 서사시적으로 다룬 장편작품을 일컫는데, 이를 어떻게 구체화할 것인가를 두고 다양한 논의가 벌어졌다. 그 결과 보통사람이 풍부한 갈등을 헤치고 역사의 움직임 속에서 한 사람의 공산주의자로 완성되어가는 과정을 그려야 한다는 데 의견을 모으고 다양한 삶이 묘사되었다. 이 점은 천리마기수 형상론의 경우 비범한 영웅상이 내세워진 것과 비교된다. 보통 사람도 역사의 흐름 속에서 열심히 노력하면 혁명투사로 성장할 수 있다는 가능성이 다양함 속에 열려 있기 때문에 대작 장편론이 좀더 진전된 미적 인식을 보여주는 것이라 평가할 수 있다. 대작이 소설 장르에 국한된 것은 아니다. 시에서 서사시, 소설에서 대하 장편소설, 연극 영화에서 다부작이 창작되었다. 이는 천리마기수 형상론같이 노동영웅을 주관주의적으로 형상화하는 단선적인 미학만으로는 당시 북한 사회의 복잡상과 대중의 다양한 정서를 포괄할 수 없기 때문이다.

이 논쟁을 통해 가장 괄목할 것은 아마도 리얼리즘 인식의 진전을 들 수 있을 것이다. 사실주의 발생 발전 논쟁의 경우에는 엥겔스의 명제를 축자적으로 해석하거나 기계적으로 적용하려는 교조주의 편향을 보인 반면, '대작 장편' 논쟁에 오면 전형화 법칙에 대한 진전된 인식을 보이고 있는 것이다. 더욱이 천세봉의 『석개울의 새 봄』, 『고난의 력사』, 『대하는 흐른다』, 『안개 흐르는 새 언덕』, 석윤기의 『시대의 탄생』, 황건의 『아들딸』, 박태원의 『계명산천은 밝았느냐』 등 논쟁과 관련된 1960년대 장편은 민족문학과 리얼리즘 입장에서 볼 때에도 일정한 평가를 받을 수 있는 작품으로 평가된다. 반면 총서 '불멸의 력사'는 1970~1980년대의 대표적인 장편소설로서 절대적 찬양 대상이지만 민족문학이 기준에서나 리얼리즘미학의 준거로도 예술적 완성도에서 의문의 여지가 없지 않다.

'혁명적 대작'이 나오게 된 배경에는 당대의 역사적 토대가 자리잡고 있음은 물론이다. 이 논쟁은 북한 사회가 상대적으로 사회경제적 안정기에 놓여있다는 역사적 사실을 반영하고 있다. 즉, 총체성 획득이 가능한 북한 사회의 자신감이 표현되어 있다는 말이다. 혁명적 대작이라는 개념이 쓰이면서 1930년대부터 1960년대 당대까지가 중간의 민주건설기나 한국전쟁기, 전후 복구시기, 사회주의 건설기 등과 함께 일관된 '조선혁명'의 합법칙적 역사 단계로 인식할 수 있게 되었다. 문예분야에서도 이전까지는 1930년대 항일무장투쟁기 빨치산 활동이나 1950년대 말 이후의 천리마운동에 한정되던 문예인의 시야가 해방 후 당 건설 및 민주개혁 시기, 전쟁 시기 등으로 넓어지고 독립된 소재들이 전체적인 일관된 흐름으로 취급되었다. 이는 이 시기에 와서 북한 사회가 총체성을 가진 사회로 안정되었다는 역사적 사실을 반영하였으리라는 추측을 가능케 한다.

다음으로, 북한 사회의 제3세대 교육 문제가 역사적 배경이다. 이 시기 북한 사회가 총체성을 지향하면서 동시에 혁명1세대와 새로운 세대간의 의식의 격차가 엄연히 있음을 알 수 있게 하는 대목이기도 하다. 대작론과 장편소설을 통해 당시 북한 사회의 가장 중요한 역사적 과제였던 사회주의의 전면적 건설과 통일이라는 문제를 후세들에게 혁명적 열정을 선전하고 교육한 측면이다. 혁명적 대작은 당 정책의 구체적 당면과제에 사회 구성원의 관심을 집중시키고 그들을 이념적으로 통합하는 데 일정하게 기여했다고 할 수 있다. 그러나 1967년 주체사상의 유일체계화 이후 주체문예론이 주류를 형성되면서 이들 대작 장편의 민족문학적 성향이 더 이상 발전되지 못한 사실이다. 오히려 주체사상에 기초한 새로운 문예이론을 준비 중이었던 당 최고지도부 또는 김정일의 '대작 창작론'으로 교묘하게 수렴되어버린다.

1966년 10월 제2차 당 대표자회가 열리면서 북한 사회는 격렬한 변화를 맞는다. 성장 일변도였던 북한 경제가 정체에 빠져 7개년 계획의 목표 달성이 불가능해지고, 베트남문제 및 문화혁명을 둘러싼 중국과의 갈등으로 국제적 고립 위기에 처하자 당 최고지도부는 난국을 돌파하기 위하여 김일성의 개인숭배를 신격화 차원으로 끌어올리고 주민동원 체제를 강화하였다. 1967년 5월, 당 중앙위 제4기 제15차 전원회의에 이르면 유일사상체제가 전 인민들에게 사회적 동의를 얻기 위한 대대적인 선전작업이 이루어지면서 문예계에도 엄청난 정세 변화가 이루어진다. 항일빨치산의 회상기가 폭발적으로 소개되면서, 그동안 꾸준하게 소개되고 연구되었으나 문예의 전체 위상에서 보면 부분적이었던 항일빨치산문학의 지위가 전면적으로 부상된다.[22] 이후 북한 문학에서는 김일성의 '항일혁명문학예술'이 최고의 권위를 가지며, 나아가 김일성 '혁명가정'의 문학이 발굴, 신성시되면서 '주체문예론으로의 일방통행식 도정'이 시작되는 것이다.

이 중 총서와 관련된 대작론의 추이를 보면 1960년대 중반의 논쟁 성과가 김정일의 교시 「대작 창작에서 제기되는 몇 가지 문제」로 일방적으로 정리되는 것을 알 수 있다. 즉, 대작의 사상예술적 특징은 역사적 진실과 예술적 진실의 관계 설정과, 캐릭터의 성격 발전과정을 깊이 있게 그리고 생활을 풍부하게 그려야 한다는 식으로 정리된 것이다.[23] 이는 얼핏 보면 리얼리즘미학 일반론을 동어반복한 것 같지만, 이면을 보면 1960년대까지의 자생적 개별 토론과 그 논의 성과를 당 최고지도부가 독점하는 것이며, 더 이상의 개인 차원 논쟁의 종언을 고하는 것이기도 하다.

1960년대 중반 혁명적 대작론을 당 최고지도부의 신성불가침한 이론

22) 항일혁명문학의 지도적 위치 확보과정을 정치 투쟁과 관련시킨 비평사 논의로는 김재용, 「북한문학계의 반종파투쟁과 카프 및 항일혁명문학」(『역사비평』 1992년 봄); 김성수, 「프로문학과 북한문학의 기원」(『민족문학사연구』 21호, 민족문학사학회, 2002.12)가 대표적이다.

23) 김정일, 「대작 창작에서 제기되는 몇 가지 문제－예술영화 「유격대의 오형제」의 창작가들과 한 담화 1968년 4월 6일」, 『영화예술론』, 조선로동당출판사, 1973, 444~481면.

으로 수렴해버린 김정일의 『영화예술론』(1973)에서는 "대작의 규모와 형식은 언제나 그 내용에 따라 규정"[24]된다고 지적한다. 여기서 내용이 가치 있고 깊이 있는 작품보다 형식과 규모가 큰 작품을 쓰는데 매달리는 것은 '대작주의'로 비판된다. 대작주의는 예를 들어, 항일혁명투쟁이나 한국전쟁에 대한 작품을 창작하는데, 전기나 연대기식으로 한 작품 안에 주인공이 투쟁을 시작한 날부터 승리할 때까지의 전 과정을 서술하거나 여기저기에서 좋은 이야기들을 조립식으로 작품을 꾸며내는 편향이라는 것이다. 진정한 대작의 기본 특징은 이런 대작주의적 편행과는 달리 형상화 대상인 생활 규모나 역사적 사건의 크기보다 사상의 높이와 그 해명의 심도를 중시한다. 즉 텍스트의 외형적 규모가 대작을 결정하는 게 아니라 내용이 대작을 규정한다고 명쾌하게 정리한다.[25]

이상의 논의를 정리하여 총서의 문학사적 위상을 역사주의적으로 추정해보면, 1960년대 중반의 혁명적 대작론과 1967년 이후의 주체문예론·수령론이 결합되어 나타난 수령형상문학의 하나로 출발하여 1970년대 1차 문학예술혁명에서 대표작으로 자리매김되었음을 확인하게 된다. 특히 총서에서 김일성의 혁명 역사를 혁명 발전의 중요 단계들을 전형화하는 방법으로 역사적 사실을 서사시적 화폭에 반영할 때, 혁명적 대작론의 작품 구성방식이 원용된다고 할 수 있다. 하지만 '주체문예이론의 정수'이자 수령 신화를 담은 '역사소설'이며 체제유지 기능[26]을 담당하는 총서를 타자의 시선에서 볼 때 얼마든지 다른 문학사적 평가가 가능하다.[27]

---

24) 김정일, 「규모가 대작이냐 내용이 대작이냐」, 『영화예술론』, 조선로동당출판사, 1973, 60~68면.

25) 그러나 한 사람의 일대기를 5,6백 면짜리 33권에 달하는 분량으로 창작한 기(旣) 간행물 외형과 앞으로 계속 쓰여질 양까지 생각하면, 결과론적으로 총서는 이미 35년 전의 초심을 간과한 채 세계문학사상 유례없는 대작주의적 편향에 매몰되었다고밖에 볼 수 없다.

26) 오태호, 「최학수의 장편소설에 나타난 수령 형상의 의미 고찰」, 『상허학보』 24집, 상허학회, 2008.10, 76면.

27) 신형기는 '신화로 퇴행한 역사', 강진호는 '일종의 허위의식이나 마취제일 가능성이 농후'한 신화, 유임하는 '체제문학이 낳은 국가 이야기'로 규정하고 있다. 신형기, 『북

## 4. 마무리

지금까지 북한문학사 서술과 북한문학의 역사에서 총서 '불멸의 력사' 시리즈의 위상을 간략히 살펴보았다. 역대 문학사에서 총서가 어떻게 서술되었는지 그 역사적 변천을 추적하고 그 의미를 리얼리즘미학에 근거한 역사주의적 접근에서 정치적 필요에 의한 비역사주의적 고착화로 바뀌는 것으로 정리해보았다. 북한의 역대 문학사 서술에서 총서 '불멸의 력사'의 위상을 정리해보니 1970년대야말로 총서의 위상, 현실권력으로 작동할 실질적인 헤게모니가 가장 컸을 것이라 추정된다. 실제로 북한에서는 '영화예술론'을 비롯한 주체문예이론의 형성과 「피바다」 같은 항일혁명문학예술의 재창작을 통한 문학예술혁명을 수행하고 총서를 창작하기 시작한 1970년대를 주체예술과 문학사의 대전성기로 규정한다.

> 1970년대는 …… 주체예술의 대전성기였습니다.
>
> —『김일성 저작집』 35권, 306~307면

> 1970년대에 대전성기를 맞이한 우리 문학은 1980년대에 이르러 온 사회의 주체사상화 위업의 요구에 맞는 새로운 발전의 길에 들어섰다.
>
> —『조선문학사』 15권, 4면

면밀하게 읽는다면 위 서술은 1980년대 이후 수령문학에서 다시는 1970년대만큼의 문학적 설득력이나 현실적 위력을 가지지 못한 것으로 해석할 수도 있다. 따라서 수령문학의 현재적 위상은 정책 당국자나 작

---

한소설의 이해』, 실천문학사, 1996, 102면; 강진호, 「'총서'라는 거대서사 혹은 허위의식」, 『상허학보』 24집, 상허학회, 2008.10, 33~34면; 유임하, 「총서 '불멸의 력사' 기획 의도와 독법」, 『북한의 문화정전(총서 '불멸의 력사')과 역사의 기획 – 제32회 한국현대소설학회 2008년 하반기 학술대회 자료집』, 한국현대소설학회, 2008.11.22 참조.

가의 기대에 비해 실제로는 독자대중에게 그리 대단하지 않을지도 모른다. 30년이란 시간, 한 세대가 지날 만큼 초기적 긴장과 지속성이 유지되는 위기의식과 혁명성이 세상 어디에 그리 흔하게 있을지도 의문이다. 1970년대와는 달리 이미 위기의식이 만성화된 사회가 수령문학의 현재 기반이기 때문이다.[28)]

결론적으로 볼 때 북한문학사가 자랑하는 수령형상문학의 대표작 총서 '불멸의 력사'는 '수령의 혁명력사와 숭고한 풍모'에 대한 칭송만 모아놓은 「용비어천가」류의 악장문학에 가깝지 않나싶다. 수령에 대한 어떠한 비판이나 서사적 갈등도 개입할 수 없는 무시간 · 무오류성의 소우주라는 점에서 근대소설의 특이한 변형이라고밖에 설명되지 않는다. 비유컨대 자기완결적인 담론의 소우주는 일종의 '영구기관'을 꿈꾸면서 그 안에선 천국 실현을 동어반복하고 있으나, 질량 · 에너지 보존법칙이란 바깥세계의 자연법칙에 비추어보면 연금술사의 언어적 마법에 불과하다. 그럼에도 불구하고 이러한 타자의 시선과는 거리를 둔 북한 내재적인 의미 부여는 얼마든지 가능하다.

문제는 리얼리즘이다. 한 논자는 총서를 두고 "혁명적 대작론을 수렴한 '총서'의 기획은 설령 '조작된' 총체성의 획득이라고 하더라도 이북사회의 안정성을 보여주는 하나의 징표"이며, "혁명적 대작론이 해방 이후 진행된 이북의 리얼리즘 미학의 정점에 위치"한다고 하였다.[29)] 이는 1960년대 중반엔 타당하지만 바깥세계에 대한 대립각을 예리하게 세웠던 1970년대 이후엔 해당하지 않는다. 역설적으로 북한 사회의 안정기가 끝나가는 1970년대 초의 초조감이 총서 등 수령문학의 강화 및 절대화를 초래했다고 볼 수도 있기 때문이다. 이런 맥락에서 널리 알려진 리

28) '위기의식의 만성화'는 김성수, 「선군사상의 미학화 비판」, 『민족문학사연구』 37호(민족문학사학회, 2008.8)에서 인용하였다.
29) 남원진, 「'혁명적 대작'의 이상과 '총서'의 근대적 문법」, 『북한의 문화정전(총서 '불멸의 력사')과 역사의 기획－제32회 한국현대소설학회 2008년 하반기 학술대회 자료집』, 한국현대소설학회, 2008.11.22 참조.

얼리즘 미학의 보편적 준거에 따르면 총서보다는 『두만강』 1부부터 『안개 흐르는 새 언덕』 그리고 훗날의 『갑오농민전쟁』, 『황진이』가 북한문학사 전체에서 예술적 성취의 정점에 있다고 평가하는 것이 온당하지 않을까. 1964~1966년의 논쟁과 그 토대가 된 소설 작품들[30]의 리얼리즘적 성취가 북한문학사 전체에서 정점에 있지,[31] 1973년 이후의 총서가 리얼리즘 미학의 정점에 위치한다고 평가하긴 어렵다고 생각한다.

이와 관련하여 앞에서 항일혁명문학이 어떻게 카프를 중심으로 한 프로문학의 전통을 배제하고 북한학계의 유일 정통으로 자리잡았는지, 1958년의 기원을 면밀히 살펴본 바 있다. 이는 총서의 권위를 객관적으로 평가하는 한 준거를 마련해준다. 즉, 만주에서의 항일무장투쟁이 국내의 진보적 사회운동가들에게 소문 속의 희망을 주었을 개연성도 없지 않지만, 마찬가지 논리로 국내의 진보적 운동의 역량과 성과물 등이, 역으로 이국땅에서 힘든 투쟁을 벌이는 빨치산들에게 어느 정도 사기진작에 도움을 주는 식으로 '상호상승작용'을 불러일으켰다고 판단하는 것이 낫다는 것이다. 다시 말하면 총서의 역사적 의미는 국내 진보적 운동의 역량을 일거에 무화시키고 오로지 만주에서의 무장 투쟁만 절대화시키며 결과적으로 항일혁명문학의 일방적인 영향과 유일정통론으로 고착화됨으로써 스스로를 한반도 전체 운동에서 고립시켜 특권화하는 폐쇄성의 산물로 축소될 수밖에 없는 것이다.

2008년 현재 북한에서 총서 '불멸의 력사' 시리즈의 위상은 어떨까? 그 현재적 위상과 미래의 방향은 어디로 갈 것인가? 33권으로 완결되었으며

30) 천세봉의 『고난의 력사』, 『대하는 흐른다』, 『안개 흐르는 새 언덕』, 석윤기의 『시대의 탄생』, 『무성하는 해바라기들』, 김병훈의 『숲은 설레인다』, 『불타는 시절』, 황건의 『아들딸』, 박태원의 『계명 산천은 밝아 오느냐』, 윤시철의 『거센 흐름』 등 이들 목록은 이미 졸고, 「장편소설론의 이상과 '대작장편' 창작방법 논쟁」(1992)에서 밝힌 바 있다. 문제는 이들 작품이 총서보다 리얼리즘적 준거상 우위에 있다는 논증을 하지 못한 점이다. 앞으로 후속 논문을 기약한다.

31) 북한 공식 당국은 인정하고 싶지 않겠지만, 이를 재조명하는 것이 반북과는 무관한 역사주의자의 책무라고 생각한다.

초창기 1970년대의 혁명적 열정이 이젠 시효를 다했다고 판단되어서 문학사적 사명을 다한 (한시 같은 소멸장르) 줄 알았던 총서가 아직도 창작・간행되고 있다는 사실이 시사하는 바가 무엇인지 새삼 혼란스럽다.[32] 사실 총서의 현실 장악력은 김일성 사후에 급히 나온 『영생』으로 종말을 고한 게 아닌가 내심 판단했기 때문에 더욱 그렇다.[33] 실제로 김일성 일대기에서 해방 전은 웬만큼 소설로 정리된 반면 해방 후 1960~1990년대는 여전히 소설화되지 못한 빈틈이 많다. 만약 해방 전편처럼 1,2년 단위로 개별 소설화한다면 20편쯤 더 나와야 할지도 모른다. 하지만 1994년에 사망한 김일성의 유훈통치도 1997년 끝났고 '고난의 행군과 강행군' 시기도 2000년 이후 끝났으며 '선군시대'란 새로운 슬로건이 현실적 힘을 얻는 상황에서, '불멸의 력사' 창작 주체가 과연 김정일 일대기를 동일한 방식으로 기획 창작하는 '불멸의 향도' 만큼이나 힘을 쏟거나 의미를 둘지는 의문이다. 역사는 흐르는데 시간을 거슬러갈 수는 없는 일 아닌가…… 어쩌면 김정일과 4・15문학창작단은 정치적 난국 타개책의 일환으로 '선군사상'을 새로운 문학예술 창작과 비평의 '정신적 이론적 조종중심'[34]으로 삼고자 하는 자기완결적인 전일적 미학으로 또 한 번 비약(?)할 '제3차 문학예술혁명'을 준비하고 있을지도 모를 일이다.

---

32) 김은정에 의하면 총서는 2007년 해방 후편 『청산벌』이 출간되어 현재 33권으로 구성되어 있다.

33) 백보흠, 송상원의 『영생』(문학예술종합출판사, 1997)은 1993~1994년의 핵 위기에서 수령의 사망에 이르는 기간을 그리고 있다.

34) 예술방법을 '정신적 이론적 조종중심'으로 개념 정의한 것은, R. 쇼버, 유재영 역, 「예술방법의 몇 가지 문제에 대하여」, 『현실주의연구1 - 사회주의리얼리즘에 대하여』(문학예술연구소 편역, 제3문학사, 1990), 71면을 참조하였다.

| **참고문헌—북한의 역대 문학사** |

① 리응수, 『조선문학사』(1~14세기), 교육도서출판사, 1956.
윤세평, 『조선문학사』(15~19세기), 교육도서출판사, 1956.
안함광, 『조선문학사』(1900~), 교육도서출판사, 1956.

② 과학원 언어문학연구소 문학연구실, 『조선문학통사』 상(원시~19세기), 과학원출판사, 1959.5; 인동 1988.
______________, 『조선문학통사』 하(1900~전후시기), 과학원출판사, 1959.11; 인동 1988.

③ 필자 미상, 『조선문학사』, 교육도서출판사, 1960(=학우서방, 1964 번각).

④ 한룡옥 · 대학용, 『조선문학사』 1(기원전~14세기), 조선문학출판사, 1961.12.
김하명 · ______, 『조선문학사』 2(15~19세기), 조선문학출판사, 1962.
안함광 · ______, 『조선문학사』 3(20세기~), 조선문학출판사, 1962.

⑤ 신구현, 『조선문학사(1)』(기원전~7세기 전반기), 고등교육도서출판사, 1964.
리응수, 『조선문학사(2)』(7세기 후반기~9세기), 고등교육도서출판사, 1964.
한룡옥, 『조선문학사(3)』(10세기~13세기).
______, 『조선문학사(4)』(14세기).
최시학, 『조선문학사(5)』(15세기~16세기).
김하명, 『조선문학사(6)』(17세기).
______, 『조선문학사(7,8)』(18세기~19세기 1960년대), 고등교육도서출판사, 1964.
안함광, 『조선문학사(9)』(19세기 말~1919년), 고등교육도서출판사, 1964.11.
______, 『조선문학사(10)』(1920년대), 고등교육도서출판사, 1964.
연장렬 · 안함광 · 방연승, 『조선문학사(11, 12)』(1930년대~1945년).
현종호, 『조선문학사(13)』(1945~1950년).
연장렬, 『조선문학사(14)』(1950~1953년).
엄호석, 『조선문학사(15)』(1953~1958년).
리상태, 『조선문학사(16)』(1958~ ).
(* 3~6, 11~16권은 간행사실 미확인, 출간 중단 가능성)

⑥ 김일성대학 조선문학강좌, 『조선문학사(1)』(원시~19세기 중엽), 김일성종합대학출판사, 1971.7.
김일성대학 조선문학강좌, 『조선문학사(2)』(19세기 말~1945).
______, 『조선문학사(3)』(혁명문예, 김형직 · 강반석 문학).
______, 『조선문학사(4)』(1945~1953).
______, 『조선문학사(5)』(1953~1966).
______, 『조선문학사(6)』(1967~1970).

⑦ 사회과학원 문학연구소, 『조선문학사』(고대중세편), 과학백과사전출판사, 1977.
박종원 · 류만 · 최탁호, 『조선문학사』(19세기 말~1925), 과학백과사전출판사, 1980(=열사람, 1988).
김하명 · 류만 · 최탁호 · 김영필, 『조선문학사』(1926~1945), 과학백과사전출판사, 1981(=열사람, 1988).
사회과학원 문학연구소, 『조선문학사』(1945~1958), 과학백과사전출판사, 1978.10.
______, 『조선문학사』(1959~1975), 과학백과사전출판사, 1977.

⑧ 김일성종합대학 조선문학강좌, 『조선문학사』 1, 김일성종합대학출판사, ?
______, 『조선문학사』 2, 김일성종합대학출판사, 1979.5.
[제5편 혁명문학예술, 6편 해방 후 문학(1945~1950)]

⑨ 김춘택, 『조선문학사』 1, 김일성종합대학출판사, 1982(=천지, 1989).
은종섭, 『조선문학사』 2(1866~1945), 김일성종합대학출판사, 1982.12.
리동원, 『조선문학사』 3(1945~1958), 김일성종합대학출판사, 1982.12.
김려숙 · 변귀송 · 박용학, 『조선문학사』 4(1953~1967), 김일성종합대학출판사, 1982.2.
박용학 · 김려숙 · 변귀송 · 신경균, 『조선문학사』 5(1967.5~1980.9), 김일성종합대학출판사, 1982.11.

⑩ 정홍교 · 박종원, 『조선문학개관』 1(원시~1925), 사회과학출판사, 1986.
박종원 · 류만, 『조선문학개관』 2(1926~1984), 사회과학출판사, 1986.

⑪ 김춘택, 『조선고대중세문학사』, 김일성종합대학출판사, 1996.3
?, 『조선근대현대문학사』, 김일성종합대학출판사, 1991.

⑫ 정홍교, 『조선문학사(1)－고대, 삼국, 발해시기문학』, 사회과학출판사, 1991.
______, 『조선문학사(2)－고려시기문학』, 과학백과사전종합출판사, 1994.

김하명, 『조선문학사(3)－15~16세기문학』, 사회과학출판사, 1991.
______, 『조선문학사(4)－17세기문학』, 사회과학출판사, 1992.
______, 『조선문학사(5)－18세기문학』, 과학백과사전종합출판사, 1994.
______, 『조선문학사(6)－19세기문학』, 과학백과사전종합출판사, 1999.
류 만, 『조선문학사(7)－19세기 후반~1926년문학』, 과학백과사전종합출판사, 2000.
______, 『조선문학사(8)－항일혁명문학』, 사회과학출판사, 1992.
______, 『조선문학사(9)－1920년대 후반~1940년대 전반기문학』, 과학백과사전종합출판사, 1995.
오정애·리용서, 『조선문학사(10)－해방 후편』, 사회과학출판사, 1994.
김선려·리근실·정명옥, 『조선문학사(11)－해방 후편(조국해방전쟁시기)』, 사회과학출판사, 1994.
리기주, 『조선문학사(12)－전후복구, 사회주의 기초건설기』, 사회과학출판사, 1999.
최형식, 『조선문학사(13)－사회주의 전면적 건설기』, 사회과학출판사, 1999.
천재규·정성무, 『조선문학사(14)－1970년대시기』, 사회과학출판사, 1996.
김정웅·천재규, 『조선문학사(15)－주체사상화 위업시기』, 사회과학출판사, 1998.

⑬ ?, 『조선문학사』(문학대학용), 김일성종합대학출판사, 2006.

# 하이퍼링크 DB를 이용한 메타텍스트 연구 방법

김원경(고려대)

## 1. 서론

하나의 언어 단위를 이루는 구조와 내용이 텍스트 구성의 성립 요건들을 만족할 때, 이 단위는 '텍스트(text)'로 규정된다. 언어 표현의 특정 집합을 독립된 텍스트로 간주하게 하는 성립 요건을 명시적으로 밝히는 것은 텍스트 연구의 주요 과제 중 하나이다. '텍스트를 텍스트로 인지하게 하는 특성'은 언어 자료체 내에서 바로 관찰 가능한 외현적인 지표를 통해서도 분석할 수 있으며, 자료체의 기저를 관통하는 내적 구성 원리에 의하여 명세화하는 것도 가능하다.

언어 자료체를 기반으로 자료가 지니는 계량적 특성을 연구하는 자료체 중심의 연구는 텍스트의 운용 원리를 규명하는 텍스트 연구에도 유용한 방법론을 제공한다. 이에 더해 대용량의 텍스트나 복잡한 구성으로 이루어진 텍스트의 연구에는 구조적으로 설계된 데이터베이스(이하 'DB'로 약칭)를 활용하는 것이 효율적이다. DB, 특히 텍스트의 정보 전체가 구조적으로 연결되어 있는 하이퍼링크 DB를 이용하는 논의 방식에서는 텍스트의 세부 정보 파악과 함께 이 정보들의 축적을 통한 매크로 지식의 획득이 용이하기 때문이다.

'총서 '불멸의 력사''(이하 '총서'로 약칭)와 같이 명확하고 일관된 목적에 의해 기획되었으며 전체 자료체가 일정 분량 이상의 내용으로 구성되어 있는 텍스트의 분석에서는 계량적인 방식의 연구가 더욱 유용한 정보를 제공할 수 있다. '총서'는 각각의 개별적인 이야기가 독립된 텍스트를 구성하며, 동시에 33권 전체가 서로 유기적인 관련성을 맺고 있다. 이러한 관련성에 주목하면 '총서' 전체 단위가 다시 하나의 새로운 텍스트, 즉 '메타텍스트'를 구성하는 것으로 볼 수도 있겠다. '총서'를 메타텍스트로 논의하기 위해서는 이들 텍스트 전반에 내재하는 텍스트성을 규명하는 과정이 필요하며, 이는 '총서' 내용 전체의 정보를 유기적으로 관찰함으로써 이루어질 수 있다.

이 논의에서는 메타텍스트와 하이퍼텍스트의 개념을 간단히 서술하고, '총서' 연구를 위한 하이퍼링크 DB의 구성과 특성을 제시하겠다. 그리고 하이퍼링크 DB 정보를 이용하여 '총서' 전체를 하나의 메타텍스트로 파악하게 하는 계량적 분석 방식에 대해 서술할 것이다. 이는 계량적 접근 방식이 메타텍스트 연구를 지원하는 주요 기제로 이용될 수 있음을 보여주는 논의이다.

## 2. 메타텍스트의 개념과 특성

'텍스트'는 언어학이나 문학을 포함한 인문학 분야에서 두루 사용하는 용어로, 단순히 특정 언어 자료체 자체를 지칭하는 용법에서부터 엄밀한 기준에 부합하는 언어 단위체를 언급하는 용법에 이르기까지 그 정의나 지시의 범위 또한 다양하다. 텍스트는 일반적으로 '길이와 상관없이 내적 일관성을 지니는 언어 단위'로 규정할 수 있으며, 텍스트성은 '단일 텍스트 단위에 내재하는 텍스트의 고유한 특성'을 의미한다.[1) Beaugrande & Dressler(1981)[2)에서는 텍스트가 지니는 특성으로 '응집성・통일성・의도성・용인성・상황성・상호텍스트성・정보성' 등을 언급하였다.[3)

이와 같은 텍스트성의 개념을 기반으로 텍스트가 지니는 개별 특성에 대한 다양한 연구가 이루어지고 있는데, 논의가 진행됨에 따라 '응집성(cohesion)'과 '통일성(coherence)'이 차지하는 비중이 점점 커지는 양상을 보인다. 이는 응집성과 통일성이 각각 텍스트가 지니는 외적 특성과 내적 특성들을 가장 대표적으로 보여주는 기제로 받아들여지고 있음을 의미한다. 이러한 흐름을 따르면 응집성과 통일성을 명시적으로 기술하

---

1) 텍스트와 텍스트성이 지니는 개념과 특성 등에 대해서는 김원경, 「텍스트성과 캐릭터-레마 구조」(『텍스트 언어학』 25, 한국텍스트 언어학회, 2008)를 참조할 수 있다.

2) Beagrande, R. & Dressler W., *Introduction to Text Linguistics*, A Longman Paperback, 1981.

3) 텍스트성에 대한 원어와 번역어의 대응은 매우 다양한 양상을 보인다. 특정 용어에 대한 번역어가 논자에 따라 차이를 보이는 것은 자연스러운 현상이지만 텍스트성의 번역 예는 그 대응의 양상이 좀 더 복잡하다. 응집성이라는 동일 번역어는 논의에 따라 cohesion을 지시하기도 하고 coherence에 대응하기도 하며, 결속성이라는 번역어는 cohesion을 의미하거나 혹은 bindingness를 지시하기도 한다. 또한 cohesion은 응집성・응결성・결속성・응집 구조 등으로, coherence는 통일성・일관성・응집성・응결 구조 등으로 번역된다. 간텍스트성과 상호텍스트성, 의도성과 지향성 등은 단순한 번역어 차이로 지칭 대상의 혼란을 초래하지 않지만, cohesion이나 coherence에 대한 번역어 대응의 양상은 소통 자체를 어렵게 하는 수준이다. 이 논의에서는 7차 교육 과정의 용어를 따라, cohesion을 응집성으로 coherence를 통일성으로 칭하겠다.

는 일은 텍스트의 개념과 특성을 규명하는 논의에서 가장 핵심적인 부분을 구성하게 된다.[4)]

응집성은 '표층 텍스트의 구성요소들이 서로 연결되는 방식과 관련된 개념'을 의미하며, 통일성은 '응집성에 기초한 텍스트의 의미 결속 관계'를 가리킨다. 응집성과 통일성이라는 두 개념은 서로 밀접하게 관련되어 있는데, 이 관련성은 '표면적 관계'의 분석이 '의미론적 일관성'의 규명에 핵심적인 근거를 제공한다는 표현으로 기술될 수 있다. 이러한 개념적 특성에 의하여, 수용자의 관점에서 응집성을 다시 해석하는 인지적 절차와 관련된 '통일성'이 응집성에 비해 '수용자적'이며 '텍스트 해석적 관점'을 가진다는 진술이 가능하다.

응집성과 통일성의 이와 같은 관련성은 '계량적인 연구와 내용 분석', '외현적 지표와 내적 의미 관계' 사이를 연결하는 매우 핵심적인 연결고리로 활용될 수 있다.

> ①
>
> ㉠본 기사자료는 해당 기업에서 원하는 언어로 작성한 원문을 한국어로 번역한 것이다.
>
> ㉡그러므로 번역문의 정확한 사실 확인을 위해서는 원문 대조 절차를 거쳐야 한다.

①-㉠과 ①-㉡은 '그러므로'라는 접속부사에 의해 '인과관계'로 연결되어 두 개의 문장이 하나의 의미적 관계 안에서 통일성을 지니게 된다. '접속어, 지시어, 대용어' 등의 외현적인 표지는 텍스트 내에서 특정한 의미 기능을 담당하며, 이 기능은 텍스트의 통일성을 규명하는 작업

4) 응집성이나 통일성 이외의 개념들도 텍스트의 특성을 규명하는 과정에 유용한 정보를 제공하지만, 여러 특성 중에서도 이 두 개념이 각각 외적 형식과 의미 내용의 측면에서 텍스트의 특성을 대표적으로 지시하는 용어라 할 수 있다. 여기에서는 이러한 이유로, 여러 가지의 텍스트성을 함께 서술하기 보다는 이 두 개념에 집중하여 그 외연을 넓히고 세부 내용을 살피고자 하였다.

에서 중요한 역할을 수행한다.

그런데 '표층 텍스트의 구성요소들이 서로 연결되는 방식과 관련된 개념'이라는 정의는 '접속어, 지시어, 대용어'와 같이 표면적으로 바로 관찰이 가능한 용법을 먼저 떠올리게 한다. 그러나 내면적 원리의 규명에는 일차적으로 식별 가능한 표지 이외에도 특정 표현에 대한 통계적인 정보나 의미 있게 가공된 정보 또한 중요한 단서를 제공한다. 따라서 응집성의 논의에서 표면적인 구성에만 관심을 집중하는 것은 응집성을 다소 한정적인 의미로 사용하거나 혹은 제한적 자료를 이용하는 연구의 방법이 될 수 있다.

②

㉠ 응집성 : 텍스트 구성 요소들이 지니는 구조적인 관계로 외현적인 표지를 기반으로 하는 정보 가공 절차에 의해 규명됨.

㉡ 통일성 : 텍스트 전체 단위에 일관성을 부여하는 의미적인 관계로 응집성의 해석을 통해 규명됨.

이 논의에서는 ②와 같이 응집성과 통일성이라는 개념의 외연을 조금 더 확대하여 '응집성'은 통일성의 획득과 관련되는 구조적인 관계의 개념으로, '통일성'은 텍스트에 일관성을 부여하는 의미적인 관계로 사용할 것이다. 여기에서의 응집성은 접속어나 지시어, 대용어와 같은 외현적 표지 자체뿐 아니라 '빈도수, 개체명, 사건 유형, 정보 추출 구조' 등 외현적인 표지를 기반으로 하여 정보 가공 절차에 의해 얻을 수 있는 정보 전반을 의미한다.[5)]

---

5) '개체명'은 문서의 내용 중에서 주요 키워드로 기능하는 개체의 이름을 의미한다. 개체명은 'PLO'라고도 불리는데, 이는 'person name, location name, organization name'의 두문자이다. 이는 일반적으로 인명이나 장소, 조직명 등이 문서의 주요 정보로 기능하기 때문에 붙여진 이름으로, 추출하고자 하는 정보의 성격이나 시스템의 목적에 따라 '주요 범주'는 달라질 수 있다. 예를 들면 '정치 분야'에서는 상대적으로 중요도가 높지 않은 '회사명'이나 '브랜드명' 등이 '경제 동향' 관련의 정보 추출 구조에서는 주요

이와 같이 독자적인 텍스트 단위는 응집성과 통일성을 지닌다. 반대의 방향에서 접근해 본다면, 임의의 언어 단위 내에서 통일성과 응집성을 발견할 때 그 언어 단위를 '텍스트'로 규정할 수 있다는 진술이 가능하다. 그런데 이와 같이 텍스트 단위를 규정하는 데에는 그 범위의 경계가 미리 정해져 있는 것이 아니며 확장 가능성에 대한 특별한 제한이 주어져 있지도 않다. 그러므로 단일 텍스트의 개념을 넘어 텍스트와 텍스트 사이에도 텍스트성이 존재할 수 있다면, 텍스트와 텍스트가 합쳐 만들어진 새로운 텍스트는 다시 하나의 텍스트와 등가의 단위로 간주될 수 있다.

이와 같이 복수의 텍스트 사이에 성립되는 초월적 관계 개념을 '메타텍스트(metatext)'라고 하는데, 이는 '독립적인 텍스트와 텍스트가 결합하여 구성하는 새로운 텍스트'로 정의할 수 있다. 메타텍스트를 이루는 각각의 텍스트는 독자적인 텍스트성을 지니며 동시에 복수의 텍스트가 결합하여서는 전체 단위를 대상으로 하는 새로운 텍스트성을 획득하게 된다. 그러므로 메타텍스트의 연구에서는 둘 이상의 텍스트에 존재하는 텍스트성의 존재를 파악하는 일, 즉 복수의 텍스트를 관통하며 전체 단위에 일관된 통일성과 응집성을 부여하는 텍스트 내부의 특성을 명세화하는 작업이 필수적이다.

메타텍스트가 지니는 특성은 단일 텍스트에서 발견되는 텍스트성에 대한 논의의 확장을 통해 규명할 수 있다. 이성만[6]에서는 '텍스트 생산자

---

개체명으로 기능하기도 한다. '사건 유형'은 추출 대상 자료에 나타나는 정보 중 개체명과 관련이 있는 '사건'에 대해 유형화한 체계이다. 대상 자료에서 중요한 사건을 표현하는 동사나 형용사, 동작성 명사를 추출하고, '비판하다, 논평하다, 평가절하하다' 등의 개별 동사를 '평가하다'라는 동일 유형의 하위 요소로 두어 관리하는 등의 방식을 이용할 수 있다. '정보 추출 구조'는 텍스트에서 가장 중요하다고 생각하는 정보를 '육하원칙' 등의 적절한 템플릿 형식으로 변환한 구조를 의미한다(김원경, 『정보처리 문법의 이해』, 역락, 2008).

6) 이성만, 「언어학적 텍스트 이해의 의미론적 과제」, 『텍스트언어학』 3, 텍스트 연구회, 1995, 1~32면.

의 의도성, 지식 프레임, 의미론적 자질 동위성' 등을 통해 텍스트의 응집성을 분석할 수 있음을 논하였으며, 고익환 · 박영철[7]에서는 '문장 유형, 대치 구조, 테마-레마 구조, 전개 구조, 텍스트 구조, 직시어, 시작 형식, 종결 형식, 시제' 등을 텍스트의 내적 기준으로 서술하였다. 고창수[8]에서는 메타텍스트에서의 캐릭터-레마 구조를 '이야기 구조(narrative structure)'로 형식화하여 각 텍스트 사이의 응집성을 파악할 수 있음을 주장하였다. 이와 같은 논의들은 모두 단일 텍스트를 연구의 대상으로 삼은 것이지만, 그 대상 전반이 지니는 텍스트성을 규명한다는 점에서는 메타텍스트의 텍스트성 연구와 본질적으로 궤를 같이 한다고 할 수 있다.

복수의 텍스트를 비교하여 메타텍스트 전체의 구조가 지니는 텍스트성을 분석하려는 논의도 발견되는데, 배대화[9]는 푸슈킨의 '모차르트와 살리에르'와 '석상 손님'의 두 작품이 메타텍스트임을 전제하고 이 대상의 메타텍스트적 특성을 검토한 논의이다. 이 논의에 따르면 두 작품이 메타텍스트의 예로 분석 가능한 것은 두 텍스트 모두 '예술'이라는 공통의 테마를 다루고 있으며, 이에 대해 각각 '예술의 레퀴엠'과 '예술의 파괴'라는 유사한 은유와 작품 구조를 사용하고 있기 때문이다. 또한 '모짜르트'와 '돈후안'은 '예술'을 상징하는 인물로, '살리에르'와 '석상'은 그 대척점에 위치한 인물로 그려진 점에도 주목하고 있다.

이상금[10]에서는 '번역'이라는 과정을 통해 원문의 의미가 재생산되는 데 주목하면서, 원문과 번역문의 관계를 메타텍스트로 파악하였다. 원문과 번역문은 어휘나 문장 구성, 그리고 이야기 구조가 서로 매우 유사하다는 점에서 메타텍스트로서 다루기에 적절한 대상이라 할 수

7) 고익환 · 박영철, 「텍스트 유형-분류 기준에 관한 비판적 고찰」, 『독일어문학』 8, 독일어문학회, 2006, 5~32면.
8) 고창수, 「메타텍스트를 위한 지식에이스 구축 방법」, 『한성인문학』 4, 한성대 인문과학연구원, 2006, 45~56면.
9) 배대화, 「메타텍스트로서의 뿌쉬킨의 『모차르트와 살리에르』와 『석상손님』」, 『노어노문학』, 노어노문학회, 2003, 291~322면.
10) 이상금, 「번역의 개념과 메타텍스트」, 『독일어문학』 6, 독일어문학회, 1997, 179~197면.

있다. 원문은 '직역'이나 '의역'의 방식으로 번역문으로 치환되는데, 직역은 어휘나 문장의 구성, 의역은 이야기 구조나 의미 전달의 효율성을 보존하고 극대화시키려 한다는 점에서 모두 메타텍스트로서의 의미 있는 대응 양상을 보인다.[11]

이와 같이 유사한 기원이나 내용, 구조 등을 지니는 텍스트들의 관련성은 메타텍스트의 개념으로 논의가 가능한데, 유의성이 존재하는 복수의 텍스트에 대한 '메타텍스트'의 개념은 어찌 보면 '본질적인 관계'라기보다는 유의의 '정도성'에 의해 배열되는 '상대적인 관계'로 파악되어야 하는지도 모르겠다. 논점을 확대시킨다면 메타텍스트의 관점에서는 '존재하는 모든 텍스트'들이 암묵적으로 메타 관계의 분석을 기다리는 후보군으로 간주될 수 있을 것이다.

메타 관계의 분석이 상대적이라는 진술은 대응쌍 간의 거리가 일률적으로 파악되기 어려움을 의미하기도 하는데, 이러한 측면에서 현재 논의 중인 '총서'의 전체 단위는 각 텍스트 간의 상대적 거리가 매우 가까운 언어 자료체를 구성한다고 할 수 있다. '총서' 전체는 '김일성'이라는 인물에 초점을 맞추어 '수령'으로서의 위대한 혁명 활동을 심오하게 그려내고자 하는 명백한 의도성을 지니고 4·15문학창작단에 의해 기획되었으며, 그 결과로 '수령형상문학'이라는 분명한 정체성을 획득한 주체문학의 전형이다.

강진호[12]에서는 기전체를 기본 형식으로 하면서 개별 작품에서는 편년체의 모습을 지니는 정사 서술 형식의 응용을 '총서'의 구성적 특징으

11) 이외에도 김창룡, 『우리 옛문학론』(새문사, 1991)에서는 '황조가'와 '황조'의 유사성을 언급하였으며 고창수, 앞의 글에서는 배경설화의 도움을 받아 이 두 텍스트가 메타텍스트를 이룸을 주장하였다. 이외에도 동서고금을 통하여 인구에 널리 회자되며 구조적 유사성이나 기원적 유사성에 대한 관심을 촉발해 온 텍스트들 사이의 관계 또한 메타텍스트 논의에서 다루어질 수 있겠다.

12) 강진호, 「총서라는 거대서사 혹은 허위의식」(2008년 상반기 상허학회 전국학술대회 발표집), 상허학회, 2008, 3~14면.

로 언급하고 있다. 또한 각 텍스트의 중심에 위치한 '수령'의 모습이나 인물 간의 관계, 이야기 구조 등에도 상당한 수준의 유의성을 발견할 수 있다. 이러한 특성에 의해 '총서' 전체는 각 텍스트가 개별적인 완결 구조를 지니면서 동시에 전체 단위가 서로 유기적인 관련을 맺게 되며, 따라서 이를 메타텍스트로 다루는 것은 자연스러운 논의의 방향이 된다.

이와 같은 흐름에 따라 '총서'를 메타텍스트로 규정하게 되면, 이후에는 각 텍스트 간의 유사성을 분석하고 종합하는 절차가 필요하다. 이와 같은 분석 작업은 연역적으로 구성된 메타 관계에 대한 적정성을 검증하는 데 도움을 주고 텍스트 간의 거리를 측정할 수 있게 해 준다. 이미 언급한 것처럼 '총서'와 같은 대량의 언어 자료체를 대상으로 하여 텍스트 전체의 통일성을 규명하기 위해서는 계량적인 접근이 유용하다. 이는 계량적 연구가 대량의 자료체를 효율적으로 분석하는 방식일 뿐 아니라, 통일성을 명시적으로 밝히는 일의 근간이 되는 외현적인 정보를 제공하는 데에도 적합하기 때문이다. 이후의 논의에서는 계량적 방식의 논의에 적합하도록 구조화된 '총서' 하이퍼링크 DB의 구성을 살펴보고, 이 정보를 이용한 '총서'의 메타텍스트 분석 예에 대해 논의하겠다.

## 3. 하이퍼링크 DB의 구성

'하이퍼링크 DB'는 '내용 면에서 밀접한 관련이 있는 정보를 구조적으로 서로 연결하여 상호 참조가 가능하도록 구성한 데이터베이스'를 지칭한다. 하이퍼링크 DB의 존재와 기능은 하이퍼텍스트의 개념과 관련된다. '하이퍼텍스트'는 '텍스트의 모든 부분이 서로 연관되어 있는 역동적인 참조 시스템'으로, 참조 정보를 구성하는 방식이나 이동 경로,

참조 정보의 내용 면에서 매우 다양한 방식으로 구축될 수 있다.

하이퍼텍스트에 대한 논의는 전자 매체를 이용한 글쓰기 시기 이후에 본격적으로 이루어졌지만 그 기본 개념은 디지털 시기 이전부터 이미 제공되어 있었다고 할 수 있다. "모든 것은 모든 것에 잇닿아 있다"라는 표현으로 하이퍼텍스트의 본질을 미리 꿰뚫어 보았던 보르헤스는 중심 서사에 부차적인 이야기를 지속적으로 삽입하는 아라비안나이트의 예를 통해 '왕은…… 무한으로 순환하는 『천일야화』의 이야기를 영원히 듣게 될 것'이라고 서술하고 있다. 이와 같은 상호 참조와 순환성은 하이퍼텍스트의 본질이라고 할 수 있다.[13)]

장노현[14)]에서는 하이퍼텍스트의 특성으로 '끝나지 않는 텍스트 · 무한확장성과 비완결성, 직관과 연상의 텍스트 · 독자 중심성, 멀티미디어적 텍스트 · 다매체성'을 들고 있다. 상호 참조와 링크를 통해 텍스트는 확장을 진행하며, 이와 같은 텍스트들은 필연적으로 완결되지 않은 상태로 남아있게 된다. 또한 직관과 연상에 의한 비약과 건너뜀 방식은 텍스트 자체의 권위와 중심을 해체시킨다. 이에 더해 문자 외에 다양한 이미지가 하이퍼텍스트에 출현하는 양상 또한 흔히 관찰할 수 있다.[15)]

하이퍼링크 DB는 이와 같은 하이퍼텍스트의 개념을 가시적 형태의 데이터베이스로 구현한 것으로, 정보를 참조하고 분석하며 관리하는 전반적인 작업을 용이하게 한다. 하이퍼링크의 개념에서 '링크'는 '유관

13) 장노현, 『하이퍼텍스트 서사』(예림기획, 2005)에서는 '끝나지 않는 이야기'의 예로 다양한 소설과 이야기를 들고 있다. 텍스트의 확장성이나 독자 중심성은 하이퍼텍스트의 개념을 구현하기 위한 기술적 기반이 마련되지 않았던 시기에도 꾸준히 언급되었으며, 참조와 비선형성에 대한 기술적 뒷받침이 가능해지자 텍스트 간의 연관성이 더욱 강조되고 있다. '선형 · 비선형, 작가 중심 · 독자 중심'의 대립 구도에서는 권위와 자유의 양자를 동시에 추구하는 인간의 본성과, 자유라는 개념에 좀 더 무게를 두고자 하는 현재의 경향성을 모두 읽을 수 있다.

14) 위의 책.

15) 하이퍼링크의 특성에 의거한 시 창작 프로젝트를 통해 '2000 새로운 예술의 해' 문학분과위원회가 기획한 『언어의 새벽－하이퍼텍스트와 문학』, 『生時 · 生詩(Live Poems)』와 2004년 최동호 · 이성우 등이 구현한 『팬포엠(FanPoem)』 등의 결과물이 얻어졌다.

부분을 연결해주는 기술적인 기제'라는 기본적인 의미를 지니지만, 이에 더해 링크 자체가 특정한 방향의 정보 이동 경로를 지정하고 정보와 정보를 효율적으로 매개해주는 특정 방식을 제공한다. 그러므로 하이퍼링크의 세계에서는 링크를 구현하는 정신이나 그 방식이 매우 중요하며, 이러한 뜻에서는 '링크'가 곧 하나의 '의미'라고 할 수 있을 만큼의 비중을 지닌다.

'총서'를 대상으로 하는 '총서' DB는 다음과 같이 구성되어 있다.

③ '총서' 하이퍼링크 DB의 구성

원본 및 개작본으로 구성된 '총서' 텍스트는 하이퍼링크 DB 제작의 대상 자료체가 된다. 이 텍스트의 내용 분석 이후 핵심적인 어휘들을 선정하고, 이 어휘들을 그 특성에 따라 주제별 DB의 표제어로 등재한다. 표제어에 대한 뜻풀이 정보는 텍스트 내에서 추출할 수 있는 정보와 텍스트 이외의 자료에서 취득 가능한 정보를 함께 참조하여 작성한다.

④ '총서'의 주제별 DB

㉠ 해제 DB

–'총서' 1권당 1편의 '작품 해제'와 1편의 '작가 해제'를 작성.
–각 권의 '제목'을 '작품 해제 DB'와, '작가'를 '작가 해제 DB'와 연결.

㉡ 역사・철학용어 DB

–텍스트 내의 중요한 '사건, 단체, 조직' 등의 '역사용어'와 '철학용어', '정치용어' 등을 '역사・철학용어 DB'의 표제어로 추출.
–텍스트와 참고 자료를 참조하여 표제어에 관한 의미 정보를 DB로 구축.

㉢ 인명 DB

–텍스트에 나오는 인물을 '실존 인물'과 '작중 인물'로 분류하여 표제어로 추출.
–실존 인물은 '이름, 출생 및 사망 시기, 성별, 국적, 소속 단체, 활용 내용' 등의 정해진 틀에 따라 정보 추출.
–작중 인물은 '연령, 직업, 출신 성분, 활동 내역, 생사 여부' 등 작품 내에서 추출할 수 있는 정보 포함.

㉣ 일상용어 DB

–텍스트 전반의 이해에 중요하거나 독자들에게 생소한 단어, 주석이 필요한 단어, 남북한의 용법 차이에 유의해야 할 단어 등을 표제어로 추출.
–표제어에 대해 '품사, 북한어 여부, 뜻풀이, 용례 '등의 정보를 DB로 구축.

㉤ 문예용어 DB

–텍스트 내의 '신문'이나 '잡지' 등의 간행물, '시'나 '노래 가사' 등을 표제어로 추출.
–표제어에 대한 의미 정보를 DB로 구축.

㉥ 기사 DB

–텍스트 내에서 주요 사건이나 인물 등에 대한 역사적 사실 관계나 시대상 등을 보여줄 수 있는 표현을 표제어로 추출.

—표제어와 관련이 있는 국내외의 신문기사를 이미지 파일 형태로 저장.
—신문기사 파일을 표제어와 연결.

④의 하이퍼링크 DB가 지니는 주 기능은 텍스트에 대한 참조 정보를 통해 대량 텍스트의 독해를 용이하게 하는 것이다. '총서' DB는 하이퍼텍스트의 원리에 따라 대용량 텍스트의 주요 키워드들에 대한 정보를 효율적인 경로에 의해 참조할 수 있도록 설계되어 있다.

이 DB는 ④—㉠~㉥과 같이 전체 단위가 각 '주제별 DB'로 구성되어 있다. 표제어 자체와 이의 뜻풀이에 필요한 정보는 그 내용과 형식면에서 주제별로 차이를 지닌다. 이는 ④—㉢과 ④—㉣의 인명 DB와 일상용어 DB의 구성 요소를 비교하여 보면 쉽게 확인할 수 있다. 그리고 ④—㉥의 기사 DB는 텍스트 정보로 구성되는 다른 유형의 DB들과는 달리 각 표제어가 이미지 파일로 연결되어 있다. 이와 같이 그 특성에서 차이를 지니는 표제어들에 대한 최적의 정보 내용을 구성하기 위해서는 주제 영역에 따라 별도의 DB를 제작하는 방식이 효율적이다.

'총서' 텍스트를 포함한 모든 텍스트의 표제어 추출 과정에서는 각기 다른 형태로 나타나 있지만 동일한 대상을 지시하는 용례와, 동일 형태로 출현하지만 각각 다른 대상을 의미하는 용례들이 발견된다. 전자는 '김일성'이라는 표제어가 텍스트의 여러 부분에서 '김성주, 금성동지, 수령님, 장군님' 등의 다른 표현으로도 나타나는 용법에서 확인할 수 있다. 이와 같은 용법에 대해서는 각각의 어휘들이 모두 '김일성'에 대한 동일 DB 정보로 연결될 수 있도록 하기 위한 '유의어 처리'가 필요하다. 후자의 예는 '미나미'라는 하나의 형태가 텍스트에 출현할 때 이 인명이 '미나미 지로'라는 실존 인물과 '미나미'라는 작중 인물의 양자 중 어느 하나를 지칭하는지를 판단해야 하는 경우이다. 이러한 판단 문제의 해소를 위해서는 각 용례의 문맥 정보를 이용하는 '중의성 해소' 과정이 요구된다. '총서' DB에는 이와 같은 용례들을 해당 DB로 적절하게 연결해 주는 처리 절차가 마련되어 있다.16) 텍스트 정보를 정확하게 분석하기 위해서는 이와 같은 유의어와 중의성에 대한 처리가 필수적이다.

또한 ④-㉥의 기사 DB 정보에서 볼 수 있는 것처럼 '총서' DB는 텍스트 정보뿐 아니라 이미지 파일과 같은 시각적 자료를 함께 포함한다. '총서' DB에 포함된 기사 정보 이외에도 다양한 형식의 정보를 텍스트와 연결하는 것이 가능한데, 이는 본질적으로 다매체적 성격을 지니는 하이퍼텍스트의 특성에 비추어 볼 때 매우 자연스러운 DB 구성의 방식이라 할 수 있다.

## 4. DB 정보를 이용한 텍스트 분석

하이퍼링크 DB 정보를 기반으로 단일 텍스트나 메타텍스트를 분석하는 연구에는 다양한 방식이 존재한다. 계량적 연구에서 자주 사용하는 방식으로 단어의 빈도 분석이 있는데, 단어 출현 양상에 대한 유의미한 결과를 얻기 위해서는 전체 텍스트의 단어 빈도를 그대로 나열하는 평면적인 방식을 이용하지 않는다. 빈도 분석에서는 텍스트의 핵심적인 단어로 간주할 수 없는 용법을 '고빈도어'에서 제외하는데, 이는 이러한 용례가 특정 텍스트의 특성을 드러내는 데 기여하지 않거나 여타의 텍스트들에서도 공통적으로 고빈도로 출현하기 때문이다. 또한 핵심 단어가 지니는 본유적이거나 구조적인 조건에 따라 가중치를 부여하는 방식을 사용하기도 하며, 주요 단어 간의 공기 정보를 이용하기도 한다.

메타텍스트의 논의에서는 복수 텍스트의 고빈도어를 분석하고 특정

16) 이 논의에서의 '유의어'나 '중의성'은 엄밀한 의미의 용어라기보다는 DB 제작 과정에서 각 대상을 효율적으로 지시하고 처리하기 위한 목적으로 사용하는 용어이다.

'단어'나 '자질'의 출현 양상이 서로 얼마나 유사한지를 비교하는 방식을 통해서도 텍스트 전체의 특성을 명시적으로 나타낼 수 있다. 또한 개체명이나 사건 유형의 계량, 문서 정보나 정보 추출 구조의 구성 등을 통해 의미 있는 정보를 분석해 내기도 한다.[17] DB 정보 중 '개체명 인식'을 통해서는 인물들이 텍스트 내에 출현하는 양상을 분석할 수 있으며, '사건 유형의 인식'으로는 인물을 중심으로 벌어지는 사건이나 행위에 대한 핵심어의 추출이 가능하다. 그리고 개체명과 사건 유형의 결합, 즉 '캐릭터－레마 구조'는 정보 추출이나 지식 베이스 등의 형태로 가공하여 텍스트의 특성 분석에 이용한다.

이와 같은 텍스트 정보의 가공은 하이퍼링크 방식으로 구축된 '총서' DB 정보를 기반으로 하여 이루어진다. 예를 들어 (④－㉢)에서 보인 '인명 DB'의 정보를 이용하여 텍스트 내부나 텍스트와 텍스트 간의 인물 정보를 파악하고 비교할 수 있다. 인명 DB는 실존 인물과 작중 인물로 나누어 구성되는데, 이는 이 두 유형을 적절히 언급하는 데 필요한 정보의 유형이 서로 구별되기 때문이다. 한 권을 단위로 텍스트 안에 등장하는 실존 인물과 작중 인물의 주요 정보를 추출하여 구성한 인물 DB 정보는 작품에 묘사된 인물의 성격이나 등장인물 간의 관계, 그리고 인물과 관련된 사태의 추이 등을 확인할 수 있게 한다. 그리고 텍스트와 텍스트 간의 DB 정보 비교를 통해 각 권마다 등장하는 인물군의 분포나 동일 인물에 대한 평가의 차이 등에 대해서도 세밀하게 분석할 수 있다.

'총서' 중 세 편의 '해방 후편' 텍스트의 하이퍼링크 DB 정보를 이용한 텍스트 분석 예를 살펴보자.[18] 이들 텍스트에서 '김일성'은 '김일성 동지,

17) '문서 정보'는 '문서의 제목, 작성일, 작성자, 출처' 등과 '타이틀, 본문' 등의 '문서 위치 정보'를 포함한다. 이는 빈도 정보를 이용한 핵심어의 추출에서 특정 환경에 출현하는 단어에 가중치를 부여하는 작업의 근거로 이용될 수 있다.

18) 분석 대상 텍스트는 '『대지의 전설』(김삼복, 문화예술종합출판사, 1998), 『번영의 길』(박룡운, 문학예술종합출판사, 2001), 『태양찬가』(남대현, 문학예술출판사, 2005)'의 세 편

김일성 장군'과 같이 '동지, 장군' 등의 표현과 함께 나타나거나 '그이, 수령님, 수상님, 장군님' 등으로 지칭되며, 세 텍스트 모두에서 고빈도의 개체명으로 인식된다. 이 세 텍스트 중 『태양찬가』에서는 '김일성 동지, 김일성 장군, 장군님'의 표현으로 나타난 '김일성'에 대한 빈도수가 '744회'로 전체 어휘 중 두 번째로 자주 출현하는 단어로 분석된다.[19)]

이 텍스트 전체의 고빈도어 중에서 일반적인 텍스트에도 흔히 나타나는 일상적인 단어를 제외하면, '장군님, 동수, 영신, 박룡, 지영, 원철' 등 이야기를 이끌어가는 주요 인명과, '조국, 일본, 동포, 강령, 결심' 등의 단어가 높은 빈도수를 보인다.[20)] 이러한 단어의 출현 양상은 '재일동포들의 생활상'을 그리면서 재일조선인운동에서 '민족문제'가 '일국일당원칙'에 우선하여 적용되어야 함을 강조하는 텍스트 내용과 부합하는 결과를 보여준다.

『대지의 전설』에서는 '강봉석, 김일, 옥금, 조인철, 종원' 등의 인명과,

---

으로, 번영의 길은 1954~1958년, 태양찬가는 1945~1955년, 대지의 전설은 1958년을 배경으로 한다. 이들 텍스트는 각각 '농업 분야, 공업 분야, 재일동포 문제'를 초점으로 하여 이야기를 전개하고 있다. 이 세 작품은 모두 김일성의 정치적 입지가 공고해지기 이전의 시기를 형상화한 텍스트로, 이러한 시기의 유사성에 의해 이야기 전개에 일정한 공통부분이 있을 것으로 기대할 수 있다.

19) '수령형상문학'으로서 '총서'에 '김일성'이라는 인명이나 이에 대한 대용 표현이 자주 등장한다는 점은 예측 가능한 결과이다. 그런데 소설이라는 장르의 특성을 감안한다 하더라도 실존 인물로 확인 가능한 캐릭터에 비해 작중 인물의 빈도가 상대적으로 높게 나타난다는 특이점을 함께 발견할 수 있다. 이 인물들은 김일성이 국가를 장악하고 안정적으로 통치 이념을 구현해 나가는 과정의 서술에 꼭 필요한 '맥락'이나 '장치'를 형성하는 데 일조를 한다. 가상의 인물들이 서로 긴밀한 구도를 형성하는 한가운데에 '김일성'이라는 실제 인물이 존재함으로 인해 김일성은 마치 '어디에나 있고 어디에도 없는' 것과 같은 특이한 존재감을 지닌다. 이러한 인물 분포에 주목한다면 '총서'는 '수령'이라는 '캐릭터' 자체가 아니라 '수령'이라는 '이미지'가 중심을 이루는, 혹은 '수령형상'이라는 '의도되고 해석된 개념'이 중심을 이루는 서술 구조를 지닌다고 표현해 볼 수도 있겠다.

20) 이 텍스트에서는 '하다, 장군님, 있다, 없다, 는(조사)' 등의 단어가 높은 빈도로 출현한다. 텍스트의 특성과 무관하게 거의 모든 분야의 텍스트에 고빈도로 나타나는 형태들이 있는데, 그 예로는 '하다, 되다, 위하다, 따르다, 대하다, 있다, 없다, 이다, 같다'와 같은 서술어, 격조사와 보조사, 그리고 '것, 수'와 같은 의존 명사 등이 있다.

'조합, 농사, 협동조합, 농민들, 농촌, 조합원' 등의 단어가 고빈도어로 분석된다. 이 텍스트는 공업 분야를 포함한 사회의 제반 여건이 갖추어지지 못한 해방 후의 농업 문제를 '농업협동화사업'을 통해 해결해 나가는 농촌의 이야기를 다루고 있다. 여기에서 '김일'은 농업담당부수상을 역임하여 농촌경리를 협동화하는 데 중요한 임무를 담당하는 인물로, '강봉석, 옥금, 조인철, 종원' 등의 인물은 다양한 상황을 겪으며 새로운 협동 체제를 만들어나가는 데 충성심과 노동력으로 직접 기여하는 인물들로 그려져 있다. 따라서 이러한 빈도수 또한 텍스트 내용 분석에 유의미한 정보를 제공한다.

이러한 빈도 분석 정보를 계속 축적해 나가다 보면 "김일성의 교시에 순응하지 않는 교조주의자들을 순화하거나 제거해가며 주체사상을 실현한다"는 공통적인 '이야기 구조'를 발견하게 된다. 『대지의 전설』의 '농촌협동화'나 '농촌의 물질적 토대' 등의 표현, 그리고 『태양찬가』의 '강령, 일국일당원리' 등의 어휘는 텍스트 내에서 '교조주의, 사대주의, 형식주의, 대국주의, 소련, 원조' 등의 어휘와 함께 나타난다. 이는 각 텍스트에서 중요하게 간주되는 '정신'이나 '교시'가 '갈등의 양상'을 반영하는 표현들과 공기하는 용례로, '지도자의 뜻을 실현하는 과정에 존재하는 고난을 구조'를 보여준다.

또한 세 텍스트의 '발단'과 '전개'에 해당하는 부분에는 '일찌기, 속히, 함께, 대치, 사상, 침중하다, 침울하다, 무거워지다' 등의 어휘가 등장하는데, 이는 '이념과 물질적 토대를 세우면서 동시에 국가 통치의 규범을 마련해 나가야 하는 지도자'가 경험하게 되는 매우 험난한 상황이나 그에 따른 정서 등을 대변하는 어휘들이라 하겠다. '결말' 부분에서는 세 작품이 모두 공통적으로 김일성이 주체 노선에 대한 반대 세력들을 순화하거나 제거하여 주체 노선을 성공적으로 정착시키는 양상이 그려지며, 따라서 이러한 내용에 부합하는 특정한 단어들이 집중적으로 분포한다. 『대지의 전설』 중의 결말 부분에 나타난 주요 단어들의 분포는 다음과 같다.

⑤ '김일성'의 공기어(『대지의 전설』, 종장 : 362~371면)

넓다, 도량, 대해, 은정, 덕망, 숙이다, 사회주의, 사랑, 품, 충격, 물결, 가슴, 흔들다, 웃다, 후더워나다, 통쾌, 승리, 총화, 농촌경리, 발전전망, 력사적, 연설, 어버이, 대가정, 만세, 긍지, 인간사랑, 경애, 감동 등[21]

⑤는 '김일성'이 개체명으로 나타나는 문장 안에서 김일성과 공기하며, 이 개체명을 중심으로 하는 사건이나 감정 유형의 분석에 능동적으로 기능하는 어휘들이다. '총화, 발전전망, 력사적, 만세' 등의 어휘는 『대지의 전설』이라는 텍스트가 어떠한 방식으로 결말 부분을 구성하는지를 잘 드러내준다. 이들 공기어들을 '김일성'과 관련한 어휘그물로 표현하면 다음과 같다.

⑥ 어휘그물(개체명 : '김일성')

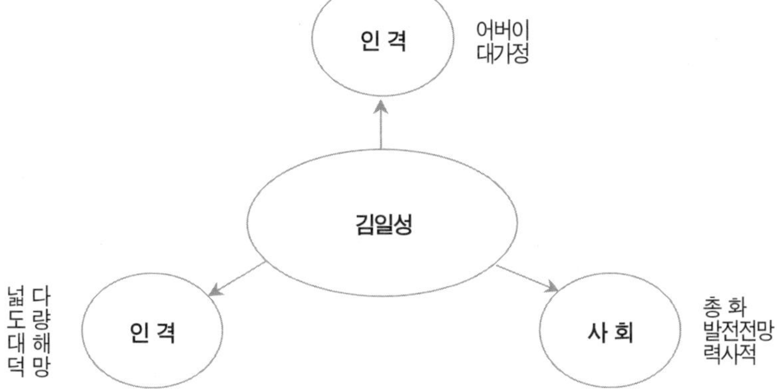


어휘 빈도의 분석은 단어의 형태 정보 자체를 기반으로 할 수도 있지만, 단어의 형태를 단어가 지니는 본유적인 '자질'로 환원하여 분석할 수

21) 이는 '김일성'이 서술의 '대상'이 되는 문장이나 서술의 '주체'로 나타나는 문장에서 '김일성'과 함께 출현하는 공기어의 예이다.

도 있다. 이러한 방식은 '자연부류'의 동질성을 포착할 수 있게 하며, 인물의 성격이나 인물 간의 관계, 사건 유형을 적절히 형식화할 수 있도록 도와준다. 주요한 등장인물들을 중심으로 하는 '긍정 / 부정의 평가'나 '우호적 / 적대적 관계' 등에 대한 분석에는 자질의 이용이 특히 유용하다.

어휘의 빈도나 단어의 공기 관계 이외에도 '캐릭터－레마'의 정보를 '정보 추출'이나 '이야기 구조'와 같은 정보 저장틀로 가공하여 정보를 관리할 수 있다. 이는 주요 캐릭터에 대한 상황이나 사건, 감정 등의 정보와 그 변화의 추이를 일목요연하게 확인하게 해 준다는 점에서 큰 장점을 지닌다.

⑦ 개체명 '홍명희' 관련 텍스트

㉠ 그이께서 이렇게 말씀하시자 홍명희는 전혀 예상밖의 말씀이여서 숨을 죽이고 다음을 기다리였다. (…중략…)

홍명희는 머리를 숙이고 생각에 잠겨 있었다.

《홍명희 선생, 선생의 성의와 심정은 충분히 리해되지만 나는 정부청사 건설에 투자하려던 예산액을 전부 농촌에 돌렸으면 좋겠습니다.》(…중략…)

홍명희는 감명 속에 잠겨 깊이 숙이고 있던 머리를 들고 말씀드리였다.

《수상님의 간곡한 말씀대로 하겠습니다. …… 자금을 농촌에 돌리겠습니다. ……》

그러면서 그는 속으로 이러게 웨치고 있었다. (인민들은 …… 후대들은 당신을 청사다운 청사에 모시지 못하고 한 시기를 보낸 저희들을 용서할 것입니다. 력사는 잊지 않고 먼 후날까지 전할 것입니다)

—『대지의 전설』, 277~278면

㉡ 이윽고 그이께서는 천천히 눈길을 드시였다.

《오래동안 생각하던 끝에 오늘 비로소 나는 결단을 내리였습니다.》 그이께서는 한 마디 한 마디에 힘을 주며 말씀하시였다. 《사상사업에서 교조주의와 형식주의를 퇴치하고 주체를 튼튼히 세울 데 대한 문제를 선포하려고 합니다.》

최용건과 김일은 자기들도 모르는 사이에 자리에서 일어섰다. 홍명희와 정준택도 뒤따라 일어섰다. 그들은 전투명령을 받는 전사들처럼 긴장한 자세로 꼿꼿이 서 있었다. (…중략…)

《주체를 튼튼히 세울 때 정복하지 못할 요새란 없습니다.》

홍명희와 최용건, 김일과 정준택은 환희에 휩싸여 그이를 우러렀다. 사대와 교조로 얼룩진 온갖 병폐를 쓸어버리며 비약할 조국의 거세찬 숨결이 벌써부터 그들의 심장을 격동시켰다.

—『번영의 길』, 547~551면

㉢《우리는 이제부터 조선사람 자체의 조직을 가지고 자체로 운영할 결심이니 앞으로는 일본공산당에서 관계하지 말라는 것을 명백히 밝히려고 합니다.》

《?!》

홍명희는 물론 김운해며 김윤은 아연한 표정을 지었다. 너무나도 놀라운 사실을 너무나도 확고하게 단언하시는 장군님의 그 결심이 저들로서는 감히 상상도 못해본 일이기 때문이였다. (…중략…)

그러나 홍명희며 김운해, 한동수의 얼굴에는 하나같이 이름할 수 없는 격동이 넘쳐 있었는데 그 표현형태는 각이했다.

—『태양찬가』, 340~371면

세 텍스트에 공히 등장하는 '홍명희'는 텍스트 모두에서 공통적인 면모를 보인다. 홍명희는 세 텍스트에서 각각 '농촌경리에 소요되는 자금조달 문제, 자주적으로 공업화를 이루는 방안, 일국일당원칙과 민족 문제'와 관련한 장면에 등장하며, 김일성으로부터 이러한 문제들에 대해 답하기 어려운 질문을 받는다. 이에 홍명희는 그 시점까지 얻을 수 있었던 지식과 판단력을 모두 동원하여 자신의 견해를 밝히지만, 이는 김일성의 뜻과 합치하는 모범답안이 아니다. 이러한 상황에서 그는 김일성이 내리는 교시를 주의 깊게 경청한 후 '주체를 든든히 세울 데 대한' 김일성의 뜻을 이해하게 되고 이에 대해 열렬한 지지를 보내는 동일한 변화의 양상을 보인다.[22]

---

22) 홍명희에 대한 묘사에서도 "홍명희가 늙은이답지 않게 흥에 겨워 말씀드리였다"(『대

⑦의 내용이 김일성에 대한 홍명희의 '충성심'을 보여 준다면 이와 반대의 방향에서 김일성은 "홍명희 선생, 나를 리해하여주고 도와주어 고맙습니다"(『대지의 전설』, 278면)와 같이 감사를 표하거나 "그러자 자신께서 생각하시고 결단하신 문제들을 놓고 의견을 듣고 싶어 부르신 홍명희와 최용건 · 김일 · 정준택들이 무척 기다려지시였다"(『번영의 길』, 544면)와 같이 중요한 결단의 시기에 부수상 홍명희를 불러 자신의 뜻을 전하고 그의 충성을 이끌어내는 것과 같은 면모를 보인다.

'『대지의 전설』, 『번영의 길』, 『태양찬가』'를 대상으로 '홍명희'라는 인물에 대한 '총서'의 관점을 살필 수 있게 하는 텍스트의 내용을 추출하고, 이 정보를 캐릭터-레마 구조로 나타내면 다음과 같다.

⑧ 캐릭터-레마 구조(개체명 : '홍명희')

| 번호 | 캐릭터 | 레마 | 문장 | 위치 | 출처 |
|---|---|---|---|---|---|
| 1 | 홍명희 | 김일성, 놀라다 | 예상밖의 말씀이여서 숨을 죽이고 | 277면 | 대지의 전설 |
| 2 | 홍명희 | 김일성, 감동받다 | 감명 속에 잠겨 | 278면 | 대지의 전설 |
| 3 | 홍명희 | 김일성, 긴장하다 | 전사들처럼 긴장한 자세로 | 548면 | 번영의 길 |
| 4 | 홍명희 | 김일성, 감동받다 | 환희에 휩싸여 그이를 우러렀다 | 551면 | 번영의 길 |
| 5 | 홍명희 | 김일성, 놀라다 | 아연한 표정을 지었다 | 340면 | 태양찬가 |
| 6 | 홍명희 | 김일성, 감동받다 | 이름할 수 없는 격동이 넘쳐 있었는데 | 371면 | 태양찬가 |

⑧은 '홍명희'라는 캐릭터를 대상으로 하는 세 텍스트의 내용 중 정보 추출에 유의미한 정보를 캐릭터-레마 구조의 형식으로 표시한 것

지의 전설』, 123면). "얼마 전 환갑을 쇤 그였지만 또랑또랑한 목소리는 홍안의 젊은이에 못지 않게 맑고도 류창했다"(『태양찬가』, 61면)와 같은 유사한 양상이 관찰된다.

이다. 이 구조에서 '캐릭터'는 모두 '홍명희'이며, 이 캐릭터에 대한 '레마' 정보가 함께 기재되어 있다.

레마 구조에서 굵은 글씨로 표시한 부분은 개별 서술어가 아니며 '사건 유형'에 대한 표시이다. ⑧의 2・4・6번은 모두 '감동받다'라는 사건 유형으로 기재되어 있는데, 실제 텍스트에서는 '감동받다'라는 직접적인 어휘로 표현될 수도 있고 ⑧의 '문장'에서와 같이 '감명, 환희, 격동' 등의 어휘를 통해서도 표현될 수 있다. 또한 감동을 받는 것과 관련한 직접적인 표현 없이 문맥이나 어감 등을 통해 사건의 유형이 표현되기도 한다. 이와 같은 캐릭터－레마 구조는 정보를 추출하는 다양한 구조 중의 하나이며, 이외에도 육하원칙이나 특정 분야의 필수적인 정보 구조 등 여러 가지 형식으로 주요 추출 정보를 표시하는 것이 가능하다.

## 5. 결론

텍스트 연구에서는 표면적으로 관찰 가능한 구조적 정보를 의미 내용으로 환원하는 작업이 핵심적 절차를 구성한다. 이 논의에서는 계량적인 분석 결과를 포함하여 텍스트 구성 요소들 사이에서 관찰되는 구조적인 관계를 '응집성'으로, 이 정보의 해석을 통해 얻을 수 있는 의미적인 일관성을 '통일성'으로 지칭하였다. 이는 텍스트 언어학에서 가장 중요하게 기능하는 두 용어의 외연을 넓힌 용법이라 할 수 있다. 계량적인 분석과 의미적인 분석은 본질적으로 관련을 이루지만 이 둘 사이에는 적지 않은 간극이 존재하므로, 양자를 직접 연결하기보다는 전자를 후자의 효율적인 지원 도구 개념으로 파악하는 것이 가장 적절할 듯하다.

단일 작품 내에 내재하는 텍스트의 특성을 규명하는 텍스트 연구의 범위를 넓혀보면 '메타텍스트'라는 상위의 텍스트 개념을 생각해 볼 수 있다. 조지형[23]에서는 하이퍼텍스트 자체가 하나의 거대한 망이며, 이 망 자체가 메타텍스트가 된다고 하여 하이퍼텍스트와 메타텍스트가 그 본질에서 동질성을 지니는 개념임을 언급하였다. 메타텍스트는 기원이나 구조, 내용 등이 유사한 텍스트를 하나의 단위로 하여 통합적인 텍스트성을 분석하기 위한 개념이며, 이를 통해 독립적이지만 동시에 서로 유기적으로 결합된 대상, 혹은 상당한 수준의 연관성을 지니는 작품들의 유의성이 언급될 수 있다. 그리고 DB 정보를 이용하거나 계량적인 분석 방법론을 사용하는 연구 방식에 의해 이와 같은 유의성의 실체에 접근할 수 있다.

이 논의에서 언급한 하이퍼링크 DB의 가장 주요한 구축 목적은 대량 텍스트의 독해를 위하여 최적의 경로와 내용으로 참조 정보를 구성하는 데 있다. 그리고 이에 더하여 DB 정보를 해석하거나 가공하여 캐릭터－레마 구조의 분석을 수행할 수도 있는데, 이러한 분석은 빈도 정보나 공기어 정보의 분석, 정보 추출 구조의 구성 등을 통해 이루어진다. 구조적이고 정합적으로 구성된 관계형 DB 정보를 기반으로 하는 메타텍스트의 연구는 매우 다양한 방식으로 전개 가능하며, 이와 같은 계량적인 분석 방법론은 개별 텍스트의 본질과 함께 복수 텍스트 간의 상대적 조응을 가능하게 하는 유용한 방식으로 이용될 수 있으리라 기대한다.

23) 조지형, 「정보시대와 '열린' 인문학」, 『미국학논집』 32-1, 미국학회, 2000, 5~37면.

# 참고문헌

「사람들에게 혁명의 량식을 주는 참다운 교과서—총서 '불멸의 력사' 중 장편소설 『준엄한 전구』에 대하여」, 『조선문학』, 1982.6.

「위대한 수령님의 력사적인 고난의 행군을 서사시적으로 재현한 기념비적 화폭—총서 '불멸의 력사' 중에서 장편소설 『고난의 행군』에 대하여」, 『조선문학』, 1976.10.

「조선혁명의 려명기에 대한 기념비적 화폭—장편소설 『혁명의 려명』(총서 '불멸의 력사' 중에서)에 대하여」, 『조선문학』, 1975.1.

「조선혁명의 일대앙양을 위한 력사적인 로정에 대한 불멸의 서사시적 화폭—장편소설 『백두산 기슭』에 대하여」, 『조선문학』, 1978.12.

「주체적인 반제민족해방투쟁의 시원을 열어놓은 위대한 혁명적 로정에 대한 서사시적 화폭—장편소설 『1932년』(총서 '불멸의 력사' 중에서)에 대하여」, 『조선문학』, 1972.8・9.

고철훈, 「조선의 영원한 봄을 마련하여주신 위대한 수령님의 불멸의 업적에 대한 빛나는 서사시적 화폭—총서 '불멸의 력사' 중 장편소설 『근거지의 봄』에 대하여」, 『조선문학』, 1982.7.

김려숙, 「광휘로운 주체의 빛발로 건국의 주추돌을 마련한 불멸의 화폭—장편소설 『빛나는 아침』에 대하여」, 『조선문학』, 1989.4.

______, 「조국광복의 대사변을 주동적으로 마련하신 위대한 수령님의 불멸의 형상」, 『조선문학』, 2001.8.

김선일, 「태양과 거목의 뿌리」, 『조선문학』, 2002.4.

김성우, 「위대한 혁명가, 위대한 인간의 빛나는 형상에 대한 서사시적 화폭—장편소설 『두만강 지구』에 대하여」, 『조선문학』, 1981.5.

______, 「전설은 계속된다—총서 '불멸의 력사' 중 장편소설 『대지의 전설』에 대하여」, 『조선문학』, 1999.4.

김순택, 「시적표현은 섬세하고 예리하여야 한다—총서 '불멸의 력사' 중 장편소설 『봄우뢰』의 언어형상에 대하여」, 『문화어학습』, 1986.4.
김용린, 「인간의 내면세계를 구체적으로 섬세하게 파고든 심리묘사—총서 '불멸의 력사' 중 장편소설 『봄우뢰』의 언어형상에 대하여」, 『문화어학습』, 1986.4.
김용부, 「총서 '불멸의 력사' 중 장편소설 『은하수』에 대하여」, 『조선문학』, 1982.11.
______, 「반일인민유격대 창건의 위대한 서사시적 화폭 총서 '불멸의 력사' 중 장편소설 『봄우뢰』에 대하여」, 『조선문학』, 1986.4.
김하명, 「력사적 사실과 예술적 진실의 완전한 통일」, 『조선문학』, 1979.1.
김 학, 「총대철학의 지성이 번뜩이는 선군시대의 력작—총서 '불멸의 력사' 중 장편소설 『열병광장』에 대하여」, 『조선문학』, 2001.12.
______, 「푸른 산악에 메아리치는 인생철학의 교향곡—총서 '불멸의 력사' 중 장편소설 『푸른 산악』에 대하여」, 『조선문학』, 2003.1.
김희숙, 「장편소설 『빛나는 아침』에서 위대한 수령님의 형상 창조에 바쳐진 언어의 특성」, 『문화어학습』, 1989.3.
렴희태, 「탐구적으로 씌여진 언어표현수법—총서 '불멸의 력사' 중 장편소설 『은하수』의 언어형상에 대하여」, 『문화어학습』, 1982.4.
______, 「고유한 우리말을 살려쓰기 위한 탐구적 노력—총서 '불멸의 력사' 중 장편소설 『닻은 올랐다』를 읽고」, 『문화어학습』, 1983.1.
______, 「장편소설 『압록강』의 언어형상」, 『문화어학습』, 1983.4.
______, 「장편소설 『잊지 못할 겨울』의 언어형상—독창적으로 탐구된 비유적 표현을 중심으로」, 『문화어학습』, 1985.1.
류 만, 「경애하는 수령 김일성 동지의 위대한 생애, 위대한 풍모에 대한 빛나는 형상」, 『조선어문』, 1998.3.
류윤화, 「시대의 높이에서 형상된 민족자주사상—총서 '불멸의 력사' 중 장편소설 『삼천리 강산』에 대하여」, 『조선문학』, 2001.7.
리금희, 「영원하라 신념과 량심의 붉은 산줄기여」, 『조선문학』, 2001.1.
______, 「수령영생철학에 대한 독특한 형상체계—총서 '불멸의 력사' 중 장편소설 『영생』의 형상 화폭을 더듬어」, 『통일문학』, 2001.3.
리동원, 「혁명 승리에 대한 영웅서사시적 화폭—총서 '불멸의 력사' 중에서 장편소설 『고난의 행군』에 대하여」, 『조선문학』, 1981.8.
리병제, 「내용의 명백성을 보장한 언어형상—장편소설 『백두산 기슭』을 읽고」, 『조선문학』, 1979.2.
리성덕, 「조국의 운명을 구원한 위대한 령도에 대한 불멸의 서사시 화폭—총서 '불멸의 력사'(해방 후편)중의 장편소설『조선의 힘』에 대하여」, 『조선문학』, 1992.12.
리영해, 「혁명소설 『두만강 지구』를 읽고」, 『문화어학습』, 1981.1.

리영해, 「장편소설 『대지는 푸르다』의 언어형상」, 『문화어학습』, 1982.3.
리유근, 「혁명의 대지를 가꾸어가시는 사랑의 길 우에 수놓아진 거룩한 자욱—총서 '불멸의 력사' 중 장편소설 『대지는 푸르다』에 대하여」, 『조선문학』, 1982.10.
리윤근, 「삼천리 강산에 수 놓아진 천출위인의 불멸의 업적—총서 '불멸의 력사' 중 장편소설 『삼천리강산』에 대하여」, 『문학신문』, 2001.6.16.
______, 「치렬한 대결, 첨예한 극성—총서 '불멸의 력사' 중 장편소설 『푸른 산악』에 대하여」, 『문학신문』, 2003.8.23.
리정웅, 「소설에 흐르는 인간의 노래—총서 '불멸의 력사' 중에서 장편소설 『인간의 노래』를 론함」, 『청년문학』, 2006.10.
리창유, 「주체의 당 창건과 더불어 길이 빛날 력사적 화폭—총서 '불멸의 력사' 중 장편소설 『개선』에 대하여」, 『조선문학』, 2002.10.
______, 「새로운 서사시적 화폭의 창조와 구성의 기교—총서 '불멸의 력사' 중 장편소설 『전선의 아침』에 대하여」, 『조선문학』, 2007.1.
리 철, 「천출위인의 위대성을 부각시키는 데 이바지한 세련된 언어형상—총서 '불멸의 력사' 중 장편소설 『닻은 올랐다』의 언어형상을 두고」, 『문화어학습』, 2006.2.
______, 「백전백승의 강철의 령장이신 경애하는 김일성 동지의 위인적 풍모를 돋구어주는 데 이바지한 깊이 있는 언어형상—총서 '불멸의 력사' 중 장편소설 『전선의 아침』의 언어형상을 두고」, 『문화어학습』, 2007.3.
리환식, 「총서 '불멸의 력사'(해방 후편) 중 장편소설 『조선의 봄』의 언어형상」, 『조선문학』, 1999.10.
______, 「총서 '불멸의 력사'(광복 후편)중 장편소설 『조선의 봄』의 개성적 인물형상」, 『청년문학』, 2000.3.
박수영, 「위대한 수령님의 형상에 바쳐진 생동한 비유—총서 '불멸의 력사'(해방 후편)중 장편소설 『승리』의 언어형상을 두고」, 『문화어학습』, 1994.4.
박연경, 「위대한 수령님의 령도의 현명성과 고매한 덕성에 대한 깊이 있고 격조 높은 형상—총서 '불멸의 력사' 중 장편소설 『잊지 못할 겨울』에 대하여」, 『조선문학』, 1985.8.
박철룡, 「총서 '불멸의 력사' 중 장편소설 『천지』에서 위대한 사랑 속에 꽃핀 참다운 애정륜리에 대한 형상」, 『조선어문』, 2006.2.
박춘택, 「절세의 위인의 품 속에서 밝아온 새 아침」, 『청년문학』, 2006.8.
방형찬, 「위대한 령도 밑에 장편소설 『1932년』이 이룩한 수령형상 창조의 빛나는 성과」, 『조선문학』, 2003.12.
오승철, 「성격에 맞으며 생활정황에 어울리는 대화—총서 '불멸의 력사' 중 장편소설 『봄우뢰』의 언어형상에 대하여」, 『문화어학습』, 1986.4.

오영식, 「경애하는 수령님의 위인적 풍모와 불멸의 전승업적을 품위 있게 그려낸 세련된 언어형상—총서 '불멸의 력사' 중 장편소설 『승리』에 대하여」, 『문화어학습』, 2005.2.
오춘식, 「총대철학에 대한 심오한 형상—총서 '불멸의 력사' 중 장편소설 『열병광장』에 대하여」, 『문학신문』, 2001.7.14.
유춘희, 「조선인민의 불패의 힘에 대한 생동한 언어형상—총서 '불멸의 력사' 중 장편소설 『조선의 힘』을 읽고」, 『문화어학습』, 1993.2.
윤기덕, 「광복의 메아리 힘있게 울려퍼지는 영웅서사적 화폭」, 『조선문학』, 1984.5.
윤상현, 「총서 '불멸의 력사' 중 장편소설 『조선의 봄』의 사상미학적 특징」, 『조선문학』, 1992.1.
윤성실, 「강반석 어머님의 고매한 풍모를 감동 깊게 그려낸 소박하고도 진실한 언어형상—총서 '불멸의 력사' 중 장편소설 『봄우뢰』의 언어형상에 대하여」, 『문화어학습』, 1986.4.
장광길, 「장편소설 『조선의 봄』의 언어형상」, 『문화어학습』, 1992.2.
장 영, 「총서 '불멸의 력사' 중 장편소설 『근거지의 봄』에 대하여」, 『천리마』, 1982.7.
______, 「주체 위업의 시원을 열어놓으신 위대한 수령님의 불멸의 업적에 대한 예술적 화폭—총서 '불멸의 력사' 중 장편소설 『닻은 올랐다』에 대하여」, 『조선문학』, 1982.8.
______, 「위대한 사랑, 위대한 령도에 대한 빛나는 예술적 화폭—총서'불멸의 력사' 중 장편소설 『빛나는 아침』에 대하여」, 『청년문학』, 1989.6.
장형준, 「장편소설 『백두산 기슭』은 경애하는 수령님의 위대성을 숭고한 높이에서 빛나게 형상한 당의 유일사상 교양의 참다운 교과서」, 『청년문학』, 1979.4.
장희숙, 「일심단결의 위력에 대한 불멸의 서사시적 화폭—총서 '불멸의 력사'(해방후편)중의 장편소설 『조선의 힘』에 대하여」, 『문학신문』, 1992.5.8.
______, 「총서 '불멸의 력사'(항일혁명투쟁편)의 묘사적 특성」, 『김일성종합대학학보』(어문학), 2004.2.
정명옥, 「수령형상작품의 거대한 감화력과 개성화된 언어형상—총서 '불멸의 력사' 중 장편소설 『개선』의 언어형상을 두고」, 『문화어학습』, 2006.3.
______, 「혁명무력의 탄생을 감명 깊게 펼쳐보이는 데 이바지한 품위 있는 언어형상—총서 '불멸의 력사' 중 장편소설 『1932년』의 언어형상에 대하여」, 『문화어학습』, 2007.2.
조만순, 「주체의 신념과 의지로 개척된 영광찬란한 혁명력사에 대한 서사시적 화폭—총서 '불멸의 력사' 중 장편소설 『근거지의 봄』에 대하여」, 『청년문학』, 1982.7.
조선작가동맹 중앙위원회, 「총서 '불멸의 력사' 중에서 장편소설 『백두산 기슭』에 대하여」, 『조선문학』, 1978.11.

조유철, 「조국해방전쟁을 승리에로 이끄신 경애하는 수령 김일성 동지의 빛나는 형상」, 『조선어문』, 1995.2.
천재규, 「사회주의거목의 뿌리를 마련한 위대한 령도에 대한 진실한 형상」, 『문학신문』, 2002.7.20.
최광일, 「위대한 수령 김일성 동지께서 지니신 혁명적 신념과 동지애, 수령의 전사들이 지녀야 할 신념과 량심에 대한 심오한 예술적 형상」, 『조선어문』, 2001.3.
최길상, 「영광스러운 혁명력사에 바쳐진 불멸의 서사시적 화폭—총서 '불멸의 력사' 중에서 장편소설 『준엄한 전구』에 대하여」, 『청년문학』, 1982.4.
______, 「력사적 사실에 대한 감동깊은 예술적 재현—총서 '불멸의 력사' 중 장편소설 『혁명의 려명』에 대하여」, 『청년문학』, 1990.8.
______, 「강철의 령장, 불굴의 인민, 위대한 승리—총서 '불멸의 력사'(해방 후편)중 장편소설 『승리』에 대하여」, 『문학신문』, 1994.8.12.
최언경, 「어버이 수령님께서 혁명전사들과 인민들에게 돌려주신 위대한 사랑의 서사시」, 『청년문학』, 1979.4.
______, 「총서 '불멸의 력사' 중 장편소설 『준엄한 전구』에 대하여」, 『조선문학』, 1982.1.
______, 「조국해방전쟁의 승리를 마련한 위대한 령도에 대한 빛나는 형상—장편소설 『50년 여름』에 대하여」, 『문학신문』, 1991.4.5.
______, 「수령영생 기원의 숭엄한 서사시적 화폭—총서 '불멸의 력사' 중 장편소설 『영생』에 대하여」, 『조선문학』, 1998.1.
______, 「위대한 수령님을 우러러 태양이라 노래함은…… —총서 '불멸의 력사' 중 장편소설 『태양찬가』에 대하여」, 『조선문학』, 2007.4.
______, 「위대한 '이민위천' 리념의 승리사에 대한 불멸의 화폭—총서 '불멸의 력사' 장편소설 『청산벌』에 대하여」, 『조선문학』, 2008.1.
최영걸, 「절세위인의 령도 업적에 대한 감동 깊은 형상—총서 '불멸의 력사' 중 장편소설 『태양찬가』에 대하여」, 『청년문학』, 2007.4.

— 작성 : 남원진

# 찾아보기

## 기타